"十四五"普通高等教育本科精品系列教材

会计学

▶ 主　编◎吴建新　杜孟和
▶ 副主编◎周青浮　王　冰　魏怡方　杜金柱

西南财经大学出版社
中国·成都

图书在版编目(CIP)数据

会计学/ 吴建新,杜孟和主编;周青浮等副主编.
成都:西南财经大学出版社,2025. 6. --ISBN 978-7-5504-6436-0
Ⅰ. F230
中国国家版本馆 CIP 数据核字第 2024AL4624 号

会计学
KUAIJI XUE

主　编　吴建新　杜孟和
副主编　周青浮　王　冰　魏怡方　杜金柱

策划编辑:王　琳
责任编辑:向小英
责任校对:杜显钰
封面设计:墨创文化　张姗姗
责任印制:朱曼丽

出版发行	西南财经大学出版社(四川省成都市光华村街 55 号)
网　　址	http://cbs. swufe. edu. cn
电子邮件	bookcj@ swufe. edu. cn
邮政编码	610074
电　　话	028-87353785
照　　排	四川胜翔数码印务设计有限公司
印　　刷	郫县犀浦印刷厂
成品尺寸	185 mm×260 mm
印　　张	20. 875
字　　数	495 千字
版　　次	2025 年 6 月第 1 版
印　　次	2025 年 6 月第 1 次印刷
印　　数	1— 3000 册
书　　号	ISBN 978-7-5504-6436-0
定　　价	49. 80 元

▶▶ 前言

“会计学”是经济管理类专业的专业基础必修课，也是会计学专业和财务管理专业的核心课程。本书分为三个部分，第一章和第二章是第一部分，主要介绍会计学的基础知识、会计核算的基本原理和方法。这部分学习内容对学习者而言非常重要，是他们学习以后各章节的基础。第三章至第七章是第二部分，分别介绍会计要素的确认、计量、记录与报告的基本理论与方法。第八章是第三部分，重点介绍资产负债表、利润表、现金流量表和所有者权益变动表等基本会计报表的编制原理与方法。

本书主要有以下特点：

一是把思政教育作为重要培养目标之一。本教材积极响应教育部关于建设“思政课程+课程思政”教育大格局的号召，深入学习习近平总书记对学校思政课建设的重要指示精神，全面贯彻党的教育方针，落实立德树人根本任务，强调对学生的价值引领，注重培养学生“会计诚信”“遵纪守法”“坚持准则”“守责敬业”“创新发展”等品质素养。通过设计每章节的学习目标、导入案例及思政德育课堂，把“思政元素”融入会计知识点中，实现会计课堂“全过程、全方位、全员”育人。

二是内容紧跟财政部会计政策和会计准则的最新变化。近年来，我国的会计政策变化较大，如增值税税率、一般企业财务报表格式、金融工具会计、收入确认、员工福利会计处理和信息披露等。本书在内容上，根据财政部最新会计政策和会计准则，进行了相应更新。

三是注重理论和实践相结合，深入浅出，学以致用。本书各章都设有学习目标和与本章内容相关的导入案例，每章结束之后附有思政德育课堂以及思考与练习题，有利于培养学生的独立思考能力、综合概括能力和实践操作能力。

综上所述，本书的编写力求结构严谨、体系科学合理、内容新颖实用，大大降低了会计学入门教育的难度。因此，本书既可作为财会专业以及其他经济管理类专业的授课教材，也可作为在职财会人员继续教育用书。

本书由南阳理工学院的吴建新、杜孟和担任主编，南阳理工学院的周青浮、王冰、魏怡方、杜金柱担任副主编，南阳理工学院的李奥、华北水利水电大学的杨光参编。参加本书编写的人员具体分工如下：第一章和第七章由吴建新编写，第二章由杜孟和编写，第三章由王冰、李奥编写，第四章由魏怡方编写，第五章由杜金柱编写，第六章由周青浮编写，第八章由杨光编写。全书由吴建新、杜孟和审阅定稿。

本书在编写过程中参考了本领域的一些优秀教材，对引用的部分经典案例注明了来源，其他案例由编者根据相关资料整理改编。在此，向被引用文献的各位作者表示深深的感谢！虽然编者在编写过程中做了大量工作，但水平有限，书中难免有不当或遗漏之处，恳请读者批评指正！

编者

2025 年 1 月

目录

第一章 总论

■学习目标

知识目标：通过本章的学习，了解会计的产生和发展及其与人类社会发展的关系；理解会计的基本概念、会计的对象和目标；熟悉会计的职能、会计计量属性、会计核算方法；掌握会计核算基本前提、会计核算基础、会计信息质量要求以及会计职业道德规范及其内容。

能力目标：能够运用本章学习的会计知识说明会计的作用，能够区分会计不同职能在实际工作中的具体体现，能够结合实际案例分析会计信息质量要求。

德育目标：在理解和掌握会计的含义、职能、目标及会计信息质量要求的基础上，认识会计工作的重要性，理解作为会计人员的使命担当，严格遵守会计职业道德，践行社会主义核心价值观。

■导入案例

小张、小王、小李、小赵四位是好朋友，在一次聚会时，四人聊起会计这个话题，都非常感兴趣，但对会计的定义，四个人的意见却并不统一。

小张："我认为会计就是指一个人，比如，我们公司的周会计，是我们公司的会计人员，这里会计不是指人又是指什么？"

小王："不对，会计不是指人，会计是指一项工作，一个职业。比如我们常常这样问一个人：你在单位是做什么的？他说，我在公司当会计。这里会计当然是指会计工作了。"

小李："会计不是指一项工作，也不是指一个人，而是指一个部门，一个机构，即会计机构。你们看，每个公司都有一个会计部或者会计科这类部门，这里会计就是指会计部门，显然是一个机构。"

小刘：“你们都错了，会计既不是一个人，也不是一项工作，更不是指一个机构，而是指一门学科，我姐姐在大学就是学会计的，这当然指的是一门学科。”

结果，他们各执一词，谁也说服不了谁。很显然，四个人的看法都只包含了会计含义的一部分，都不全面。学习完本章内容，请同学们思考：什么是会计，会计对当代社会生活有什么重要作用，为什么说经济越发展会计越重要。

第一节　会计的含义

一、会计的产生和发展

会计活动是伴随着人类的生产活动和对这些生产活动进行管理的客观需要而产生的，并伴随着人类社会经济的发展和科学技术的进步而不断提高和完善的。早在原始社会末期，人类就有了对经济活动进行简单计量和记录的行为。我国原始氏族公社时代出现的“结绳记事”和“刻契记数”“垒石计数”以及古巴比伦时代出现的“原始算板”等记录行为便是会计的萌芽，只不过这种简单的记录和计量在当时还只是生产职能的附带部分。随着社会经济的不断发展和生产力水平的不断提高，社会产品出现了大量剩余，出现了私有制和社会分工，安排有专门的人员对产品进行管理，同时已经出现了相对成熟的文字和初等算术，为对社会产品的收入、分配和结余进行记录和计量提供了条件，会计才逐渐从生产的职能中分离出来，成为一种专职的、独立的管理活动。

会计在我国有着悠久的历史。据史料记载，“会计”一词在我国西周时代就已经出现，当时周王朝由天官“大宰”总揽国家财政大权，下设“司会”官职，“司会”的权限是“掌国之百物财用，凡在书契版图者之式，以逆群吏之治，而听其会计”，意思是说他掌管全国财物收支，并利用书契往来和丈量版图的副本，来考核王朝官吏管理地方的情况和他们经手的财物。并规定了“以参互考日成，以岁要考月成，以岁会考岁成”的会计检查制度，说明在当时会计的核算和检查工作已受到相当程度的重视，也对社会的发展产生了积极的推动作用。

到了宋代，会计的单式簿记方法发展为完善的“四柱清册”，“四柱”即“旧管、新收、开除、实在”，相当于现在的“期初结存、本期收入、本期支出、期末结存”。对财物的核算通过“旧管+新收=开除+实在”的公式进行平衡计算，通过它可以方便地了解本期账务记录是否存在差错。“四柱清册”代表了单式记账法的最高成就。明末清初，在“四柱清册”的基础上，出现了“龙门账”，它把全部账目分为“进、缴、存、该”，相当于现在的“收入、支出、资产、负债”，运用“进-缴=存-该”计算盈亏，分别编制“进缴表”和“存该表”，两表计算结果应完全相符，称为“合龙门”。后来清代在此基础上又产生了“天地合”即“四脚账”，将一切账项分为“来账”和

"去账"，账簿记录采用垂直书写方式，直行分上下两格，上格记收为"天"，下格记付为"地"，上下两格所记数额必须相等，为"天地合"。"四脚账"因既登记来账，又登记去账，以反映同一账项的来龙去脉，已运用了复式记账的原理。从"四柱清册"到"龙门账""天地合"账，说明会计在我国历史上已经有了相当程度的发展。我国对会计的发展做出了重要贡献。但是由于长期的封建统治，商品经济发展有限，所以后来我国会计发展相对于西方国家来讲是比较缓慢的。中华人民共和国成立以后，财政部设置了会计制度司，主管全国会计事务。会计制度司先后制定了多项全国统一的会计制度，强化了对会计工作的组织和指导。1985 年，我国颁布了《中华人民共和国会计法》，1992 年又颁布了《企业会计准则》，促进了我国会计工作与国际会计惯例的协调。

国外早期会计的发展与我国类似，而中世纪意大利商业城市的兴起为会计学的发展提供了条件。早在 9 至 10 世纪，意大利北方的一些城市便形成了商业中心。11 世纪至 13 世纪的十字军东征促进了意大利城市和东方贸易的发展，使意大利城市积累了大量财富，其中比较著名的有威尼斯、热那亚和佛罗仑萨等。这些城市的商人积聚了大量的财富，并将其投入工业和银钱业中，刺激了手工业和金融业的发展。从 12 世纪开始，随着海上贸易的发展和中介贸易的需求，原来以经营货币兑换业务为主的银钱业开始转变经营方式，不仅吸收存款和对外放款，而且还代客户办理现金结算和转账结算。银行业务活动内容的扩展，要求以复式记账法取代单式记账法，以全面地反映借贷资本的来源和去向。13 世纪初佛罗仑萨的银钱业簿记开始采用复式记账法，标志着近代会计的开端。其后，复式记账法经过近三个世纪的发展，经历了佛罗仑萨簿记、热那亚簿记和威尼斯簿记三个发展阶段，基本上奠定了借贷记账法的基础。1494 年，意大利数学家卢卡·帕乔利（Luca Pacioli）著述了《算术、几何、比与比例概要》一书，在其第三篇《簿记论》中全面系统地介绍了地中海沿岸流行了几百年的复式记账实践，并从理论上给予了论证。《簿记论》的问世宣告了会计学的诞生。

19 世纪以来，特别是进入 20 世纪以后，资本主义经济迅速发展，随着企业生产规模的扩大和市场竞争的加剧，会计在经济管理方面的作用越来越重要，会计的内容、形式、方法和技术都有了突飞猛进的发展，复式簿记变成了会计的记录部分。除了复式簿记之外，会计的一些新的内容和组成部分，如成本计算、财务报表分析、货币计量属性与方法相继出现，并且发展很快，财务会计系统得到完善。同时，企业为加强经济管理，不但需要会计对经济活动进行事后的核算，更需要会计对经济活动进行事前的预测、决策，为企业经营制定目标，编制预算，进行事中的控制、分析，事后的业绩考核和评价。这样，就逐步形成了专门为企业经营管理的需要而服务的管理会计。由此，会计从原有的对企业经济活动（以后统称为"交易"或者"事项"）的结果进行确认、计量、记录和报告发展到对企业生产经营的全过程进行控制和监督，参与企业的预测和决策，会计逐渐成为一个具有独立的管理职能并为其他管理职能服务的信息系统。

从上述会计的发展过程我们可以得出结论：经济越发展，会计越重要。随着社会经济的发展，会计的内涵和外延在不断地丰富和拓展，这一发展过程从来就没有停止过。

二、会计的职能

所谓会计的职能，就是会计在企业管理中所具有的功能，即人们在经济管理中用会计干什么。会计的职能随着经济的发展和管理要求的提高以及会计内容、作用的不断扩大而发展着。会计的基本职能通常有两个即会计核算和会计监督，会计的拓展职能主要是预测经济前景、参与经济决策、评价经营业绩等。

(一) 会计的基本职能

1. 核算职能

会计的核算职能又称会计的反映职能，是指会计以货币为主要计量单位，对特定主体的经济活动进行确认、计量、记录和报告。会计核算贯穿于经济活动的全过程，是会计最基本的职能。会计确认是指依据一定的标准，核实、辨认经济交易或事项的实质并确定应予以记录的会计对象的要素项目，并进一步确定已记录和加工的会计资料是否应列入财务报告和如何列入财务报告的过程。会计计量是指主要以货币为计量单位对各项经济交易或事项及其结果进行计量的过程。会计记录是指对经过会计确认、会计计量的经济交易或事项，采用一定方法填制会计凭证、登记会计账簿的过程。会计报告是以会计账簿记录为依据，采用表格和文字等形式，把会计凭证和会计账簿记录的会计资料进一步进行系统性加工汇总整理形成财务状况、经营成果和现金流量等的结构性表述的过程。

核算职能是会计最基本的职能之一，因为会计从产生开始就是对发生的经济业务的数量方面进行计量和记录，通过核算，客观地反映经济活动的过程和结果。会计的核算职能主要有如下特点：

（1）会计是以货币为主要计量单位。会计在对各单位经济活动进行反映时，主要从价值方面综合反映企业的交易或者事项。计量单位有三种：实物量度、劳动量度、货币量度。在不同情况下如对于不同的产品，由于实物量度和劳动量度的计量单位各不相同，不能满足会计进行全面、综合核算的要求。以货币为计量单位就可以将不同类的产品汇总在一起，综合反映单位总的资产价值。以货币为主要计量单位是会计区别于其他核算形式的主要特点。

（2）会计反映具有连续性、系统性和全面完整性。连续性是指会计反映应当按照各项交易或者事项的时间顺序依次进行，而不应当间断。系统性是指会计反映数据必须是在科学分类的基础形成相互联系的有序整体，使杂乱无章的会计数据系统化为有用的会计信息。完整性是指凡属于会计能够反映的内容都必须予以确认、计量、记录和报告，而不应当有任何遗漏。

（3）会计核算以真实合法的凭证为依据。

（4）会计核算收集的信息必须真实可靠，要取得或填制证明经济业务发生的原始凭证，并进行严格的审核，确认真实、合法、无误后才能据以填制记账凭证，登记账簿等一系列会计处理。

（5）会计核算是对单位经济活动的全过程进行反映。

（6）会计核算职能不仅要反映过去，还要反映未来。为了提高经营管理水平，必须加强事前的预测和决策、事中的控制和监督。会计利用它提供的信息，可以对经济活动进行事前核算和事中核算。事前核算就是对未来的经济活动进行的核算，主要通过预测、决策和规划来实现。事中核算是在经济业务执行过程中进行的核算，主要是对计划执行过程中实际与计划的差异进行记录、分析，以控制经济活动。会计核算由事后核算、事前核算和事中核算相结合才能充分发挥会计的反映职能。

2. 会计的监督职能

会计的监督职能是指会计人员在进行会计核算的同时，利用会计信息，依据国家法律、法规和国家统一会计制度等对单位经济活动的真实性、完整性、合法性和合理性进行审查和监督，使之达到预期目标的功能。真实性审查，是指检查各项会计核算是否根据实际发生的经济业务进行，是否如实反映经济交易或事项的真实状况。完整性审查，是指检查会计核算的范围和内容是否全面，是否有遗漏等不完整的情况。合法性审查，是指检查各项经济交易或事项及其会计核算是否符合国家有关法律法规，遵守财经纪律，执行国家各项方针政策，以杜绝违法乱纪行为。合理性审查，是指检查各项财务收支是否符合客观经济规律及经营管理方面的要求，保证各项财务收支符合特定的财务收支计划，实现预算目标，保持会计核算的准确性和科学性。

会计的监督职能具有如下特点：

（1）会计监督主要是利用反映职能所提供的会计信息，利用价值指标进行的货币监督。如利用资产指标可以了解企业一定日期的资产规模及其结构，考核企业资产的利用情况；利用成本指标可以综合考核各项生产费用消耗水平和成本标准执行情况，以控制各项消耗，提高企业经济效益。

（2）会计监督是在会计反映交易或者事项的同时进行的，包括事前、事中和事后监督。事前监督是指会计在参与企业预测和决策过程中，依据有关政策、法规、制度、准则和标准对企业未来交易或者事项的合规性和有效性进行审查，是对企业未来经济活动的指导。事中监督是指利用会计核算资料，对已发现的问题提出意见和建议，促使有关部门采取整改措施，及时调整经济活动，使其按照预定的目标和要求进行。事后监督是指会计以企业事先制定的目标、标准为准绳，通过分析已取得的会计核算资料，对企业已经发生的交易或者事项的合法性和有效性进行的考核和评价。

会计反映和会计监督是会计的两项基本职能，是相辅相成，辩证统一的。没有会计反映，会计监督就会失去基础；没有会计监督，会计反映则会失去意义。所以，会计反映和会计监督是一个不可分割的统一体，会计反映居于主导地位，会计监督寓于会计反映之中。

（二）会计的拓展职能

1. 预测经济前景

预测经济前景是指根据财务会计报告等信息，定量或定性地判断和推测经济活动的发展变化规律，以指导和调节经济活动，提高经济效益。

2. 参与经济决策

参与经济决策是指根据财务会计报告等信息，运用定量或定性分析方法，对备选方案进行经济可行性分析，为企业生产经营管理提供与决策相关的信息。正确的决策可以使企业获得最大效益，决策失误将会造成重大损失与浪费。决策必须建立在科学预测的基础上，而预测与决策都需要掌握大量的财务信息，这些资料都必须依靠会计来提供。因此，为企业取得最大经济效益奠定基础的参与决策的职能，是会计的一项重要职能。

3. 评价经营业绩

评价经营业绩是指利用财务会计报告等信息，采用适当的方法，对企业一定经营期间的资产运营、经济效益等经营成果，对照相应的评价标准，进行定量及定性对比分析，作出真实、客观、公正的综合评判。

会计作为一种经济管理活动，是经济管理的一个重要组成部分，会计要发挥它相应的管理功能，就必须对经济活动进行预测、计划、记账、算账、分析、控制、检查、反馈等各个环节的工作。应当指出，各个工作环节综合地体现着会计的各项职能，而不是一个工作环节孤立地只和某一项职能相联系。

三、会计的概念和特点

通过上述对会计发展历史及会计职能的认识，大家可以了解到人类发展到现在，全球信息化、经济全球化使作为“国际商业公共语言”的会计的内涵及外延不断地丰富与发展。现代会计概念可以表述为：会计是以货币为主要计量单位，以凭证为依据，用一系列专门的技术、方法，对一定会计主体的交易或事项进行全面、综合、连续、系统的核算和监督，并向有关方面提供反映企业财务状况、经营成果和现金流量等会计信息的一种经济管理活动。

会计的特点，主要有以下几个方面：

（1）以货币作为主要的计量尺度。尽管有时会计也要运用实物量度和劳动量度作为辅助量度，但是货币量度始终是会计最基本的、统一的、主要的计量尺度。

（2）以凭证为依据。会计的任何记录和计量都必须以会计凭证为依据，这就使会计信息具有真实性和可验证性。只有经过审核无误的原始凭证（凭据）才能据以编制记账凭证，登记账簿进行加工处理。这一特征也是其他经济管理活动所不具备的。

（3）具有连续性、系统性、完整性和综合性。会计在利用货币量度计算和监督经济活动时，以经济业务发生的时间先后为顺序连续地不间断地进行登记，对每一次经济业务都无一遗漏地进行登记，不能任意取舍，做到全面完整。同时，登记时要进行分类整理，使之系统化，而不能杂乱无章，并通过价值量进行综合、汇总，以完整地反映经济活动的过程和结果。

通过上述对会计职能和特征的分析来看，我们可以把会计的含义概括为：以货币为主要计量单位，运用专门的方法和程序，对一定会计主体的经济活动进行全面、综合、连续、系统地核算和监督，提供以财务信息为主的经济信息，以提高经济效益，取得最好经济效果的经济管理活动。

为了进一步地把握会计的含义，我们还需要对会计的对象、目标以及会计核算方法等问题作进一步地了解。

第二节　会计的对象和目标

一、会计的对象

（一）会计的一般对象

会计的对象是指会计反映和监督的内容。由于会计是以货币为主要计量单位，对特定经济主体的经济活动进行核算和监督。因此，凡是特定主体能用货币表现的经济活动，都是会计核算和监督的内容。以货币表现的经济活动又称为价值运动。由于不同主体经济活动的内容与性质不同，会计的具体对象也不完全相同。在市场经济条件下，会计的对象是社会再生产过程中主要以货币表现的经济活动，即企事业单位、政府和非营利组织等经济主体的资金运动。

从表面上看，各经济主体在社会再生产过程中的工作性质和任务有所不同，但是它们的经济活动都不同程度地与社会再产品的生产、交换、分配和消费有关，都是社会再生产过程的组成部分。因此，社会再生产过程中发生的能够用货币表现的经济活动，就构成了会计的一般对象。

可见，会计的对象不是社会再生产过程中发生的全部经济活动，而是其中能够用货币表现的方面。

（二）会计的具体对象

由于不同类型的经济主体在社会再生产过程中所担负的任务不同，经济活动的内容不同，所以，其资金运动的具体形式和内容也有所不同，即会计的具体对象是不同的。

1. 企业会计的对象

典型的现代会计是在企业范围内进行的。鉴于工业企业的资金运动相对比较完整，这里只以工业企业为例阐述会计的具体对象。在市场经济条件下，企业是自主经营、自负盈亏的商品生产者和经营者，而资金是企业进行生产经营的物质基础，企业要进行生产经营，首先要筹集到一定的资金，然后把资金投入到生产经营中，并加以合理运用，生产出适销对路的产品，最后把产品销售出去，收回资金，然后再开始下一个生产经营过程。随着企业生产经营连续不断地进行，资金就不停地运动。在企业生产经营的不同阶段，资金的形态会发生相应的变化，资金的数量也会发生增减变动。具体地说，工业企业的生产经营过程是由供应、生产和销售三个主要阶段组成的，工业企业的资金运动与生产经营过程之间的关系如图 1-1 所示。

如图 1-1 所示，随着工业企业生产经营活动的进行，企业的资金运动可分为资金投入、资金周转和资金退出三个基本环节。

首先，资金投入企业。资金投入企业，是指企业通过吸收投资、发行股票、发行债券或向银行借款等方式筹集到生产经营所需资金。不同渠道筹集的资金，按照权益的不同，通常分为所有者权益和负债。

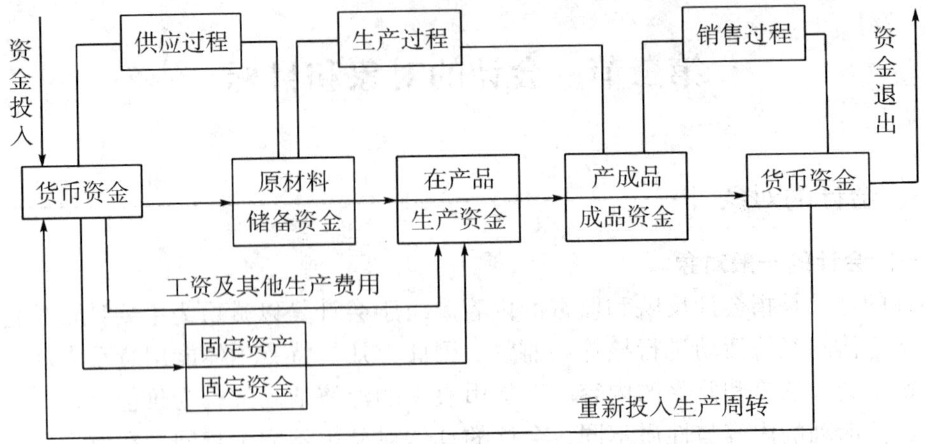

图 1-1　工业企业资金运动与生产经营过程之间的关系

其次，资金的周转、增值。企业把筹集到的资金投入企业的生产经营活动中，并按照供应、生产和销售三个环节循环周转，并在不停的运动中增值。在供应环节，企业以货币资金购买原材料等劳动对象，为生产作准备，货币资金转化为以原材料形态存在的储备资金。在生产环节，把原材料投入到生产，由企业劳动者利用劳动资料（机器设备等）对其进行生产加工，制造出产品。在生产过程中除发生原材料耗费外，还要发生劳动资料的磨损（即固定资产的折旧费用）以及支付工人人工费用，从而使企业的生产储备资金、以固定资产形态存在的固定资金以及货币资金转化为以在产品形态存在的生产资金。当生产过程结束，产品完工入库时，在产品转化为产成品，生产资金转化为以产成品形态存在的成品资金。在销售环节，企业把产品销售出去，取得销售收入，收回货币资金。随着企业供、产、销过程的不断进行，企业的资金也在周而复始地循环和周转着，由货币资金开始，依次转化为储备资金、生产资金、成品资金，最后又回到货币资金状态。企业资金周转的过程，也是费用发生的过程，投入的资金表现为各种耗费，并在销售环节销售产品，取得收入，收回货币资金。正常情况下，企业的收入大于费用，企业就获得了盈利，也即收回的货币资金大于投入的货币资金，实现了资金增值。

最后，资金退出企业。资金退出企业，是指由于偿还各种债务或减资等原因，部分资金将不再参加周转而流出企业。例如，企业用银行存款归还银行借款、偿还各种应付款、交纳各种税金以及分配利润、股票回购等。

工业企业的资金在再生产过程的不同阶段表现为不同的占用形态，形成了企业不同类型的资产。企业的各类资产就其来源而言，或由投资者出资，或者由债权人提供，前者称为所有者权益，后者称为负债。企业销售产品所取得的货币资金称为收入；企业为取得收入而发生的资金耗费称为费用；收入大于费用的差额与企业生产经营活动之外的利得和损失的差额共同构成了企业的利润。

资产、负债、所有者权益、收入、费用和利润统称为六大会计要素，前三个要素反映了企业资金运动的结果，即企业资金的来源渠道和存在状态，后三个要素反映企业资金运动的过程，即价值增值过程。

通过上述分析我们可以得出结论，工业企业供、产、销过程即是工业企业会计反映和监督的具体对象。而工业企业会计的具体对象又可以进一步分解为资产、负债、所有者权益、收入、费用和利润，即工业企业会计要素。关于工业企业会计要素的有关知识将在本书下一章详细阐述。

2. 行政、事业单位会计的研究对象

行政、事业单位如国家机关、学校等一般不从事产品的生产和经营，但它们也需要资金的帮助才能执行国家和社会所赋予的职能。它们所需的资金通常由财政部门拨付，是国家预算支出的一部分，对这部分资金的耗费一般不要求收回，也不要求这部分资金产生多少经济效益，而是着眼于行政事业单位是否充分利用这部分资金为国家和社会做出了更多的事情，更好地履行了国家和社会赋予它们的职能和任务。这部分资金称为“预算资金”，因此，行政、事业单位会计的对象是预算资金的运动。

二、会计的目标

会计目标是会计的最终目的，是指会计应当向谁、以什么样的方式、提供什么样的会计信息，并达成什么样的目的，它是会计工作的基本导向。

（一）会计的一般目标

会计的一般目标是会计的最终目的，它在会计目标系统中居支配地位和起导向作用，制约着具体会计目标。理论界对会计一般目标的认识主要基于两种有代表性的观点，一是受托责任观，二是决策有用观。

1. 受托责任观

受托责任观产生于公司制企业形成时期，是企业所有权与经营分离在会计目标上的体现。企业所有者将资源委托给经理人员（受托人）经营，在他们之间就形成了一种委托受托责任关系，客观上要求会计系统应当反映受托经营责任，从而产生了以解除受托责任为目标的受托责任观。

2. 决策有用观

决策有用观认为会计的目标是为了向现实的投资者和潜在的投资者提供与其决策有关的会计信息。决策有用观是在资本市场日益扩大化和规范化的背景下形成的。企业为了从资本市场筹集资金，必须向资本市场上现实的和潜在的投资者提供大量有用的会计信息，以供投资者决策使用，因此会计系统必须以提供决策有用的会计信息为目标取向。

受托责任观与决策有用观分别从不同的侧面提出了会计的目标，二者之间并不矛盾。明确受托者是提供决策有用会计信息的基础，决定向谁提供信息，提供决策有用信息是明确受托责任的保障。所以，我国《企业会计准则》同时采纳了以上两种观点，指出：财务会计的目标是向企业的投资者、债权人、政府及其有关部门、社会公众以及企业管理层等会计信息使用者提供与企业财务状况、经营成果和现金流量等有关的会计信息，反映企业管理层受托责任履行情况，有助于财务会计信息使用者作出经济决策。

（二）会计的具体目标

会计的具体目标是会计一般目标的具体化，是在一般目标的约束下所要达到的具体目的，也即会计的基本目的：会计应当向谁、以什么样的方式、提供什么样的会计信息。

1. 会计信息应当满足国家宏观经济管理的需要

企业是社会再生产的基本单位和市场经济的主体，企业生产经营情况的好坏、经济效益的高低以及行为是否合法直接影响着整个国民经济的运行情况和市场经济秩序。因此，在社会主义市场经济条件下，政府及其有关部门通过一定的宏观经济政策和管理措施对国民经济运行情况进行适度的干预和调节是十分必要的。政府及其有关部门进行宏观经济决策所需要的信息是多种多样的，但这些信息主要是会计信息。通过对企业提供的财务会计信息进行汇总和分析，政府及其有关部门可以了解各行业、各地区和整个国民经济的运行状况，对国民经济的运行状况作出正确的判断，从而制定出合理而有效的管理措施和调控政策，以确保国民经济健康而有序地发展。

2. 会计信息应当满足外部利益相关者的需要

在社会主义市场经济条件下，企业处于错综复杂的经济关系之中，其生产经营活动除了与投资者和债权具有密切的联系之外，还与客户、供应商以及社会公众等的利益相关。企业的投资者（包括现实的投资者和潜在的投资者）出于资本保全和增值的考虑，需要利用会计信息了解企业资产的运用情况和经营成果，以便对企业的获利能力、资本保值和增值程度作出正确的判断，从而做出正确的投资决策。企业的债权人出于自身债权安全的考虑，需要利用会计信息了解企业的财务状况、经营成果和现金流量，以便对企业的偿债能力和财务风险作出正确的判断。企业的客户和供应商出于购销业务和自身经营战略的考虑，需要利用会计信息正确评价企业的产品供应能力和现金支付能力。社会公众也需要利用会计信息正确评价企业对社会责任的履行情况。

3. 会计信息还应当满足企业内部经营管理的需要

在社会主义市场经济条件下，企业是一个自主经营、自负盈亏的经济实体。企业要想在激烈的市场竞争中生存和发展，必须提高企业内部的经营管理水平，来保证企业管理层作出科学的决策。管理的核心是决策，而决策又离不开相关的会计信息，如企业资金来源与运用、费用消耗水平、资产保值增值等信息的支持。

第三节　会计核算的基本前提和会计信息质量要求

一、会计核算的基本前提

会计核算的基本前提又称会计假设，是指为了保证会计信息质量，对会计确认、计量、记录和报告的空间和时间范围、内容、程序和方法所作的限定。之所以称为假设，是因为会计核算前提只是对变化不定的会计环境所作的推断和人为限定，当然，这种推断和限定是科学的和合乎情理的。会计核算的基本前提通常有四个。

（一）会计主体

会计主体是指会计所服务的特定单位。会计主体假设是指企业应当对其本身发生的交易或者事项进行会计确认、计量、记录和报告。会计主体假设是为了设定会计核算的空间范围，目的是把会计主体的经济活动与其他会计主体经济活动区别开来。

会计主体不同于法律主体。一般来说，法律主体往往是一个会计主体，例如，一个企业作为一个法律主体，应当建立会计核算体系，独立反映其财务状况、经营成果和现金流量。但是，会计主体不一定是法律主体，比如在企业集团里，总公司下属的分公司没有法人地位，但在独立核算的条件下，也可以成为会计主体。

（二）持续经营

持续经营是指企业会计确认、计量、记录和报告应当以持续、正常的生产经营活动为前提，而不考虑其是否将破产清算。持续经营假设明确了会计确认、计量、记录和报告的时间范围。只有以持续经营为前提，会计确认才能建立在权责发生制基础之上，才有可能采用历史成本属性进行会计计量，才有必要提供分期财务会计报告，才能保持会计核算程序的一致性和稳定性。

由于持续经营是根据企业发展的一般情况所作的设定，而任何企业都存在破产清算的风险，也就是说，企业不能持续经营的可能性总是存在的。为此，往往要求定期对企业持续经营这一前提作出分析和判断。一旦判定企业不符合持续经营前提，就应当改变会计核算的方法，并在企业财务报告中作相应披露。

（三）会计分期

会计分期是指将企业持续经营的生产经营活动划分为一个个连续的、长短相同的期间，会计分期假设是对会计确认、计量、记录和报告的时间范围所作的限定。会计分期的目的，是据以分期结算盈亏，按期编报财务报告，从而及时地向各方面提供有关企业财务状况、经营成果和现金流量信息。

会计分期对会计原则和会计政策的选择有着重要影响，由于会计分期，产生了当期与其他期间的差别，从而出现权责发生制和收付实现制的区别。

会计期间分为年度和中期。中期是指短于一个完整的会计年度的报告期间，包括月度、季度、半年度等。

（四）货币计量

货币计量，是指会计主体在会计确认、计量、记录和报告时，主要以货币作为计量单位，来反映会计主体的生产经营活动过程及其结果。在会计核算过程中之所以选择货币作为计量单位，是由货币本身的属性决定的。货币是商品的一般等价物，是衡量一般商品价值的共同尺度。选择货币作为共同尺度进行计量，具有全面综合反映企业的生产经营情况及其结果的作用。而其他的计量单位，如实物计量单位（件、台、个等），劳动计量单位（天、小时等），只能从一个方面反映企业的生产经营情况，无法在“量”上进行汇总和比较，不便于企业管理和会计计量。所以，为全面反映企业的生产经营、业务收支等情况，会计核算就选择了以货币作为主要计量单位。同时，在会计核算和会计监督中，可以采用其他计量单位对货币计量单位进行必要的补充和说明。例如对原材料、库存商品等实物资产的核算中，采用实物量度，可以补充说明原材料、库存商品的储存、耗费等经营责任的落实状况。

综上所述，会计核算首先应当明确其服务的特定单位，然后以货币为统一计量尺度，在持续经营的前提下，运用会计程序和方法确认、记录、计量该单位所发生的交易或者事项，最后按照规定的会计期间编制财务会计报告。

二、会计信息质量要求

会计信息质量要求是对企业财务报告中所提供的会计信息质量的基本要求，是使财务报告提供的会计信息对使用者决策有用的基本特征，主要包括以下几个方面：

（一）可靠性

可靠性是指企业应当以实际发生的交易或者事项为依据进行会计确认、计量、记录和报告，如实反映符合确认和计量要求的各项会计要素及其他相关信息，保证会计信息真实可靠、内容完整。为了贯彻可靠性要求，企业应当做到以下几点。

（1）以实际发生的交易或者事项为依据进行确认、计量、记录和报告。将符合会计要素定义及其确认条件的资产、负债、所有者权益、收入、费用和利润等如实反映在财务报表中，不得根据虚构的、没有发生的或者尚未发生的交易或者事项进行确认、计量和报告。

（2）在符合重要性和成本效益原则的前提下，保证会计信息的完整性。其中包括应当编报的报表及其附注内容等应当保持完整，不能随意遗漏或者减少应予披露的信息，与报表使用者决策相关的有用信息都应当充分披露。

（3）在财务报告中列示的会计信息应当是中立的。如果企业在财务报告中为了达到事先设定的结果或效果，通过选择或列示有关会计信息以影响决策和判断的，这样的财务报告信息就不是中立的。

（二）相关性

相关性要求企业提供的会计信息应当与投资者等财务报告使用者的经济决策需要相关，有助于财务报告使用者对企业过去、现在或者未来的情况作出评价或者预测。

会计信息是否有用，是否具有价值，关键是看其与使用者的决策需要是否相关，是否有助于决策或者提高决策水平。相关的会计信息应当能够有助于使用者评价企业过去的决策，证实或者修正过去的有关预测，因而具有反馈价值。相关的会计信息还应当具有预测价值，有助于使用者根据财务报告所提供的会计信息预测企业未来的财务状况、经营成果和现金流量。

会计信息质量的相关性要求，需要企业在确认、计量、记录和报告会计信息的过程中，充分考虑使用者的决策需要，满足各方面的具有共性的信息需求。相关性是以可靠性为基础的，两者之间并不矛盾，不应将两者对立起来。也就是说，会计信息在可靠性前提下，尽可能地做到相关性，以满足财务报告使用者的决策需要。

（三）可理解性

可理解性又称明晰性，是指企业提供的会计信息应当清晰明了，便于财务会计报告使用者理解和使用。会计信息是否有用，取决于是否能够为其使用者所理解。所以，可理解性是针对会计信息用户的一项质量要求，是决策者与决策有用性的联结点。

可理解性要求会计信息必须清晰、简明、易懂，数据文字说明要一目了然。对于复杂的交易或者事项必须加以说明，使用文字要规范，表达要准确、清楚，不能含糊其词。

（四）可比性

可比性是指企业提供的会计信息应当相互可比。这主要包括两层含义：

（1）同一企业不同时期可比。这是为了便于投资者等财务报告使用者了解企业财务状况、经营成果和现金流量的变化趋势，比较企业在不同时期的财务报告信息，全面、客观地评价过去、预测未来，从而做出决策。会计信息质量的可比性要求同一企业不同时期发生的相同或者相似的交易或者事项，应当采用一致的会计政策，不得随意变更。但是，满足会计信息可比性要求，并非表明企业不得变更会计政策，如果按照规定或者在会计政策变更后可以提供更可靠、更相关的会计信息，可以变更会计政策。有关会计政策变更的情况，应当在附注中予以说明。

（2）不同企业相同会计期间可比。为了便于投资者等财务报告使用者评价不同企业的财务状况、经营成果和现金流量及其变动情况，会计信息质量的可比性要求不同企业同一会计期间发生的相同或者相似的交易或者事项，应当采用规定的会计政策，确保会计信息口径一致、相互可比，以使不同企业按照一致的确认、计量、记录和报告要求提供有关会计信息。

可比性能够使会计信息使用者利用会计信息鉴别出不同企业或者同一企业在不同时期的财务状况、经营成果和现金流量等方面的差异，客观、全面地评价企业，做出相应的决策。

（五）实质重于形式

企业应当按照交易或者事项的经济实质进行会计确认、计量、记录和报告，不应仅以交易或者事项的法律形式为依据。

在实际工作中，多数情况下，企业发生交易或事项的经济实质内容与法律形式是一致的，但在有些情况下也会出现不一致的情况。例如，企业租入的资产（短期租赁和低值资产租赁除外），从法律形式上来讲，企业并不拥有该资产的所有权，但是，如果租赁合同的期限非常长，以至于接近了租入固定资产的使用寿命（而且租赁合同一般又不可撤销），租赁期结束时，承租企业有优先购买该资产的选择权。那么从经济实质上看，承租企业能够控制该租入资产未来的经济利益，同时承担了该资产未来的价值变动风险。所以，就应当将该类租入的资产视为企业的资产，在资产负债表中填列使用权资产。

（六）重要性

企业提供的会计信息应当反映与企业财务状况、经营成果和现金流量等有关的所有重要交易或者事项。

重要性是指当一项会计信息被遗漏或错误地表达时，导致会计信息使用者误判的可能性程度。重要的交易或者事项应重点揭示和单独反映，次要的交易或者事项可以采用简化的会计程序和方法进行反映。

在判断某一交易或者事项的重要性时，应当从质和量两个方面进行考虑。从性质上看，如果某一交易或者事项由于其特殊的性质可能对决策产生较大影响时，就属于重要事项；从数量上看，如果某一交易或者事项由于其金额较大可能对决策产生较大影响时，也属于重要事项；反之，则属于次要的交易或者事项。

（七）谨慎性

企业对交易或者事项进行会计确认、计量、记录和报告应当保持应有的谨慎，不应高估资产或者收益、低估负债或者费用。

在市场经济环境下，企业的生产经营活动面临着许多风险和不确定性，如应收款项的可收回性、固定资产的使用寿命、无形资产的使用寿命、售出存货可能发生的退货或者返修等。会计信息质量的谨慎性要求，需要企业在面临不确定性因素的情况下作出职业判断时，应当保持应有的谨慎，充分估计到各种风险和损失，既不高估资产或者收益，也不低估负债或者费用。

谨慎性是会计对市场经济固有的不确定性和风险性所作出的谨慎反映。例如：要求企业对可能发生的资产减值损失计提资产减值准备、对售出商品可能发生的保修义务等确认预计负债等，就体现了会计信息质量的谨慎性要求。

（八）及时性

及时性是指企业对于已发生的交易或者事项，应当及时进行会计确认、计量、记录和报告，不得提前或者延后。

会计信息的价值在于帮助所有者或者其他方面作出经济决策，具有时效性。即使是可靠、相关的会计信息，如果不及时提供，就失去了时效性，对于使用者的效用就大大降低，甚至不再具有实际意义。在会计确认、计量、记录和报告过程中贯彻及时性，一是要求及时收集会计信息，即在经济交易或者事项发生后，及时收集整理各种原始单据或者凭证；二是要求及时处理会计信息，即按照会计准则的规定，及时对经济交易或者事项进行确认或者计量，并编制出财务报告；三是要求及时传递会计信息，即按照国家规定的有关时限，及时地将编制的财务报告传递给财务报告使用者，便于其及时使用和决策。会计信息具有时效性，其价值往往随着时间的推移而逐渐降低。

会计信息的有用性在于其决策相关性，决策之后的会计信息将会失去相关性。可见，会计信息的及时性实际是由相关性决定的。

第四节　会计核算基础与会计计量

一、会计核算基础

会计核算基础是指会计确认、计量、记录和报告的基础。

会计分期假设确定了会计核算的时间范围，并由此产生了具有期间特点的收入、费用和利润三要素，但它同时也为会计核算带来了另外的问题，如当业务发生与收入、费用的实际实现不在同一会计期间时，收入、费用确认时点应如何确定，以及跨期处理等问题。

我国现行会计准则规定会计核算基础有两种，分别是权责发生制和收付实现制。

（一）权责发生制

权责发生制，是指以取得、收取款项的权利或支付款项的义务为标志来确定本期收入和费用的会计核算基础。

由于会计核算是分期进行的，不可避免地会出现前期付费后期受益，或者前期受益后期付费的现象，因而需要对某些收入和费用在相邻的会计期间进行划分。按照权责发生制的要求，凡是当期实现的收入和已经发生或者应当负担的费用，无论款项是否收付，都应当确认为本期的收入或者费用；凡不属于本期的收入和费用，即使款项已在当期收付，也不应当确认为本期的收入和费用。

（二）收付实现制

收付实现制，是与权责发生制相对应的一种会计确认基础，它是以现金的实际收付为标志来确定本期收入和费用的会计核算基础。

收付实现制强调财务状况的切实性，权责发生制强调经营成果的配比性。我国会计准则规定：企业应当以权责发生制为基础进行会计确认、计量、记录和报告。

【例 1-1】兴胜公司 2023 年 1 月发生下列经济业务：

（1）预收客户 30 000 元货款，该商品下月交货。

（2）支付本月广告费 5 000 元。

（3）预付下半年保险费 3 000 元。

（4）收到上月 A 公司所欠购货款 60 000 元。

（5）销售给 L 公司产品一批，收到款项 50 000 元。

（6）支付上月水电费 3 600 元。

（7）企业短期借款利息实行按月计提，季末清缴。计提本月应负担利息 500 元。

（8）销售给 M 公司产品一批，款项 70 000 元，经双方协议，M 公司下月付款。

根据上述资料用权责发生制和收付实现制分别确认本期的收入、费用如表 1-1 所示。

表 1-1　权责发生制与收付实现制收入、费用计算对比　　单位：元

业务	权责发生制		收付实现制	
	收入	费用	收入	费用
（1）			30 000	
（2）		5 000		5 000
（3）				3 000
（4）			60 000	
（5）	50 000		50 000	
（6）				3 600
（7）		500		
（8）	70 000			

二、会计计量

会计计量是指主要以货币为度量单位将确认为会计要素的交易或者事项在账户中予以记录并在财务会计报告中列报的过程。会计确认是对交易或者事项定量描述的程序。会计计量主要由货币计量单位和计量属性两个要素组成，这两个要素之间的不同组合形成了不同的会计计量模式。

如前所述，会计是以货币为主要计量单位的，这是由会计的特征决定的，而计量属性也称计量基础，是指会计要素可用货币计量的各种特性。企业在将符合条件的会

计要素登记入账并列报于财务报表时，应当按照规定的会计计量属性进行计量，确定其金额。长期以来，会计计量一直是以历史成本为主要计量属性的，然而由于历史成本在相关性方面存在明显的缺陷，所以会计界又陆续提出了重置成本、可变现净值、现值和公允价值等计量属性。

（一）历史成本

历史成本又称实际成本，是指取得或制造某项财产、物资时所支付的现金或者现金等价物。在历史成本计量下，资产按照购置时支付的现金或者现金等价物的金额，或者按照购置资产时所付出的对价的公允价值计量。负债按照因承担现时义务而实际收到的款项或者资产的金额，或者承担现时义务的合同金额，或者按照日常活动中为偿还负债预期需要支付的现金或者现金等价物的金额计量。

在目前会计计量中，历史成本一直占据主导地位，尽管其公允性受到通货膨胀的强烈冲击，主要有以下原因：

（1）历史成本为交易双方所认可，并且有合法的原始凭证的支持，因而具有客观性，减少了人为的判断。

（2）历史成本信息本身具有反馈价值，是业绩评价的依据。历史成本信息又是预测的基础。所以，历史成本对决策还是有用的。

（3）历史成本具有可验证性，取得成本较低。

（二）重置成本

重置成本又称现行成本，是指按照当前市场条件，重新取得同样一项资产所需支付的现金或现金等价物。在重置成本计量下，资产按照现在购买相同或相似资产所需支付的现金或者现金等价物的金额计量。负债按照现在偿付该项债务所需支付的现金或者现金等价物的金额计量。

重置成本又称现行成本或现时购入成本，遵循的是实物资本保全的概念，其特点是：

（1）重置成本是一个现在时点的价值。

（2）重置成本是虚拟以市场交易价格的形式表现的。

（3）重置成本依不同的情况显示不同的价值含义。例如购置同类资产的市场价格，该资产扣减持有资产已使用年限的累计折旧；重新购置有相同生产能力的资产的市场价格等。

（三）现值

现值是指对未来现金流量以恰当的折现率进行折现后的价值。现值是考虑货币时间价值因素的一种计量属性。在现值计量下，资产按照预计从其持续使用和最终处置中所产生的未来现金净流入量的折现金额计量。负债按照预计期限内需要偿还的未来现金净流出量的折现金额计量。

未来现金流量的现值又称资本化价值，它是在正常经营中，对未来现金流量的现时折现价值的当前估计，其依据是：资产是预期的经济利益。资产之所以会有价值，主要是因为其具有获利（产生未来的现金净流入）能力。按照这一属性，资产应当按照其预期的未来现金的净流入的折现值来计量。

（四）可变现净值

可变现净值是指在生产经营过程中，以预计售价减去进一步加工成本和销售所必需的预计的税金、费用后的净值。在可变现净值计量下，资产按照其对外正常销售所能收到的现金或者现金等价物的金额扣减该资产至完工时估计将要发生的成本、估计的销售费用以及相关税费后的金额计量。

现值与可变现净值计量属性既有联系也有区别。二者的共同点是：现值与可变现净值都反映资产的变现（脱手）价值。二者的区别在于：现值是基于当前的脱手价值，可变现净值是基于未来的脱手价值，二者的变现时点不同。

显而易见，可变现净值仅用于计划将来销售的资产或未来清偿既定的负债，无法适用于企业所有资产。

（五）公允价值

公允价值是指市场参与者在计量日发生的有序交易中，出售一项资产所能收到或者转移一项负债所需支付的价格。在公允价值计量下，资产和负债按照在公平交易中，熟悉情况的交易双方自愿进行资产交换或者债务清偿的金额进行计量。

历史成本与公允价值不是相抵触和相排斥的概念，在资产的购买日，历史成本与公允价值几乎是一样的，至少在大多数交易中是如此的。

之所以要在历史成本属性之外引入公允价值属性，是因为公允价值最忠实地反映了交易的实质。公允价值反映了市场对直接或间接地隐含在资产中的未来净现金流量的折现价值的估计；公允价值信息有助于会计信息使用者对未来作出合理的预测，并有利于验证其以前所作预测的合理性。相对于历史成本信息，公允价值信息更多地反映了市场对企业资产或整体价值的评价，与决策更具有相关性。

如上所述，尽管历史成本计量属性存在严重缺陷，但是其在可靠性、简便性和可验证性以及取得成本等方面拥有巨大的优势，所以，企业在对会计要素进行计量时一般应当采用历史成本，如果采用重置成本、可变现净值、现值、公允价值计量，那么应当保证所确认的会计要素金额能够取得并可靠计量。

第五节　会计核算方法

一、会计方法

会计方法是会计反映和监督会计对象、完成会计任务的手段。会计方法包括会计核算、会计分析、会计预测、会计决策等方法。会计核算是会计的基本环节，是会计分析、会计预测、会计决策等方法的基础，也是会计初学者必须掌握的基础知识。所以，本书只介绍会计的核算方法，会计分析、会计预测、会计决策等方法将放在其他相关课程里，结合具体的会计业务进行讲述。

二、会计核算方法的内容

会计核算方法是对会计对象进行完整、连续和系统地反映和监督所应用的方法，主要包括设置会计科目与账户、复式记账、填制和审核凭证、登记账簿、成本计算、财产清查和编制财务会计报告等。

（一）设置会计科目与账户

设置会计科目与账户是对会计核算对象的具体内容进行分类核算并予以连续和系统反映的一种专门方法，目的是反映交易或者事项而引起的各会计要素的增减变动及变动结果。

（二）复式记账

复式记账是与单式记账相对应的一种记账方法，其特点是对每一项交易或者事项都要以相等的金额，在两个或两个以上账户中进行相互联系登记的一种记账方法。通过账户之间的对应关系，可以了解有关交易或者事项的来龙去脉，通过账户的平衡关系，可以检查有关交易或者事项的记录是否正确。

（三）填制和审核凭证

填制和审核凭证是指对任何交易或者事项都必须填制或取得表明其已经发生的书面证明，并送交会计机构和会计人员审核。只有经过审核并认定无误的书面证明才能据以编制记账凭证和登记账簿。填制和审核凭证不仅可以确保会计数据的真实性和可靠性，同时也是实现会计监督的重要手段。

（四）登记账簿

登记账簿就是将会计凭证所记载的交易或者事项的数据资料，连续、系统地录入有关会计簿籍的专门方法。登记账簿必须以审核无误的会计凭证为依据，它是把分散在会计凭证中的会计数据系统化为有用的会计信息的过程，从而有助于会计信息使用者了解企业经济活动和资金运动的全貌。

（五）成本计算

成本计算是指企业在生产经营过程中，执照一定的对象归集和分配各种费用，以确定各成本计算对象总成本和单位成本的一种专门方法。通过成本计算可以确定各种材料物资的采购成本、各种产品的生产成本以及已销产品的销售成本等，用来反映和监督生产经营过程中各项生产要素的消耗水平和经营效果，为企业成本管理提供信息。

（六）财产清查

财产清查是指通过盘点实物、核对账目，以查实各项财产物资和债权债务的账存数与实存数是否一致的一种方法。通过财产清查可以查明企业各项财产物资的保管和使用情况以及各项债权债务等往来款项的结算情况。在财产清查中如果发现财产物资和债权债务的账存数与实存数不一致，应及时查明原因，通过一定的审批手续进行处理后，还要及时调整账面记录，使账面数与实存数保持一致，以保证会计核算资料的正确性和真实性。

（七）编制财务会计报告

财务会计报告是指企业对外提供的反映企业某一特定日期的财务状况和某一会计期间的经营成果、现金流量等会计信息的文件。通过财务会计报告，可以使分散在账簿中的会计信息综合为全面反映企业经济活动的财务信息。

以上会计核算的方法，虽各有特定的含义和作用，但并不是独立的，而是相互联系的。

会计核算七种方法之间的关系如图 1-2 所示。

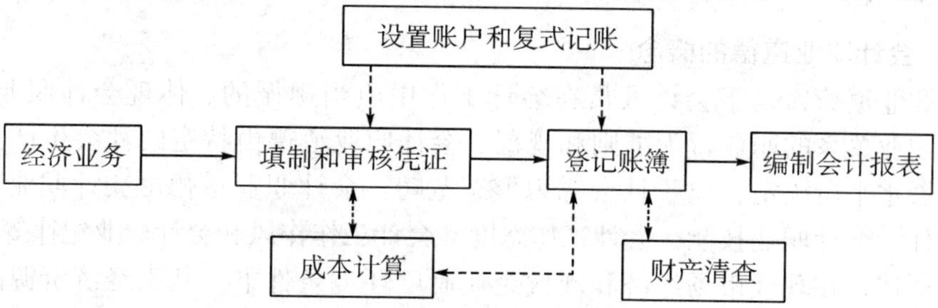

图 1-2　会计核算方法关系

由图 1-2 可知，会计核算的方法相互依存，相互配合，构成了一个完整的方法体系。在会计核算中，应正确地运用这些方法。在日常经济业务发生后，要按规定的手续填制和审核会计凭证；根据审核无误的会计凭证，按照事先设置的账户采用复式记账法在有关账簿中进行登记；对于生产经营过程中所发生的各项费用按一定方法进行归集和分配，计算成本；一定时期终了，要通过财产清查对账簿记录进行核实；在账证、账账、账实相符的基础上，根据账簿记录编制会计报表。

第六节　会计职业道德

一、会计职业及其特征

（一）会计职业的概念

会计职业，是指利用会计专门的知识和技能，为经济社会提供会计服务，获取合理报酬的职业。在会计实务中，会计职业主要是指根据会计法律法规等相关规定要求，在国家机关、社会团体、企业、事业单位和其他组织中从事会计核算、实行会计监督的会计工作。

（二）会计职业的特征

（1）会计职业的社会属性。会计职业是社会的一种分工，履行会计职能，为社会提供会计服务，维护生产关系和经济社会秩序，正确处理企业利益相关者和社会公众的经济权益及其关系。

（2）会计职业的规范性。会计职业具有系统性的专业规范操作要求，具有严格职业道德的规范性要求。

（3）会计职业的经济性。会计职业是会计人员赖以谋生的劳动过程，具有获取合理报酬的特性。

（4）会计职业的技术性。会计职业采用各种专门方法和程序履行其职能。

（5）会计职业的时代性。会计职业应适应经济社会生产经营方式、发挥市场在经济资源配置中决定作用和更好发挥政府作用以及文化、社会组织等多种因素的变化要求，切实贯彻创新、协调、绿色、开放、共享的新发展理念，与时俱进，适应我国社会主义特色新时代要求。

二、会计职业道德概述

（一）会计职业道德的概念

会计职业道德，是指会计人员在会计工作中应当遵循的、体现会计职业特征的、调整会计职业关系的职业行为准则和规范。会计职业道德由特定的社会生产关系和经济社会发展水平所决定，属于社会意识形态范畴。会计职业道德由会计职业理想、会计职业责任、会计职业技能、会计工作态度、会计工作作风和会计职业纪律等构成。

如前所述，在现代市场经济和现代企业制度环境条件下，基于经济资源配置和生产组织的委托代理关系中的权属性质界定，如实反映受托责任履行情况的诚实性和可靠性是会计的基本职责。因此，会计职业道德的核心是诚信。诚信是指诚实、守信、真实的总称，也就是实事求是、真实客观、不弄虚作假，它要求会计人员客观公正、遵守统一会计制度，言行一致，表里如一，不做假账，忠诚为人，以诚待人。准确核算、如实反映、讲求诚信是决定会计工作成败和质量好坏的根本标准，会计人员应当以诚信为本，保持客观公正。区块链、云计算、大数据、人工智能等现代信息技术在会计工作中广泛运用，对会计诚信提出了更高的要求。

（二）会计职业道德与会计法律制度的联系与区别

1. 会计职业道德与会计法律制度的联系

会计职业道德与会计法律制度在内容上相互渗透、相互吸收；在作用上相互补充、相互协调。会计职业道德是会计法律制度的重要补充，会计法律制度是会计职业道德的最低要求，是会计职业道德的基本制度保障。

2. 会计职业道德与会计法律制度的区别

（1）性质不同。会计法律制度通过国家权力强制执行，具有很强的他律性；会计职业道德通过行业行政管理部门规范和会计从业人员自觉执行，具有内在的控制力，可以约束会计人员的内在心理活动，具有职业的更高目标，要求会计人员“应该做什么或者不应该做什么”，具有很强的自律性。

（2）作用范围不同。会计法律侧重于调整会计人员的外在行为和结果的合法化，具有较强的客观性；会计职业道德不仅调整会计人员的外在行为，还调整会计人员内在的精神世界，作用范围更加广泛。

（3）表现形式不同。会计法律制度是通过一定的程序由国家立法部门或行政管理部门制定、颁布的，其表现形式是具体的、明确的、正式形成文字的成文规定。会计职业道德出自会计人员的职业生活和职业实践，其表现形式既有成文的规范，也有不成文的规范。

（4）实施保障机制不同。会计法律制度依靠国家强制力保证其贯彻执行。会计职业道德主要依靠行业行政管理部门监管执行和职业道德教育、社会舆论、传统习惯和道德评价来实现。

（5）评价标准不同。会计法律制度以法律规定为评价标准，会计职业道德以行业行政管理规范和道德评价为标准。

三、会计职业道德的内容

为贯彻落实党中央、国务院关于加强社会信用体系建设的决策部署，推进会计诚信体系建设，提高会计人员职业道德水平，根据《中华人民共和国会计法》《会计基础工作规范》，财政部研究制定了《会计人员职业道德规范》（财会〔2023〕1号文）。《会计人员职业道德规范》提出了“三坚三守”，强调会计人员“坚”和“守”的职业特性和价值追求，是对会计人员职业道德要求的集中表达。其具体内容如下：

（1）坚持诚信，守法奉公。牢固树立诚信理念，以诚立身、以信立业，严于律己、心存敬畏。学法知法守法，公私分明、克己奉公，树立良好职业形象，维护会计行业声誉。

（2）坚持准则，守责敬业。严格执行准则制度，保证会计信息真实完整。勤勉尽责、爱岗敬业，忠于职守、敢于斗争，自觉抵制会计造假行为，维护国家财经纪律和经济秩序。

（3）坚持学习，守正创新。始终秉持专业精神，勤于学习、锐意进取，持续提升会计专业能力。不断适应新形势新要求，与时俱进、开拓创新，努力推动会计事业高质量发展。

三条要求逻辑清晰，层层递进：第一条“坚持诚信，守法奉公”是对会计人员的自律要求；第二条“坚持准则，守责敬业”是对会计人员的履职要求；第三条“坚持学习，守正创新”是对会计人员的发展要求。“三坚三守”是从不同方面对会计人员职业道德提出的具体要求，应该成为广大会计人员普遍认同和自觉践行的行为准则。加强会计人员职业道德建设，引导会计人员形成正确的价值追求和行为规范，对于提高会计工作水平和会计信息质量、加强社会信用体系建设、推动经济社会高质量发展具有重要意义。

四、会计职业道德的相关管理规定

（一）增强会计人员诚信意识

（1）强化会计人员职业道德意识。引导会计人员自觉遵纪守法、勤勉尽责、参与管理、强化服务，不断提高专业胜任能力；督促会计人员坚持客观公正、诚实守信、廉洁自律、不做假账，不断提高职业操守。

（2）加强会计人员诚信教育。采取多种形式，广泛开展会计诚信教育。将会计职业道德作为会计人员继续教育的必修内容，大力弘扬会计诚信理念，不断提升会计人员诚信素养。要充分发挥新闻媒体对会计诚信建设的宣传教育、舆论监督等作用，大力发掘、宣传会计诚信模范等会计诚信典型，深入剖析违反会计诚信的典型案例。引导财会类专业教育开设会计职业道德课程，努力提高会计后备人员的诚信意识。鼓励用人单位建立会计人员信用管理制度，将会计人员遵守会计职业道德情况作为考核评价、岗位聘用的重要依据，强化会计人员诚信责任。

（二）建立会计人员信用档案

（1）建立严重失信会计人员“黑名单”制度。将有提供虚假财务会计报告，做假账，隐匿或者故意销毁会计凭证、会计账簿、财务会计报告，贪污，挪用公款，职务侵占等与会计职务有关的违法行为的会计人员，作为严重失信会计人员列入“黑名单”，纳入全国信用信息共享平台，依法通过“信用中国”网站等途径，向社会公开披露相关信息。

（2）建立会计人员信用信息管理制度。制定会计人员信用信息管理办法，规范会计人员信用评价、信用信息采集、信用信息综合利用、激励惩戒措施等，建立会计人员信息纠错、信用修复、分级管理等制度，建立健全会计人员信用信息体系。

（3）完善会计人员信用信息管理系统。以会计专业技术资格管理为抓手，有序采集会计人员信息，记录会计人员从业情况和信用情况，建立和完善会计人员信用档案，构建全国统一的会计人员信用信息平台。

（三）会计职业道德管理的组织实施

（1）组织领导。根据国家关于加强社会诚信建设的有关文件精神，通过信用信息公开和共享，建立跨部门、跨地区、跨领域的联合激励与惩戒机制，形成政府部门协同联动、行业组织自律管理、信用服务机构积极参与、社会舆论广泛监督的共同治理格局，建立联席制度，共同推动会计人员诚信建设工作有效开展。

（2）广泛宣传。财政部门及其他有关部门、会计行业组织充分利用报纸、广播、电视、网络等渠道，加大对会计人员诚信建设工作的宣传力度，教育引导会计人员和会计后备人员不断提升会计诚信意识。积极引导社会各方依法依规利用会计人员信用信息褒扬会计诚信，惩戒会计人员失信，扩大会计人员信用信息的影响力和警示力，使全社会形成崇尚会计诚信、践行会计诚信的社会风尚。

（3）褒奖守信会计人员。将会计人员信用信息作为先进会计工作者评选、会计职称考试或评审、高端会计人才选拔等资格资质审查的重要依据。鼓励用人单位依法使用会计人员信用信息，优先聘用、培养、晋升具有良好信用记录的会计人员。

（四）建立健全会计职业联合惩戒机制

建立健全失信会计人员联合惩戒机制，明确联合惩戒对象、信息共享与联合惩戒的实施方式和惩戒措施。联合惩戒对象，主要指在会计工作中违反《会计法》《公司法》《证券法》以及其他法律、法规、规章和规范性文件，违背诚实信用原则，经财政部门及相关部门依法认定的存在严重违法失信行为的会计人员（以下简称“会计领域违法失信当事人”）。信息共享与联合惩戒的实施方式，是指认定联合惩戒对象名单的相关部门和单位通过全国信用信息共享平台将会计领域违法失信当事人的相关信息推送给财政部，并及时更新。

联合惩戒措施主要有：

（1）罚款、限制从事会计工作、追究刑事责任等惩戒措施。对于严重失信会计人员，依法取消其已经取得的会计专业技术资格。会计人员有违反《会计法》《公司法》《证券法》等违法会计行为，依法给予罚款、限制从事会计工作等惩戒措施；属于国家工作人员的，还应当由其所在单位或者有关单位依法给予撤职直至开除的行政处分；构成犯罪的，依法追究刑事责任，不得再从事会计工作。

（2）记入会计从业人员信用档案。对会计领域违法失信当事人，将其违法失信记录记入会计人员信用档案。

（3）将会计领域违法失信当事人信息通过财政部网站、“信用中国”网站予以发布，同时协调相关互联网新闻信息服务单位向社会公布。

（4）实行行业惩戒。支持行业协会商会按照行业标准、行规、行约等，视情节轻重对失信会员实行警告、行业内通报批评、公开谴责、不予接纳、劝退等惩戒措施。

（5）限制取得相关从业任职资格，限制获得认证证书。对会计领域违法失信当事人，限制其取得相关从业任职资格，限制获得认证证书。

会计人员职称评价标准要突出评价会计人员职业道德。坚持把职业道德放在评价首位，引导会计人员遵纪守法、勤勉尽责、参与管理、强化服务，不断提高专业胜任能力；要求会计人员坚持客观公正、诚实守信、廉洁自律、不做假账，不断提高职业操守。完善守信联合激励和失信联合惩戒机制，违反《会计法》有关规定，以及剽窃他人研究成果，存在学术不端行为的，在会计人员职称评价过程中实行“一票否决制”。对通过弄虚作假取得的职称一律撤销。

（6）依法限制参与评先、评优或取得荣誉称号。对会计领域违法失信当事人，限制其参与评先、评优或取得各类荣誉称号；已获得相关荣誉称号的予以撤销。在会计专业技术资格考试或会计职称评审、高端会计人才选拔等资格资质审查过程中，对严重失信会计人员实行“一票否决制”。

（7）依法限制担任金融机构董事、监事、高级管理人员。对会计领域违法失信当事人，依法限制其担任银行业金融机构、保险公司、保险资产管理公司、融资性担保公司等的董事、监事、高级管理人员，以及保险专业代理机构、保险经纪人的高级管理人员及相关分支机构主要负责人，保险公估机构董事长、执行董事和高级管理人员；将其违法失信记录作为担任证券公司、基金管理公司、期货公司的董事、监事和高级管理人员及分支机构负责人任职审批或备案的参考。已担任相关职务的，依法提出其不再担任相关职务的意见。

（8）依法限制其担任国有企业法定代表人、董事、监事。对会计领域违法失信当事人，依法限制其担任国有企业法定代表人、董事、监事；已担任相关职务的，依法提出其不再担任相关职务的意见。

（9）限制登记为事业单位法定代表人。对会计领域违法失信当事人，限制登记为事业单位法定代表人。

（10）作为招录（聘）为公务员或事业单位工作人员以及业绩考核、干部选任的参考。对会计领域违法失信当事人，将其违法失信记录作为其被招录（聘）为公务员或事业单位工作人员的重要参考；对会计领域违法失信当事人，将其违法失信记录作为业绩考核、干部选拔任用的参考等。

思政德育课堂

延安时期的财会制度

延安时期指的是中共中央在陕北的13年时间。由于受到日本侵略者和国民党顽固派的军事包围和经济封锁，延安时期是中国革命史上最为困难的时期之一。为了打破封锁，取得革命胜利，中国共产党带领根据地军民自力更生，艰苦奋斗，形成了对中国革命和建设有着巨大而深远影响的延安精神。首先，为了克服[illegible]严重困难，毛泽东同志提出了“[illegible]保障供给”[illegible]

和边区军民"自己动手，丰衣足食"，开展了轰轰烈烈的大生产运动。同时，设计了相应的经济制度，统一货币市场，推行税收和税制改革，并推进财会制度的建设。中共中央直属机关会计研究组发布实施《中直机关模范会计条例》，陆续完善资金出纳、财务会计、物资保管、收发统计等财务制度，会计核算体系逐渐完善。革命根据地坚持节约原则，统一规定供给标准，实行严格的统收统支。革命根据地不但要"开源"，更要"节流"。正如毛泽东同志所说，"节省每一个铜板为着战争和革命事业，为着我们的经济建设，是我们的会计制度的原则"。为了方便财务人员和管理人员快速地熟悉经济管理工作，当时的财会制度设计者因地制宜地对西方复式记账法进行了改造，用"收"和"付"两个符号去替代"借"和"贷"。由于经费不足，会计核算的对象更偏重实物，基本目的是取得革命胜利建立经济和物质基础。总之，在延安时期，中国共产党的会计制度设计是一个从无到有的摸索过程，对于西方会计和中国传统会计既有继承，又有发展与创新。在延安精神的指引下，经过艰苦卓绝的斗争和努力，革命根据地经济不断发展壮大。有关资料显示，在山东解放区，仅鲁南、渤海、鲁中、胶东四区，1945 年共增产粮食 3.4 亿千克，实现了粮食基本自给；在晋冀鲁豫解放区，1946 年共产棉 1.3 亿千克，相当于 1945 年全国棉产量的 50%以上。战时经济的飞速发展促使革命队伍快速壮大，抗日战争胜利时，人民军队发展到约 132 万人，同期民兵也发展到 260 余万人。这为革命战争的胜利奠定了重要的基础。

资料来源：谭洪涛. 会计学课程思政案例集［M］. 成都：西南财经大学出版社，2022.

案例启示：

1. 延安时期，中国共产党创造性地融合和改良中国传统的会计技术和西方的会计技术，形成了与革命根据地经济形势与财政制度相匹配的会计制度，取得了巨大成功，这是中国共产党"实事求是"的思想路线在制度创新设计中的成功运用。

2. 无论在国家和社会的发展中或是人生历程中，困难都是不可避免的，只要坚持"实事求是"的思想路线，弘扬"自力更生、艰苦奋斗"的创业精神，坚持"全心全意为人民服务"的根本宗旨，把延安精神发扬光大，就一定会战胜困难，实现中华民族伟大复兴。

思考与练习

一、思考题

1. 怎样理解会计的含义？
2. 会计的基本职能是什么？它们各自具有哪些特点？
3. 会计的对象是什么？工业企业会计的对象包括哪些具体内容？
4. 会计的目标是什么？会计的具体目标有哪些？
5. 什么是会计的基本前提？如何理解它们的含义？
6. 什么是会计核算基础？会计核算基础有哪些？它们有何不同？
7. [illegible]计量属性有哪些？

8. 会计信息的质量要求有哪些？它们各自的含义是什么？

9. 简述会计核算方法的组成、内容及相互之间的关系。

10. 会计职业道德的主要内容有哪些？

二、单项选择题

三、多项选择题

四、判断题

第二章 会计核算原理

■学习目标

知识目标：通过本章的学习，了解会计科目和账户的分类、会计账务处理的基本程序；了解财产清查的意义和种类、财产清查的方法；熟悉会计凭证和会计账簿的含义、基本要素以及分类；理解会计六要素的基本含义和具体内容、会计等式的含义和平衡关系；理解会计科目和账户的含义和关系；掌握借贷记账法的账户结构、记账规则和会计分录的编制方法，掌握会计凭证的填制要求和方法，掌握会计账簿的登记要求和方法以及错账更正的方法。

能力目标：能够运用会计等式分析经济业务对会计要素的影响；能够运用借贷记账法进行简单经济业务的账务处理；能够正确填制、审核会计凭证和登记账簿。

德育目标：在理解和掌握会计核算基本原理和方法的基础上，明确会计人员应具备的职业素养，养成严谨认真、一丝不苟、实事求是的工作作风；能够辨别票据的虚假信息，制止违法违规操作，发挥会计人员在维护财产安全和完善制度建设方面的重要作用。

■导入案例

振华公司是一家从事农产品加工的小型企业。2023 年 6 月，张方和王伟从某财经学校毕业后应聘到该企业，分别担任会计和出纳。2023 年 7 月 1 日，该公司某业务部门宋经理持一张金额为 1 600 元的发票前来报销，发票上注明系电脑桌。经王伟审核，发票上应填的内容齐全，当即用现金付讫。7 月 3 日，该公司赵主任持一张金额为 800 元、开票日期为当年 5 月份的发票前来报销，并称这是当时出差回来后遗失而现在找到的发票。经王伟审核，发票上应填的内容齐全，于是以现金付讫。2023 年 7 月 1 日，该公司在中国工商银行开设的基本存款账户的余

党中央机关

额为 2 680 000 元，7 月 4 日支付工资及社会保险费 780 000 元，7 月 5 日支付水电费及房租费 220 000 元，7 月 6 日支付广告费 300 000 元。7 月 7 日，采购部提出需要支付原材料采购款 1 500 000 元，由于没有及时登记“银行存款日记账”，张方误以为银行存款余额足够支付购材料款，于是开出 1 500 000 元的支票交给对方单位进行转账。公司于 7 月 10 日收到银行退票通知书，被给予了罚款处分。此事项的发生，使该公司上了企业信用“黑名单”。月末，张方把全部经济业务填制完记账凭证，编制了试算平衡表，显示平衡。张方认为处理无误，登记了账簿。之后，却发现 7 月 6 日发生的广告费 300 000 元误记为管理费用，登记在管理费用账户。张方当即用红线划掉错记在管理费用账户的内容，改在销售费用账户中登记。

针对上述案例，学习完本章内容后，分析张方和王伟对相关经济业务的处理存在哪些问题？结合案例谈一谈财务人员应具备哪些专业素养？

第一节　会计要素与会计等式

一、会计要素

会计要素是对会计对象进行的基本分类，是会计核算对象的具体化，是用于反映会计主体财务状况、确定经营成果的基本单位。会计要素的划分在会计核算中具有十分重要的作用。划分会计要素的意义主要有：第一，会计要素是会计对象的科学归类；第二，会计要素是设置会计科目、会计账户的基本依据；第三，会计要素是构成会计报表的基本框架。我国《企业会计准则》规定，会计要素包括资产、负债、所有者权益、收入、费用、利润六项。

（一）资产

1. 资产的定义与特征

资产是指企业过去的交易或事项形成的、由企业拥有或控制的、预期会给企业带来经济利益的资源。一个企业从事生产经营活动，必须具备一定的物质资源，或者说物质条件。在市场经济条件下，这些必须具备的物质条件表现为货币资金、厂房场地、机器设备、原材料等，它们统称为资产，是企业从事生产经营活动的物质基础。除以上的货币资金以及具有物质形态的资产以外，资产还包括那些不具备物质形态，但有助于生产经营活动的专利、商标等无形资产，也包括对其他单位的投资。

根据定义，资产要素具有如下特征：

（1）资产是由企业过去的交易或事项形成的。这就是说，作为企业资产，必须是现实的而不是预期的资产，它是企业过去已经发生的交易或事项所产生的结果，包括购置、生产、建造等行为或其他交易或事项。预期在未来发生的交易或事项不形成资产，如计划购入的机器设备等。

（2）资产应为企业拥有或控制的资源。由企业拥有或者控制，是指企业享有某项资源的所有权，或者虽然不享有某项资源的所有权，但该资源能被企业所控制。企业拥有资产，从而就能够从该资源中获得经济利益；有些资产虽然不为企业所拥有，但能够被企业所控制，同样能够从资产使用中获取经济利益。

（3）资产预期会给企业带来经济利益。预期会给企业带来经济利益是指资产直接或者间接导致现金和现金等价物流入企业的潜力。例如，货币资金可以用于购买所需要的商品或用于利润分配，厂房、机器设备、原材料等可以用于生产商品或提供劳务，出售后回收货款，货款即为企业所获得的经济利益。

2. 资产的确认条件

将一项资源确认为资产，需要符合资产的定义，同时还应具备以下两个条件：

（1）与该资源有关的经济利益很可能流入企业。从资产的定义可以看出，能为企业带来经济利益是资产的一个本质特征，但在现实生活中，由于经济环境瞬息万变，与资源有关的经济利益能否流入企业或者能够流入多少实际上是带有不确定性的。因此，资产的确认还应与经济利益流入企业的不确定性程度的判断结合起来。

（2）该资源的成本或者价值能够可靠地计量。只有当有关资源的成本或者价值能够可靠地计量时，资产才能予以确认。在实务中，企业取得的许多资产都需要付出成本。例如，企业购买或者生产的商品、企业购置的厂房或者设备等，对于这些资产，只有实际发生的成本或者生产成本能够可靠计量，才符合资产确认的可计量性条件。

符合资产定义和资产确认条件的项目，应当列入资产负债表；符合资产定义，但不符合资产确认条件的项目，不应当列入资产负债表。

3. 资产的分类

资产通常按其流动性可分为流动资产和非流动资产两大类。

（1）流动资产。流动资产是指在一年内或超过一年的一个营业周期内变现、出售或耗用的资产，主要包括货币资金、交易性金融资产、应收及预付款项、存货、合同资产、其他流动资产等。有些企业经营活动比较特殊，其经营周期可能长于一年，比如造船、大型机械制造，从生产准备到销售商品直到收回货款，周期比较长，往往超过一年，在这种情况下，就不能把一年内变现作为划分流动资产的标志，而是将经营周期作为划分流动资产的标志。

（2）非流动资产。非流动资产是指不能在一年内或超过一年的一个营业周期内变现、出售或耗用的资产。其主要包括债权投资、长期股权投资、固定资产、无形资产、投资性房地产、长期应收款等。非流动资产的变现周期往往在一年以上，所以称为非流动资产。

按流动性对资产进行分类，有助于掌握企业资产的变现能力，从而进一步分析企业的偿债能力和支付能力。一般来说，流动资产所占比重越大，说明企业资产的变现能力越强。流动资产中，货币资金、短期投资比重越大，则支付能力越强。

（二）负债

1. 负债的定义与特征

负债是指企业过去的交易或者事项形成的、预期会导致经济利益流出企业的现时义务。现时义务是指企业在现行条件下已承担的义务。未来发生的交易或者事项形成的义务，不属于现时义务，不应当确认为负债。

根据定义，负债要素具有如下特征：

（1）负债是企业过去的交易或事项形成的。负债应当是由企业过去的交易或事项形成的。只有过去已经发生的交易或事项才能形成企业的负债，而企业潜在的义务，预计会在未来发生的交易或事项不能确认为负债。

（2）负债是企业承担的现时义务。现时义务是指企业在现行条件下已承担的义务。伴随着形成负债的交易或事项的发生，企业就不得不承担由此而带来的经济责任，如从银行借款后的还款义务；赊购材料或商品后的付款义务；从事经济活动后依法应交纳税金的义务。

（3）偿还债务将会导致经济利益流出企业。清偿负债预期会导致经济利益流出企业是负债的本质特征。偿还债务的形式多种多样，如用现金偿还或以实物资产偿还；以提供劳务的方式偿还；将负债转为所有者权益等。

2. 负债的确认条件

符合负债定义的义务，在同时满足以下条件时，确认为负债：

（1）与该义务有关的经济利益很可能流出企业。

（2）未来流出的经济利益的金额能够可靠地计量。

符合负债定义和负债确认条件的项目，应当列入资产负债表；符合负债定义，但不符合负债确认条件的项目，不应当列入资产负债表。

3. 负债的分类

负债按其流动性分为流动负债和非流动负债。

（1）流动负债。流动负债是指将在一年（含一年）或者超过一年的一个营业周期内偿还的债务，包括短期借款、应付票据、应付账款、预收账款、合同负债、应付职工薪酬、应付股利、应交税费、其他应付款和一年内到期的非流动负债等。

（2）非流动负债。非流动负债是指偿还期超过一年或一个营业周期的负债，主要包括长期借款、应付债券、长期应付款、预计负债等。

（三）所有者权益

1. 所有者权益的定义及特征

所有者权益是指企业资产扣除负债后由所有者享有的剩余权益。对于公司制的企业所有者权益又称股东权益。其金额为资产减去负债的余额。企业全部资产减去负债后的余额可以称为净资产，它应该归属于所有者。

所有者权益的来源包括所有者投入的资本、其他综合收益、留存收益等。所有者投入的资本，是指所有者投入企业的资本部分，它既包括构成企业注册资本或者股本的金额，也包括投入资本超过注册资本或股本部分的金额，即资本溢价或股本溢价，这部分投入资本作为资本公积（资本溢价）反映。其他综合收益，是指企业根据会计准则规定未在当期损益中确认的各项利得和损失。留存收益，是指企业从历年实现的利润中提取或形成的留存于企业的内部积累，包括盈余公积和未分配利润。

所有者权益具有如下特征：

（1）除发生减资、清算或分派现金股利外，企业不需要偿还所有者权益。

（2）企业清算时，只有在清偿所有的负债后，所有者权益才返还给所有者。

（3）所有者凭借所有者权益能参与企业利润的分配。

2. 所有者权益的确认条件

所有者权益体现的是所有者在企业中的剩余权益，因此，所有者权益的确认主要依赖于其他会计要素，尤其是资产和负债的确认；所有者权益金额的确定也是主要取决于资产和负债的计量。

3. 所有者权益的构成

所有者权益根据其核算的内容和要求，可以分为实收资本（或股本）、资本公积、其他综合收益、其他权益工具和留存收益等部分。

（1）实收资本（或股本）。实收资本是指投资者按照企业章程或合同协议的约定，实际投入企业的资本。实收资本可以是货币资金投资，也可以是非货币资金如固定资产、无形资产等投资。

（2）资本公积。资本公积是指企业收到投资者出资额超出其在注册资本（或股本）中所占份额的部分，以及某些特定情况下直接计入所有者权益的项目。

（3）其他综合收益。其他综合收益是指企业根据会计准则规定未在当期损益中确认的各项利得和损失。

（4）其他权益工具。其他权益工具是指企业发行的除普通股以外的归类为权益工具的各种金融工具，包括优先股和永续债两个部分。

（5）留存收益。留存收益是指企业从历年实现的利润中提取或形成的留存于企业的内部积累，包括盈余公积和未分配利润。盈余公积是指企业从净利润中提取形成的积累资金，包括法定盈余公积和任意盈余公积。未分配利润是指企业税后利润按照规定进行分配后的剩余部分。

对所有者权益作以上分类，不仅可以准确反映所有者权益总额，清晰地反映所有者权益的构成，有利于保障企业投资人的权益，而且对企业利润的分配、投资人按照规定动用产权的能力和作出投资决策都是有用的。

（四）收入

1. 收入的定义和特征

收入是指企业在日常活动中形成的、会导致所有者权益增加的、与所有者投入资本无关的经济利益的总流入。

收入的特征包括：

（1）收入是在企业日常活动中形成的。日常活动是指企业为完成其经营目标所从事的经常性活动以及与之相关的活动。例如：工业企业制造并销售产品、商业企业采购销售商品、服务企业提供劳务、金融企业存贷款业务、租赁公司出租资产等均属于日常活动。明确界定日常活动是为了将收入与利得相区分。日常活动所形成的经济利益的流入应当确认为收入；反之，非日常活动所形成的经济利益的流入应当确认为利得。

（2）收入会导致所有者权益的增加。与收入相关的经济利益的流入应当会导致所有者权益的增加，不会导致所有者权益增加的经济利益的流入不符合收入的定义，不应确认为收入。例如，企业向银行借入款项，虽然也导致经济利益流入企业，但该流入并不导致所有者权益的增加，反而使企业承担了一项现时义务。因此，企业对于因借入款项所导致的经济利益的增加，不应将其确认为收入，而应当确认为负债。

（3）收入是与所有者投入资本无关的经济利益的总流入。收入应当会导致经济利益的流入，从而导致资产的增加。但是，经济利益的流入如果是所有者投入资本的增加所导致的，则不应当确认为收入，应当将其确认为所有者权益。

2. 收入的确认条件

企业收入的来源渠道多种多样，不同收入来源的特征虽然有所不同，但其收入确认条件却是相同的。当企业与客户之间的合同同时满足下列条件时，企业应当在客户取得相关商品控制权时确认收入。

（1）合同各方已批准该合同并承诺将履行各自义务。

（2）该合同明确了合同各方与所转让商品或提供劳务相关的权利和义务。

（3）该合同有明确的与所转让商品或提供劳务相关的支付条款。

（4）该合同具有商业实质，即履行该合同将改变企业未来现金流量的风险、时间分布或金额。

（5）企业因向客户转让商品或提供劳务而有权取得的对价很可能收回。

符合收入定义和收入确认条件的项目，应当列入利润表。

3. 收入的分类

收入一般包括主营业务收入和其他业务收入。

（1）主营业务收入。主营业务收入是指企业通过主要生产经营活动所取得的收入。工业企业的主营业务收入主要包括销售商品、对外提供劳务等所取得的收入。

（2）其他业务收入。其他业务收入是指企业主营业务以外的，企业附带经营的业务所取得的收入。工业企业的其他业务收入主要包括出售原材料、出租固定资产、出租包装物、出租无形资产等业务所取得的收入。

（五）费用

1. 费用的定义及特征

费用是指企业在日常活动中发生的、会导致所有者权益减少的、与向所有者分配利润无关的经济利益的总流出。

费用的特征包括：

（1）费用是企业日常活动中形成的。日常活动的界定与收入定义中涉及的日常活动的界定相一致。日常活动产生的费用通常包括营业成本（主营业务成本和其他业务成本）、税金及附加、销售费用、管理费用、财务费用等。在费用定义中，界定日常活动是为了将费用与损失相区分，即费用必须是日常活动所形成的经济利益的流出，而非日常活动所形成的经济利益的流出不能确认为费用，应计入损失。

（2）费用会导致所有者权益的减少。与费用相关的经济利益的流出应当会导致所有者权益的减少，不会导致所有者权益减少的经济利益的流出不符合费用的定义，不应确认为费用。

（3）费用是与向所有者分配利润无关的经济利益的总流出。费用的发生应当会导致经济利益的流出，从而导致资产的减少或者负债的增加。但是，经济利益的流出有时是向所有者分配利润所致，而该经济利益的流出属于投资者投资回报的分配，是所有者权益的直接抵减项目，不应当确认为费用。

2. 费用的确认条件

费用的确认除了应当符合定义外，至少还应当符合以下条件：

（1）与费用相关的经济利益很可能流出企业。

（2）经济利益流出企业的结果会导致企业资产减少或者负债增加。

（3）经济利益的流出额能够可靠计量。

符合费用定义和费用确认条件的项目，应当列入利润表。

3. 费用的分类

费用按其归属对象和归属期不同，可分为生产费用和期间费用。

（1）生产费用。生产费用是指企业用于产品生产而发生的费用支出。其归属对象是企业所生产和制造的产品。生产费用一般包括直接费用和间接费用。其中直接费用是指企业直接计入某产品成本或劳务成本中的费用，例如企业为生产产品直接消耗的材料费、人工费等；间接费用是指企业发生的与生产产品相关，但不能直接计入产品成本，而应通过分配的形式计入产品成本的各项费用，例如各生产单位为组织和管理生产所发生的管理人员工资、福利费、固定资产折旧费、办公费、差旅费、水电费等。

（2）期间费用。期间费用是指与会计期间相关，与产品生产无直接关系的费用，包括管理费用、销售费用和财务费用。期间费用直接计入当期损益。

（六）利润

1. 利润的定义

利润是指企业在一定会计期间的经营成果。通常情况下，如果企业实现了利润，表明企业的所有者权益将增加；反之，如果企业发生亏损（即利润为负数），表明企业的所有者权益将减少。

2. 利润的确认条件

利润反映的是收入减去费用、利得减去损失后的净额。因此，利润的确认主要依赖于收入和费用，以及直接计入当期利润的利得和损失的确认，其金额的确定也主要取决于收入、费用、利得和损失金额的计量。

利润项目应当列入利润表。

3. 利润的构成

利润包括收入减去费用后的净额、直接计入当期利润的利得和损失等。其中收入减去费用后的净额反映的是企业日常活动的经营业绩；直接计入当期利润的利得和损失，是指应当计入当期损益、会导致所有者权益发生增减变动的、与所有者投入资本或者向所有者分配利润无关的利得或损失。其中，利得是指由企业非日常活动所形成的、会导致所有者权益增加的、与所有者投入资本无关的经济利益的流入。损失是指由企业非日常活动所发生的、会导致所有者权益减少、与向所有者分配利润无关的经济利益的流出。

利润是企业一定期间经营成果在财务上的集中表现，是衡量企业经济效益的重要指标。

二、会计等式

如前所述，会计要素有六个，即资产、负债、所有者权益、收入、费用和利润。会计六要素有不同的特点，又有内在的联系。这种联系表现为一定的数量计算关系。

（一）资产、负债和所有者权益的关系

企业要从事生产经营活动，都必须取得一定数量的资产。资产表现为各种具有实物形态的有形资产和不具有实物形态的无形资产。企业拥有的资产从何而来呢？它的来源渠道通常有两个：一是企业所有者投入的资本，二是从债权人借入的资金。因此，为企业提供资产的单位和个人对企业的资产就有了索偿权，这种索偿权在会计上称为权益，企业所有者投入的资本形成所有者权益，从债权人处借入的资金形成债权人权益，又称为负债。因此，权益和资产是对等的，权益表明了企业的资金从何而来，资产表明了企业的资金如何使用。资产、负债和所有者权益的数量关系通常可用下列公式表示：

资产=负债+所有者权益

【例 2-1】明达公司是一家小型印刷厂，由张明和李达各出资 50 万元成立，同时，因经营需要向中国工商银行取得半年期贷款 50 万元，资金使用情况如下：厂房、机器设备及办公设备占用资金 100 万元，各种材料占用资金 30 万元，余下的款项存入中国工商银行账户。分析明达公司成立之初资产、负债和所有者权益的数额及关系。

明达公司的资产包括固定资产 100 万元，原材料 30 万元，银行存款 20 万元，共计 150 万元；所有者权益为张明和李达两个投资人投入的资金即实收资本 100 万元，负债为中国工商银行贷款，即短期借款 50 万。会计等式表现为：

资产（150 万元）= 负债（50 万元）+所有者权益（100 万元）

会计等式左边从资金占用的具体形态和分布状况方面来反映企业资产价值总量，具体表现为不同类别的资产，如银行存款、存货等流动资产，厂房、设备等固定资产。等式右边则是从资金形成、取得的渠道也即从来源方面来反映资产的价值总量，包括两个部分：一是向银行等金融机构借款、发行债券，向有关单位赊购物资等；二是投资者投入资本以及经营过程中形成的盈余，即利润。前者统称为负债，后者统称为所有者权益。等式两边反映的是同一事物的两个方面。任何形态资产都必须有一定的形成渠道或来源，任何来源取得的资产也必须以某种形式存在和分布，所以，“资产=负债+所有者权益”的恒等关系是必然存在的。

上述公式是经营资金的一种静态反映，反映了企业在某一特定时点资产、负债和所有者权益三者之间的平衡关系，因此，该等式被称为财务状况等式、基本会计等式或静态会计等式。该等式是设置账户、复式记账法的理论基础，也是编制资产负债表的依据，在会计学中具有重要地位。

（二）收入、费用和利润的关系

企业把拥有和控制的经济资源投入到生产经营活动中，预期会给企业带来一定的经济利益，即收入，同时，也必然会发生相应的经济利益的流出，即费用。一定会计期间的收入与费用的差额就形成了企业一定会计期间的经营成果，即利润或亏损。收

入、费用和利润的关系用下列公式表示：

收入-费用=利润

该公式从动态上反映了企业利润实现的过程，被称为经营成果等式或动态会计等式。收入、费用和利润之间的上述关系是编制利润表的依据。

（三）会计六要素的数量关系

"资产=负债+所有者权益"是从静态上反映企业的财务状况，即反映某一时点上企业的资产、负债和所有者权益。"收入-费用=利润"从动态上反映了企业在一定会计期间的经营成果。收入和费用的发生，即利润的形成会影响企业未来所有者权益的变化。在某一会计期间，会计期末与会计期初虽在形式上保持了"资产=负债+所有者权益"的恒等关系，但恒等的数量基础已经发生变化，因为期末的恒等式中已经包含了本会计期间利润的实现及其分配因素。会计六要素的关系可用下列公式表示：

资产=负债+所有者权益+（收入-费用）=负债+所有者权益+利润

【例 2-2】假设明达公司经过一年的经营，全年的总收入为 100 万元，总费用为 50 万元，则利润为 50 万元。假设新增利润 50 万元表现为银行存款增加，其他要素项目不变。则年末明达公司总资产为 200 万元（固定资产 100 万元+原材料 30 万元+银行存款 70 万元），负债仍为 50 万元，原有所有者权益为 100 万元，新增利润 50 万元（100 万元-50 万元）。会计六要素的关系式表现为：

资产（200 万元）=负债（50 万元）+所有者权益（100 万元）+（收入-费用）（100 万元-50 万元）

资产（200 万元）=负债（50 万元）+所有者权益（100 万元）+利润（50 万元）

利润是新形成的所有者权益，所以"资产=负债+所有者权益"仍然成立。

三、会计事项的发生对会计等式的影响

会计主体的资产占用形态、分布状态及其来源构成都不是固定不变的，随着会计主体生产经营活动的连续进行，各种会计要素也随之不断发生数量上的变化，那么这些变化是否影响会计恒等关系呢？会计要素的变化是由会计事项引起的，所谓会计事项，也称经济业务，是指会计主体执行业务过程中引起会计要素增减变化的事项。一般而言，企业的经济业务无外乎四种类型：

（1）经济业务的发生，引起资产与权益（负债或所有者权益）同时增加，金额相等。

（2）经济业务的发生，引起资产与权益（负债或所有者权益）同时减少，金额相等。

（3）经济业务的发生，引起资产项目之间此增彼减，金额相等。

（4）经济业务的发生，引起权益项目之间此增彼减，金额相等。

以上四种类型经济业务的发生是否会破坏会计等式的平衡关系呢？以下结合企业的一些典型经济业务，举例说明。

【例 2-3】假定华阳公司 2023 年 1 月 1 日资产、负债及所有者权益的构成如表 2-1 所示。

表 2-1　资产负债表（简表）

单位名称：华阳公司　　　　　　　　　　　　　　　　　　　　　　　　　　　　单位：元

资产	金额	负债及所有者权益	金额
现金	1 500	短期借款	5 500
银行存款	18 000	应付账款	5 000
应收账款	5 500	长期借款	9 000
原 材 料	6 000	实收资本	25 000
生产成本	3 000	盈余公积	2 000
库存商品	1 500	利润分配	10 000
固定资产	21 000		
合计	56 500	合计	56 500

该公司 2023 年 1 月份发生以下经济业务（部分）：

（1）收到投资者转入的固定资产，双方确认价值为 3 000 元。

该项经济业务发生产生的影响是：资产方的"固定资产"增加 3 000 元；权益方所有者权益中的"实收资本"也增加 3 000 元。会计等式两边以相等金额同时增加，不影响会计等式的平衡。

（2）借入短期借款 1 000 元，已存入银行存款户。

该项经济业务发生产生的影响是：资产方的"银行存款"增加 1 000 元；权益方负债中的"短期借款"也增加 1 000 元。会计等式两边以相等金额同时增加，不影响会计等式的平衡。

（3）以银行存款偿还短期借款 2 000 元。

该项经济业务发生产生的影响是：资产方的"银行存款"减少 2 000 元，权益方负债中的"短期借款"也减少 2 000 元。会计等式两边以相等金额同时减少，不影响会计等式的平衡。

（4）以银行存款退还某联营单位投资 10 000 元。

该项经济业务发生产生的影响是：资产方的"银行存款"减少 10 000 元；权益方所有者权益中的"实收资本"也减少 10 000 元。会计等式两边以相等金额同时减少，不影响会计等式的平衡。

（5）购入材料 3 000 元，以银行存款支付。

该项经济业务发生产生的影响是：资产方的"原材料"增加 3 000 元；资产方的另一项目"银行存款"减少 3 000 元。资产项目以相等的金额一增一减，总额不变，不影响会计等式的平衡。

（6）以现金 600 元存入银行。

该项经济业务发生所产生的影响是：资产方的"银行存款"增加 600 元；资产方的另一项目"库存现金"减少 600 元。资产项目以相等的金额一增一减，总额不变，不影响会计等式的平衡。

（7）从银行借入短期借款 4 000 元，偿还部分应付账款。

该项经济业务发生产生的影响是：权益方负债中的"短期借款"增加 4 000 元；权益方负债中的"应付账款"减少 4 000 元。负债中的项目以相等的金额一增一减，总额不变，不影响会计等式的平衡。

（8）将提取的盈余公积金 2 000 元转增资本。

该项经济业务发生产生的影响是：权益方所有者权益中的“实收资本”增加 2 000 元，权益方所有者权益中的盈余公积减少 2 000 元。所有者权益项目以相等的金额一增一减，总额不变，不影响会计等式的平衡。

（9）经供货单位同意，将应付账款 1 000 元转作对本企业的投资。

该项经济业务发生产生的影响是：权益方所有者权益中的“实收资本”增加 1 000 元，权益方负债中的“应付账款”减少 1 000 元。权益方项目以相等的金额一增一减，总金额不变，不影响会计等式的平衡。

（10）宣告向股东分派普通股股利 1 500 元。

该项经济业务发生产生的影响是：权益方所有者权益中的“利润分配”减少 1 500 元，权益方负债中的“应付股利”增加 1 500 元。权益方项目以相等的金额一增一减，总金额不变，不影响会计等式的平衡。

通过对以上各项经济业务的分析可知，各项经济业务的发生都不会改变会计恒等式的成立，其中 1、2 项业务是第一种类型；第 3、第 4 项经济业务是第二种类型；第 5、第 6 项经济业务是第三种类型；第 7、第 8、第 9、第 10 项经济业务是第四种类型。

以上各项经济业务的发生对会计要素中各项目的影响结果可汇总如表 2–2 所示。

表 2–2　经济业务对会计要素影响汇总　　单位：元

资产	期初余额	本期		期末余额	负债及所有者权益	期初余额	本期		期末余额
		增加	减少				增加	减少	
库存现金	1 500		600	900	短期借款	5 500	5 000	2 000	8 500
银行存款	18 000	1 600	15 000	4 600	应付账款	5 000		5 000	0
应收账款	5 500			5 500	长期借款	9 000			9 000
原 材 料	6 000	3 000		9 000	实收资本	25 000	6 000	10 000	21 000
生产成本	3 000			3 000	盈余公积	2 000		2 000	0
库存商品	1 500			1 500	利润分配	10 000		1 500	8 500
固定资产	21 000	3 000		24 000	应付股利		1 500		1 500
合计	56 500	7 600	15 600	48 500	合计	56 500	12 500	20 500	48 500

表 2–2 说明无论企业发生哪种类型的会计事项，始终不会改变会计恒等式左右两方的恒等关系。

四种经济业务类型总结如图 2–1 所示：

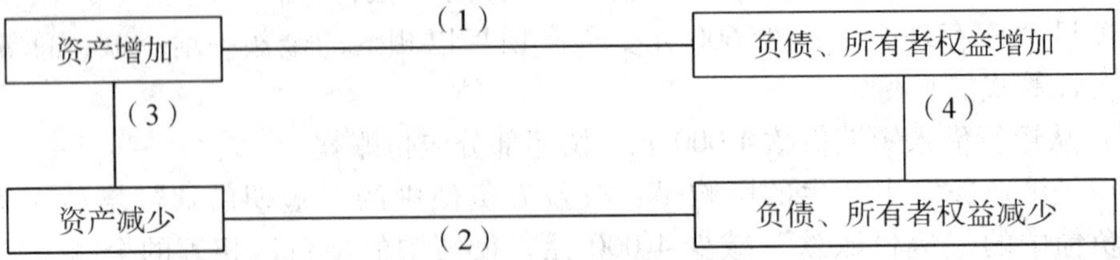

图 2–1　四种经济业务类型

图 2-1 表明，经济业务只可以划分为四种类型，而每一种类型的业务显然都不能改变会计恒等式的成立。

综上所述，我们可以得出以下结论：第一，会计恒等式左右两边反映的是同一事物，只是角度不同，所以数量上的恒等是必然的。第二，任何经济业务的发生都不是孤立的，它要引起两个或两个以上会计要素具体项目的变化，但这种变化是有规律的，即所有经济业务都无外乎四种基本类型，且每种类型的经济业务都不能改变会计恒等式。

通过上述分析，我们得知无论企业发生哪种类型的会计事项，始终不会改变会计恒等式左右两方的恒等关系。从形式上看，会计等式反映了会计要素之间的内在联系；从本质上看，会计等式揭示了会计主体的产权关系和基本财务状况。会计等式是设置账户、复式记账、试算平衡和编制资产负债表的理论依据。正确理解这种平衡关系，能为掌握会计核算基本方法打下良好基础。

第二节 会计科目和账户

一、会计科目

（一）会计科目的含义

会计科目，是对会计对象的具体内容进行分类核算的项目，是进行会计核算和提供会计信息的基础。如前所述，会计对象具体内容表现为会计要素，而每一个会计要素又包括若干具体项目，例如资产要素中包括了库存现金、银行存款、原材料等项目，负债要素中包括了短期借款、长期借款、应付账款等项目。为了全面、连续、系统地核算、监督经济活动引起的各会计要素的增减变化，我们有必要对会计对象的具体内容按其不同特点和经营管理的要求进行科学分类，并事先确定进行分类核算的项目名称，规定其核算内容并按一定规律赋予其编号，这便是会计科目的设置。

（二）设置会计科目的原则

为提供科学、完整、系统的会计信息，设置会计科目应遵循如下原则：

（1）必须结合会计对象的具体内容和特点。不同行业的会计主体，其经济业务的内容差别很大，会计要素的具体项目也各不相同，作为对会计具体对象也即对会计要素的再分类，就必须考虑这些特点。例如，工业企业存在供应、生产、销售三个主要生产经营过程，商业企业则存在商品购进、商品储存和商品销售三大经营环节，行政事业单位的经济性质差异更大。因此，不同行业在设置会计科目时，必须充分考虑这些差异。会计科目既要全面反映，又要突出特点。即使是同一行业的不同会计主体，也存在规模大小、业务繁简等方面的差异，设置会计科目时也必须考虑这些问题。

（2）必须符合经济管理和经济决策的要求。设置会计科目应充分考虑各有关方面对会计信息的要求。除国家宏观经济管理、企业内部经济管理的要求外，还应考虑投资者、债权人等各有关方面对会计信息的需要。设置会计科目要能够提供上述各方面的会计信息，要有利于有关方面进行经济决策。

（3）力求做到统一性与灵活性相结合。为适应国家宏观经济管理的需要，保证会计指标口径一致和会计信息的可比性，财政部根据《企业会计准则》及行业特点统一制定了各主要行业的会计制度，相应地也规定了统一的会计科目。从发展趋势看，在统一各行业会计制度和相应会计科目的同时，还必须赋予会计主体一定的选择权和自主增减或合并少数会计科目的权利，也即保留一定的灵活性，以便更好地满足不同会计主体进行会计核算的实际需要。

（4）繁简适度，相对稳定。对会计要素的再分类，也即会计科目的设置有一个繁简度的问题，过繁会增加不必要的核算工作量，过简则不能提供符合要求的会计信息。因此，应在不影响会计核算质量的前提下，应尽可能简，即做到繁简适度。此外，会计科目的设置还应做到相对稳定，以保持会计信息的连贯性、可比性，同时还有利于提高工作效率。相对稳定并不排斥对会计科目的适时修订，只是不可过于频繁。

（三）会计科目的分类

会计科目的分类标准主要有两个：一是按其经济内容分类；二是按其提供核算资料的详略程度分类。

1. 会计科目按其经济内容进行分类

这种分类方法，便于了解和掌握各会计科目的核算内容及其性质，继而正确运用各会计科目提供的核算资料。全部会计科目可以分为六大类：资产类、负债类、共同类、所有者权益类、成本类和损益类。按该种方法对一般企业常用会计科目分类，结果如表 2-3 所示。

表 2-3　企业常用会计科目

编号	会计科目名称	编号	会计科目名称
	一、资产类	2202	应付账款
1001	库存现金	2203	预收账款
1002	银行存款		合同负债
1012	其他货币资金	2211	应付职工薪酬
1101	交易性金融资产	2221	应交税费
1111	买入返售金融资产	2231	应付利息
1121	应收票据	2232	应付股利
1122	应收账款	2241	其他应付款
1123	预付账款	2245	持有待售负债
1131	应收股利	2401	递延收益
1132	应收利息	2501	长期借款
1221	其他应收款	2502	应付债券
1231	坏账准备	2701	长期应付款
1401	材料采购	2702	未确认融资费用
1402	在途物资	2711	专项应付款

表2-3(续)

编号	会计科目名称	编号	会计科目名称
1403	原材料	2801	预计负债
1404	材料成本差异	2901	递延所得税负债
1405	库存商品		三、共同类
1406	发出商品	3001	清算资金往来
1407	商品进销差价	3002	货币兑换
1408	委托加工物资	3101	衍生工具
1411	周转材料	3201	套期工具
1471	存货跌价准备	3202	被套期项目
	合同资产		四、所有者权益类
	合同资产减值准备	4001	实收资本
1481	持有待售资产	4002	资本公积
1482	持有待售资产减值准备	4101	盈余公积
1501	债权投资	4103	本年利润
1502	债权投资减值准备	4104	利润分配
1503	其他债权投资	4201	库存股
1504	其他权益工具投资	4301	其他综合收益
1511	长期股权投资	4401	其他权益工具
1512	长期股权投资减值准备		五、成本类
1521	投资性房地产	5001	生产成本
1531	长期应收款	5101	制造费用
1532	未实现融资收益	5201	劳务成本
1601	固定资产	5301	研发支出
1602	累计折旧		六、损益类
1603	固定资产减值准备	6001	主营业务收入
1604	在建工程	6051	其他业务收入
1605	工程物资	6101	公允价值变动损益
1606	固定资产清理	6111	投资收益
1701	无形资产	6115	资产处置损益
1702	累计摊销	6117	其他收益
1703	无形资产减值准备	6301	营业外收入
1711	商誉	6401	主营业务成本
1801	长期待摊费用	6402	其他业务成本

表2-3(续)

编号	会计科目名称	编号	会计科目名称
1811	递延所得税资产	6403	税金及附加
1901	待处理财产损溢	6601	销售费用
	合同履约成本	6602	管理费用
	合同履约成本减值准备	6603	财务费用
	合同取得成本	6604	勘探费用
	合同取得成本减值准备	6701	资产减值损失
	二、负债类	6702	信用减值损失
2001	短期借款	6711	营业外支出
2101	交易性金融负债	6801	所得税费用
2201	应付票据	6901	以前年度损益调整

2. 会计科目按其提供核算资料的详略程度分类

这种分类可以更好地满足企业内部经营管理的需要，也能满足各方面会计信息使用者对会计核算资料详略不同的要求。采用这种分类方法，会计科目可分为总分类科目和明细分类科目。总分类科目又称一级科目，是对各会计要素的总括分类，它提供较为概括的会计核算资料；明细分类科目，又称为明细科目，是对某一总分类科目核算内容所作的更为详细的分类，它提供较为详细的核算资料。明细分类科目又可按其提供指标的详细程度的不同，进一步划分为二级明细科目和三级明细科目，必要时还可设置四级明细科目。例如“原材料”为总分类科目，可按材料大类在“原材料”下设置“原料及主要材料”“辅助材料”“燃料”等二级明细科目，二级明细科目下再按其品种设置三级明细科目。

会计科目依据《企业会计准则》中有关确认和计量的规定进行制定，涵盖了各类企业的交易或者事项。企业在不违反会计准则中确认、计量、记录和报告规定的前提下，可以根据本单位的实际情况自行增设、分拆、合并会计科目。企业不存在的交易或者事项，可不设置相关会计科目。对于明细科目，企业可以比照表 2-3 的规定自行设置。会计科目编号供企业填制会计凭证、登记会计账簿、查阅会计账目、采用会计软件系统时参考，企业可结合实际情况自行确定会计科目编号。

（四）会计科目编号

为表明会计科目的性质及所属类别，便于迅速、正确地使用会计科目并借助于电子计算机进行处理，财政部统一规定的会计科目都按照一定规则予以编号：总分类科目通常采用四位数字编号法，每一位数字的特定含义规定如下：

（1）从左至右第一位数字表明会计科目归属的大类，具体讲，1 表示资产类科目，2 表示负债类科目，3 表示共同类科目，4 表示所有者权益类科目，5 表示成本类科目，6 表示损益类科目。

（2）第二位数字表示会计科目的主要大类下属的各个小类。例如，在资产类科目中，用0表示货币资金类，用1表示交易性金融资产及应收账项类，用6表示固定资产类科目等。

（3）第三、第四两位数字表示各小类下的各个会计科目的自然序号。其中某些会计科目之间可能有空号，以便增加科目用。

二、账户

（一）账户的含义

会计科目只是对会计要素的再分类结果规定一个名称。要把发生的经济业务连续、完整、系统地记录下来，还须借助于一定的记账实体，如账页等。因此，所谓账户，就是指根据会计科目开设的，用来分类记录经济业务内容的具有一定格式和结构的记账实体。

（二）账户的设置和分类

账户是根据规定的会计科目开设的，用以记录各个会计科目所反映的经济业务内容的格式。会计科目是账户的名称。会计科目规定的经济内容，也就是账户核算的经济内容。例如，为了反映企业固定资产的增减变动情况及其结果，需要根据“固定资产”科目开设“固定资产”账户，一切有关固定资产增减变动的经济业务都在该账户中登记。又如，为了反映现金的收入和支出情况，以及现金在一定日期的实有数额，需要根据“库存现金”科目开设“库存现金”账户，一切有关现金收支的经济业务都记入该账户。

由于账户是根据会计科目设置的，所以账户的分类应当与会计科目的分类一致，即有两种分类：

1. 账户按其经济内容划分

账户按其经济内容划分为资产类账户、负债类账户、共同类账户、所有者权益类账户、成本类账户和损益类账户。其中损益类账户又可分为收入类账户和费用类账户。

2. 账户按其提供会计信息的详细程度划分

账户按其提供会计信息的详细程度划分为总分类账户和明细分类账户。根据总分类科目设置的账户称为总分类账户，又称总账账户或一级账户。根据明细分类科目设置的账户称为明细分类账户，也称明细账户。

总分类账户是所属明细分类账户的统驭账户，它以货币作为统一的计量单位，总括地反映各项会计要素的增减变化情况；明细分类账户是总分类账户的辅助账户，它是总分类账户的补充和具体化。明细分类账户除了应用货币计量单位外，有时还需要应用实物计量单位和劳动计量单位。例如，为了具体地了解掌握各种原材料的收入、发出和结存情况，需要在“原材料”总分类账户下面，按照原材料的品种、规格设置原材料明细分类账户。在原材料明细分类账户中，既要使用货币度量，又要使用实物度量，并且两者应同时进行登记，以便加强对实物和资金的管理。

（三）账户的基本结构

所谓账户结构是指账户应由哪几部分组成以及如何在账户上记录会计要素的增加、减少及其结余情况等。简略地说就是指组成账户的各个部分及其结合方式。账户的结构是由它所反映的经济内容决定的（账户的基本结构是由会计要素的数量变化情况决定的）。经济业务的发生，必然引起相关的会计要素发生增减变动，尽管表现形式复杂多样，但从数量上看，不外乎增加和减少两种情况。因此，用来分类记录经济业务的账户在结构上也应分为两个基本部分，即左、右两方，一方登记增加，另一方登记减少。

1. 账户的基本内容及一般格式

账户的格式取决于它所反映指标的具体内容，在会计实务中，账户的具体格式可根据实际需要来设计，并不完全相同。但一般来说，任何一种账户格式的设计，都应包括以下基本内容：

（1）账户的名称（会计科目）。

（2）“登账”的日期（说明经济业务发生的时间）。

（3）记账凭证号数（作为登记账户的来源和依据的记账凭证的编号）。

（4）摘要（概括地说明经济业务的内容）。

（5）增加和减少的金额。

上列账户格式所包括的内容是账户的基本结构，这种账户格式是手工记账经常采用的格式。在采用电子计算机记账的情况下，尽管会计数据是存储在磁盘或磁带等介质中，账户的格式不明显，但仍要按上列格式的内容提供核算资料。

2. T 型账户

为了更加直观地说明问题，也为了学习的方便，我们可以以一种简化的形式给出账户的基本格式，这种账户的结构可简化为“T”型账，或者称为“丁”字账。在会计教材和教学实践的对账工作中，通常用简化的格式“T”型账来说明账户的结构。这时，账户省略了若干栏次。“T”型账户的左、右两方分别用来记录增加金额和减少金额，增加金额和减少金额相抵后的差额，称为账户余额。余额按其表现的时间，分为期初余额和期末余额。会计期间内的增加额、减少额称为发生额。因此通过账户记录，可以提供期初余额、本期增加发生额、本期减少发生额和期末余额四个核算指标。

（1）期初余额。上期的期末余额就是本期的期初余额，因此该项数据来源于相同账户上期期末余额的结转。

（2）本期增加发生额。本期增加发生额是指一定会计期间内账户所登记的增加金额的合计数。

（3）本期减少发生额。本期减少发生额是指一定会计期间内账户所登记的减少金额的合计数。

（4）期末余额。在没有期初余额的情况下，期末余额是本期增加发生额和本期减少发生额相抵后的差额；在有期初余额的情况下，期末余额=期初余额+本期增加发生额-本期减少发生额。

发生额（本期增加发生额和本期减少发生额）属于动态核算指标，它们反映会计要素在一定时期内的增减变动情况；余额（期初余额和期末余额）属于静态核算指标，它们反映会计要素在一定时期内的增减变动的结果，是各项会计要素在一定日期的状态。

每个账户的本期增加额和本期减少额都应分别记入该账户左、右两方的金额栏，以便分别计算增减发生额和余额。如果在左方记增加额，则在右方记减少额，余额反映在左方；如果在右方记增加额，则在左方记减少额，余额反映在右方。至于账户的左、右两方叫什么名称，哪一方登记增加额，哪一方登记减少额，则取决于所采用的记账方法和账户的性质，我们将在下一章节详细论述。

实际工作中，账户的结构、格式也千差万别，表 2-4 列示了账户的一般结构与格式。

表 2-4　账户名称（会计科目）

年		凭证号数	摘　要	左　方	右　方	余　额
月	日					

为简化起见，教学实践和教材中多采用“T”型账来代替实际的账户。常用的“T”型账格式如图 2-2 所示。

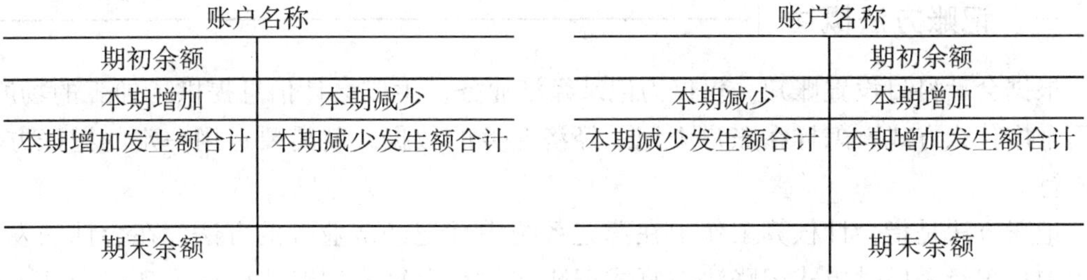

图 2-2　“T”型账户示意图

三、会计科目与账户的关系

会计科目与账户是两个既有联系又相互区别的概念。会计科目仅仅是对会计要素按经济内容进行分类的名称或标志，要把经济业务产生的原始数据加工成有用的会计信息，还需要按照一定结构（增加、减少、余额等）登记经济业务引起的会计要素增减变动及其结果。这个按照会计科目设置的结构就叫账户。账户是按照规定的会计科目，在账簿中对各项经济业务进行分类、系统、连续记录的形式，或者说是分类核算的工具。设置账户的作用在于，它能够经常提供有关会计要素增减变动情况和结果的数据。

会计科目是账户的名称，账户是按照会计科目设置的。会计科目和账户在会计学中是两个既有联系又有区别的不同概念，科目是账户的名称，账户是科目的内容。

（一）会计科目与账户的共同点

会计科目和账户都是对会计对象的具体内容所进行的科学分类，都说明一定的经济业务内容；会计科目和账户反映的经济内容是一致的，并且会计科目是账户的名称（账户以会计科目作为它的名称）；会计科目是开设会计账户的依据，有一个会计科目就应设置一个相同名称的会计账户。

（二）会计科目与账户的不同点

（1）会计科目是在实际经济业务发生之前，根据经济管理的需要而制定的，账户是会计科目在记账过程中的应用，是经济业务发生之后所进行的分类记录。

（2）会计科目仅是分类的名称或标志，只能表明某项经济内容，没有结构。账户则具有相应的结构，可以记录经济业务、加工会计信息。会计科目只是把会计具体对象按经济内容进行了归类，规定其核算内容与相关科目之间的对应关系，本身没有结构；账户作为分类记录经济业务的一种形式，则必须有特定的结构和格式，以便提供具体的数据资料。

在实际工作中，人们常把会计科目和账户看成是一回事，这主要是针对它们之间的共同点而言的。我们在学习了会计学之后，应了解它们的异同。

第三节 借贷记账法

一、记账方法概述

根据会计科目设置账户，仅仅为记录经济业务，生成会计信息提供了加工的场所，然而采用什么方式，怎样在账户中记录经济业务的数据，就需要运用一定的记账方法来进行。

记账方法是指会计核算工作中在簿记系统中登记经济业务的方法。在会计的发展过程中，曾经采用过单式记账法与复式记账法，其中复式记账法已成为现代会计工作普遍采用的记账方法。本章将对单式记账法和复式记账法进行比较，以此说明复式记账法的科学性，并重点介绍借贷记账法。

（一）单式记账法

单式记账法是会计中最早采用的一种记账方法。它的主要特点是对经济业务只作单方面的登记，而不反映经济业务的来龙去脉，并且它一般只记录库存现金和银行存款的收支业务和债权债务的结算业务。例如，以银行存款 10 000 元购入生产用原材料，只在“银行存款”账户中登记减少银行存款 10 000 元，而不登记原材料的增加；再如，赊销产品一批 20 000 元。只在“应收账款”账户中登记增加 20 000 元，而不登记销售收入的增加。这种记账方法既不能反映银行存款减少的原因，也不能反映应收账款增加的原因，各账户之间的记录没有直接的联系，无法形成相互对应的关系，没有一套完整的账户体系，所以不能全面、系统地反映经济业务的来龙去脉，不能提供完整、客观的会计信息，也不便于检查账户记录的正确性，是一种简单而不严密的记账方法。由于其无法适应现代管理的要求，已经被现代会计所淘汰。

（二）复式记账法

复式记账法是在单式记账法的基础上逐步发展起来的一种比较完善的记账方法。其基本内容是，对于任何一笔经济业务都必须同时在两个或两个以上相互联系的账户中，以相等的金额进行全面、连续、系统地登记。这种记账方法可以系统地反映经济活动的过程和结果。如前述例子中，以银行存款 10 000 元购入生产用原材料，在复式记账法下，不仅要在“银行存款”账户中登记减少 10 000 元，而且还要在“原材料”账户中登记增加 10 000 元，这就说明银行存款减少的原因是用于购买了原材料；又如，赊销产品一批 20 000 元，既要在“应收账款”账户中登记应收账款增加 20 000 元，又要在销售收入账户中登记销售收入增加 20 000 元，说明应收账款增加的原因是销售产品、货款尚未收到形成的债权。还有一些经济业务，需要在两个以上的账户中进行登记。例如，企业购买原材料 10 000 元，因资金不足，经协商，先用银行存款支付 5 000 元，其余款项一个月后支付。对这项经济业务就需要在三个账户中登记，一是在“原材料”账户中登记增加 10 000 元，二是在“银行存款”账户中登记减少 5 000 元，三是在“应付账款”账户中登记增加 5 000 元，这样就全面反映出银行存款减少 5 000 元和债务（应付账款）增加 5 000 元的原因是购买了原材料 10 000 元。由此可以看出，复式记账法能全面、系统地反映资金运动的来龙去脉和客观实际，满足会计信息输出的需要。复式记账法是一种科学的记账方法，它已成为现代企业会计普遍采用的记账方法。复式记账法有以下特点：

（1）复式记账法需要设置完整的账户体系。复式记账法作为一种科学的记账方法，它不仅要对每一笔经济业务进行全面反映，而且对发生的全部经济业务都要进行记录。因此，就必须设置一整套账户用于反映各种各样的经济业务。

（2）复式记账法必须对每笔经济业务都进行反映和记录，这既有必要性，又有可能性。其必要性在于复式记账要求全面反映各单位的经济活动；其可能性在于复式记账法具有完整的账户体系，能够全面反映记录每一笔经济业务的内容。

（3）复式记账法对每笔经济业务都要反映其来龙去脉，这是复式记账的最基本特点。只有这样，通过复式记账才能全面了解每一笔经济业务的内容。

（4）采用复式记账可以对一定时期所发生的全部经济业务的会计记录进行全面的试算平衡。因为所有经济业务在各个账户中都有反映，而每笔经济业务金额又是相等的，所以，对一定时期的全部经济业务必然能进行全面试算平衡。

采用复式记账法，对每一项经济业务都在相互联系的两个账户或两个以上的账户中作双重记录，这不仅可以了解每一项经济业务的来龙去脉，而且在把全部的经济业务都相互联系地登记到账簿以后，可以通过账户记录，完整、系统地反映经济活动的过程和结果。同时，由于对每一项经济业务都以相等的金额进行了分类登记，因而对记录的结果可以进行试算平衡，以检查账户记录是否正确。复式记账法是在市场经济长期发展的过程中，通过会计实践逐步形成和发展起来的。因为复式记账法具有上述特点，所以复式记账法逐步取代了单式记账法。

根据记账符号、记账规则等的不同，复式记账法又可分为借贷记账法、收付记账法和增减记账法。目前，世界各国广泛采用的复式记账法是借贷记账法。这是因为借贷记账法经过数百年的实践，已被全世界的会计工作者普遍接受，是一种比较成熟、完善的记账方法。另外，从实务角度看，企业间记账方法不统一，会给企业间横向经济联系和国际经济交往带来诸多不便；不同行业、企业记账方法不统一，也必然会加大跨行业的公司和企业集团会计工作的难度，使经济活动信息和经营成果不能及时、准确地反映。因此，统一全国各个行业企业和行政事业单位的记账方法，对会计核算工作的规范和其更好地发挥会计的作用具有重要意义。

二、借贷记账法的概念

借贷记账法是以会计等式作为记账原理，以“借”“贷”作为记账符号，来反映经济业务的增减变化的一种复式记账方法。据史料记载，借贷记账法大约起源于十二三世纪封建社会开始瓦解、资本主义开始萌芽的意大利，到十四五世纪已逐步形成比较完备的复式记账法，并流行于意大利工商业和银行业比较发达的沿海城市。

借贷记账法是随着资本主义经济关系的萌芽，伴随着资本主义经济关系的发展而产生的，而后，为适应资本主义经济管理的需要，逐步形成了一整套较为科学的会计核算方法。在借贷记账法形成与发展的过程中，早期意大利的佛罗伦萨式簿记、热那亚式簿记和威尼斯式簿记起了重要作用，它们是借贷记账法发展的良好开端。1494 年，意大利数学家，近代会计之父卢卡. 帕乔利（Luca Pacioli ）在威尼斯出版了《算术、几何与比例概要》一书，书中系统地阐述了复式簿记的理论与方法，是人类最早关于复式记账的文献。这部著作的发表不仅轰动了意大利的数学界，而且也引起会计界人士的关注。人们认为，这部著作不仅是欧洲数学发展史上的光辉篇章，而且它还开创了世界会计发展史上的新纪元。1494 年后，卢卡. 帕乔利的著作先后被译为英文、法文、荷兰文、德文、西班牙文等，从而使借贷记账法在世界各国得到迅速的传播。

在我国，最早介绍借贷记账法的书籍是 1905 年由蔡锡勇所著的《连环账谱》。1907 年，由谢霖和孟森合作编纂的《银行簿记学》在日本东京发行，成为我国第二部介绍借贷记账法的著作。借贷记账法进入我国，首先应用于那些由外国人开办的工厂、商行、银行以及根据不平等条约受帝国主义控制的我国海关、铁路和邮政部门。1858 年（咸丰八年）后，由英国人控制的海关是我国最早应用借贷记账法的部门。1897 年（光绪二十三年），盛宣怀创办的中国第一个商业性质的银行——中国通商银行，是我国自办银行采用借贷记账法的先驱。国民政府实业部于 1930 年推行了借贷记账法的统一办法，从此借贷记账法逐渐成为我国工商界、银行界习惯运用的记账方法之一。

20 世纪 50 年代以后，我国开始改革记账方法，先后出现了一些新的记账方法，如收付记账法和增减记账法等。一段时间里，甚至还出现过各种记账方法并存的局面。为了统一记账方法，促进国际经济往来，规范会计核算工作，1993 年 7 月 1 日，我国《企业会计准则》中明确规定：“各经济单位会计核算应采用借贷记账法。”目前，我国企业和行政事业单位所采用的记账方法都属于借贷记账法。

三、借贷记账法的基本内容

我们主要从记账符号、账户结构、记账规则、账户的对应关系和会计分录、试算平衡五个方面介绍借贷记账法。

（一）记账符号

借贷记账法以“借”“贷”为记账符号。这既是借贷记账法命名的由来，也是借贷记账法区别于其他记账方法的标志。

记账符号是为了使会计记录简明扼要地表达其基本经济内容而使用的一对既简单明了，又固定划一的记录符号。“借”“贷”作为记账符号，最早见于 13 世纪初的意大利沿海城市，借贷的含义最初是从借贷资本家的角度来解释的，用来记录债权（应收款）和债务（应付款）的增减变动，即在账户中分为两方来登记资本家与债权人和债务人的关系。账户的一方登记收进的存款，记在贷主名下，表示债务；另一方登记付出的存款，记在借主名下，表示债权。这是借贷记账法的由来。后来随着商品经济的发展，经济活动的范围日益扩大，内容日益复杂，记账对象也随之扩大，在账簿中不仅要登记债权、债务的借贷关系，还要登记财产物资和经营损益的增减变化。这样，“借”“贷”就失去了原来的含义，变为单纯的记账符号。

（二）账户结构

明确账户的结构，是记账的前提条件。我们知道，账户的基本结构分为左、右两方。通常规定，账户的左方为“借”方，账户的右方为“贷”方。账户的一般格式如表 2-5 所示。

表 2-5　账户的一般格式

年		凭证号数	摘要	借方	贷方	借或贷	余额
月	日						

为了便于说明，可以用简化的账户格式——“T”型账户表示，如图 2-3 所示。

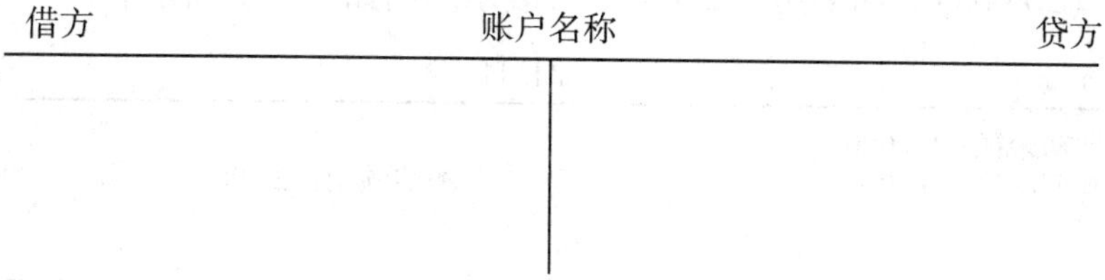

图 2-3　“T”型账户

确定借贷记账法下的账户结构就是要规定账户的借方与贷方所登记的内容以及可能存在的账户余额的方向和内容。采用借贷记账法时，账户的借贷两方必须作相反方向的记录。即对每一个账户来说，如果规定借方用来登记增加额，则贷方就用来登记减少额；如果规定借方用来登记减少额，则贷方就用来登记增加额；至于账户哪一方用来登记增加额，哪一方用来登记减少额，则要看账户的性质。账户的性质不同，账户的结构就不同。对于账户的四个金额要素（期初余额、期末余额、本期增加发生额、本期减少发生额），在借贷记账法下将带有符号色彩。在一个会计期间，借方记录的合计数称为借方发生额，贷方记录的合计数称为贷方发生额，借方发生额、贷方发生额视账户的性质不同分别表示增加发生额和减少发生额（或减少发生额和增加发生额）。在每个会计期间的期末要将借贷发生额相比较，其差额称为期末余额。如果余额在借方表示借方余额，如果余额在贷方则表示贷方余额。下面就不同性质的账户说明账户的结构。

1. 资产类账户的账户结构

资产类账户是用来记录资产的账户，账户的借方登记资产的增加额，账户的贷方登记资产的减少额，账户如有余额，一般为借方余额，表示期末资产余额。资产账户的结构如图 2-4 所示。

借方　　　　　　　资产类账户	贷方
期初余额　×××	
本期增加额　×××	本期减少额×××
……	……
本期借方发生额×××	本期贷方发生额×××
期末余额　×××	

图 2-4　资产类账户的结构

资产账户的期末余额可以根据下列公式计算：

期末借方余额=期初借方余额+本期借方发生额-本期贷方发生额

【例 2-4】华阳实业公司 2023 年 1 月 1 日仓库结存原材料价值 96 000 元，本月购进 6 000 元，生产领用 20 000 元，问月末能结存多少原材料？

月末结存材料（82 000）= 月初结存材料（96 000）+本月购进材料（6 000）-本月生产领用（20 000）。如果用“T”型账户表示，则如图 2-5 所示。

借方　　　　　　　原材料	贷方
期初余额：96 000 本期购进：6 000	本期领用：20 000
本期借方发生额：6 000	本期贷方发生额：20 000
期末余额：82 000	

图 2-5　原材料账户的结构

2. 负债类账户的账户结构

负债类账户是用来记录负债的账户，账户的贷方登记负债的增加额，账户的借方登记负债的减少额，账户如有余额，一般为贷方余额，表示期末负债余额。负债账户的结构如图 2-6 所示。

借方	负债类账户	贷方
	期初余额 ×××	
本期减少额×××	本期增加额 ×××	
……	……	
本期借方发生额×××	本期贷方发生额×××	
	期末余额 ×××	

图 2-6 负债类账户的结构

负债账户的期末余额可以根据下列公式计算：

期末贷方余额=期初贷方余额+本期贷方发生额-本期借方发生额

【例 2-5】华阳实业公司 2023 年 1 月 1 日有尚未支付的料款 50 000 元，本月支付前欠料款 20 000 元，本月新购进材料 30 000 元，款未付，1 月末尚未支付的料款是多少？

月末欠款（60 000）= 期初欠款（50 000）+本月新购材料（30 000）-本月支付的前欠料款（20 000）。如果用“T”型账户表示，则如图 2-7 所示。

借方	应付账款	贷方
	期初余额：50 000	
本期支付：20 000	本期增加额：30 000	
本期借方发生额：20 000	本期贷方发生额：30 000	
	期末余额：60 000	

图 2-7 应付账款账户的结构

3. 所有者权益类的账户结构

所有者权益类账户是用来记录所有者权益的账户，账户的贷方登记所有者权益的增加额，借方登记所有者权益的减少额。账户如有余额，一般为贷方余额，表示期末所有者权益余额。所有者权益类账户的结构如图 2-8 所示。

借方	所有者权益类账户	贷方
	期初余额 ×××	
本期减少额×××	本期增加额 ×××	
……	……	
本期借方发生额×××	本期贷方发生额×××	
	期末余额 ×××	

图 2-8 所有者权益类账户的结构

所有者权益类账户期末余额的计算公式与负债类账户相同。

期末贷方余额=期初贷方余额+本期贷方发生额-本期借方发生额

4. 成本类账户的结构

企业在生产经营中会有各种耗费，发生的成本和费用，其实质是一种资产的耗费形态，可以将其看成是一种资产。因此，成本类账户的结构与资产类账户的结构基本相同，账户的借方记录成本费用的增加额，账户的贷方记录成本费用的减少额或转销额。期末余额一般在借方，有时也可能无余额。其结构如图 2-9 所示。

借方　　成本费用类账户	贷方
期初余额　×××	
本期成本费用增加额×××	本期成本费用减少额×××
……	……
本期借方发生额×××	本期贷方发生额×××
期末余额：×××	

图 2-9　成本费用类账户的结构

5. 损益类账户的结构

损益类账户包含了两种截然不同的要素性质，因此这类账户也有两种截然不同的结构。

（1）收入类账户的结构。企业取得的收入最终会导致所有者权益增加，因此决定了收入类账户的结构与所有者权益类账户的结构基本相同。收入类账户的贷方登记收入的增加额，账户的借方登记收入的减少额或转出额。一般来说，收入类账户没有期末余额。其账户结构如图 2-10 所示。

借方　　收入类账户	贷方
本期收益转出额×××	本期收益增加额×××
……	……
本期借方发生额×××	本期贷方发生额×××

图 2-10　收入类账户的结构

（2）费用类账户。企业发生的费用最终会导致所有者权益减少，因此决定了费用类账户的结构与所有者权益类账户的结构正好相反。费用类账户的借方登记费用的增加额，账户的贷方登记费用的减少额或转出额。一般来说，费用类账户没有期末余额。其账户结构如图 2-11 所示。

费用类账户

本期费用增加额 ×××	本期费用减少额或转出额 ×××
……	……
本期借方发生额 ×××	本期贷方发生额 ×××

图 2-11　费用类账户的结构

从上述分析中我们不难看出，“借”“贷”作为记账符号，其所记录的经济内容随着账户经济性质的不同而不同，但是各类账户的期末余额应与记录该账户增加额的方向是一致的。因此，根据账户余额所在方向来判断账户的性质，是借贷记账法的一个重要特点。

在借贷记账法下，借方登记资产、成本费用的增加额，负债、所有者权益的减少额和收益的转销额；贷方登记资产的减少额和成本费用的转销额，负债、所有者权益和收益的增加额。用“T”型账户表示全部账户的结构，如图 2-12 所示。

账户名称

借方	贷方
资产增加额 成本费用增加额 负债减少额 所有者权益减少额 收益转出额	资产减少额 成本费用转出额 负债增加额 所有者权益增加额 收益增加额
期末余额：资产（成本费用）结存数	期末余额：负债、所有者权益结存数

图 2-12　全部账户的“T”型结构

（三）借贷记账法的记账规则

记账规则是指采用某种记账方法登记具体经济业务应遵循的规律。由于复式记账法是以会计等式作为其理论基础，因此运用借贷记账法记录各项经济业务时，可以总结出一定的规则。我们在采用借贷记账法核算经济业务时，应从下面三个方面进行考虑。

首先，根据发生的经济业务设置相应的会计科目和账户并判断其性质。其次，确定该项经济业务所涉及的账户是增加还是减少。最后，确定该账户的结构，即应记录的方向是借方还是贷方。

下面依据上述步骤，采用借贷记账法，举例说明借贷记账法的记账规则。

【例 2-6】假定立信实业公司 2023 年 1 月 1 日有关账户余额如表 2-6 所示。

表 2-6　立信实业公司有关账户余额

2023 年 1 月 1 日　　　　单位：元

资产账户	借方余额	负债及所有者权益账户	贷方余额
库存现金	1 000	短期借款	40 000
银行存款	50 000	应付账款	51 000
应收账款	40 000	实收资本	520 000
原材料	100 000	资本公积	40 000
固定资产	460 000		
合计	651 000	合计	651 000

立信实业公司 2023 年 1 月发生如下部分经济业务，下面按借贷记账法的记账规则分析应如何进行账务处理。

（1）收到投资者投入货币资金 200 000 元，手续已办妥，款项已转入本公司存款户。

该项业务属于资产与所有者权益同增的会计事项，应设置资产类账户的“银行存款”账户和所有者权益类账户的“实收资本”账户；同时根据借贷记账法的账户结构，将 200 000 元记入“银行存款”账户的借方及“实收资本”账户的贷方。该项业务用“T”型账户登记如图 2-13 所示。

图 2-13　“T”型账户登记结果

（2）向 B 公司购买所需原材料，原材料已入库，但由于资金周转紧张，购料款 45 000 元尚未支付，假定不考虑增值税因素。

该项业务属于资产与负债同增的会计事项，应设置资产类账户的“原材料”账户和负债类账户的“应付账款”账户；同时根据借贷记账法的账户结构，将 45 000 元记入“原材料”账户的借方及“应付账款”账户的贷方。该项业务用“T”型账户登记如图 2-14 所示。

图 2-14　“T”型账户登记结果

（3）通过银行转账支付本月到期的银行借款 30 000 元。

该项业务属于资产与负债同减的会计事项，应设置资产类账户的“银行存款”账户和负债类账户的“短期借款”账户。同时根据借贷记账法的账户结构，将 30 000 元记入“银行存款”账户的贷方及“短期借款”账户的借方。该项业务用“T”型账户登记如图 2-15 所示。

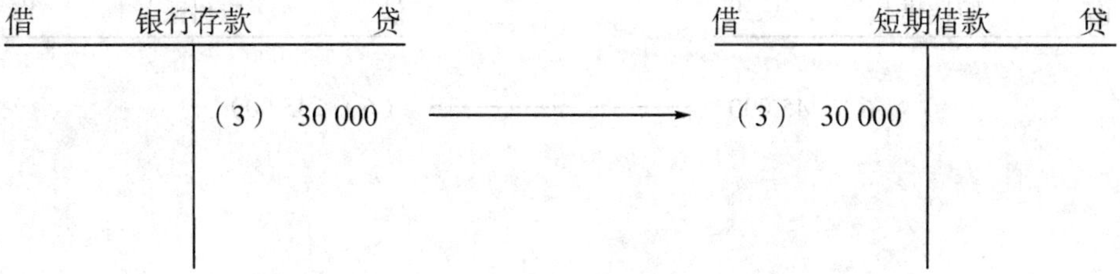

图 2-15 “T”型账户登记结果

（4）上级主管部门按法定程序将 1 台价值 40 000 元的设备调出，以抽回国家对公司的投资。

该项业务属于资产与所有者权益同减的会计事项，应设置资产类账户的“固定资产”账户和所有者权益类账户的“实收资本”账户；同时根据借贷记账法的账户结构，将 40 000 元记入“固定资产”账户的贷方及“实收资本”的借方。该项业务用“T”型账户登记如图 2-16 所示。

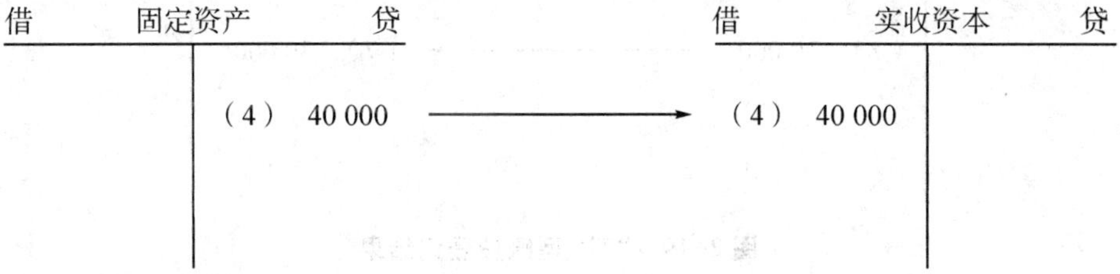

图 2-16 “T”型账户登记结果

（5）开出转账支票一张，提现 10 000 元备用。

该项业务属于资产内部有增有减的会计事项，应设置同属资产类账户的“银行存款”账户和“库存现金”账户；同时根据借贷记账法的账户结构，将 10 000 元记入“银行存款”账户的贷方及“库存现金”账户的借方。该项业务用“T”型账户登记如图 2-17 所示。

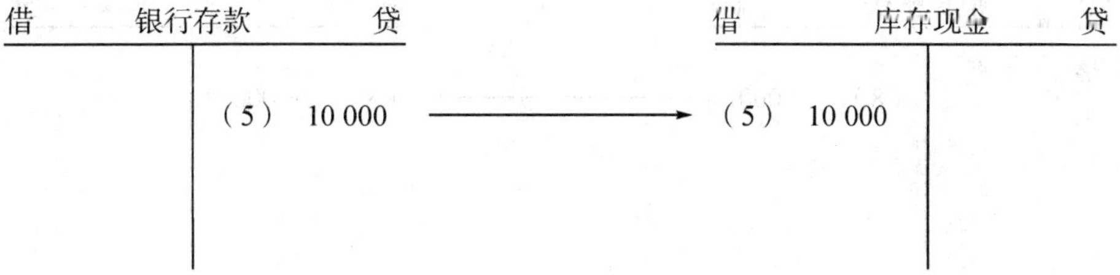

图 2-17 “T”型账户登记结果

（6）取得银行短期借款 45 000 元，直接偿还应付账款。

该项业务属于负债内部有增有减的会计事项，应设置同属负债类账户的“短期借款”账户和“应付账款”账户；同时根据借贷记账法的账户结构，将 45 000 元记入“短期借款”账户的贷方及“应付账款”账户的借方。该项业务用“T”型账户登记如图 2-18 所示。

图 2-18 “T”型账户登记结果

（7）按法定程序将资本公积 30 000 元转增资本金。

该项业务属于所有者权益内部有增有减的会计事项，应设置同属于所有者权益类账户的“实收资本”账户和“资本公积”账户；同时根据借贷记账法的账户结构，将 30 000 元记入“实收资本”账户的贷方及“资本公积”账户的借方。该项业务用“T”型账户登记如图 2-19 所示。

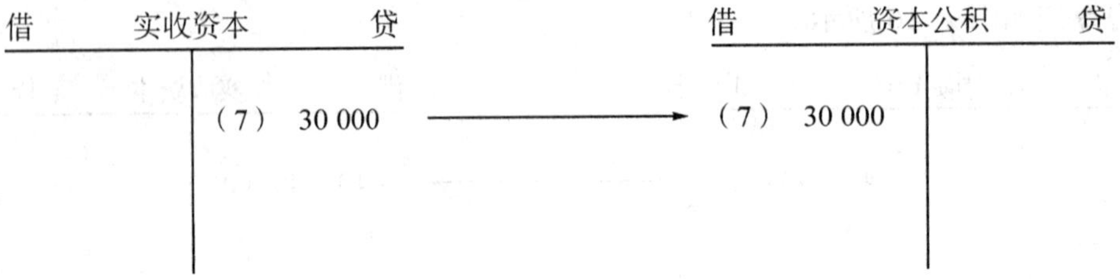

图 2-19 “T”型账户登记结果

（8）与 D 公司签订协议，承担 D 公司所欠 C 公司货款 30 000 元，作为 D 公司对本公司投资的减少。

该项业务属于负债与所有者权益之间此增彼减的会计事项，应设置负债类账户的“应付账款”账户和所有者权益类账户的“实收资本”账户；同时根据借贷记账法的账户结构，将 30 000 记入“应付账款”账户的贷方及“实收资本”账户的借方。该项业务用“T”型账户登记如图 2-20 所示。

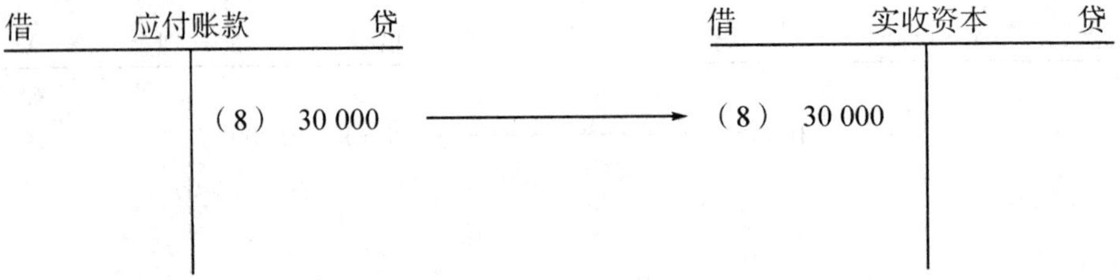

图 2-20 “T”型账户登记结果

上述事项可以说明，对于涉及资产、负债和所有者权益变化的经济业务类型的处理，都是有借方就有相对应的贷方，而且借贷两方的金额是相等的。下面再分析影响动态要素变化的经济业务的情况。

（9）用库存现金 500 元购买办公用品。

该项业务属于费用与资产之间此增彼减的会计事项，应设置资产类账户的“库存现金”账户和费用账户的“管理费用”账户；同时根据借贷记账法的账户结构，将 500 元记入“库存现金”账户的贷方及“管理费用”账户的借方。该项业务用“T”型账户登记如图 2-21 所示。

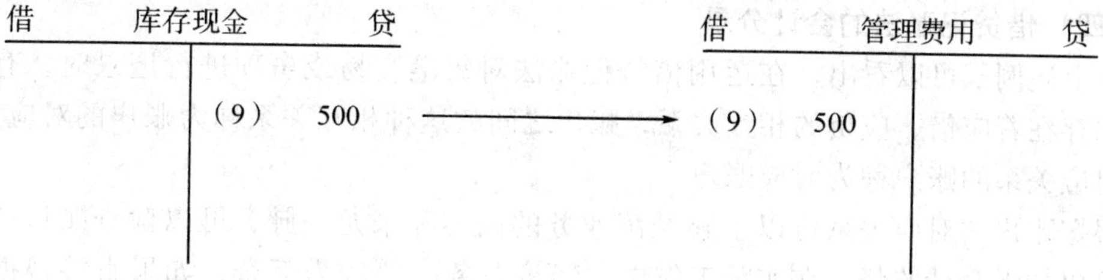

图 2-21 “T”型账户登记结果

（10）出售价值 20 000 元的商品，货款尚未收到，假定不考虑增值税因素。

该项业务属于资产与收入同增的会计事项，应设置资产类账户的“应收账款”账户和收益类账户的“主营业务收入”账户；同时根据借贷记账法的账户结构，将 20 000 元记入“应收账款”账户的借方及“主营业务收入”账户的贷方。该项业务用“T”型账户登记如图 2-22 所示。

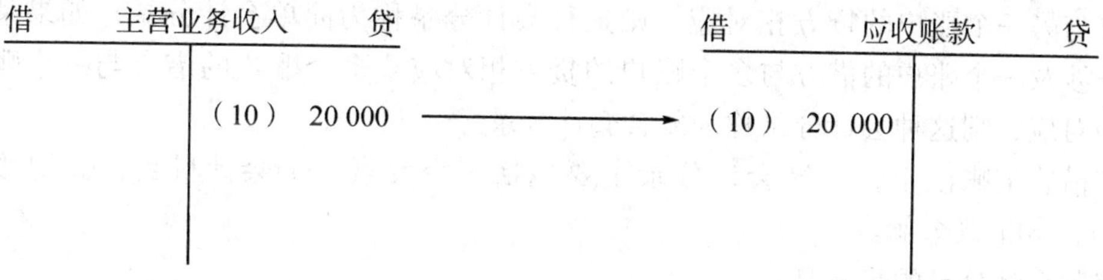

图 2-22 “T”型账户登记结果

以上业务实例已经概括了企业的所有业务类型，而无论哪种类型的经济业务，都是以相等的金额同时记入有关账户的借方和相对应账户的贷方。这样就可以归纳出借贷记账法的记账规则为“有借必有贷，借贷必相等”，这一记账规则可以用图 2-23 表示。

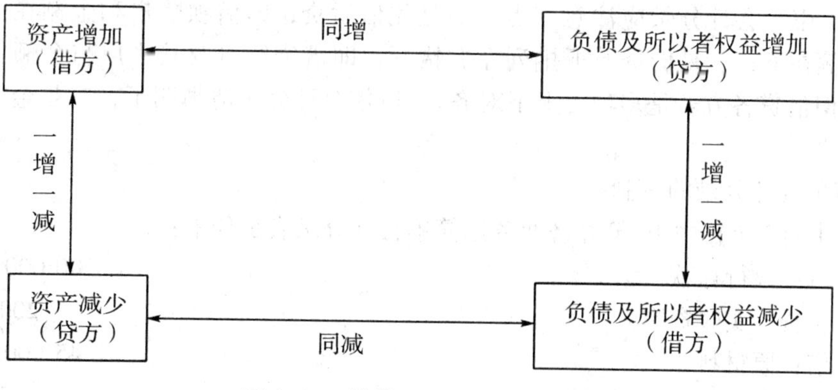

图 2-23 借贷记账法的记账规则

借贷记账法的账户结构要求对发生的任何经济业务都要按借贷相反的方向进行记录，即如果在一个账户中记借方，必然在另一账户中记贷方，即有借必有贷。同时，复式记账法要求对发生的任何经济业务要等额地在相关账户中进行登记，如果采用“借”和“贷”作为记账符号，则借贷两方的金额一定是相等的。遇到复杂的经济业务，需要登记在一个账户的借方和几个账户的贷方即一借多贷；或相反一贷多借时，借贷双方的金额也相等

（四）借贷记账法的会计分录

从上述例子可以看出，在运用借贷记账法对每笔交易或事项进行记录时，有关账户之间存在着应借、应贷的相互关系，账户之间的这种相互关系称为账户的对应关系。存在对应关系的账户称为对应账户。

根据账户的对应关系可以了解经济业务的内容和来龙去脉，可以检查账目的正确性，可以加强会计监督。在实际工作中，经济业务一般较为复杂，如果直接根据经济业务登记账户，就容易产生错误。为了既保证账户记录的正确性，又减少工作量，我们在将经济业务登记入账前，应先运用账户的对应关系编制会计分录。

在借贷记账法下，会计分录是指标明某项经济业务应借应贷方向、科目名称和金额的记录。编制会计分录有利于保证账户记录的正确性，并便于事后检查。在实际工作中，会计分录是在记账凭证上编制的，并据以登记有关账户。按照所涉及账户的多少，会计分录分为简单会计分录和复合会计分录。如果某项经济业务只涉及一个账户的借方与另一个账户的贷方相对应，则这种会计分录称为简单会计分录；如果某项经济业务涉及一个账户的借方与多个账户的贷方相对应或多个账户的借方与一个账户的贷方相对应，则这种会计分录称为复合会计分录。

在借贷记账法下，一笔会计分录主要包括三个要素：①会计科目；②记账符号（方向）；③记账金额。

编制会计分录的步骤是：

第一步：确定经济业务涉及的会计科目（账户）；

第二步：确定账户的性质（属于哪一类账户）；

第三步：确定账户金额的增加或减少；

第四步：根据账户的性质和结构，判断应计入的账户的借方或贷方；

第五步：编制会计分录。

另外，书写会计分录应注意三点：一是先借后贷，即借项账户和金额在上，贷项账户和金额在下；二是借贷上下排列左右错开，即借贷符号及其账户与金额在左右错开位置（但借贷各方若是多项可上下对齐），以使会计分录清晰明了；三是金额后不要带单位。

1. 简单会计分录的编制

现将【例 2-6】中 10 笔经济业务用简单会计分录表示如下：

（1）借：银行存款	200 000	
贷：实收资本		200 000
（2）借：原材料	45 000	
贷：应付账款		45 000

（3）借：短期借款　　30 000
　　贷：银行存款　　30 000
（4）借：实收资本　　40 000
　　贷：固定资产　　40 000
（5）借：库存现金　　10 000
　　贷：银行存款　　10 000
（6）借：应付账款　　45 000
　　贷：短期借款　　45 000
（7）借：资本公积　　30 000
　　贷：实收资本　　30 000
（8）借：实收资本　　30 000
　　贷：应付账款　　30 000
（9）借：管理费用　　500
　　贷：库存现金　　500
（10）借：应收账款　　20 000
　　贷：主营业务收入　　20 000

2. 复合会计分录的编制

上述会计分录均为简单会计分录，下面举例说明复合会计分录的编制。

【例 2-7】立信实业公司购买一批原材料，价值 50 000 元，其中以银行存款支付 30 000 元，其余款项尚未支付，假定不考虑增值税。

该项业务涉及资产类账户的“原材料”账户、“银行存款”账户以及负债类账户的“应付账款”账户，编制复合会计分录如下：

借：原材料　　50 000
　贷：银行存款　　30 000
　　　应付账款　　20 000

复合会计分录实质上是由简单会计分录合并而成，如此例就可分解为两个简单会计分录。

借：原材料　　30 000
　贷：银行存款　　30 000
借：原材料　　20 000
　贷：应付账款　　20 000

编制复合会计分录的目的是简化记账手续，提高工作效率。但为了保持账户之间清晰的对应关系，一般不应把不同经济业务合并在一起，编制多借多贷的会计分录。在借贷记账法下编制会计分录，一般应是一借一贷、一借多贷、一贷多借。除了业务的需要外，应尽量避免多借多贷。

（五）借贷记账法的试算平衡

各单位的经济业务纷繁复杂，再加上有些人为的失误，账户的日常记录难免会出现一些差错。为了检查一定时期内所发生的经济业务在账户中的记录是否正确，我们应在会计期末对账户进行试算平衡。所谓试算平衡是指根据会计恒等式“资产 = 负债+

所有者权益”以及借贷记账法的记账规则，通过对所有账户的发生额和余额进行汇总、计算和比较，来检查账户记录是否正确的一种方法，它包括发生额试算平衡和余额试算平衡。

1. 发生额试算平衡

在借贷记账法下，根据“有借必有贷，借贷必相等”的记账规则，对发生的每一笔业务进行处理后，其会计分录借方金额和贷方金额一定相等。因此，将一定期间内各项经济业务的会计分录全部登记入账后，所有账户的借方本期发生额合计数与贷方发生额合计数必然相等。

全部账户本期借方发生额合计数=全部账户本期贷方发生额合计数

此公式一般应用于期末，如对前面【例2-6】中10笔经济业务就可通过编制发生额试算平衡表进行检验，如表2-7所示。

表2-7　总分类账户发生额试算平衡表

2023年1月31日　　单位：元

账户名称	本期发生额	
	借方	贷方
库存现金	（5）10 000	（9）500
银行存款	（1）200 000	（3）30 000 （5）10 000
应收账款	（10）20 000	
原材料	（2）45 000	
固定资产		（4）40 000
短期借款	（3）30 000	（6）45 000
应付账款	（6）45 000	（2）45 000 （8）30 000
实收资本	（4）40 000 （8）30 000	（1）200 000 （7）30 000
资本公积	（7）30 000	
管理费用	（9）500	
主营业务收入		（10）20 000
合计	450 500	450 500

2. 余额试算平衡

在借贷记账法下，由于资产账户的余额表现在账户的借方，负债和所有者权益账户的余额表现在账户的贷方，因此，所有账户的借方余额合计数，即为资产总额，所有账户贷方余额合计数即为负债和所有者权益总额，根据会计的恒等关系，两者必然相等。根据登记余额的时间不同，可分为期初余额平衡与期末余额平衡两类。

期初余额平衡是指期初所有账户借方余额合计与贷方余额合计相等，用公式表示如下：

全部账户的期初借方余额合计=全部账户的期初贷方余额合计

期末余额平衡是指期末所有账户借方余额合计与贷方余额合计相等，用公式表示如下：

全部账户的期末借方余额合计=全部账户的期末贷方余额合计

在实际工作中，余额试算平衡是通过编制余额试算平衡表进行的，也可将发生额及余额试算平衡表合并编制。现仍以前面【例 2-6】所举事例为准编制发生额及余额试算平衡表，如表 2-8 所示。

表 2-8　总分类账户发生额及余额试算平衡表

2023 年 1 月 31 日　　单位：元

账户名称	期初余额		本期发生额		期末余额	
	借方	贷方	借方	贷方	借方	贷方
库存现金	1 000		10 000	500	10 500	
银行存款	50 000		200 000	40 000	210 000	
应收账款	40 000		20 000		60 000	
原材料	100 000		45 000		145 000	
固定资产	460 000			40 000	420 000	
短期借款		40 000	30 000	45 000		55 000
应付账款		51 000	45 000	75 000		81 000
实收资本		520 000	70 000	230 000		680 000
资本公积		40 000	30 000			10 000
管理费用			500		500	
主营业务收入				20 000		20 000
合计	651 000	651 000	450 500	450 500	846 000	846 000

试算平衡表只是通过借贷金额是否平衡来检查账户记录是否正确，而有些错误对于借贷双方的平衡并不发生影响。例如在记账中借方或贷方都多记或少记了相同金额，或者是借、贷科目错误，或者是记账方向相反。因此，试算平衡只能说明记账基本正确，不能保证记账一定没有错误。但是如果试算不平衡，则说明记账一定有错误，应认真查找。我们在编制试算平衡表时，应注意以下问题：

（1）需保证所有账户的余额均已记入试算表。因为会计等式是对六项会计要素整体而言的，缺少任何一个账户的余额，都会造成期初或期末借方余额与贷方余额合计不相等。

（2）如果借贷试算不平衡，肯定是账户记录有错误，应认真查找，直到实现平衡为止。

（3）如果借贷试算平衡，则并不能说明账户记录绝对正确，因为有些错误对于借贷双方的平衡并不产生影响，例如：

①少记某项经济业务使本期借贷双方的发生额等额减少，借贷仍然平衡；

②重复记录某项经济业务使本期借贷双方的发生额等额虚增，借贷仍然平衡；

③某项经济业务记错有关账户，借贷仍然平衡；

④某项经济业务颠倒了记账方向，借贷仍然平衡；

⑤借方或贷方发生额中，一多一少并相互抵消，借贷仍然平衡。

第四节　会计凭证

一、会计凭证的概念

会计凭证是记录经济业务、明确经济责任的书面证明，也是登记账簿的依据。《企业会计准则》明确规定：会计核算应当以实际发生的交易或者事项为依据进行会计确认、计量、记录和报告，如实反映符合确认和计量要求的各项会计要素及其他相关信息，保证会计信息真实可靠、内容完整。填制和审核会计凭证是进行会计核算的一种专门方法，也是会计核算工作的起始环节。

及时、准确地填制和审核会计凭证，对于保证会计核算的客观性、正确性和会计信息的质量，以及对企业经济活动进行有效的会计监督，都具有重要意义。

二、会计凭证的种类

在实际经济活动中，会计凭证是多种多样的，为便于区分使用，一般按照会计凭证的填制程序和用途的不同，将其划分为两类：原始凭证和记账凭证。

（一）原始凭证

原始凭证是企业在经济业务发生或完成时取得或填制的，用于记录或证明经济业务的发生或完成情况的原始凭据。原始凭证在企业的经济活动中起着重要的作用。原始凭证可以证明经济业务的真实性、正确性，监督经济活动的合法性、合规性，反映资金的循环周转，并依此确定经办业务的部门和人员的法律、经济责任，为进一步的会计核算提供原始资料。

企业的经济活动是多种多样的，因此，原始凭证的格式、填制手续、方法等也不尽相同。为了学习的方便，大体上可以对原始凭证作如下分类：

1. 原始凭证按其来源不同，可以分为自制原始凭证和外来原始凭证两种

（1）自制原始凭证。自制原始凭证也称内部原始凭证，是由本单位经办业务的部门和人员在执行或完成某项经济业务时填制的凭证。如收料单、领料单、产品入库单、产品出库单、差旅费报销单、工资计算单等。收料单格式与内容如表 2-9 所示。

表 2-9　收料单

供货单位：明达厂　　　　　　　　　　　　　　　　凭证编号：0236

发票编号：0012　　　　　　2023 年 1 月 3 日　　　　　　收料仓库：2 号库

<table>
<tr><td rowspan="2">材料类别</td><td rowspan="2">材料编号</td><td rowspan="2">材料名称及规格</td><td rowspan="2">计量单位</td><td colspan="2">数量</td><td colspan="3">金额/元</td></tr>
<tr><td>应收</td><td>实收</td><td>买价</td><td>运杂费</td><td>合计</td></tr>
<tr><td>型钢</td><td>02013</td><td>20mm 圆钢</td><td>千克</td><td>2 000</td><td>2 000</td><td>4.00</td><td>600</td><td rowspan="2">8 600</td></tr>
<tr><td>备注</td><td></td><td colspan="5"></td><td>合计</td></tr>
</table>

主管：（签章）　　　　　　记账：（签章）　　　　　　收料：（签章）

（2）外来原始凭证。外来原始凭证也称外部原始凭证，是指在同外单位或个人发生经济业务往来关系时，从对方取得的原始凭证。如职工出差取得的车、船、机票、

住宿票，采购材料收到供货单位开出的增值税专用发票或普通发票，银行转来的收账通知、付款通知（也称回单）等。发票和进账单的格式和内容如表 2-10、表 2-11 所示。

表 2-10 ××增值税专用发票 NO

开票日期： 年 月 日

<table>
<tr><td>购买方</td><td colspan="3">名　　称：
纳税人识别号：
地址、电话：
开户行及账号：</td><td>密码区</td><td colspan="4"></td></tr>
<tr><td colspan="2">货物或应税劳务、服务名称

合计</td><td>规格型号</td><td>单位</td><td>数量</td><td>单价</td><td>金额</td><td>税率</td><td>税额</td></tr>
<tr><td colspan="2">价税合计（大写）</td><td colspan="7">（小写）</td></tr>
<tr><td>销售方</td><td colspan="3">名　　称：
纳税人识别号：
地址、电话：
开户行及账号：</td><td>备注</td><td colspan="4"></td></tr>
</table>

第一联：记账联销售方记账凭证

收款人： 复核： 开票人： 销售方：（章）

表 2-11 中国工商银行进账单（回单）

年 月 日 No.

<table>
<tr><td rowspan="3">签发人</td><td>全称</td><td colspan="2"></td><td rowspan="3">收款人</td><td>全称</td><td colspan="10"></td></tr>
<tr><td>账号</td><td colspan="2"></td><td>账号</td><td colspan="10"></td></tr>
<tr><td>开户银行</td><td colspan="2"></td><td>开户银行</td><td colspan="10"></td></tr>
<tr><td colspan="2" rowspan="2">人民币
（大写）</td><td colspan="4" rowspan="2"></td><td>千</td><td>百</td><td>十</td><td>万</td><td>千</td><td>百</td><td>十</td><td>元</td><td>角</td><td>分</td></tr>
<tr><td></td><td></td><td></td><td></td><td></td><td></td><td></td><td></td><td></td><td></td></tr>
<tr><td colspan="2">票据种类</td><td></td><td>票据张数</td><td colspan="12" rowspan="3">开户银行签章</td></tr>
<tr><td colspan="2">票据号码</td><td colspan="2"></td></tr>
<tr><td colspan="4">单位主管　会计　复核　记账</td></tr>
</table>

2. 原始凭证按其填制手续的不同，可以分为一次凭证、累计凭证、汇总凭证三种

（1）一次凭证。一次凭证是指只反映一项经济业务，或者同时反映若干项同类性质的经济业务，其填制手续是一次完成的会计凭证。外来原始凭证一般都是一次凭证。如上述表 2-10 中的采购增值税专用发票及表 2-11 中的银行进账单。也有很多一次凭证是自制的，例如单位材料验收入库时，由仓库保管员填制的“收料单”，格式与内容如表 2-9 所示；生产车间与班组向材料仓库领用材料时填制的“领料单”，格式与内容如表 2-12 所示；完工产品验收入库时填制的“产成品入库单”等。

表 2-12 领料单

领料单位：一车间　　凭证编号：0368

用　　途：制造甲产品　　2023 年 1 月 5 日　　发料仓库：2 号库

材料类别	材料编号	材料名称及规格	计量单位	数量		单价	金额/元
				请领	实发		
型钢	02013	20mm 圆钢	千克	1 500	1 500	4.30	6 450
备注						合计	6 450

主管：（签章）　　记账：（签章）　　发料人：（签章）　　领料人：（签章）

（2）累计凭证。累计凭证是指在一定时期内连续记录不断重复发生的若干项同类经济业务的会计凭证。其填制手续是随着经济业务发生而分次进行，到期末按其累计数作为记账依据，如工业企业使用的限额领料单即为自制的累计凭证。限额领料单格式和内容如表 2-13 所示。

表 2-13 限额领料单　　编号：1257

领料单位：一车间　　用途：生产乙产品　　计划产量：6 000 台

材料编号：02013　　名称规格：20 mm 圆钢　　计量单位：千克

单价：4.30 元　　消耗定量：0.5 千克/台　　领用限额：3 000

日期	请领		实发				
	数量	领料单位负责人	数量	累计	发料人	领料人	限额结余
10 月 3 日	500	张明	500	500	李伟	王阳	2 500
10 月 12 日	300	张明	300	800	李伟	王阳	2 200
10 月 20 日	200	张明	200	1 000	李伟	王阳	2 000
合 计	1 000		1 000	1 000			2 000

供应生产部门负责人：（签章）　　生产计划部门负责人：（签章）　　仓库负责人：（签章）

（3）汇总凭证。汇总凭证是指在会计核算中，为简化记账凭证的编制工作，将一定时期内若干记录同类经济业务的原始凭证汇总编制成一张汇总凭证，用以集中反映某项经济业务总括发生情况的会计凭证。例如“发料凭证汇总表”“收料凭证汇总表”“工资结算汇总表”等都是汇总原始凭证。“发料凭证汇总表”如表 2-14 所示。

表 2-14 发料凭证汇总表

年　月　日

材料	生产成本		制造费用	管理费用	销售费用	合计
	甲产品	乙产品				
A 材料						
B 材料						
C 材料						
合计						

会计主管：（签章）　　审核：（签章）　　制表：（签章）

需要指出的是，上述原始凭证都是用来证明经济业务已执行或完成的，因此可以作为会计核算的原始依据。但凡是不能证明业务已执行或完成的书面文件，如购货合同、费用预算、派工单、请购单等，不属于原始凭证，不能作为记账的原始依据。

3. 原始凭证按格式不同可分为通用凭证和专用凭证

（1）通用凭证。通用凭证是指有关部门统一印制、在一定范围内使用的具有一定格式和使用方法的原始凭证。通用凭证的使用范围因制作部门的不同而有所差异，可以是分地区、分行业使用的，也可以全国通用的。例如，由某省（市）印制的发票、收据等可以在该省（市）通用；由中国人民银行印制的银行转账结算凭证、由国家税务总局统一印制的增值税专用发票可以在全国通用。

（2）专用凭证。专用凭证是指由单位自行印制、仅在本单位内部使用的原始凭证，如领料单、收料单、产品入库单、工资计算单、制造费用分配表等。

（二）记账凭证

记账凭证是指会计人员根据审核无误的原始凭证填制的，用来确定经济业务应借、应贷会计科目及其金额（会计分录）的，作为登记账簿直接依据的一种会计凭证。原始凭证由于数量庞大，种类繁多，格式不一，不能清楚地反映会计科目的名称和方向，因此在登记账簿之前，需要根据原始凭证反映的不同经济内容对其加以归类和整理，编制具有统一格式的记账凭证，并将原始凭证附在记账凭证的背后。这样不仅可以简化记账工作，减少出错，而且有利于原始凭证的保管，便于对账和查账，提高会计工作质量。

由于反映的经济业务不同，记账凭证的格式也有一定差异。但其主要作用在于对原始凭证进行分类、整理，按照复式记账的要求，运用会计科目，编制会计分录，据以登记账簿。

为了便于凭证管理，可以对记账凭证作如下分类：

1. 记账凭证按其用途的不同，可分为专用记账凭证和通用记账凭证两种

（1）专用记账凭证。专用记账凭证是指分类反映经济业务的记账凭证。专用记账凭证按其所记录的经济业务是否与库存现金和银行存款的收付有关又可分为收款凭证、付款凭证和转账凭证。

①收款凭证。收款凭证是用来记录库存现金和银行存款收款业务的记账凭证，是根据库存现金和银行存款收款业务的原始凭证填制的。收款凭证又可分为现金收款凭证和银行收款凭证，其格式如表 2-15 所示。

表 2-15　收款凭证

银收字第 20 号

借方科目：银行存款　　　　2023 年 1 月 18 日　　　　附 件 1 张

摘要	贷方科目		金额	记账
	总账科目	明细科目		
收到 S 公司欠款	应收账款	S 公司	50 000.00	√
合计			50 000.00	

会计主管：　　记账：　　出纳：　　审核：　　制单：

②付款凭证。付款凭证是用来记录现金和银行存款付款业务的记账凭证，是根据库存现金和银行存款付款业务的原始凭证填制的。付款凭证又可分为现金付款凭证和银行付款凭证，其格式如表 2-16 所示。

表 2-16 付款凭证

现付字第 20 号

贷方科目：库存现金　　2023 年 1 月 18 日　　附 件 1 张

摘要	贷方科目		金额	记账
	总账科目	明细科目		
张明出差借差旅费	其他应收款	张明	3 000.00	√
合计			3 000.00	

会计主管：　　记账：　　出纳：　　审核：　　制单：

收款凭证和付款凭证是用来记录货币资金收付业务的凭证，既是登记现金日记账、银行存款日记账、明细分类账及总账的依据，也是出纳人员收付款项的依据。在会计实务中，为了避免记账重复，对于现金和银行存款之间的收付款业务，企业一般只编制付款凭证，不编制收款凭证。

③转账凭证。转账凭证是用来记录与库存现金和银行存款的收付业务无关的转账业务的凭证，它是根据有关转账业务的原始凭证填制的。转账凭证是登记总分类账及有关明细分类账的依据，其格式如表 2-17 所示。

表 2-17 转账凭证

转字第 32 号

2023 年 1 月 20 日　　附件 2 张

摘要	总账科目	明细科目	借方金额	贷方金额	记账
生产甲产品领用 A 材料	生产成本	甲产品	2 600.00		√
	原材料	A 材料		2 600.00	√
合计			2 600.00	2 600.00	

会计主管：　　记账：　　审核：　　制单：

（2）通用记账凭证。通用记账凭证不分收款、付款、转账业务，而是全部业务均采用统一格式的一种记账凭证，如表 2-18 所示。在经济业务比较简单的经济单位，可以使用通用记账凭证。

表 2-18 记账凭证

记字第 3 号

2023 年 1 月 22 日　　附件 2 张

摘要	总账科目	明细科目	借方金额	贷方金额	记账
从恒兴公司赊购 B 材料	原材料	B 材料	10 000		√
	应交税费	应交增值税	1 300	11 300	√
	应付账款	恒兴公司			
合计			11 300	11 300	

会计主管：　　记账：　　审核：　　制单：

2. 记账凭证按其是否经过汇总，可分为汇总记账凭证和非汇总记账凭证

（1）汇总记账凭证。汇总记账凭证是根据一定期间的若干张记账凭证按一定的方式汇总编制，据以登记总分类账的凭证。按汇总方法的不同，汇总记账凭证可分为分类汇总记账凭证和全部汇总记账凭证两种。

①分类汇总记账凭证。分类汇总记账凭证是根据一定时期的记账凭证按其种类分别汇总填制的汇总凭证，可分为汇总收款凭证、汇总付款凭证和汇总转账凭证。

②全部汇总记账凭证。全部汇总记账凭证是根据一定期间的记账凭证全部汇总填制的，科目汇总表即为全部汇总记账凭证。

（2）非汇总记账凭证。非汇总记账凭证是指没有经过汇总的记账凭证，上述收款凭证、付款凭证、转账凭证、通用凭证等都是非汇总记账凭证。

综上所述，原始凭证与记账凭证之间存在着密切的联系。原始凭证是记账凭证的基础，记账凭证是根据原始凭证编制的；记账凭证是对原始凭证内容的概括和说明。

三、原始凭证的填制与审核

（一）原始凭证的基本要素

原始凭证的格式和内容因经济业务和经营管理的不同而有所差异，但原始凭证应当具备以下基本要素：

（1）原始凭证的名称。如“收料单”“领料单”“发票”等。

（2）填制凭证的日期。如在领料单上要写明填制日期（一般是领料的日期），以备查考。

（3）填制凭证单位的名称。如“××公司”“××学院”“××商场”等。

（4）对外凭证要有接受单位的名称（俗称抬头）。如发票上要写明购货单位的名称，单位名称要写全称，不得省略。

（5）经济业务的内容摘要。如在领料单上要有领用材料的用途、名称、规格等。

（6）经济业务所涉及的财物数量、单价和金额。如领料单上要有计量单位、数量、单价和金额等。这不仅是记账必需的资料，也是检查业务的真实性、合理性和合法性所必需的。

（7）经办人员的签名或盖章。如领料单上应有主管人员、记账人员、领料单位负责人、领料人和发料人的签名或盖章。

此外，有的原始凭证为了满足计划、业务、统计等职能部门管理的需要，还需列入计划、定额、合同号码的项目，这样可以更加充分地发挥原始凭证的作用。对于国民经济一定范围内经常发生的同类经济业务，应由主管部门制订统一的凭证格式。

（二）原始凭证填制的基本要求

（1）记录真实。原始凭证所填列经济业务的内容和数字，必须真实可靠，符合实际情况。

（2）内容完整。原始凭证所要求填列的项目必须逐项填列齐全，不得遗漏或省略。原始凭证中的年、月、日要按照填制原始凭证的实际日期填写；名称要齐全，不能简化；品名或用途要填写明确，不能含糊不清；有关人员的签章必须齐全。

（3）手续完备。单位自制的原始凭证必须有经办单位相关负责人的签名盖章；对外开出的原始凭证必须加盖本单位公章或者财务专用章；从外部取得的原始凭证，必须盖有填制单位的公章或者财务专用章；对外开出或从外取得的电子形式的原始凭证必须附有符合《中华人民共和国电子签名法》的电子签名；从个人取得的原始凭证，必须有填制人员的签名或盖章。

（4）书写清楚、规范。原始凭证要按规定填写，文字要简明，字迹要清楚，易于辨认，不得使用未经国务院公布的简化汉字。大小写金额必须符合填写规范，小写金额用阿拉伯数字逐个书写，不得写连笔字。在金额前要填写人民币符号“￥”（使用外币时填写相应符号），且与阿拉伯数字之间不得留有空白。金额数字一律填写到角、分，无角无分的，角位和分位写“0”，不得留空格。大写金额用汉字壹、贰、叁、肆、伍、陆、柒、捌、玖、拾、佰、仟、万、亿、元、角、分、零、整等，不得乱造简化字。大写金额前未印有“人民币”字样的，应加写“人民币”三个字且和大写金额之间不得留有空白。大写金额到元或角为止的，后面要写“整”字；有分的，分字后面不再写“整”字，金额数字中间有“0”时，如小写金额￥6 003.5，大写金额中可以只写一个“零”字，为“陆仟零叁元伍角整”。

（5）编号连续。各种凭证要连续编号，以便检查。如果凭证已预先印定编号，如发票、支票等重要凭证，在因错作废时，应加盖“作废”戳记，妥善保管，不得撕毁。

（6）不得涂改、刮擦、挖补。原始凭证金额有错误的，应当由出具单位重开，不得在原始凭证上更正。原始凭证有其他错误的，应当由出具单位重开或更正，更正处应当加盖出具单位印章。

（7）填制及时。各种原始凭证一定要及时填写，并按规定的程序及时送交会计机构审核。

（三）原始凭证的审核

为了正确地反映和监督各项经济业务，保证核算资料的真实、完整、准确和合法，会计人员和经授权的审核人员，必须对各种原始凭证进行严格认真地审核。只有经过审核无误的原始凭证才能作为编制记账凭证和登记账簿的依据。审核会计凭证是正确组织会计核算和进行会计检查的一个重要方面，也是实行会计监督的一个重要手段。审核的内容主要包括：

（1）审核原始凭证的真实性。真实性的审核包括凭证日期是否真实、业务内容是否真实、数据是否真实等。对外来原始凭证，必须有填制单位公章或财务专用章和填制人员签章，其中，电子形式的外来原始凭证，应当附有符合《中华人民共和国电子签名法》的电子签名（章）；对自制原始凭证，必须有经办部门和经办人员的签名或盖章。此外，对通用原始凭证，还应审核凭证本身的真实性，以防作假。

（2）审核原始凭证的合法性、合理性。审核原始凭证所记录的经济业务是否符合国家法律法规，是否履行了规定的凭证传递和审核程序；审核原始凭证所记录的经济业务是否符合企业经济活动的需要、是否符合有关的计划和预算等。

（3）审核原始凭证的完整性。审核原始凭证各项基本要素是否齐全，是否有漏项情况，日期是否完整，数字是否清晰，文字是否工整，有关人员签章是否齐全，凭证联次是否正确等。

（4）审核原始凭证的正确性。审核原始凭证记载的各项内容是否正确，包括：①接受原始凭证单位的名称是否正确。②金额的填写和计算是否正确。对阿拉伯数字要逐个写清楚，不得连写。小写金额前要标明“￥”字样，中间不能留有空位。大写金额前要加“人民币”字样，大写金额与小写金额要相符。③更正是否正确。原始凭证记载的各项内容均不得涂改、刮擦和挖补。

四、记账凭证的填制与审核

（一）记账凭证的基本要素

记账凭证种类甚多，格式不一，但其主要作用在于对原始凭证进行分类、整理，按照复式记账的要求，运用会计科目，编制会计分录，据以登记账簿。因此，记账凭证必须具备以下基本要素：

（1）填制单位的名称；

（2）记账凭证的名称；

（3）凭证的填制日期和编号；

（4）经济业务的内容摘要；

（5）应记账户名称、记账方向和金额（包括一级账户、二级或明细账户）；

（6）记账备注（不一定是必要内容）；

（7）所附原始凭证的张数；

（8）会计主管、复核、记账、制证人员的签名或盖章（收付款凭证还要有出纳人员的签名或盖章）。

（二）记账凭证的填制要求

记账凭证是登记账簿的直接依据，记账凭证填制得正确与否，直接关系到账簿记录的真实和正确。正确填制记账凭证是保证账簿记录质量的基础。填制记账凭证的具体要求如下：

1. 填制记账凭证必须以审核无误的原始凭证及有关资料为依据

记账凭证上应注明所附的原始凭证张数，以便检查经济业务的内容和已编制会计分录的正确与否。如果根据同一原始凭证填制数张记账凭证时，应在未附原始凭证的记账凭证上注明“附件××张，见第××号记账凭证”。如果原始凭证需要另行保管时，则应在附件栏目内加以注明，以便查阅。更正错账和结账的记账凭证可以不附原始凭证。

2. 正确填写摘要

摘要应简明扼要地说明每项经济业务的内容。

3. 正确编制会计分录

必须按照会计制度统一规定的会计科目，根据经济业务的性质编制会计分录。不得自造或简化会计分录。应用借贷记账法编制分录时，一般只编制一借一贷、一借多贷和一贷多借的会计分录，不编制多借多贷的会计分录。

4. 记账凭证的日期

收付款业务因为要登入当天的日记账，记账凭证的日期应是货币资金收付的实际日期，与原始凭证所记的日期不一定一致。转账凭证以收到原始凭证的日期为准，但在摘要栏要注明经济业务发生的实际日期。

5. 记账凭证的编号

要根据不同的情况采用不同的编号方法。通常有三种情况：如果采用统一的一种格式（通用格式），凭证的编号可采用顺序编号法，即按月编顺序号。业务极少的单位可按年编顺序号。如果采用三种格式或五种格式的记账凭证，记账凭证的编号应采用字号编号法，即把不同类型的记账凭证用字加以区别，再把同类记账凭证按顺序连续编号。例如三种格式的记账凭证，采用字号编号法时，应具体编为“收字第××号”“付字第××号”“转字第××号”。如果某笔经济业务需要填制一张以上的记账凭证时，记账凭证的编号可采用分数编号法。例如第五笔转账业务需填制三张凭证，则其编号为转字 $5\frac{1}{3}$号（第一张）、转字 $5\frac{2}{3}$号（第 2 张）和转字 $5\frac{3}{3}$（第 3 张）。

6. 记账凭证必须有签章，以明确经济责任

制单人员、审核人员、记账人员和会计主管必须在记账凭证上签章。出纳人员根据收款凭证收款或根据付款凭证付款时，均要在凭证上加盖“收讫”“付讫”的戳记，以免重收重付、防止差错。

（三）记账凭证的审核

如前所述，记账凭证是根据审核无误的原始凭证填制的，是登记账簿的直接依据。为了保证账簿记录的正确性，必须在登记账簿以前认真审核。除了编制记账凭证的人员自审以外，同时还应建立专人审核或互审制度。因此，记账凭证审核的内容主要有以下几点：

（1）审核记账凭证是否附有原始凭证，原始凭证是否齐全，内容是否合法，记账凭证所记录的经济业务与所附原始凭证所反映的经济业务是否相符。

（2）审核记账凭证的会计分录是否正确，账户对应关系是否清晰，金额计算是否准确，会计处理是否符合会计制度的规定。

（3）审核记账凭证的摘要是否填写清楚，项目填写是否齐全，如日期、凭证编号、二级和明细会计科目、附件张数以及有关人员签章等是否清楚、齐全。

对会计凭证进行审核是保证会计信息质量，发挥会计监督的重要手段。在审核过程中，如果发现凭证填制错误，应查明原因，按规定办法及时处理和更正。只有经过审核无误的记账凭证，才能作为登记账簿的依据。

五、会计凭证的保管

会计凭证的保管，是指会计凭证登账后的整理、装订和归档存查。会计凭证既是记录经济业务、明确经济责任的书面证明，又是登记账簿的依据。因此作为重要的经济档案和历史资料，会计凭证必须由专人定期整理、妥善保管，不得丢失或任意销毁。会计凭证的保管工作，既要遵循会计凭证的安全性和完整性原则，又要遵循凭证日后查阅的方便性原则。会计凭证归档保管的主要方法和要求如下：

1. 会计机构在依据会计凭证记账以后，应定期（每天、每旬或每月）对各种会计凭证进行分类整理，将各种记账凭证按照编号顺序，连同所附的原始凭证一起加具封面和封底，装订成册，并在装订线上加贴封签，防止抽换凭证。会计凭证封面应注明单位名称、凭证种类、凭证张数、起止号数、年度、月份、会计主管人员和装订人员等有关事项，会计主管人员和保管人员等应在封面上签章。会计凭证封面的格式如表2-19所示。

表 2-19　会计凭证封面

单位名称	
凭证类别	××凭证
册　　数	第　　册　共　　册
起讫编号	自第　　号至第　　号共　　张　　附：原始凭证　　张
起讫日期	自　　年　月　日至　　年　月　日
会计主管：	复核：　　　　装订：

2. 如果某些记账凭证所附原始凭证数量过多，也可以单独装订成册保管，但应在有关记账凭证上注明“附件另订”和原始凭证的名称和编号，尤其是合同、契约、押金收据以及需要随时查阅的收据等需要单独保管，以便查核。

3. 同时满足以下条件的，单位内部形成的属于归档范围的电子会计凭证等电子会计资料可仅以电子形式保存，形成电子会计档案，无须打印电子会计资料纸质件进行归档保存：

（1）形成的电子会计资料来源真实有效，由计算机等电子设备形成和传输；

（2）使用的会计核算系统能够准确、完整、有效接收和读取电子会计资料，能够输出符合国家标准归档格式的会计凭证、会计账簿、财务会计报表等会计资料，设定了经办、审核、审批等必要的审签程序；

（3）使用的电子档案管理系统能够有效接收、管理、利用电子会计档案，符合电子档案的长期保管要求，并建立了电子会计档案与相关联的其他纸质会计档案的检索关系；

（4）采取有效措施，防止电子会计档案被篡改；

（5）建立电子会计档案备份制度，能够有效防范自然灾害、意外事故和人为破坏的影响；

（6）形成的电子会计资料不属于具有永久保存价值或者其他重要保存价值的会计档案。

在同时满足上述条件的情况下，单位从外部接收的电子会计资料附有符合《中华人民共和国电子签名法》规定的电子签名的，可仅以电子形式归档保存，形成电子会计档案，无须打印电子会计资料纸质件进行归档保存。

4. 当年形成的会计档案，在会计年度终了后，可由单位会计机构临时保管一年，期满后再移交本单位档案管理机构统一保管；因工作需要确需推迟移交的，应当经单位档案管理机构同意，且最长不超过三年；单位未设立档案管理机构的，应在会计机构等机构内部指定专人保管。临时保管期间，会计档案的保管应当符合国家档案管理的有关规定，且出纳人员不得兼管会计档案。

5. 单位保存的会计档案一般不得对外借出，确因工作需要且根据国家有关规定必须借出的，应当严格按照规定办理相关手续；其他单位如有特殊原因，确实需要使用单位会计档案时，经本单位会计机构负责人、会计主管人员批准，可以复制。向外单位提供的会计档案复制件，应在专设的登记簿上登记，并由提供人员和收取人员共同签名或者盖章。

6. 单位应当严格遵守会计档案的保管期限要求，保管期满前不得任意销毁。会计凭证的保管期限和销毁手续，必须严格执行国家《会计档案管理办法》的规定。原始凭证、记账凭证和汇总记账凭证保管期限为 30 年，其中涉外凭证和一些重要凭证应永久保存。会计档案达到保管期限的，单位应当组织对到期会计档案进行鉴定。经鉴定，仍需继续保存的会计档案，应当重新划定保管期限；对保管期满，确无保存价值的会计档案，可以销毁；保管期满但涉及未结清的债权债务的会计档案和涉及其他未了事项的会计档案不得销毁，纸质会计档案应当单独抽出立卷，电子会计档案单独转存，并保管到未了事项完结时为止。

第五节　会计账簿

一、会计账簿的含义

会计账簿是以会计凭证为依据，由一定格式、相互联系的账页组成，用来全面、连续、系统、分类地记录企业各项经济业务内容及其变动情况的会计簿籍。

从原始凭证到记账凭证，按照一定的会计科目和复式记账法，大量经济信息转化为会计信息记录在记账凭证上。通过填制和审核原始凭证和记账凭证，会计主体在生产经营活动中所发生的全部经济业务都已记录到了会计凭证中。然而，填制和审核会计凭证只能零散地反映某项经济业务内容，不能全面、系统、连续地反映企业生产经营过程的变动情况，不能够满足经济管理的需要，所以，还需要把记账凭证所反映的经济业务内容进行进一步的加工和处理，即将记账凭证上所记录的内容在账户中进行分门别类的登记。这就需要设置会计账簿，把会计凭证提供的大量零散的资料加以归类、整理、集中，登记到账簿中去，使其系统化、条理化，以便能给经济管理提供系统、全面的会计资料信息。

账簿的设置和登记，对于全面、系统、序时、分类反映各项经济业务，充分发挥会计在经济管理中的作用，具有重要意义。

二、会计账簿的作用

设置和登记账簿是会计核算工作的基本方法之一和重要环节。登记账簿在会计信息的加工处理过程中，居于中枢环节。它在会计核算工作中具有如下重要作用：

（一）为经济管理提供系统、全面、连续的会计资料，为管理和决策提供重要的会计信息

账簿登记时，是分不同的账户、按照经济业务发生的时间顺序、毫无遗漏地进行记录。通过登记账簿，既可以按照经济业务发生的先后进行序时核算，提供某项业务活动的资料，又可以按照经济业务性质的不同，在有关的分类账中进行归类核算，为经济管理提供总括和明细的会计信息。因此，通过账簿的记录，可以把会计凭证提供的零散资料加以归类汇总，形成系统、全面、连续的会计核算资料，集中反映企业资金使用及其变动情况，满足企业经营管理的需要。

（二）可以了解和掌握企业的财务状况和经营成果，有利于加强财产物资的管理与核算

通过账簿的设置和登记可以确定企业财务成果的形成，了解企业的财务状况，合理地筹集和使用各项资金，提高资金的使用效果；有利于促进增收节支，及时、有效地控制成本费用，提高会计主体的盈利水平和经济效益；为进行会计分析、会计检查以及考核企业经营成果提供了重要依据。

（三）为编制会计报表提供综合和详细的资料，为会计检查提供依据

企业经营进行到一定时期，为了总结其经营活动情况，就必须在账簿中进行结账和对账，使账簿记录数与实有数核对相符，为编制会计报表提供可靠的依据。同时有利于参照会计核算资料进行会计检查，实施会计监督。

三、会计账簿的分类

为了满足经济管理的需要，每一账簿体系中包含的账簿是多种多样的。这些账簿可以按照不同的标准进行分类，主要有以下三种：

（一）按账簿的性质和用途分类

按账簿的性质和用途不同，会计账簿可分为序时账簿、分类账簿和备查账簿三种。

1. 序时账簿

序时账簿亦称日记账，是按照经济业务发生时间的先后顺序逐日、逐笔登记的账簿。在我国企业、行政事业单位中，库存现金日记账和银行存款日记账是应用比较广泛的日记账。

2. 分类账簿

分类账簿是指按照分类账户设置登记的账簿，也称分类账。分类账簿按其反映经济业务的详略程度，可分为总分类账簿和明细分类账簿。

（1）总分类账。总分类账简称总账，是根据总分类账户设置的、总括地反映某类

经济活动的分类账簿。总分类账主要为编制财务报表提供直接数据资料，通常采用三栏式，其格式如表 2-20 所示。

（2）明细分类账。明细分类账简称明细账，是根据明细分类账户设置的、用来提供明细核算资料的分类账簿。

总分类账簿和明细分类账簿包括了除序时账之外的全部账户，整个企业的生产经营过程和财务情况，都能从分类账簿中得到反映。分类账簿是会计账簿的主体，也是编制财务报表的主要依据。所以，分类账在会计核算工作中占有十分重要的地位。

3. 备查账簿

备查账簿又称辅助账簿，是用来对某些在日记账和分类账中不便记录或未能记录的有关事项进行补充登记的账簿。备查账簿是属于备查性质的一种辅助登记账簿。它是根据表外科目设置的。如：以经营租赁方式租入固定资产登记簿、受托加工材料登记簿等。备查账簿只是对其他账簿记录的一种补充，与其他账簿之间不存在严密的依存和勾稽关系。备查账簿根据企业的实际需要设置，没有固定的格式要求。

（二）按账簿的外表形式分类

按账簿的外表形式，可将账簿分为订本式账簿、活页式账簿和卡片式账簿三种。

1. 订本式账簿

订本式账簿，简称订本账，是指在未使用前就固定的装订成册并编订页码的账簿。其优点是在使用中账页不会散失；缺点是不能准确为各账户预留账页，容易出现账页的余缺，同时也不便于同时分工记账。订本式账簿主要适用于总分类账和现金、银行存款日记账。

2. 活页式账簿

活页式账簿，简称活页账，是由若干零散的，具有专门格式的账页组成的账簿。活页账特点是在启用之前不固定地装订在一起，期末时才装订成册。其优点是可以根据需要随时添加抽减账页，同时有利于分工记账，提高登账工作效率；缺点是账页容易散失和被抽换，因此必须注意保存。活页式账簿主要适用于各种明细账。

3. 卡片式账簿

卡片式账簿，也称卡片账，是由若干零散的、具有专门格式的卡片组成的、存放在卡片箱中可随时取用的账簿。卡片账在使用中要防止散失及非法抽换。因此对启用的卡片要逐张盖章编号。在我国，企业一般只对固定资产的核算采用卡片账形式，也有少数企业在材料核算中使用材料卡片。

（三）按账页格式分类

会计账簿按账页格式的不同，可以分为三栏式账簿、多栏式账簿和数量金额式账簿等。

1. 三栏式账簿

三栏式账簿是设有借方、贷方及余额三个金额栏目的账簿。三栏式账簿是会计核算一般通用的格式。各种日记账、总账以及资本、债权、债务明细账都可以采用三栏式账簿。其格式如表 2-20 所示。

表 2-20 **账户名称**

年		凭证		摘要	借方	贷方	借或贷	余额
月	日	种类	号数					

2. 多栏式账簿

多栏式账簿是在三栏式账簿的基础上设置的，在借方或贷方金额栏内按照明细项目分设若干专栏的账簿。这种账簿可以按“借方”和“贷方”分设专栏，也可以只设“借方”或“贷方”专栏，设多少栏则根据需要确定。收入、成本、费用明细账一般采用多栏式账簿。其格式如表 2-21 和表 2-22 所示。

表 2-21 **借项多栏式**

年		凭证		摘要	借方						贷方	余额
月	日	种类	号数							合计		

表 2-22 **贷项多栏式**

年		凭证		摘要	借方	贷方						余额
月	日	种类	号数								合计	

3. 数量金额式账簿

数量金额式账簿是在账簿的借方、贷方和余额三个栏目内，再分设数量、单价和金额三个小栏目，借以反映财产物资的实物数量和价值量的账簿。原材料、库存商品等明细账一般采用数量金额式账簿。其格式如表 2-23 所示。

表 2-23 **数量金额式**

年		凭证		摘要	收入			发出			结存		
月	日	种类	号数		数量	单价	金额	数量	单价	金额	数量	单价	金额

四、会计账簿的设置与登记

（一）会计账簿的基本内容

各种账簿所记录的经济内容不同，账簿的格式又多种多样。但各种账簿均应具备一些基本内容，也称为会计账簿的基本要素。主要包括以下三个方面。

（1）封面。在封面上应注明账簿名称和记账单位名称。账簿名称如总分类账、现金日记账、原材料明细账等。

（2）扉页。扉页上应填制“账簿启用及经管人员一览表”及“科目索引表”，在“账簿启用和经管人员一览表”中应填明账簿名称、编号、页数、启用日期、经管人员姓名及交接日期、主管会计人员签章等。“账簿启用及经管人员一览表”及“科目索引表”的一般格式如表 2-24 和表 2-25 所示。

表 2-24　账簿启用及经管人员一览表

<table>
<tr><td colspan="2">单位名称</td><td colspan="2"></td><td rowspan="5">印　鉴</td></tr>
<tr><td colspan="2">账簿名称</td><td colspan="2"></td></tr>
<tr><td colspan="2">账簿编号</td><td colspan="2"></td></tr>
<tr><td colspan="2">账簿页数</td><td colspan="2"></td></tr>
<tr><td colspan="2">启用日期</td><td colspan="2"></td></tr>
<tr><td rowspan="2">责任人</td><td>主管</td><td>会计</td><td>记账</td><td>审核</td></tr>
<tr><td></td><td></td><td></td><td></td></tr>
<tr><td rowspan="8">经管人员及交接期</td><td rowspan="2"></td><td>经管　年　月　日</td><td rowspan="2"></td><td rowspan="2"></td></tr>
<tr><td>交出　年　月　日</td></tr>
<tr><td rowspan="2"></td><td>经管　年　月　日</td><td rowspan="2"></td><td rowspan="2"></td></tr>
<tr><td>交出　年　月　日</td></tr>
<tr><td rowspan="2"></td><td>经管　年　月　日</td><td rowspan="2"></td><td rowspan="2"></td></tr>
<tr><td>交出　年　月　日</td></tr>
<tr><td rowspan="2"></td><td>经管　年　月　日</td><td rowspan="2"></td><td rowspan="2"></td></tr>
<tr><td>交出　年　月　日</td></tr>
<tr><td>备注</td><td colspan="4"></td></tr>
</table>

表 2-25　科目索引表

页数	科目	页数	科目	页数	科目	页数	科目

（3）账页。账页是账簿用来记录经济业务的主要载体，包括账户的名称、日期栏、凭证种类和编号栏、摘要栏、金额栏，以及总页次和分户页次等基本内容。

（二）日记账的设置与登记

日记账，是根据经济业务发生或完成的时间先后顺序逐日逐笔进行登记的账簿。设置日记账的目的，是为了使经济业务的时间顺序清晰地反映在账簿记录中。在我国，大多数企业一般只设库存现金日记账和银行存款日记账。

1. 库存现金日记账的设置与登记

库存现金日记账是用来核算和监督库存现金日常收、付和结存情况的序时账簿。库存现金日记账的格式主要为三栏式。其格式如表 2-26 所示。

表 2-26　现金日记账（三栏式）

单位：元

2023 年		凭证		摘要	对方科目	收入	支出	结余
月	日	字	号					
10	1			期初余额				2 200
	3	现付	1	购买办公用品	管理费用		500	1 700
	8	现收	1	收到报销退款	其他应收款	300		2 000
	10	银付	2	提取现金	银行存款	50 000		52 000
	15	现付	2	发放工资	应付职工薪酬		50 000	2 000

库存现金日记账通常由出纳人员根据审核后的库存现金收款凭证、库存现金付款凭证和银行存款付款凭证，按照业务发生时间的先后顺序逐日逐笔顺序登记。现金日记账的“收入”栏根据现金收款凭证和从银行提取现金业务编制的银行存款付款凭证进行登记，“支出”栏金额根据现金付款凭证登记。每天终了，必须结出的当日现金结余金额。现金收支业务量较大的单位，还可以结出当日的现金收入合计数、支出合计数，并在“摘要”栏注明“本日合计”字样，为了便于识别，可在该行的下线处画一条通栏单红线。结出的现金收、支合计数和结余数应在紧接最后一行业务记录的次行登记，不得隔页跳行。每日结出的账面结余数应与库存现金实际数核对，做到账实相符。

2. 银行存款日记账的设置与登记

银行存款日记账，是用来核算和监督银行存款每日的收入、支出和结余情况的账簿。银行存款日记账应按企业在银行开立的账户和币种分别设置，每个银行账户设置一本日记账。银行存款日记账通常由出纳人员根据审核后的银行存款收款凭证、银行存款付款凭证和有关的现金付款凭证逐日逐笔顺序登记。“借方”栏根据银行存款收款凭证和现金存入银行的现金付款凭证进行登记，“贷方”栏根据银行存款付款凭证进登记。每日终了必须结出存款余额。银行存款日记账应定期与银行对账单核对，至少每月核对一次。月份终了，本单位账面结余数与银行对账单如有差额，必须逐笔查明原因进行处理，并按月编制“银行存款余额调节表”，试算调节相符。

银行存款日记账的格式一般也采用三栏式或多栏式，为便于与银行对账，也便于反映银行存款的收付所采用的结算方式，银行存款日记账增设了“银行结算凭证种类和号数”栏，如表2-27所示。其登记方法与现金日记账的登记方法基本相同，在此不再重述。

表2-27　银行存款日记账（三栏式）

单位：元

2023年		凭证		摘要	银行结算凭证		对方科目	收入	支出	结余
月	日	字	号		种类	号数				
10	1			期初余额						50 200
	2	银付	1	支付广告费	转支	1012	销售费用		5 000	45 200
	8	银收	1	收到前欠款	电汇	3055	应收账款	23 400		68 600
	10	银付	2	提取现金	现支	2016	库存现金	50 000		118 600

（三）分类账的设置与登记

1. 总分类账的设置与登记

总分类账是按照总分类账户分类登记全部经济业务以提供总括会计信息的账簿。在会计核算中，应按照会计科目的编码顺序分设账户，并为每个账户预留若干账页。总分类账能够全面、总括地反映经济活动情况及其结果，对明细账起着统驭控制作用，为编制会计报表提供总括资料。因此，任何单位都要设置总分类账。

总分类账只要求提供金额指标，所以总分类账最常用的格式为三栏式，设有借方、贷方、金额三个主要栏目，且只有金额的登记，无数量的登记。其格式如表2-28所示。

表2-28　总分类账

会计科目：应收账款　　　　第××页

2023年		凭证		摘要	借方金额	贷方金额	借或贷	余额
月	日	字	号					
3	1			期初余额			借	30 000
	2	转	1	赊销商品	22 600		借	52 600
	5	银收	1	收回前欠款		11 300	借	41 300
	8	转	2	赊销商品	20 000		借	61 300
				本期发生额及余额	42 600	11 300	借	61 300

总分类账的登记方法因登记的依据不同而有所不同。经济业务少的小型单位的总分类账，可以根据记账凭证逐笔登记；经济业务多的大中型单位的总分类账，可以根据记账凭证汇总表（又称科目汇总表）或汇总记账凭证等定期登记。

2. 明细分类账的设置与登记

明细分类账是根据有关明细分类账户设置，用以记录某一类经济业务详细核算资料的账簿。由于总分类账只能提供总括的资料，而明细分类账能够详细具体地反映经济活动情况和结果，对分类账起着辅助补充的作用。因此，任何单位都要根据具体情况设置必要的明细分类账，同时也为编制会计报表提供必要的明细资料。明细分类账一般根据记账凭证和相应的原始凭证进行登记。

明细分类账一般采用活页式账簿、卡片式账簿。根据各种明细分类账所记录经济业务的特点，明细分类账的格式常用的主要有三栏式、数量金额式、多栏式。

（1）三栏式明细分类账的设置与登记

三栏式明细分类账设置“借方”“贷方”和“余额”三个栏目，分别用来登记金额的增加、减少和结余，不设数量栏，其格式如表2-29所示。

表2-29 （账户名称）明细账

会计科目：　　　　　　　　　　　　　　　　　　　　　　第　页

年		凭证		摘要	借方金额	贷方金额	借或贷	余额
月	日	字	号					

这种格式的明细账适用于只需要登记金额不进行数量核算的经济业务，如债权、债务的结算业务，需在“应收账款”“应付账款”总分类账户下分别按客户或供应商开设明细账户。

三栏式明细分类账根据有关原始凭证和记账凭证逐日逐笔进行借方、贷方金额登记，每笔登记完后结出余额。如为借方余额，在“借或贷”栏目中填写“借”字；如为贷方余额，在“借或贷”栏目中则填写“贷”字。每月终了时，计算出全月借方发生额合计和贷方发生额合计，并结算出月末余额。

（2）数量金额式明细分类账的设置与登记

数量金额式明细账是对具有实物形态的财产物资进行明细分类核算的账簿。该账簿账页在“收入”“发出”“结余”栏内，分设“数量”“单价”“金额”三个栏次。这种账簿适用于既需要核算金额又需要核算数量的各种财产物资科目。如原材料明细账、库存商品明细账、包装物明细账，其具体格式如表2-30所示。

表2-30 （账户名称）明细账

一级科目：　　　　　　　　　　　　　　　　　　　　　第　页

品名及规格：　　　　　　　　　　　　　　　　　　　计量单位：

存放地点：

年		凭证		摘要	收入（借方）			发出（贷方）			结存		
月	日	字	号		数量	单价	金额	数量	单价	金额	数量	单价	金额

数量金额式明细分类账根据有关凭证进行“收入”“发出”栏的数量、单价的登记，同时计算出金额，填入金额栏。每笔收入或发出数量、金额登记完毕后，计算出

结存的数量和金额，填入其数量和金额栏。每月终了时，加算全月收入和发出的数量和金额合计，并结算出月末结存数量和金额。

（3）多栏式明细分类账的设置与登记

多栏式明细分类账是根据企业经济业务和经营管理的需要，以及业务的性质、特点，在一张账页内设若干专栏，集中反映某一总账的各明细核算的详细资料。这种格式适用于成本费用、收入、利润科目，如“管理费用”“生产成本”“主营业务收入”等科目。其格式如表 2-31 和 2-32 所示。

表 2-31　生产成本明细账

单位：元

年		凭证		摘要	借方					贷方	借或贷	余额
月	日	字	号		直接材料	直接人工	其他直接费用	制造费用	合计			

表 2-32　主营业务收入明细账

单位：元

年		凭证		摘要	借方	贷方					借或贷	余额
月	日	字	号			甲产品	乙产品	丙产品	……	合计		

多栏式明细分类账是根据有关原始凭证、记账凭证、费用分配计算表进行登记。

3. 总分类账与明细分类账的平行登记

平行登记，是指对所发生的每项经济业务都要以会计凭证为依据，一方面记入有关总分类账户，另一方面记入所辖明细分类账户的方法。总分类账户与明细分类账户平行登记的要点如下：

（1）期间相同。对发生的经济业务，记入总分类账户和所辖明细分类账户的具体时间可以有先后，但应在同一个会计期间记入总分类账户和所辖明细分类账户。

（2）方向一致。在总分类账户及其所辖的明细分类账户中登记同一项经济业务时，方向应当一致。即在总分类账户中记入借方，在其所辖的明细分类账户中也应记入借方；在总分类账户中记入贷方，在其所辖的明细分类账户中也应记入贷方。有时需要在总分类账中登记某一方向，而在有关明细分类账中用红字登记相反方向，也属于记账上的方向一致。

（3）金额相等。对每一项经济业务，记入总分类账户的金额，必须与记入有关明细分类账户的金额之和相等。

（4）依据相同。登记总分类账户是以记账凭证（或记账凭证汇总表、科目汇总表）为依据的，登记明细分类账户，必然以同一记账凭证及所附的原始凭证为依据。

根据平行登记规则记账后，总分类账户与明细分类账户之间产生下列数量关系：

总分类账的借方（或贷方）本期发生额等于所属明细账借方（或贷方）本期发生额之和；总账期末余额等于所属明细分类账期末余额之和。在会计核算工作中，可以利用上述数量关系检查账簿记录的正确性。

【例 2-8】华阳实业有限责任公司 2023 年 11 月 10 日，生产的甲产品完工入库 1 000 件，单位成本 590 元，总成本 590 000 元；乙产品完工入库 500 件，单位成本 700 元，总成本 350 000 元。假如甲、乙产品没有期初存货，当月甲产品销售 500 件，单位成本 590 元，总成本 295 000 元，销售 B 产品 300 件，单位成本 700 元，总成本 210 000 元。

那么，库存商品的总分类账与明细分类账的登记分别如表 2-33、表 2-34 和表 2-35 所示。

表 2-33 库存商品总分类账户

会计科目：库存商品　　单位：元

2023 年		凭证字号		摘要	借方	贷方	借或贷	余额
月	日	字	号					
11	01			期初余额			借	0
11	10	略	略	完工产品入库	940 000		借	940 000
11	31	略	略	结转已销产品成本		505 000	借	435 000
11	31			期末余额			借	435 000

表 2-34 库存商品明细分类账户

产品名称：甲产品　　单位：元

2023 年		凭证字号	摘要	收入			发出			结存		
月	日			数量	单价	金额	数量	单价	金额	数量	单价	金额
11	01		期初余额									0
11	10	略	略	1 000	590	590 000				1 000	590	590 000
11	31	略	略				500	590	295 000	500	590	295 000
11	31		期末余额	1 000	590	590 000	500	590	295 000	500	590	295 000

表 2-35 库存商品明细分类账户

产品名称：乙产品　　单位：元

2023 年		凭证字号	摘要	收入			发出			结存		
月	日			数量	单价	金额	数量	单价	金额	数量	单价	金额
11	01		期初余额									0
11	10	略	略	500	700	350 000				500	700	350 000
11	31	略	略				300	700	2 10 000	200	700	140 000
11	31		期末余额	500	700	350 000	300	700	2 10 000	200	700	140 000

五、错账的更正

在记账过程中，可能由于种种原因会使账簿记录发生错误，产生错账。如：重记、漏记、数字颠倒、数字记错、科目记错、借贷方向颠倒等。账簿记录发生错误，应当采用正确、规范的方法予以更正，不得涂改、挖补、刮擦或者用药水消除字迹，不得重新抄写。错账更正的方法一般有划线更正法、红字更正法和补充登记法三种。

1. 划线更正法

划线更正法又称红线更正法。适用于在结账前发现账簿记录中文字、数字有错误，而其所依据的记账凭证并无错误的情况。更正的方法是：将错误的文字或者数字画一条红线注销，但必须使原有字迹清晰可辨，以备查验，然后在划线上方用蓝字或黑字填写正确的文字或者数字，并由会计人员和会计机构负责人在更正处盖章。对于错误的数字，应当全部划线更正，不得只更正其中的错误数字。如：把 2 346 误写成 2 345 时，应将错误数字 2 345 全部用红线注销并写上正确的数字，即 2 346，而不能只删改“5”一个数字。对于文字错误，则可只划去错误部分，不必将与错字相关联的其他文字划去。

2. 红字更正法

红字更正法又称红字冲销法，即用红字记录表明对原有记录的冲减。一般适用于以下两种情况：

（1）记账以后，发现记账凭证中应借、应贷记账方向、会计科目或金额有错误时，可采用红字更正法更正。更正方法是：首先用红字金额填制一份与原错误记账凭证会计科目、记账方向和金额相同的记账凭证，摘要栏内写明“订正某月某日第×号凭证”，并据以用红字登记账簿，从而冲销原来的错误记录；然后用蓝字金额重新填制一份正确的记账凭证，摘要栏写明“补记某月某日第×号凭证”，并据以用蓝字登记账簿。

【例 2-9】华阳实业公司以银行存款偿还前欠新兴公司的账款 8 000 元。该笔业务本应借记“应付账款”科目，但在编制记账凭证时，却误借记为“应收账款”科目，并已过账，其错误记账凭证反映的会计分录为：

借：应收账款　　8 000

　贷：银行存款　　8 000

①对上述错误更正时，应先填制一张与原记账凭证内容完全相同的红字凭证，并据此过账。

借：应收账款　　[8 000]

　贷：银行存款　　[8 000]

（注：[　　]表示框内为红字，下同）

②按正常程序编制一张正确的记账凭证，并据此过账。

借：应付账款　　8 000

　贷：银行存款　　8 000

③过账结果如图 2-24 所示。

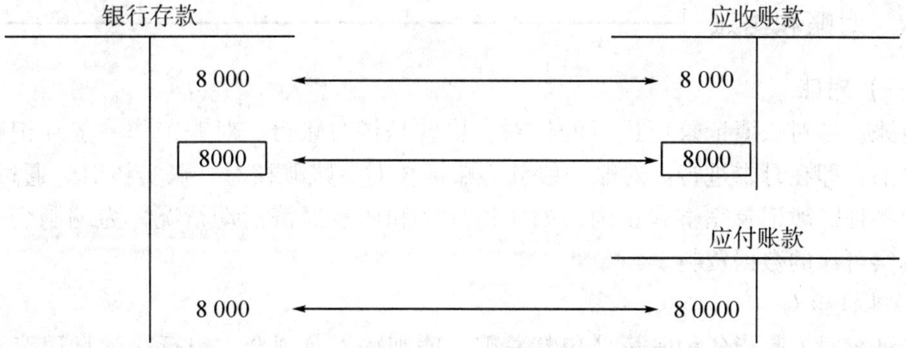

图 2-24　红字更正法

（2）在记账以后，发现记账凭证中应借、应贷会计科目并无错误，而记账凭证和账簿记录的金额有错误，且所记金额大于应记金额时，可采用红字更正法更正。更正方法是：将多记的金额（即正确金额与错误金额之间的差额）用红字填写一张与原错误记账凭证记账方向、应借应贷科目相同的记账凭证，摘要栏内写明“冲销某月某日第×号凭证多记金额”，并据以用红字登记入账，冲销多记的金额。

3. 补充登记法

补充登记法又称蓝字补记法。在记账以后，发现记账凭证中应借、应贷会计科目并无错误，而记账凭证和账簿记录的金额有错误，且所记金额小于应记金额时，应当采用补充登记法。更正方法是：按少记的金额（即正确金额与错误金额之间的差额）用蓝字填制一张与原错误记账凭证记账方向、应借应贷科目相同的记账凭证，在摘要栏内写明“补记某月某日第×号凭证少记金额”，以补充少记的金额，并据以用蓝字登记入账。

【例 2-10】华阳实业公司从银行提取现金 8 000 元。该笔业务在填制记账凭证时，误记为 800 元，但会计科目、借贷方向均无错误，并已过账，其错误记账凭证反映的会计分录为：

借：库存现金　　800

　贷：银行存款　　800

该分录借贷方向和会计科目正确，只是金额少记 7 200 元，这时只需填制一张与原记账凭证借、贷科目相同，金额为 7 200 元的蓝字凭证入账即可，过账结果如图 2-25 所示。

借：库存现金　　7 200

　贷：银行存款　　7 200

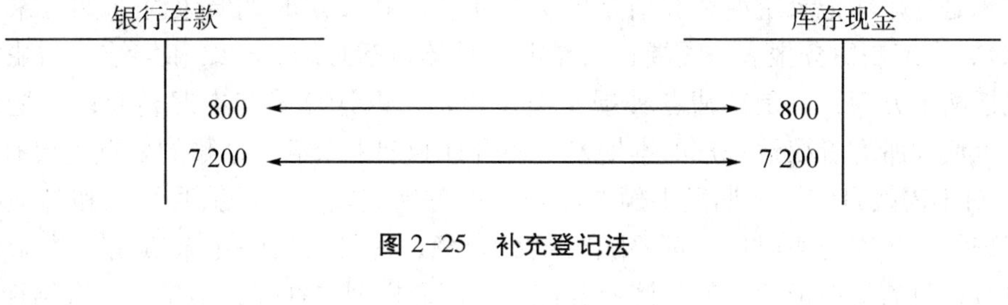

图 2-25　补充登记法

六、对账和结账

（一）对账

对账，是对账簿记录所进行的核对，也就是核对账目。对账工作一般在记账之后结账之前，即在月末进行。对账一般分为账证核对、账账核对、账实核对。通过对账，可以使各种账簿记录完整和正确，如实地反映和监督经济活动情况，为编制会计报表提供真实可靠的数据资料。

1. 账证核对

账证核对，是指各种账簿（包括总账、明细账以及现金、银行存款日记账）的记录与有关的记账凭证和原始凭证进行核对，要求做到账证相符。账证核对通常在日常工作中进行。会计凭证是登记账簿的依据，账证核对主要检查登账中的错误。核对时，将凭证和账簿记录的内容、数量、金额和会计科目等相互对比，保证二者相符。

2. 账账核对

账账核对，是指各种账簿之间的有关记录互相核对，要求做到账账相符。具体核对的方法如下：

（1）各账户的期末借方余额合计与期末贷方余额合计数应核对相符。

（2）有关总账的借、贷方本期发生额及余额与所属明细账的借、贷方本期发生额及余额之和应核对相符。

（3）现金日记账和银行存款日记账的余额与总账的有关账户余额应核对相符。

（4）会计部门财产物资明细账期末余额与财产物资保管和使用部门的明细账期末余额应核对相符。

3. 账实核对

账实核对是在账账核对的基础上，将各种财产物资的账面余额与实存数额进行核对。账实核对的主要内容包括：

（1）现金日记账账面余额与现金实际库存数核对相符。

（2）银行存款日记账账面余额与开户银行对账单核对相符。

（3）各种材料、物资明细分类账账面余额与实存数核对相符。

（4）各种债权债务明细账账面余额与有关债权、债务单位或个人的账面记录核对相符。

实际工作中，账实核对一般要结合财产清查进行。有关财产清查的内容和方法将在后面的章节介绍。

（二）结账

结账是将账簿记录定期结算清楚的会计工作。在一定时期结束时（如月末、季末或年末），为编制财务报表，需要进行结账，具体包括月结、季结和年结。结账的内容通常包括两个方面：一是结清各种损益类账户，据以计算确定本期利润；二是结出各资产、负债和所有者权益账户的本期发生额合计和期末余额。结账的要点主要有：

1. 对不需按月结计本期发生额的账户，如各项应收、应付款明细账和各项财产物资明细账等，每次记账以后，都要随时结出余额，每月最后一笔余额是月末余额。月末结账时，只需要在最后一笔经济业务记录下面通栏划单红线，不需要再次结计余额。

2. 库存现金、银行存款日记账和需要按月结计发生额的收入、费用等明细账，每月结账时，要在最后一笔经济业务记录下面通栏划单红线，结出本月发生额和余额，在摘要栏内注明“本月合计”字样，并在下面通栏划单红线。

3. 对于需要结计本年累计发生额的明细账户，每月结账时，应在“本月合计”行下结出自年初起至本月末止的累计发生额，登记在月份发生额下面，在摘要栏内注明“本年累计”字样，并在下面通栏划单红线。12 月末的“本年累计”就是全年累计发生额，全年累计发生额下面通栏划双红线。

4. 总账账户平时只需结出月末余额。年终结账时，为总括反映全年各项资金运动情况的全貌，核对账目，要将所有总账账户结出全年发生额和年末余额，在摘要栏内注明“本年合计”字样，并在合计数下面通栏划双红线。

5. 年度终了结账时，有余额的账户，应将其余额结转下年，并在摘要栏注明“结转下年”字样；在下一会计年度新建有关账户的第一行余额栏内填写上年结转的余额，并在摘要栏注明“上年结转”字样，使年末有余额账户的余额如实地在账户中加以反映，以免混淆有余额的账户和无余额的账户。

七、会计账簿的保管

会计账簿是各单位重要的经济资料，必须建立管理制度，妥善保管。

1. 各种账簿要分工明确，指定专人管理。账簿经管人员既要负责记账、对账、结账等工作，又要负责保证账簿安全。

2. 会计账簿未经领导和会计负责人或者有关人员批准，非经管人员不能随意翻阅查看会计账簿。会计账簿除需要与外单位核对外，一般不能携带外出；对携带外出的账簿，一般应由经管人员或会计主管人员指定专人负责。

3. 会计账簿不能随意交与其他人员管理，以保证账簿安全和防止任意涂改账簿等问题发生。

4. 年度终了更换并启用新账后，对更换下来的旧账要整理装订，造册归档。

归档前旧账的整理工作包括：检查和补齐应办的手续，如改错盖章、注销空行及空页、结转余额等。活页账应撤出未使用的空白账页，再编定页码，装订成册。

旧账装订时应注意：活页账一般按账户分类装订成册，一个账户装订成一册或数册；某些账户账页较少，也可以合并装订成一册。装订时应检查账簿扉页的内容是否填写齐全。装订后应由经办人员及装订人员、会计主管人员在封口处签名或盖章。旧账装订完毕，应当编制目录和编写移交清单，并按期移交档案部门保管。

5. 实行会计电算化的单位，满足《会计档案管理办法》第八条有关规定的，可仅用电子形式保存会计账簿，无须定期打印会计账簿；确需打印的，打印的会计账簿必须连续编号，经审核无误后装订成册，并由记账人员和会计机构负责人、会计主管人员签字或者盖章。

6. 各种账簿同会计凭证和会计报表一样，都是重要的经济档案，必须按照《会计档案管理办法》规定的保存年限妥善保管，不得丢失和任意销毁。保管期满后，应当按照规定进行鉴定，经鉴定可以销毁的，方可按照审批程序报经批准后销毁。

第六节 财产清查

一、财产清查的概念和意义

（一）财产清查的概念

财产清查，是通过对财产物资、货币资金和往来款项进行实地盘点与核对，以查明其实有数同账面数是否相符的一种专门的会计方法。

财产清查的范围极为广泛，从形态上看，既包括各种实物的清点，也包括各种债权、债务和结算款项的查询核对；从存放地点看，既包括对存放在本企业的财产物资的清查，也包括对存放在外单位的实物和款项的清查。另外，对其他单位委托代为保管或加工的材料物资，也同样要进行清查。

（二）财产清查的意义

1. 保证会计核算资料真实准确

通过财产清查，能够查明各项财产的实际数额，并与账面数额进行核对，确定账存数与实存数是否相符。对确认的盘亏、盘盈财产及时进行处理，保证会计账簿记录的真实准确。由于财产清查是在编制会计报表之前进行的，因此又可以保证会计报表的各项数据真实准确，为单位的生产经营管理提供正确、有效的信息，避免预测和决策的失误。

2. 能够健全财产物资管理制度，促进资产的有效管理和安全完整

通过财产清查，对某些财产账实不符的原因进行分析，能够及时发现财产物资管理制度存在的薄弱环节，有针对性地建立、健全管理制度和内部控制制度，堵塞漏洞；能进一步明确经济责任，防患于未然，提高财产物资的管理水平。通过财产清查，能够使有关人员具体了解单位各项财产的使用、储存状况和质量构成，及时发现不良资产和沉淀资产。对于失去有效性和超储积压的沉淀资产应及时处理，既避免损失，又减少资金占用，从而促进资金的有效管理和安全完整。

3. 促进财经纪律和结算制度的贯彻执行

通过对财产、物资、货币资金及往来款项的清查，可以查明单位有关业务人员是否遵守财经纪律和结算纪律，有无贪污盗窃、挪用公款的情况；查明各项资金使用是否合理，是否符合党和国家的方针政策和法规，从而使工作人员更加自觉地遵纪守法，自觉维护和遵守财经纪律。

二、财产清查的种类

财产清查按照清查范围，分为全面清查和局部清查；按照清查的时间，分为定期清查和不定期清查；按照清查的执行系统，分为内部清查和外部清查。

（一）按照清查范围分类

1. 全面清查

全面清查是指对所有的财产进行全面的盘点和核对。需要进行全面清查的情况通

常有：①年终决算前；②在合并、撤销或改变隶属关系前；③中外合资、国内合资前；④股份制改造前；⑤开展全面的资产评估、清产核资前；⑥单位主要领导调离工作前等。

2. 局部清查

局部清查是指根据需要只对部分财产进行盘点和核对。局部清查的范围和对象，应根据业务需要和相关具体情况而定。一般而言，对于流动性较大的财产物资，如原材料、在产品、产成品，应根据需要随时轮流盘点或重点抽查；对于贵重财产物资，每月都要进行清查盘点；对于库存现金，每日终了，应由出纳人员进行清点核对；对于银行存款，企业至少每月同银行核对一次；对于债权、债务，企业应每年至少同债权人、债务人核对一至两次。

（二）按照清查的时间分类

1. 定期清查

定期清查是指按照预先计划安排的时间对财产进行的盘点和核对。定期清查一般在年末、季末、月末进行。

2. 不定期清查

不定期清查是指事前不规定清查日期，而是根据特殊需要临时进行的盘点和核对。不定期清查主要在以下情况下进行：①财产物资、库存现金保管人员更换时，要对有关人员保管的财产物资、库存现金进行清查，以分清经济责任，便于办理交接手续；②发生自然灾害和意外损失时，要对受损失的财产物资进行清查，以查明损失情况；③上级主管、财政、审计和银行等部门，对本单位进行会计检查，应按检查的要求和范围对财产物资进行清查，以验证会计资料的可靠性；④开展临时性清产核资时，要对本单位的财产物资进行清查，以便摸清家底。

（三）按照清查的执行系统分类

1. 内部清查

内部清查是指由本单位内部自行组织清查工作小组所进行的财产清查工作。大多数财产清查都是内部清查。

2. 外部清查

外部清查是指由上级主管部门、审计机关、司法部门、注册会计师等根据国家有关规定或情况需要对本单位进行的财产清查。一般来讲，进行外部清查时应有本单位相关人员参加。

三、财产清查的程序

财产清查既是会计核算的一种专门方法，又是财产物资管理的一项重要制度。财产清查是一项工作量大、涉及面广的工作，为了保证财产清查的质量，达到清查的目的，应该按科学合理的程序进行财产清查。

财产清查一般可分为准备阶段、实施清查阶段及分析和处理阶段。

（一）准备阶段

财产清查涉及管理部门、财务会计部门、财产物资管理部门，以及与本单位有业务和资金往来的外部有关单位和个人。因此，为了保证财产清查工作有条不紊地进行，财产清查前必须有计划、有组织、有领导、有步骤地做好准备工作。

1. 组织准备

（1）成立清查领导小组。财产清查必须成立清查领导小组，负责清查的组织和管理工作。特别是全面清查时，范围广，任务重，应由厂级领导任清查小组负责人。清查工作领导小组的任务是：①负责清查工作的宣传，提高有关人员搞好清查工作的自觉性②制定清查计划，确定清查范围，规定清查时间和步骤；③配备清查人员，落实清查人员的分工和职责；④协调有关部门处理清查中出现的矛盾，检查清查工作的质量，提出清查结果的处理意见。

（2）配备清查人员。参加清查工作的人员应由会计、业务、仓库等部门的人员组成。选择清查人员的标准是责任心强、业务水平高、作风严谨。清查人员的任务是具体进行各项清查工作的操作。

2. 业务准备

为了保证财产清查的质量，达到确定各项财产物资是否账实相符的目的，还必须保证清查工具的质量。为此，凡是与清查有关的工具，都要在财产清查开始之前事先做好准备，准备的具体内容如下：

（1）账簿准备。这项工作的负责人是会计人员。准备的具体内容是：将所有财产物资的收发凭证都登记入账，结出余额；认真核对总账和有关明细账的余额，做到计算正确，内容完整，账证相符，账账相符，保证为账实核对提供正确的依据。

（2）实物准备。这项工作的负责人是财产物资使用、保管部门的人员。准备的具体内容是：将所有进行清查的实物整理清楚，放置整齐，码放一致，便于点数，还要挂上标签，标明实物名称、规格和结存数量，实物使用、保管部门如有明细账的，要结出明细账的余额。

（3）计量器具和登记表格的准备。①计量器具：在清查地点准备好各种计量器具，并严格检查、校正，保证计量准确。②登记表格：为清查人员准备好登记用的各种表格，如盘点表、实存账存对比表等。还要在盘点表中预先抄写填列各项财产物资的编号、名称、规格和存放地点等。

（二）实施清查阶段

财产清查的重要环节是盘点财产物资的实存数量。为明确责任，在财产清查过程中，实物保管人员必须在场，并参加盘点工作。盘点结果应由清查人员填写“盘存单”，详细说明各项财产物资的编号、名称、规格、计量单位、数量、单价、金额等，并由盘点人员和实物保管人员分别签字盖章。“盘存单”是实物盘点结果的书面证明，也是反映财产物资实存金额的原始凭证。

（三）分析和处理阶段

盘点完毕，会计部门应根据“盘存单”上所列的物资的实际结存数与账面结存记录进行核对，对于账实不符的，编制“实存账存对比表”，确定财产物资盘盈或盘亏的数额。“实存账存对比表”是调整账面记录的重要原始凭证，也是分析盘盈盘亏原因、明确经济责任的重要依据。

四、财产清查的方法

（一）实物资产的清查

实物资产是指具有实物形态的各种财产，包括固定资产、原材料、在产品、低值易耗品、包装物以及库存商品等。

1. 财产的盘存制度

财产的盘存制度是指在日常会计核算中采取什么方式来确定各项财产物资的账面结存额的一种制度。财产清查是为了确定本单位的各项财产实存数额与账面数额是否相符。那么在日常核算中，实存数额与账面数额是什么关系呢？这要取决于采用的核算方法，即采用永续盘存制，还是采用实地盘存制。

（1）永续盘存制。永续盘存制也称账面盘存制，是指通过账簿记录连续反映各项财产物资增减变化及结存情况的方法。采用这种方法要求平时各种财产物资的明细账，根据会计凭证将各项财产物资的增减数额连续进行登记，并随时结出账面余额。可根据下列公式结出账面余额：

发出存货价值＝发出存货数量×存货单价

期末账面结存金额＝期初账面结存金额+本期增加金额－本期减少金额

永续盘存制有以下优点：一是核算手续严密，能及时反映各项财产物资的收、发、结存情况；二是财产物资明细账上的结存数量可以随时与确定的库存最高储备量和最低储备量进行比较，检查有无超额储备或储备不足的情况，以便随时组织物资的购销或处理，加速资金周转；三是通过对财产物资的轮番盘点，经常保持账实相符，如果财产物资发生溢余和短缺，应查明原因，及时纠正。

永续盘存制的缺点是各项财产物资的明细账核算工作量大。尽管如此，由于这种方法加强了对财产物资的管理，在控制和保护财产安全方面有明显的优越性，所以在会计实务中得到广泛应用，一般来说，除了特殊行业的企业对于特定商品的核算必须采用实地盘存制外，都应采用永续盘存制。

（2）实地盘存制度。实地盘存制也称以存计耗制，是指对各项财产物资平时只在明细账中登记增加数，不登记减少数，月末根据实地盘点的结存数倒挤出财产物资减少数，并据以登记有关账簿的一种方法。本期减少数的计算公式如下：

期末存货金额＝期末存货盘点数量×存货单价

本期减少金额＝期初账面结存金额+本期增加金额－期末存货金额

实地盘存制的优点主要是可以简化存货的明细核算工作，由于对存货只登记增加数，不登记减少数，可以减轻会计人员平时的工作量。实地盘存制的主要缺点有：一是手续不够严密，不能随时反映和监督财产物资的结存数量和金额；二是以期末结存数量来倒挤本期财产物资的减少数量，导致凡属未计入期末结存的财产物资都被认为是已经使用，这样很容易使已发生的浪费、盗窃和自然损耗所形成的损失都隐藏到倒挤求得的减少数内，作为成本开支，从而模糊合理损耗和不正当损耗的界线，削弱了对财产物资的监督作用，影响了成本计算的正确性和清晰性；三是由于月末一次盘点结存数，虽然减少了平时的工作量，但却加大了会计期末的工作。

由此可见，实地盘存制是一种不完善和不严密的财产物资管理办法，非特殊情况，一般不宜采用。在实际工作中，实地盘存制通常只适用于价值低、规格杂、增减频繁的材料、废料或是零售商店非贵重商品和一些损耗大、质量不稳定的鲜活商品。

2. 实物资产清查的具体方法

对实物资产的清查通常有以下几种方法：

（1）实地盘点法。实地盘点法是通过逐一清点或使用计量器计量的方法确定物资实存数量的一种方法。这种方法适用于原材料、机器设备和库存商品等多数财产物资的清查。

（2）抽样盘存法。抽样盘存法是通过测算总体积或总重量，再抽样盘点单位体积和单位重量，然后测算出总数的方法。这种方法适用于包装完整的大件财产及价值小、数量多、质量比较均匀的不便于逐一点数的财产物资。如包装好的成袋粮食、化肥。从本质上讲，它是实地盘点法的一种补充方法。

（3）技术推算法。技术推算法是通过量方、计尺等技术推算的方法来确定财产物资结存数量的一种方法。这种方法适用于难以逐一清点的物资，如散装的饲料、化肥等。从本质上讲，它也是实地盘点法的一种补充方法。

（4）查询核实法。查询核实法是依据账簿记录，以一定的查询方式，核查财产物资、货币资金、债权债务数量及其价值量的方法。这种方法通常根据查询结果进行分析，以确定有关财产物资、货币资金、债权债务的实物数量和价值量，适用于债权债务、委托代销、委托加工、出租出借的财产物资以及外埠存款等的清查。

对于财产物资的质量检验，可以根据不同的物理、化学性质采取不同的技术方法进行检查。在实物清查过程中，实物保管人员和盘点人员必须同时在场。对于盘点结果，应如实登记”盘存单”，并由盘点人和实物保管人签字或盖章，以明确经济责任。盘存单既是记录盘点结果的书面证明，也是反映财产物资实存数的原始凭证。盘存单的一般格式如表 2-36 所示。

表 2-36　盘存单

编号：

单位名称：　　　　盘点时间：　　　　财产类别：　　　　存放地点：

编号	名称	规格	计量单位	数量	单价	金额	备注

盘点人签章：　　　　实物保管人签章：

通过实存数额与账面结存数额核对，如果发现账实不符，会计人员应编制“实存账存对比表”，以确定各项实物资产的盘盈或盘亏数额。实存数大于账存数，为盘盈；实存数小于账存数，为盘亏。实存账存对比表是用以调整账簿记录的重要原始凭证，也是分析产生差异的原因、明确经济责任的依据。实存账存对比表的一般格式如表 2-37 所示。

表 2-37 实存账存对比表

单位名称： 年 月 日

编号	类别及名称	计量单位	单价	实存		账存		对比结果				备注
								盘盈		盘亏		
				数量	金额	数量	金额	数量	金额	数量	金额	

（二）库存现金的清查

库存现金的清查主要是通过实地盘点法确定库存现金的实存数，然后与库存现金日记账的账面余额相核对，确定账存与实存是否相符。库存现金清查包括以下两种情况：

（1）由出纳人员每日清点库存现金的实有数，并与库存现金日记账结余额相核对，以确保账实相符，这是出纳人员的职责。

（2）由清查人员定期或不定期地进行清查。清查时，出纳人员必须在场，有关业务必须在库存现金日记账中全部登记完毕。盘点时，一方面要注意账实是否相符，另一方面还要检查现金管理制度的遵守情况，如库存现金有无超过其限额，有无白条抵库、挪用舞弊等情况。盘点结束后，应填制"库存现金盘点报告表"，并作为重要原始凭证保管。"库存现金盘点报告表"应由盘点人员和出纳员认真填写，共同签章。"库存现金盘点报告表"的一般格式如表 2-38 所示。

表 2-38 库存现金盘点报告表

单位名称： 年 月 日

实存金额	账存金额	对比结果		备注
		盘盈	盘亏	

盘点人员签章 出纳员签章

（三）银行存款的清查

银行存款的清查，是采用与银行核对账目的方法来进行的。其主要是将银行送来的对账单上银行存款的余额与本单位银行存款日记账的账面余额逐笔进行核对，以查明账实是否相符。在同银行核对账目之前，应先详细检查本单位银行存款日记账的正确性与完整性，然后根据银行送来的对账单逐笔核对。如果二者余额相符，通常说明没有错误；如果二者余额不相符，则可能是企业或银行一方或双方记账过程有错误或者存在未达账项。

"未达账项"是指由于结算凭证传递时间不一致，造成企业与其开户银行之间对于同一项业务，一方已收到凭证并已登记入账，另一方尚未收到凭证未能登记入账的账项。企业与银行之间的未达账项大致有以下四种类型：

（1）企业已收银行未收的款项。企业存入银行的款项，企业已经作为存款入账，而开户银行尚未办妥手续，未记入企业存款户。

（2）企业已付银行未付的款项。企业开出支票或其他付款凭证，已作为存款减少登记入账，而银行尚未支付或办理，未记入企业存款户。

（3）银行已收企业未收的款项。企业委托银行代收的款项或银行付给企业的利息，银行已收妥登记入账，而企业没有接到有关凭证尚未入账。

（4）银行已付企业未付的款项。银行代企业支付款项后，已作为款项减少记入企业存款户，但企业没有接到付款通知尚未入账。

上述任何一种情况的发生，都会导致企业银行存款日记账的余额与银行对账单的余额不一致。因此，在对银行存款的清查中，除了对发现记账造成的错误要及时进行处理外，还应注意有无未达账项。如果发现有未达账项，应通过编制“银行存款余调节表”予以调节，以检验双方的账面余额是否相符。“银行存款余调节表”是在银行存款日记账和银行存款对账单余额的基础上加减双方各自的未达账项，使双方余额达到平衡，其调节公式如下：

银行存款日记账+银行已收企业未收的款项-银行已付企业未付的款项=银行存款对账单余额+企业已收银行未收的款项-企业已付银行未付的款项

下面举例说明“银行存款余额”调节表的编制方法。

【例 2-11】华阳实业公司 2023 年 1 月 31 日的银行存款日记账的余额为 22 000 元，银行对账单上的存款余额 20 000 元，经逐笔核对，发现存在下列未达账项：

（1）28 日，企业销售产品收到转账支票 30 000 元，已送存银行并登记入账。银行尚未办理入账手续。

（2）29 日，银行收到 S 企业汇来的购货款 20 000 元，银行已登记增加。收款通知尚未送达企业，企业尚未登记入账。

（3）29 日，企业采购原材料开出转账支票一张计 11 000 元，企业已作银行存款付出并登记入账，银行尚未收到支票而未入账。

（4）30 日，银行代付电费 3 000 元，付款通知尚未到达企业，企业尚未登记入账。

根据上述未达账项，可编制“银行存款余调节表”如表 2-39 所示。

表 2-39　银行存款余额调节表

项目	金额	项目	金额
银行对账单存款余额： 加：企业已收银行未收的款项 减：企业已付银行未付的款项	20 000 30 000 11 000	企业银行存款账面余额： 加：银行已收企业未收的款项 减：银行已付企业款付的款项	22 000 20 000 3 000
调节后的余额	39 000	调节后的余额	39 000

经过调整后的左右方余额已经消除了未达账项的影响。如果双方账目没有其他差错存在，左右双方调节后的余额必定相符。如不相符，则表明还存在差错，应进一步查明原因，予以更正。此外，应该注意的是，“银行存款余额调节表”只是为了核对账目，不能作为调整企业银行存款账面记录的记账依据。

（四）往来款项的清查

企业的往来款项一般包括应收账款、其他应收款、预付账款、应付账款、其他应付款和预收账款等。对这些往来款项的清查一般采取“函证核对法”，也就是采取同对方经济往来单位核对账目的方法。清查时，首先将本企业的各项应收、应付等往来款项正确完整地登记入账，然后逐户编制一式两联的“往来款项对账单”，送交对方单位并委托对方单位进行核对。如果对方单位核对无误，应在回单上盖章后退回本单位；如果对方发现数字不符，应在回单上注明不符的具体内容和原因后退回本单位，作为进一步核对的依据。“往来款项对账单”的格式如图 2-26 所示。

往来款项对账单

单位：

你单位20××年×月×日购入我单位×产品××台，已付货款××元，尚有××元货款未付，请核对后将回单联寄回。

核查单位：（盖章）

20××年×月×日

……………………沿此虚线裁开，将以下回单联寄回……………………

往来款项对账单（回联）

核查单位：

你单位寄来的“往来款项对账单”已经收到，经核对相符无误（或不符，应注明具体内容）。

××单位（盖章）

20××年×月×日

图 2-26 往来款项对账单

发出“往来款项对账单”的单位收到对方的回单联后，对其中不符或错误的账目应及时查明原因，并按规定的手续和方法进行更正，最后再根据清查的结果编制“往来款项清查报告表”，其一般格式如表 2-40 所示。

表 2-40 往来款项清查报告表

××企业　　　　20××年×月×日

明细科目		清查结果		不符单位及原因分析					备注
名称	金额	相符	不符	不符单位名称	争执中款项	未达账项	无法收回	拖付款项	

记账人员签章　　　　清查人员签章

五、财产清查结果的处理

通过财产清查，必然会发现财产管理上和会计核算方面存在的各种问题。对于这些问题都必须认真查明原因，根据国家有关的政策、法令和制度的规定，认真地予以处理。

（一）认真查明账实不符的性质和原因，并确定处理办法

对于财产清查中发现的各种财产物资的盘盈、盘亏以及损失，应核准数字，认真调查分析发生差异的原因，明确经济责任和法律责任，依据会计准则和有关财务制度的规定，确定处理办法。一般来说，对于各种存货的盘盈、盘亏、毁损的净收益或者净损失，应当及时办理审批手续，如由本单位承担的计入当期损益；对于个人工作失职造成的短缺、损失应由个人赔偿；对于自然灾害引起的财产损失，应扣除保险公司赔款和残料价值后，计入营业外支出；对于定额内的或自然原因引起的盘盈、盘亏，应在办理手续后及时转账。

（二）积极处理多余物资，清理长期不清的债权和债务

在清查过程中，对于积压呆滞和不需用的物资，应积极组织调剂，除在本单位内部设法利用、代用外，还应积极推销或组织调拨，力求做到物尽其用；对于长期不清的债权、债务，应指定专人，主动与对方单位协调解决。

（三）总结经验教训，建立健全财产管理制度

财产清查不仅要查明财产物资的实有数额，处理财产物资的盘盈盘亏，还要促进会计单位内部各个部门改善财产物资管理。针对财产清查中发生的问题，应查找原因，总结经验，制定改进措施，建立健全各项管理制度，促进各单位管好财产物资，使财产清查工作发挥更大的作用。

（四）及时调整账目，做到账实相符

为了保证会计资料的真实性，做到账实相符，必须根据财产清查的结果和账实之间的差异，及时调整账目，进行必要的账务处理。财产清查的账务处理，应当分两个步骤：

（1）审批之前，将已查明的财产物资盘盈、盘亏和损失等，根据清查中取得的原始凭证（如实存账存对比表）编制记账凭证，据以登记有关账簿，做到账实相符。调整账簿记录的原则是：以“实存”为准，盘盈时，补充账面记录；盘亏时，冲销账面记录。调整账面记录，做到账实相符之后，就可以将编制的“实存账存对比表”和撰写的文字说明，按照规定程序一并报送有关领导和部门批准。

（2）当有关领导和部门对所呈报的财产清查结果提出处理意见后，企业单位应严格按照批复意见编制有关的记账凭证，进行批准后的账务处理，登记有关账簿，并追回由于责任者个人原因所造成的财产损失。

涉及财产清查结果需要调整账目的具体账务处理，在后面各章节的相关内容里有详细介绍，在此不做过多赘述。

第七节　会计账务处理程序

一、会计账务处理程序的概念和种类

（一）会计账务处理程序的概念

会计账务处理程序，也称会计核算组织程序或者会计核算形式，是指会计凭证、会计账簿、会计报表相结合的方式。会计账务处理程序是以账簿组织为核心，通过一定的核算程序，把会计凭证、会计账簿、财务报表与记账方法有机地结合起来的技术组织方式。

企业常用的账务处理程序，主要有记账凭证账务处理程序、汇总记账凭证账务处理程序和科目汇总表账务处理程序，它们之间的主要区别是登记总分类账的依据和方法不同。

（二）会计账务处理程序的种类

（1）记账凭证账务处理程序，是指对发生的经济业务，先根据原始凭证或汇总原始凭证填制记账凭证，再根据记账凭证登记总分类账的一种账务处理程序。记账凭证账务处理程序是最基本的一种账务处理程序，体现了会计数据处理的一般原理，其他各种账务处理程序都是在其基础上演变而来的。记账凭证账务处理程序适用于规模较小、经济业务量较少的单位。

（2）汇总记账凭证账务处理程序，是指先根据原始凭证或汇总原始凭证填制记账凭证，定期根据记账凭证分类编制汇总收款凭证、汇总付款凭证和汇总转账凭证，再根据汇总记账凭证登记总分类账的一种账务处理程序。汇总记账凭证，是指对一段时间内同类记账凭证进行定期汇总而编制的记账凭证。汇总记账凭证账务处理程序适合于规模较大、经济业务较多的单位。

（3）科目汇总表账务处理程序，又称记账凭证汇总表账务处理程序，是指根据记账凭证定期编制科目汇总表，再根据科目汇总表登记总分类账的一种账务处理程序。科目汇总表，又称记账凭证汇总表，是企业定期对全部记账凭证进行汇总后，按照不同的会计科目分别列示各账户借方发生额和贷方发生额的一种汇总凭证。科目汇总表账务处理程序适用于经济业务较多的单位。

二、记账凭证账务处理程序

记账凭证账务处理程序的一般步骤有：①根据原始凭证填制汇总原始凭证；②根据原始凭证或汇总原始凭证，填制收款凭证、付款凭证和转账凭证，也可以填制通用记账凭证；③根据收款凭证和付款凭证逐笔登记库存现金日记账和银行存款日记账；④根据原始凭证、汇总原始凭证和记账凭证，登记各种明细分类账；⑤根据记账凭证逐笔登记总分类账；⑥期末，将库存现金日记账、银行存款日记账和明细分类账的余额与有关总分类账的余额核对相符；⑦期末，根据总分类账和明细分类账的记录，编制财务报表。

记账凭证账务处理程序，如图 2-27 所示。

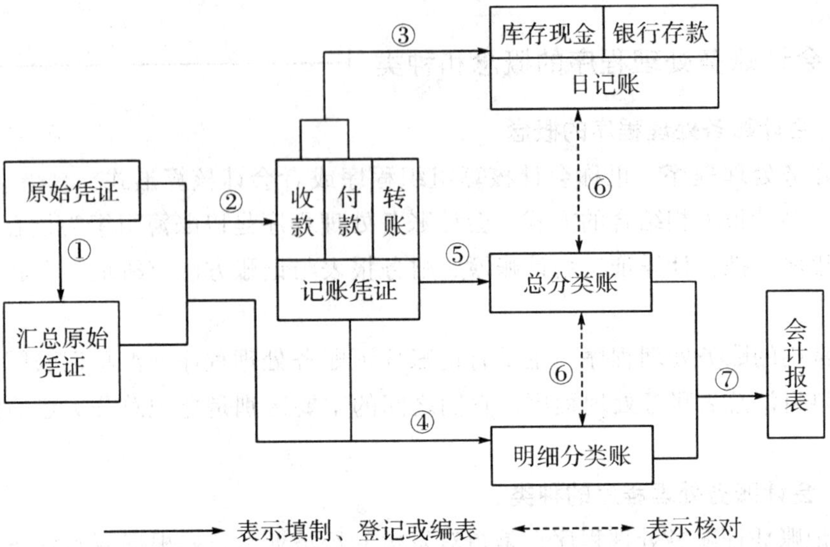

图 2-27　记账凭证账务处理程序

记账凭证账务处理程序的主要特点是直接根据记账凭证逐笔登记总分类账。其优点是简单明了，易于理解，总分类账可以反映经济业务的详细情况，缺点是登记总分类账的工作量较大。

三、汇总记账凭证账务处理程序

汇总记账凭证账务处理程序的一般步骤有：①根据原始凭证填制汇总原始凭证；②根据原始凭证或汇总原始凭证，填制收款凭证、付款凭证和转账凭证，也可以填制通用记账凭证；③根据收款凭证、付款凭证逐笔登记库存现金日记账和银行存款日记账；④根据原始凭证、汇总原始凭证和记账凭证，登记各种明细分类账；⑤根据各种记账凭证编制有关汇总记账凭证；⑥根据各种汇总记账凭证登记总分类账；⑦期末，将库存现金日记账、银行存款日记账和明细分类账的余额与有关总分类账的余额核对相符；⑧期末，根据总分类账和明细分类账的记录，编制财务报表。

汇总记账凭证账务处理程序，如图 2-28 所示。

汇总记账凭证账务处理程序的主要特点是先根据记账凭证编制汇总记账凭证，再根据汇总记账凭证登记总分类账。其优点是减轻了登记总分类账的工作量，缺点是当转账凭证较多时，编制汇总转账凭证的工作量较大，并且按每一贷方账户编制汇总转账凭证，不利于会计核算的日常分工。

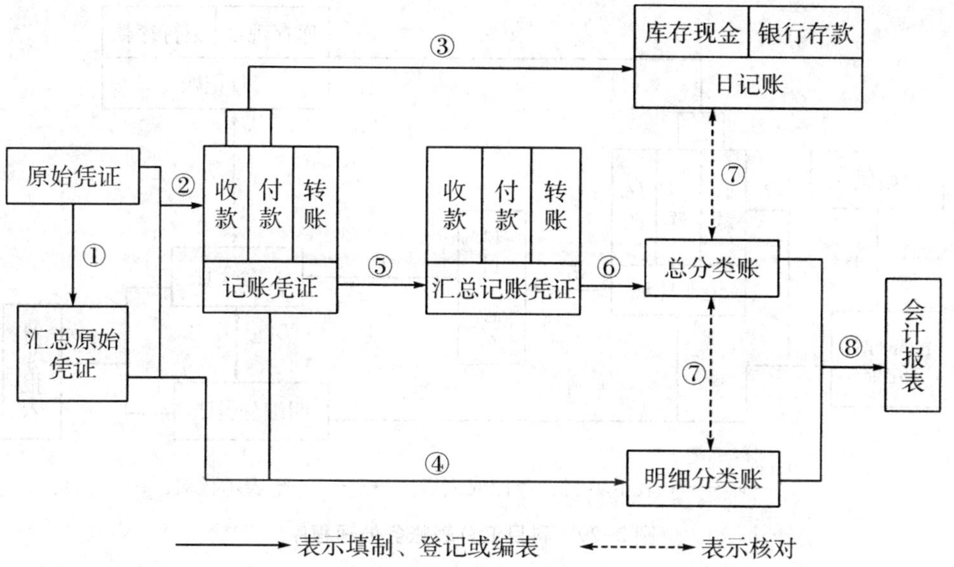

图 2-28　汇总记账凭证账务处理程序

四、科目汇总表账务处理程序

科目汇总表账务处理程序的一般步骤有：①根据原始凭证填制汇总原始凭证；②根据原始凭证或汇总原始凭证填制收款凭证、付款凭证和转账凭证，也可以填制通用记账凭证；③根据收款凭证、付款凭证逐笔登记库存现金日记账和银行存款日记账；④根据原始凭证、汇总原始凭证和记账凭证，登记各种明细分类账；⑤根据各种记账凭证编制科目汇总表，其格式如表 2-41 所示；⑥根据科目汇总表登记总分类账；⑦期末，将库存现金日记账、银行存款日记账和明细分类账的余额同有关总分类账的余额核对相符；⑧期末，根据总分类账和明细分类账的记录，编制财务报表。科目汇总表账务处理程序如图 2-29 所示。

表 2-41　科目汇总表

20××年　月　日至　日　　　　　　　　　　科汇字　号

会计科目	账页	本期发生额		记账凭证起讫号数
		借方	贷方	

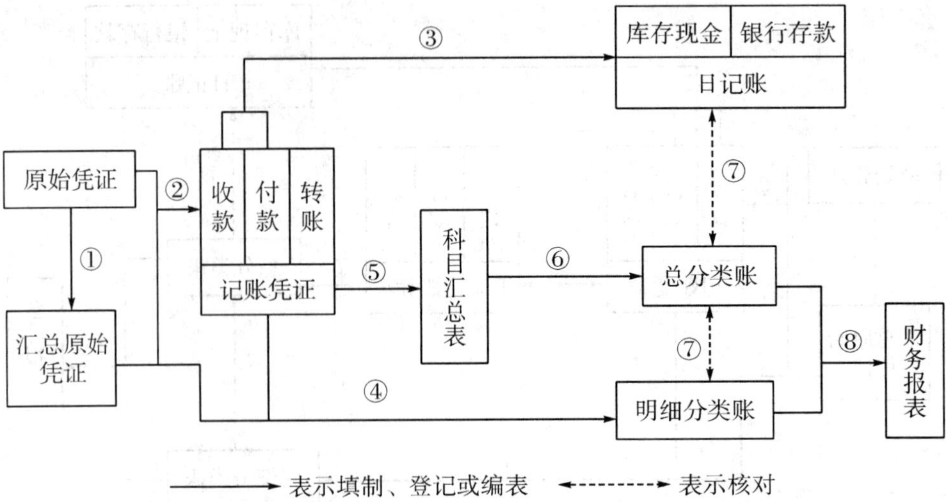

图 2-29　科目汇总表账务处理程序

科目汇总表账务处理程序的主要特点是先将所有记账凭证汇总编制成科目汇总表，然后根据科目汇总表登记总分类账。其优点是减轻了登记总分类账的工作量，并且科目汇总表可以起到试算平衡的作用，缺点是科目汇总表不能反映各个账户之间的对应关系，不利于对账目进行检查。

思政德育课堂

华为的财务创新之路

2005 年以来，华为建立了全球统一的会计制度体系，实施统一的 ERP 系统，在全球领域成立了七大财务共享中心，财务部进行了深化改革，这给华为的发展创造了新的价值。华为通过建立财务共享中心，将财务和业务链紧密联系在一起。公司的业务人员已经意识到，财务报告不只是财务人员的工作，而是需要各个部门的协调配合，从设计的前端开始对后续的财务结果产生影响。财务共享中心就如坚固的财务大坝，将类似的业务集中到一处高效地处理，不仅可以有效地控制和监督，而且可以节约成本，提供更好的服务。华为这种改革，并不是个例，目前，国内许多企业正逐步进行财务共享中心的建设，这是当前企业财务管理模式发展和创新的趋势。

财务共享服务中心必须有完整的组织结构，才能保证业务的顺利发展。目前，华为的财务体系分为账务、财经、内审三部分，其中包括账务管理部、销售融资与资金部、财经管理部、区域财经管理部、审计部、监控部、IFS 项目变革组。其中华为的账务管理部，负责全球会计账务的集中处理。华为的账务管理部把员工的职能划分得特别细。账务管理部的岗位分为：一是员工薪酬中心，其职能为核算公司员工的薪酬；二是员工费用中心，负责审核员工的报销费用；三是应付中心，负责核算采购成本；四是应收中心，负责核算销售成本；五是总账；六是共享中心，目前有七个，用于数据的搜集及集中处理；七是报告中心，为各个管理维度进行数据加工；八是会计政策中心。财务共享服务中心的建设过程是业务流程的重组和再造的过程，需要处理和再造的业务流程包括总账管理、资产管理、应收账款管理、应付账款管理以及费用报销管理等。华为采用严格的标准统一的全球流程战略，极大地提高了组织运营效率。在近200个国家和地区，华为推行全球统一的流程标准，实现了一次设计并全领域共享。

华为公司的账务集中管理模式对全球统一核算有个基本的数据处理要求：每个数据都需要进行多维计算，保证数据的真实性和完整性，在核算中尽量反映所有数据的维度，今后可以按照不同的需求生成各种报表。如今，华为的账务核算充分利用了共享中心的时差优势，在全球范围内实现了7×24小时的循环结账机制。在相同的数据平台和相同的结算规则下，共享中心接力传递结账操作，从而大大减少了结账时间。该系统将每天24小时自动调动结账数据，无缝连接170多个系统，每小时可处理4 000万行数据。华为财务共享中心不间断地定期结算账单，能及时高效地获取130多个代表处的运营数据。华为全球结账工作的指挥控制中心，跨越5个时区的7个共享中心，必须接受控制中心的指挥和调度，并每月给华为全球数百家子公司核算总账。华为进行了数据调度的优化、交易核算自动化、数据质量监控、改善数据分析平台的性能和ERP的优化等措施，实现了全球核算的实时可视性，可以对流程进行跟踪和管理。

资料来源：陈薇. 企业财务共享服务中心的应用及优化研究——以华为公司为例［J］. 北方经贸，2020（7）.

案例启示：

1. 创新是一个国家、一个民族、一个企业发展的不竭动力。习近平总书记强调“抓创新就是抓发展，谋创新就是谋未来”。会计工作和财务管理工作也不例外，也需要与时俱进，创新财务管理模式，将现代信息技术与会计工作完美结合，可以极大地提高财务信息的准确性和时效性，为经济发展提供坚实保障。

2. 在“大智移云物”等现代信息技术广泛应用的今天，财务工作者不仅要掌握会计知识技能，还需要掌握会计信息技术，具备业务管理、数据分析和对经济的预测决策能力，树立终身学习的意识，成为德才兼备的高素质人才。

思考与练习

一、思考题

1. 什么是复式记账法？复式记账法有何特点？
2. 什么是借贷记账法？借贷记账法的记账规则是什么？
3. 什么是会计科目和账户，二者是什么关系？
4. 借贷记账法下，各类账户的结构是怎样的？
5. 原始凭证的内容和填制要求是什么？
6. 记账凭证的内容和填制要求是什么？
7. 简述账簿按不同标准分类的基本内容。
8. 什么是平行登记？其要点有哪些？
9. 简述错账更正的各种方法及适用范围。
10. 财产清查的意义和方法有哪些？

二、单项选择题

三、多项选择

四、判断题

五、业务练习题

练习一

1. 目的：熟悉会计要素具体项目的分类，正确理解会计等式。

2. 资料：宏阳摩托车厂 2023 年 3 月 31 日资产、负债、所有者权益的项目如下：

内容	金额/元	资产、负债或所有者权益项目名称
生产车间用房屋	1 600 000	
仓库用房屋	1 100 000	
行政管理部门用房屋	400 000	
生产用机器设备	3 280 000	
货车	100 000	
库存生产用钢材	1 230 000	
库存机器用润滑油	5 000	
库存其他用辅助材料	10 000	
成品仓库中的摩托车	950 000	
由出纳员保管的现金	2 000	
存在工商银行的款项	200 000	
应收市五交公司的销售款	450 000	
国家投入企业的资金	6 600 000	
联营单位投入企业的资金	2 000 000	
向银行借入的短期借款	327 000	
应付给某供货单位的材料款	380 000	
应交未交的税金	20 000	

3. 要求：分析各项目应归属的会计要素类别，即资产、负债或所有者权益类，指出其相应的会计科目，列表检验会计等式是否成立。

练习二

1. 目的：了解经济业务的发生对资产、负债和所有者权益之间恒等关系的影响。

2. 资料：宏阳摩托车厂 2023 年 4 月 1 日的资产、负债及所有者权益资料如练习一。该企业 4 月份发生下列各项经济业务：

(1) H 公司投资转入新机器设备 10 台，价值 200 000 元。

(2) 从银行取得二年期银行借款 300 000 元。

(3) 购进钢材一批货款计 420 000 元，材料已验收入库，货款尚未支付。

(4) 生产车间生产产品领用钢材 270 000 元。

(5) 从银行提取现金 1 000 元备用。

(6) 收到市五交化公司前欠的货款 400 000 元存入银行。

(7) 以银行存款归还前欠购货单位材料款 200 000 元。

(8) 以银行存款偿还短期银行借款 250 000 元。

(9) 某职工出差，暂借单位现金 1 000 元。

(10) 销售一批产品，货款 22 000 元，存入银行。

3. 要求：

(1) 根据 4 月份发生的经济业务，分别写明他们各涉及哪些资产、负债、所有者权益项目，其增加或减少金额各是多少？

(2) 根据要求 1 的结果，汇总填入下表中“本期发生额”栏内的“增加”或“减少”栏，并计算各账户的期末余额。

资产类账户	期初余额	本期发生额		期末余额	负债及所有者权益类账户	期初余额	本期发生额		期末余额
		增加	减少				增加	减少	
合计					合 计				

(3) 试算资产总额与负债和所有者权益总额是否相等。

练习三

1. 目的：理解与掌握借贷记账法。

2. 资料：

(1) 某公司 2023 年 4 月末各账户余额如下表所示。

资产	金额	负债及所有者权益	金额
库存现金	2 000	短期借款	50 000
银行存款	80 000	应付账款	20 000
应收账款	70 000	应交税费	3 000
其他应收款	1 000	长期借款	60 000
原材料	10 000	实收资本	230 000
固定资产	200 000		
合计	363 000	合计	363 000

（2）某公司2023年5月份发生下列经济业务（暂不考虑增值税）。

①从银行提取现金20 000元备用。

②向某企业购入原材料一批，货款80 000元，开出转账支票40 000元支付部分款项，余款暂欠。材料已验收入库。

③收到投资者投资250 000元，存入银行。

④购入机器一台，价款100 000元，开出转账支票付讫。

⑤借入三年期借款100 000元，存入银行。

⑥收到应收账款90 000元，存入银行。

⑦以银行存款支付应付账款10 000元。

⑧以银行存款归还短期借款30 000元。

⑨采购员出差借款2 000元，以现金支付。

⑩以银行存款支付应交税费3 000元。

3. 要求：

（1）根据本练习的资料（1）开设“T”形账户，并登记期初余额。

（2）根据本练习的资料（2）编制会计分录。

（3）根据会计分录逐一登记有关“T”形账户，计算各账户本期发生额及期末余额。

（4）编制总分类账户发生额及余额试算平衡表。

练习四

1. 目的：熟练总分类账与明细分类账的平行登记。

2. 资料：

（1）某ABC公司2023年6月末有关总分类账户和明细分类账户的余额如下：

“原材料”账户期末余额：6 960元

其中：甲材料1 200千克，单价0.80元，计960元；

乙材料8 000千克，单价0.75元，计6 000元。

“应付账款”账户期末余额3 250元（贷余）

其中：A工厂1 800元；

B工厂1 450元。

（2）2023 年 7 月份发生下列有关经济业务：

①用银行存款购进材料一批，已验收入库，货款共计 2 300 元。其中：甲材料 1 000 千克，单价 0.80 元；乙材料 2 000 千克，单价 0.75 元。

②用银行存款偿还前欠 A 工厂料款 1 800 元。

③向 A 工厂购进甲材料 1 300 千克，单价 0.80 元，料款未付。

④仓库发出材料一批用于生产：甲材料 1 800 千克，0.80 元；乙材料 8 400 千克，0.75 元。

⑤以银行存款支付前欠 B 工厂料款 1 450 元。

⑥向 A 工厂购进甲材料 1 500 千克，单价 0.80 元；向 B 工厂购进乙材料 5 000 千克，单价 0.75 元。均已验收入库，料款尚未支付。

3. 要求：

（1）开设“原材料”“应付账款”两个总分类账户和其所属的明细分类账户，并根据本练习资料 1，将期初余额登入账户。

（2）根据本练习资料 2 的各项经济业务编制会计分录，并平行登记到已开设的有关账户中。

（3）计算已开设账户的本期发生额和期末余额。

（4）根据“原材料”“应付账款”明细分类账户的本期发生额和余额，分别编制明细分类账户本期发生额及余额明细表，并与总分类账户进行核对。

练习五

1. 目的：熟悉错账的更正方法。

2. 资料：某企业 20××年 3 月末对账时发现以下记录错误：

（1）5 日，采购员李想出差，暂借款 500 元，以现金支付。记账凭证中记录的会计分录如下，并据以入账。

借：其他应收款　　5 000

　贷：库存现金　　5 000

（2）10 日，以银行存款 20 000 元支付企业广告费。记账凭证中记录的会计分录如下，并据以入账。

借：管理费用　　20 000

　贷：银行存款　　20 000

（3）23 日，以银行存款偿还前欠某企业的账款 10 000 元。记账凭证中记录的会计分录如下，并据以入账。

借：应付账款　　1 000

　贷：银行存款　　1 000

（4）25 日，从银行提取现金 1 500 元。记账凭证中记录的会计分录如下，登记账簿时，“库存现金”账户的金额为 150 元。

借：库存现金　　1 500

　贷：银行存款　　1 500

3. 要求：判断以上账务处理存在何种错误，并采用正确的方法进行更正。

第三章 流动资产

■学习目标

知识目标：通过本章的学习，理解流动资产的概念、流动资产的主要内容；掌握货币资金、交易性金融资产、应收票据、应收账款、预付账款、应收股利、应收利息和其他应收款以及应收款项减值的核算；掌握存货成本的确定、发出存货的计价方法，掌握原材料、周转材料、库存商品、存货清查和存货跌价准备的核算；了解存货计划成本的核算、委托加工物资及生产成本的核算。

能力目标：能够运用借贷记账法分析流动资产相关经济业务，做出正确的账务处理；能够分析流动资产项目变动对账务状况的影响。

德育目标：强化资产安全管理意识，警惕出现挪用公款等违法行为，避免在资金管理和资产核算中出现舞弊行为；增强社会责任意识，企业在追求经济效益的同时，也要重视社会效益，从而树立正确的价值观和服务社会的理念。

■导入案例

张明和王燕是会计专业的两名大一学生，在一次案例分析课上，看到甲、乙两个企业的资产负债表，具体数据如下：

甲、乙企业资产负债表（简表）

2022 年 12 月 31 日　　单位：万元

资　产	甲企业	乙企业	负债和所有者权益（或股东权益）	甲企业	乙企业
流动资产：			流动负债：		
货币资金	400	120	短期借款	300	50
交易性金融资产	20	30	应付职工薪酬	60	50
应收账款	50	100	应交税费	30	40

续表

资　产	甲企业	乙企业	负债和所有者权益（或股东权益）	甲企业	乙企业
存货	100	200	应付利息	30	10
其他应收款	10	30	应付账款	100	100
流动资产合计	580	470	流动负债合计	620	250
非流动资产：			非流动负债：		
长期股权投资	50	0	长期借款	100	100
固定资产	200	300	应付债券		
在建工程	100	100	非流动负债合计	100	
无形资产	120	100	负债合计	730	350
非流动资产合计	470	500	所有者权益（或股东权益）：		
			实收资本（或股本）	200	400
			未分配利润	30	120
			所有者权益（或股东权益）合计	230	520
资产总计	950	870	负债和所有者权益（或股东权益）总计	950	870

在比较两个企业的财务状况时，张明认为：甲企业总资产比乙企业多，货币资金也比乙企业多，所以甲企业财务状况好；而王燕认为：乙企业资产虽然比甲企业少，但净资产较多，资产结构也更合理。请同学们思考：资产有哪些分类，各类资产有哪些不同作用？作为财务人员，如何帮助决策者合理运用资金，为企业创造更多价值？

第一节　货币资金

货币资金是企业资产的重要组成部分，是企业资产中流动性较强的资产。良好的资金运转对企业的正常经营有着不可忽视的决定性作用。现实中，一些企业因为资金周转困难陷入困境，生产经营无法实现循环，最终停业、倒闭。由此可见货币资金在企业中的重要地位。根据货币资金的存放地点及其用途的不同，货币资金分为库存现金、银行存款及其他货币资金。

一、库存现金

库存现金是指存放于企业财会部门、由出纳人员经管的货币。库存现金是企业流动性最强的资产。企业应当严格遵守国家和企业有关现金的管理制度，正确进行现金收支的核算，监督现金使用的合法性与合理性。

（一）现金管理制度

根据国务院发布的《现金管理暂行条例》的规定，企业现金管理制度主要包括以下内容：

1. 现金的使用范围

企业可用现金支付的款项有：①职工工资、津贴；②个人劳务报酬；③根据国家规定颁发给个人的科学技术、文化艺术、体育比赛等各种奖金；④各种劳保、福利费用以及国家规定的对个人的其他支出；⑤向个人收购农副产品和其他物资的价款；⑥出差人员必须随身携带的差旅费；⑦结算起点（1 000 元）以下的零星支出；⑧中国人民银行确定需要支付现金的其他支出。

除企业可以现金支付的款项中的第⑤项和第⑥项外，开户单位支付给个人的款项，超过使用现金限额的部分，应当以支票或者银行本票等方式支付；确需全额支付现金的，经开户银行审核后，予以支付现金。

2. 现金的限额

现金的限额是指为了保证单位日常零星开支的需要，允许单位留存现金的最高数额。这一限额由开户银行根据单位的实际需要核定，一般按照单位 3 至 5 天日常零星开支所需确定。边远地区和交通不便地区的开户单位的库存现金限额，可按多于 5 天，但不得超过 15 天的日常零星开支的需要确定。经核定的库存现金限额，开户单位必须严格遵守，超过部分应于当日终了前存入银行。需要增加或者减少库存现金限额的，应当向开户银行提出申请，由开户银行核定。

3. 现金收支的规定

开户单位现金收支应当依照下列规定办理：①开户单位现金收入应当于当日送存开户银行，当日送存确有困难的，由开户银行确定送存时间。②开户单位支付现金，可以从本单位库存现金限额中支付或从开户银行提取，不得从本单位的现金收入中直接支付（即坐支）。因特殊情况需要坐支现金的，应当事先报经开户银行审查批准，由开户银行核定坐支范围和限额。坐支单位应当定期向开户银行报送坐支金额和使用情况。③开户单位从开户银行提取现金时，应当写明用途，由本单位财会部门负责人签字盖章，经开户银行审核后，予以支付。④因采购地点不确定，交通不便，生产或市场急需，抢险救灾以及其他特殊情况必须使用现金的，开户单位应向开户银行提出申请，由本单位财会部门负责人签字盖章，经开户银行审核后，予以支付现金。

（二）库存现金的账务处理

为了反映和监督企业库存现金的收入、支出和结存情况，企业应当设置“库存现金”科目，借方登记企业库存现金的增加，贷方登记企业库存现金的减少，期末借方余额反映期末企业实际持有的库存现金的金额。企业内部各部门周转使用的备用金，可以单独设置“备用金”科目进行核算。为了全面、连续地反映和监督库存现金的收支和结存情况，企业应当设置库存现金总账和库存现金日记账，分别进行库存现金的总分类核算和明细分类核算。

库存现金日记账由出纳人员根据收付款凭证，按照业务发生顺序逐日逐笔登记。每日终了，应当在库存现金日记账上计算出当日的现金收入合计额、现金支出合计额和余额，并将库存现金日记账的余额与实际库存现金金额相核对，保证账款相符。月度终了，库存现金日记账的余额应当与库存现金总账的余额核对，做到账账相符。

1. 企业取得现金时，库存现金增加，应借记“库存现金”科目，贷记有关科目。

【例 3-1】从银行提取现金 1 000 元。此业务应根据现金支票存根，填制付款凭证，作如下会计分录：

借：库存现金　　1 000

　贷：银行存款　　1 000

【例 3-2】企业出售多余材料，收入现金 1 130 元。此业务应根据销售发票，填制收款凭证，作如下会计分录：

借：库存现金　　1 130

　贷：其他业务收入　　1 000

　　应交税费——应交增值税（销项税额）　　130

2. 使用现金时，库存现金减少，借记有关科目，贷记“库存现金”科目。

【例 3-3】采购员王某因公外出，预借差旅费 1 000 元。此业务应根据借款单填制付款凭证，作如下会计分录：

借：其他应收款——王某　　1 000

　贷：库存现金　　1 000

【例 3-4】用现金支付办公用品费 350 元。此业务应根据发票填制付款凭证，作如下会计分录：

借：管理费用　　350

　贷：库存现金　　350

（三）库存现金清查的账务处理

为了保证账账相符，防止现金发生差错和损失，企业应当按规定进行定期和不定期的现金清查盘点，一般采用实地盘点法。如果有挪用现金、白条顶库的情况，应及时予以纠正；对于超限额留存的现金应及时送存银行。对于清查结果应当编制现金盘点报告单，填写现金实存、账存和盘亏情况。

通过现金清查，如果账款不符，发现有待查明原因的现金短缺或溢余，应先通过“待处理财产损溢”科目核算。“待处理财产损溢”属于资产类账户，下设“待处理流动资产损溢”和“待处理固定资产损溢”两个明细账户。该账户借方登记发生的待处理财产盘亏、毁损数及批准转销的财产盘盈数；贷方登记发生的待处理财产盘盈数及批准转销的盘亏、毁损数。按管理权限经批准后，分两种情况处理，如为现金短缺，属于应由责任方赔偿的部分，计入其他应收款；属于无法查明原因的，计入管理费用。如为现金溢余，属于应支付给有关人员或单位的，计入其他应付款；属于无法查明原因的，计入营业外收入。

【例 3-5】甲企业清查现金发现短缺 120 元，作如下会计分录：

借：待处理财产损溢——待处理流动资产损溢　　120

　贷：库存现金　　120

经查明原因，短缺的 120 元现金应由出纳人员赔偿 20 元，其余 100 元经批准作为管理费用，作如下会计分录：

借：其他应收款——出纳　　20
　管理费用　　100
　贷：待处理财产损溢——待处理流动资产损溢　　120

【例 3-6】乙企业在财产清查中发现现金多余 200 元，应作如下会计分录：

借：库存现金　　200
　贷：待处理财产损溢——待处理流动资产损溢　　200

多余现金 200 元，无法查明原因，作如下会计分录：

借：待处理财产损溢——待处理流动资产损溢　　200
　贷：营业外收入　　200

二、银行存款

（一）银行存款的管理

银行存款是企业存放在银行或其他金融机构的货币资金。银行存款是企业除现金之外流动性最强的资产，企业应当根据日常经营业务和管理活动的需要合理确定银行存款规模；加强银行存款管理，有利于加速企业资金周转，提高企业资金效益。企业应当严格遵守国家金融监管机构的支付结算法律法规和企业有关银行存款的管理制度，正确进行银行存款收支的核算，监督银行存款使用的合法性与合理性。企业应当根据业务需要，按照规定在其所在地银行开设账户，运用所开设的账户，进行存款、取款以及各种收支转账业务的结算。银行存款的收付应严格执行银行结算制度的规定。

（二）银行存款的账务处理

为了反映和监督企业银行存款的收入、支出和结存情况，企业应当设置“银行存款”科目，借方登记企业银行存款的增加，贷方登记企业银行存款的减少，期末借方余额反映期末企业实际持有的银行存款的金额。

企业应当设置银行存款总账和银行存款日记账，分别进行银行存款的总分类核算和序时、明细分类核算。企业可按开户银行和其他金融机构、存款种类等设置银行存款日记账，根据收付款凭证，按照业务的发生顺序逐笔登记。每日终了，应结出余额。

企业将款项存入银行等金融机构时，银行存款增加，应借记“银行存款”科目，贷记有关科目。企业使用或支付在银行等金融机构中的存款时，应借记有关科目，贷记“银行存款”科目。

【例 3-7】将现金 1 000 元存入银行，作如下会计分录：

借：银行存款　　1 000
　贷：库存现金　　1 000

【例 3-8】销售产品一批，价款 20 000 元，增值税额为 2 600 元，款项存入银行，作如下会计分录：

借：银行存款　　22 600
　贷：主营业务收入　　20 000
　　应交税费——应交增值税（销项税额）　　2 600

【例 3-9】外购材料一批，已验收入库，货款 40 000 元，增值税额为 5 200 元，款项通过银行支付，作如下会计分录：

借：原材料　　40 000
　　应交税费——应交增值税（进项税额）　　5 200
　贷：银行存款　　45 200

【例 3-10】开出转账支票 650 元支付本月电话费，作如下会计处理：

借：管理费用　　650
　贷：银行存款　　650

【例 3-11】通过银行汇兑汇往某市开立采购专户，根据银行汇票回单 160 000 元，作如下会计分录：

借：其他货币资金——外埠存款　　160 000
　贷：银行存款　　160 000

（三）银行存款的核对

银行存款的清查，与实物和现金的清查方法不同，它是采用与银行核对账目的方法来进行的。其主要是将银行送来的对账单上的银行存款的余额与本单位的银行存款日记账的账面余额逐笔进行核对，以查明账实是否相符。由于办理结算手续和凭证传递时间的原因，即使企业和银行双方记账过程都没有错误，企业银行存款日记账的余额和银行对账单的余额也可能不一致。产生这种不一致的原因是可能存在未达账项。"未达账项"是指由于结算凭证传递时间不一致，造成企业与银行双方之间对于同一项业务，一方先收到结算凭证已经登记入账，而另一方尚未收到结算凭证未登记入账的款项。企业与银行之间的未达账项大致有以下四种类型：

（1）企业已收银行未收的款项。企业存入银行的款项，企业已经作为存款入账，而开户银行尚未办妥手续，未记入企业存款户。

（2）企业已付银行未付的款项。企业开出支票或其他付款凭证，已作为存款减少登记入账，而银行尚未支付或办理，未记入企业存款户。

（3）银行已收企业未收的款项。企业委托银行代收的款项或银行付给企业的利息，银行已收妥登记入账，而企业没有接到有关凭证尚未入账。

（4）银行已付企业未付的款项。银行代企业支付款项后，已作为款项减少记入企业存款户，但企业没有接到付款通知尚未入账。

上述任何一种情况的发生，都会导致企业银行存款日记账的余额与银行对账单的余额不一致。因此，在对银行存款的清查中，除了对记账错误造成的错误要及时进行处理外，还应注意有无未达账项。如果发现有未达账项，应通过编制"银行存款余调节表"予以调节，如没有记账错误，调节后的双方余额应相等。"银行存款余调节表"是在银行存款日记账和银行存款对账单余额的基础上加减双方各自的未达账项，使双方余额达到平衡，其调节公式如下：

银行存款日记账+银行已收企业未收的款项-银行已付企业未付的款项=银行存款对账单余额+企业已收银行未收的款项-企业已付银行未付的款项

下面举例说明"银行存款余额"调节表的编制方法。

【例 3-12】盛华公司 2023 年 10 月 31 日银行存款日记账的余额为 28 000 元，而银行对账单上的存款余额是 29 180 元，经逐笔核对后，发现有以下未达款项尚未作记录：

（1）盛华公司 10 月 30 日存入转账支票 5 000 元，但银行因内部手续尚未办妥，还未入账。

（2）盛华公司10月30日开出的一张转账支票4 000元和一张现金支票280元，由于持票人尚未到银行办理转账及取款手续，故银行尚未记账。

（3）委托银行代收的货款3 000元，10月30日银行已经收到并登记入账，由于收账通知尚未送达企业，故企业尚未入账。

（4）电信局委托银行代收盛华公司应付的电话费1 100元，银行已从企业存款中代付，由于转账通知单尚未送达企业，故企业尚未记账。

根据上述资料，盛华公司2023年10月31日编制银行存款余额调节表，如表3-1所示。

表3-1　盛华公司银行存款余额调节表

2023年10月31日　　单位：元

项目	余额	项目	余额
企业银行存款账户余额	28 000	银行对账单存款余额	29 180
加：银行已代收，企业未收的货款	3 000	加：企业已收，银行未收的支票	5 000
减：银行已付，企业未付的电话费	1 100	减：企业已付，银行未付的支票	4 280
调节后余额	29 900	调节后余额	29 900

需要注意的是，此表不能作为原始凭证，因为未达账项是客观存在的，不是账务处理错误，不需要编制会计凭证，待相关单据到达后再进行账务处理即可。

三、其他货币资金

（一）其他货币资金的管理

其他货币资金是指企业除库存现金、银行存款以外的其他各种货币资金，主要包括银行汇票存款、银行本票存款、信用卡存款、信用证保证金存款、存出投资款和外埠存款等。其他货币资金的存放地点分散、用途多样，存放、使用的手续制度要求各有不同，受经营业务活动性质影响，其安全管理难度大，要求企业会计部门和经营业务经办部门相互配合，明确经办责任，严格履行申请、审批、经办等手续制度，对于业务收支经办结束的项目应及时办理清理手续和相应的会计处理，会计部门应当加强相应的明细核算和监督管理，避免不合理延期，防止债权债务纠纷发生而给企业造成不利影响。

为了反映和监督其他货币资金的收支和结存情况，企业应当设置“其他货币资金”科目，借方登记其他货币资金的增加，贷方登记其他货币资金的减少，期末余额在借方，反映企业实际持有的其他货币资金的金额。“其他货币资金”科目应当按照其他货币资金的种类设置明细科目进行核算。

（二）银行汇票存款

银行汇票存款是指企业为取得银行汇票按照规定存入银行的款项。

银行汇票是指由出票银行签发的，由其在见票时按照实际结算金额无条件支付给收款人或者持票人的票据。银行汇票的出票银行为银行汇票的付款人。单位和个人各种款项的结算，均可使用银行汇票。银行汇票可以用于转账，填明“现金”字样的银行汇票也可以用于支取现金。银行汇票的提示付款期限为自出票日起 1 个月，持票人超过付款期限提示付款的，银行将不予受理。

企业向银行提交“银行汇票申请书”并将款项交存开户银行，取得汇票后，根据银行盖章的委托书存根联，编制付款凭证，借记“其他货币资金——银行汇票”科目，贷记“银行存款”科目。企业持银行汇票购货、收到有关发票账单及开户行转来的银行汇票有关副联等凭证，经核对无误后编制会计分录，借记“在途物资”“应交税费——应交增值税（进项税额）”等科目，贷记“其他货币资金——银行汇票”科目。如果实际采购支付后银行汇票有余额，多余部分应借记“银行存款”科目，贷记“其他货币资金——银行汇票”科目。汇票因超过付款期限或其他原因未曾使用而退还款项时，应借记“银行存款”科目，贷记“其他货币资金——银行汇票”科目。

【例 3-13】M 企业为增值税一般纳税人，2023 年 9 月 5 日向银行申请办理银行汇票用以购买原材料，并将款项 350 000 元交存银行转作银行汇票存款。2023 年 9 月 10 日，所购原材料送达并已验收入库，取得的增值税专用发票上注明的价款为 300 000 元，增值税税额为 39 000 元，已用银行汇票办理结算，多余款项 11 000 元退回开户银行。根据以上有关银行汇票存款收付业务，编制会计分录如下：

（1）企业申请办理银行汇票时

借：其他货币资金——银行汇票	350 000	
贷：银行存款		350 000

（2）用银行汇票结算材料价款和增值税税款时

借：原材料	300 000	
应交税费——应交增值税（进项税额）	39 000	
贷：其他货币资金——银行汇票		339 000

（3）收到多余款项退回通知时

借：银行存款	11 000	
贷：其他货币资金——银行汇票		11 000

（三）银行本票存款

银行本票存款是指企业为了取得银行本票按规定存入银行的款项。

银行本票是指银行签发的，承诺自己在见票时无条件支付确定的金额给收款人或持票人的票据。单位和个人在同一票据交换区域需要支付的各种款项，均可使用银行本票。银行本票可以用于转账，注明“现金”字样的银行本票可以用于支取现金。但申请人或收款人为单位的，不得申请签发现金银行本票。

银行本票分为定额本票和不定额本票两种。定额本票面额为 1 000 元、5 000 元 10 000 元和 50 000 元。银行本票的提示付款期限自出票日起最长不得超过两个月。在有效付款期内，银行见票付款。持票人超过提示付款期限付款的，银行不予受理。

企业向银行提交“银行本票申请书”并将款项交存银行，取得银行本票时，应根据银行盖章退回的申请书存根联，编制付款凭证，借记“其他货币资金——银行本票”科目，贷记“银行存款”科目。企业用银行本票支付购货款等款项后，应根据发票账单等有关凭证，借记“在途物资”“应交税费——应交增值税（进项税额）”等科目，贷记“其他货币资金——银行本票”科目。如果企业因本票超过付款期等原因未曾使用而要求银行退款时，应将银行本票提交到出票银行并出具单位证明。根据银行盖章退回的进账单第一联，借记“银行存款”科目，贷记“其他货币资金——银行本票”科目。

【例 3-14】W 公司为增值税一般纳税人，2023 年 9 月 8 日，为取得银行本票，向银行填交“银行本票申请书”，并将 20 000 元银行存款转作银行本票存款。2023 年 9 月 10 日，W 公司用银行本票购买办公用品 20 000 元，增值税专用发票上注明的增值税税额为 2 600 元，不足货款通过银行转账补付。根据上述业务 W 公司应编制如下会计分录：

（1）企业申请办理银行本票时

借：其他货币资金——银行本票　　20 000

　贷：银行存款　　20 000

（2）用银行本票购买办公用品时

借：管理费用　　20 000

　　应交税费——应交增值税（进项税额）　　2 600

　贷：其他货币资金——银行汇票　　20 000

　　　银行存款　　2 600

（四）信用卡存款

信用卡存款是指企业为取得信用卡而存入银行信用卡专户的款项。信用卡是银行卡的一种。

凡在中国境内金融机构开立基本存款账户的单位可申领单位卡。单位卡可申领若干张，持卡人资格由申领单位法定代表人或其委托的代理人书面指定和注销。单位卡账户的资金一律从其基本存款账户转账存入，不得交存现金，不得将销货收入的款项存入其账户。持卡人可持信用卡在特约单位购物、消费，但单位卡不得用于 10 万元以上的商品交易、劳务供应款项的结算，不得支取现金。特约单位在每日营业终了，应将当日受理的信用卡签购单汇总，计算手续费和净额，并填写汇（总）计价单和进账单，连同签购单一并送交收单银行办理进账。

企业申领信用卡应填制“信用卡申请表”，连同支票和有关资料一并送存发卡银行，根据银行盖章退回的进账单第一联，借记“其他货币资金——信用卡”科目，贷记“银行存款”科目；企业用信用卡购物或支付有关费用，收到开户银行转来的信用卡存款的付款凭证及所附发票账单，借记“管理费用”等科目，贷记“其他货币资金——信用卡”科目。

【例 3-15】甲公司于 2023 年 9 月 25 日向银行申领信用卡，并向银行交存 30 000 元。2023 年 10 月 15 日，该公司用信用卡支付招待费 2 200 元。甲公司应编制如下会计分录：

（1）2023 年 9 月 25 日，申领信用卡时

借：其他货币资金——信用卡　　30 000

　贷：银行存款　　30 000

（2）2023 年 10 月 15 日，用信用卡支付招待费时

借：管理费用　　2 200

　贷：其他货币资金——信用卡　　2 200

（五）信用证保证金存款

信用证保证金存款是指采用信用证结算方式的企业为开具信用证而存入银行信用证保证金专户的款项。信用证是指银行（包括政策性银行、商业银行、农村合作银行、村镇银行和农村信用社）依照申请人的申请开立的、对相符交单予以付款的承诺。它是以人民币计价、不可撤销的跟单信用证。信用证的开立和转让，应当具有真实的贸易背景，适用于银行为国内企事业单位之间货物和服务贸易提供的信用证服务。信用证只限于转账结算，不得支取现金。

企业填写“信用证申请书”，将信用证保证金交存银行时，应根据银行盖章退回的“信用证申请书”回单，借记“其他货币资金 ——— 信用证保证金”科目，贷记“银行存款”科目；企业接到开证行通知，根据供货单位信用证结算凭证及所附发票账单，借记“材料采购”“原材料”“库存商品”“应交税费——应交增值税（进项税额）”等科目，贷记“其他货币资金——信用证保证金”科目；将未用完的信用证保证金存款余额转回开户银行时，借记“银行存款”科目，贷记“其他货币资金 —— 信用证保证金”科目。

（六）存出投资款

存出投资款是指企业为购买股票、债券、基金等根据有关规定存入在证券公司指定银行开立的投资款专户的款项。

企业向证券公司划出资金时，应按实际划出的金额，借记“其他货币资金——存出投资款”科目，贷记“银行存款”科目；购买股票、债券、基金等时，借记“交易性金融资产”等科目，贷记“其他货币资金 —— 存出投资款”科目。

有关业务处理可参考本章第二节相关内容。

（七）外埠存款

外埠存款是指企业为了到外地进行临时或零星采购，而汇往采购地银行开立采购户的款项。

企业将款项汇往外地时，应填写汇款委托书，委托开户银行办理汇款。汇入地银行以汇款单位名义开立临时采购账户，该账户的存款不计利息、只付不收、付完清户，除了采购人员可从中提取少量现金外，一律采用转账结算。

企业将款项汇往外地开立采购专用账户，根据汇出款项凭证编制付款凭证时，借记“其他货币资金 —— 外埠存款”科目，贷记“银行存款”科目；收到采购人员转来供应单位发票账单等报销凭证时，借记“材料采购”“原材料”“库存商品”“应交税费——应交增值税（进项税额）”等科目，贷记“其他货币资金—— 外埠存款”科目；采购完毕收回剩余款项时，根据银行的收账通知，借记“银行存款”科目，贷记“其他货币资金—— 外埠存款”科目。

【例 3-16】某企业根据发生的有关外埠存款收付业务，编制会计分录如下：

（1）企业在外埠开立临时采购账户，委托银行将 500 000 元汇往采购地。

借：其他货币资金——外埠存款　　500 000

　贷：银行存款　　500 000

（2）采购员以外埠存款购买材料，材料价款 400 000 元，增值税额 52 000 元，共计 452 000；材料入库。

借：原材料　　400 000

　　应交税费——应交增值税（进项税额）　　52 000

　贷：其他货币资金——外埠存款　　452 000

（3）外埠采购结束，将外埠存款清户，收到银行转来收账通知，余款 48 000 元入账。

借：银行存款　　48 000

　贷：其他货币资金——外埠存款　　48 000

第二节　交易性金融资产

一、金融资产概述

（一）金融资产的概念

金融资产，是指企业持有的现金、其他方的权益工具以及符合下列条件之一的资产：

（1）从其他方收取现金或其他金融资产的合同权利。例如，企业的银行存款、应收账款、应收票据和贷款等均属于金融资产。但是，预付账款产生的未来经济利益是商品或服务，不是收取现金或其他金融资产的权利，不是金融资产。

（2）在潜在有利条件下，与其他方交换金融资产或金融负债的合同权利。例如，企业持有的看涨期权或看跌期权等。

（3）将来须用或可用企业自身权益工具进行结算的非衍生工具合同，且企业根据该合同将收到可变数量的自身权益工具。例如，企业的普通债券合同或普通股等。

（4）将来须用或可用企业自身权益工具进行结算的衍生工具合同，但以固定数量的自身权益工具交换固定金额的现金或其他金融资产的衍生工具合同除外。

在企业全部资产中，库存现金、银行存款、应收账款、应收票据、贷款、其他应收款、应收利息、债权投资、股权投资、基金投资及衍生金融资产等统称为金融资产。

（二）金融资产的分类

企业应当根据管理金融资产的业务模式和金融资产的合同现金流量特征，对金融资产进行合理分类。《企业会计准则第 22 号——金融工具确认和计量》（2017）将金融资产划分为以下三类：

1. 以摊余成本计量的金融资产

企业应当将同时符合下列条件的金融资产分类为以摊余成本计量的金融资产：①管理该金融资产的业务模式是以收取合同现金流量为目标。②该金融资产的合同条款规定，在特定日期产生的现金流量，仅为对本金和以未偿付本金金额为基础的利息的支付。如债权投资的合同现金流量包括投资期间各期应收的利息和到期日收回的本金等；其他属于以摊余成本计量的金融资产性质的金融资产还有“贷款”“应收账款”等。

2. 以公允价值计量且其变动计入其他综合收益的金融资产

企业应当将同时符合下列条件的金融资产分类为以公允价值计量且其变动计入其他综合收益的金融资产：①管理该金融资产的业务模式，既以收取合同现金流量为目标又以出售该金融资产为目标。②该金融资产的合同条款规定，在特定日期产生的现金流量，仅为对本金和以未偿付本金金额为基础的利息的支付，如其他债权投资。

3. 以公允价值计量且其变动计入当期损益的金融资产

企业应当将除上述分类为以摊余成本计量的金融资产和以公允价值计量且其变动计入其他综合收益的金融资产之外的金融资产，分类为以公允价值计量且其变动计入当期损益的金融资产。企业持有此类金融资产的目的是交易性，或者基于金融资产的公允价值做出决策对其进行管理。

本节主要介绍交易性金融资产的会计处理。

二、交易性金融资产的概念

交易性金融资产，是指以公允价值计量且其变动计入当期损益的金融资产。它是企业为了近期内出售而持有的金融资产，如企业以赚取差价为目的从二级市场购入的股票、债券、基金等；或者在初始确认时属于集中管理的可辨认金融工具组合的一部分，且有客观证据表明近期实际存在短期获利模式的金融资产等，如企业管理的以公允价值进行业绩考核的某项投资组合。

交易性金融资产预期能在短期内变现以满足日常经营的需要，因此，在资产负债表中作为流动资产列示。

需要说明的是，从金融资产的合同现金流量特征来看，尽管交易性金融资产仍将收取合同现金流量，但只是偶尔为之，并非为了实现业务模式目标（收取合同现金流量）而不可或缺。

三、交易性金融资产的账务处理

（一）会计科目的设置

为了反映和监督交易性金融资产的取得、收取现金股利或利息、出售等情况，企业应当设置“交易性金融资产”“公允价值变动损益”“投资收益”等科目进行核算。

“交易性金融资产”科目核算以公允价值计量且其变动计入当期损益的金融资产。“交易性金融资产”科目的借方登记交易性金融资产的取得成本、资产负债表日其公允价值高于账面余额的差额，以及出售交易性金融资产时结转公允价值低于账面余额的变动金额；贷方登记资产负债表日其公允价值低于账面余额的差额，以及企业出售交易性金融资产时结转的成本和公允价值高于账面余额的变动金额。企业应当按照交易性金融资产的类别和品种，分别设置“成本”“公允价值变动”等明细科目进行核算。

“公允价值变动损益”科目核算企业交易性金融资产等的公允价值变动而形成的应计入当期损益的利得或损失。“公允价值变动损益”科目的借方登记资产负债表日企业持有的交易性金融资产等的公允价值低于账面余额的差额；贷方登记资产负债表日企业持有的交易性金融资产等的公允价值高于账面余额的差额。

“投资收益”科目核算企业在持有交易性金融资产的期间内取得的投资收益以及出

售交易性金融资产等实现的投资收益或投资损失。“投资收益”科目的借方登记企业取得交易性金融资产时支付的交易费用、出售交易性金融资产等发生的投资损失，贷方登记企业在持有交易性金融资产的期间内取得的投资收益，以及出售交易性金融资产等实现的投资收益。“投资收益”科目应当按照投资项目设置明细科目进行核算。

（二）取得交易性金融资产

企业取得交易性金融资产时，应当按照取得时的公允价值作为其初始入账金额。金融资产的公允价值，应当以市场交易价格为基础确定。

企业取得交易性金融资产所支付的价款中包含的已宣告但尚未发放的现金股利或已到付息期但尚未领取的债券利息，应当单独确认为应收项目。

企业取得交易性金融资产所发生的相关交易费用应当在发生时计入当期损益，冲减投资收益，发生交易费用取得增值税专用发票的，进项税额经认证后可从当月销项税中扣除。交易费用是指可直接归属于购买、发行或处置金融工具的增量费用。增量费用是指企业没有发生购买、发行或处置相关金融工具的情形就不会发生的费用，包括支付给代理机构、咨询公司、券商、证券交易所、政府有关部门等的手续费、佣金、相关税费以及其他必要支出，不包括债券溢价、折价、融资费用、内部管理成本和持有成本等与交易不直接相关的费用。

企业取得交易性金融资产，应当按照该金融资产取得时的公允价值，借记“交易性金融资产——成本”科目，按照发生的交易费用，借记“投资收益”科目，发生交易费用取得增值税专用发票的，按其注明的增值税进项税额，借记“应交税费——应交增值税（进项税额）”科目，按已宣告但尚未发放的现金股利或已到付息期但尚未领取的利息，借记“应收股利”或“应收利息”科目，按照实际支付的金额，贷记“其他货币资金”等科目。

【例 3-17】兴业公司为增值税一般纳税人。2022 年 6 月 1 日，兴业公司从证券市场购入 A 上市公司股票 500 000 股，支付价款 5 000 000 元，购买价款中包含已宣告但尚未发放的现金股利为 300 000 元，另支付相关交易费用 12 500 元，取得的增值税专用发票上注明的增值税税额为 750 元。兴业公司将其划分为交易性金融资产进行管理和核算。兴业公司应编制如下会计分录：

（1）2022 年 6 月 1 日，购买 A 上市公司股票时

借：交易性金融资产——A 上市公司股票——成本	4 700 000	
应收股利——A 上市公司股票	300 000	
贷：其他货币资金——存出投资款		5 000 000

（2）2022 年 6 月 1 日，支付相关交易费用时

借：投资收益——A 上市公司股票	12 500	
应交税费——应交增值税（进项税额）	750	
贷：其他货币资金—— 存出投资款		13 250

在本例中，取得交易性金融资产所发生的相关交易费用 12 500 元，应当在发生时记入“投资收益”科目。取得交易性金融资产支付价款 5 000 000 元中所包含的已宣告但尚未发放的现金股利 300 000 元，应当记入“应收股利”科目。

【例 3-18】宏达公司为增值税一般纳税人。2022 年 6 月 1 日，从债券市场购入 B 公司债券 960 000 元。购买价款中包含已到付息期尚未领取的债券利息 36 000 元，另支付交易费用 10 000 元，取得的增值税专用发票上注明的增值税税额为 600 元。该债券面值为 900 000 元，宏达公司将其划分为交易性金融资产。宏达公司应作如下会计处理：

（1）2022 年 6 月 1 日，购入 B 公司债券时

借：交易性金融资产——B 公司债券——成本　　924 000

　　应收利息——B 公司债券　　36 000

　贷：其他货币资金——存出投资款　　960 000

（2）2022 年 6 月 1 日，支付相关交易费用时

借：投资收益　　10 000

　　应交税费——应交增值税（进项税额）　　600

　贷：其他货币资金——存出投资款　　10 600

在本例中，宏达公司取得交易性金融资产所支付的交易费用 10 000 元，应当记入“投资收益”科目。宏达公司取得交易性金融资产所支付价款 960 000 元中包含的已到付息期但尚未领取的债券利息 36 000 元，应当记入“应收利息”科目。

（三）持有交易性金融资产

1. 企业持有交易性金融资产期间对于被投资单位宣告发放的现金股利或已到付息期但尚未领取的债券利息，应当确认为应收项目，并计入投资收益，借记“应收股利”或“应收利息”科目，贷记“投资收益”科目；实际收到款项时作为冲减应收项目处理，借记“其他货币资金”等科目，贷记“应收股利”或“应收利息”科目。

需要强调的是，企业只有在同时满足三个条件时，才能确认交易性金融资产所取得的股利或利息收入并计入当期损益：一是企业收取股利或利息的权利已经确立（例如被投资单位已宣告发放）；二是与股利或利息相关的经济利益很可能流入企业；三是股利或利息的金额能够可靠计量。

【例 3-19】承【例 3-17】，假定 2022 年 6 月 20 日，兴业公司收到 A 上市公司向其发放的现金股利 300 000 元，存入银行。假定不考虑相关税费。兴业公司应编制如下会计分录：

借：其他货币资金——存出投资款　　300 000

　贷：应收股利——A 上市公司股票　　300 000

【例 3-20】承【例 3-17】，假定 2023 年 3 月 20 日，A 上市公司宣告发放 2022 年现金股利，兴业公司按其持有该上市公司股份计算确定的应分得的现金股利为 400 000 元。假定不考虑相关税费。兴业公司应编制如下会计分录：

借：应收股利——A 上市公司股票　　400 000

　贷：投资收益——A 上市公司股票　　400 000

在本例中，兴业公司取得 A 上市公司宣告发放的现金股利同时满足了前述确认股利收入并计入当期损益的三个条件。

【例3-21】承【例3-18】，假定2022年6月10日，宏达公司收到购买价款中包含的已到付息期尚未领取的债券利息36 000元，并存入银行；2022年12月31日，计提乙公司债券利息36 000元。假定不考虑相关税费。宏达公司会计处理如下：

（1）6月10日，收到购买价款中包含的已宣告发放的债券利息时

借：其他货币资金——存出投资款　　36 000

　贷：应收利息——B公司债券　　36 000

（2）12月31日，计提债券利息时

借：应收利息——B公司债券　　36 000

　贷：投资收益　　36 000

在本例中，宏达公司取得B上市公司已到付息期但尚未领取的债券利息同时满足了前述确认利息收入并计入当期损益的三个条件。

2. 资产负债表日，交易性金融资产应当按照公允价值计量，公允价值与账面余额之间的差额计入当期损益。

企业应当在资产负债表日按照交易性金融资产公允价值高于其账面余额的差额，借记“交易性金融资产——公允价值变动”科目，贷记“公允价值变动损益”科目；公允价值低于其账面余额的差额作相反的会计分录，借记“公允价值变动损益”科目，贷记“交易性金融资产——公允价值变动”科目。

【例3-22】承【例3-17】和【例3-19】，假定2022年6月30日，兴业公司持有A上市公司股票的公允价值为4 300 000元；2022年12月31日，兴业公司持有A上市公司股票的公允价值为6 200 000元。不考虑相关税费和其他因素。兴业公司应编制如下会计分录：

（1）2022年6月30日，确认A上市公司股票的公允价值变动损益时

借：公允价值变动损益——A上市公司股票　　400 000

　贷：交易性金融资产——A上市公司股票——公允价值变动　　400 000

（2）2022年12月31日，确认A上市公司股票的公允价值变动损益时

借：交易性金融资产——A上市公司股票——公允价值变动　　1 900 000

　贷：公允价值变动损益——A上市公司股票　　1 900 000

在本例中，2022年6月30日为资产负债表日，兴业公司持有的A上市公司股票在该日的公允价值为4 300 000元，账面余额为4 700 000元（即2022年6月1日的公允价值为4 700 000元），公允价值小于账面余额400 000元，应记入“公允价值变动损益”科目的借方；2022年12月31日，甲公司持有的A上市公司股票在该日的公允价值为6 200 000元，账面余额为4 300 000元（即2022年6月30日的公允价值4 300 000元），公允价值大于账面余额1 900 000元，应记入“公允价值变动损益”科目的贷方。

【例3-23】承【例3-18】，假定2022年6月30日，宏达公司持有B公司债券的公允价值为1 050 000元；2022年12月31日，宏达公司持有B公司债券的公允价值为990 000元。不考虑相关税费和其他因素。宏达公司应编制如下会计分录：

（1）2022年6月30日，确认B公司债券的公允价值变动损益时

借：交易性金融资产——B公司债券——公允价值变动　　126 000

　贷：公允价值变动损益——B公司债券　　126 000

（2）2022 年 12 月 31 日，确认 B 公司债券的公允价值变动损益时

借：公允价值变动损益——B 公司债券　　60 000

　贷：交易性金融资产——B 公司债券——公允价值变动　　60 000

在本例中，2022 年 6 月 30 日，B 公司债券的公允价值为 1 050 000 元，账面余额为 924 000 元，公允价值大于账面余额 126 000 元，应记入“公允价值变动损益”科目的贷方；2022 年 12 月 31 日，宏达公司债券的公允价值为 990 000 元，账面余额为 1 050 000 元，公允价值小于账面余额 60 000 元，应记入“公允价值变动损益”科目的借方。

（四）出售交易性金融资产

企业出售交易性金融资产时，应当将出售时交易性金融资产的公允价值与其账面余额之间的差额作为投资损益进行会计处理。

企业出售交易性金融资产，应当按照实际收到的金额，借记“其他货币资金”等科目，按照该金融资产的账面余额的成本部分，贷记“交易性金融资产——成本”科目，按照该金融资产的账面余额的公允价值变动部分，贷记或借记“交易性金融资产——公允价值变动”科目，按照其差额，贷记或借记“投资收益”科目。

【例 3-24】承【例 3-17】【例 3-19】【例 3-20】和【例 3-22】，假定 2023 年 5 月 31 日，兴业公司出售所持有的全部 A 上市公司股票，价款为 6 050 000 元。不考虑相关税费和其他因素。兴业公司应编制如下会计分录：

借：其他货币资金——存出投资款　　6 050 000

　　投资收益——A 上市公司股票　　150 000

　贷：交易性金融资产——A 上市公司股票——成本　　4 700 000

　　　　　　　　　　　　　　　　　　——公允价值变动　　1 500 000

在本例中，2023 年 5 月 31 日，兴业公司出售持有 A 上市公司全部股票的价款 6 050 000 元与账面余额 6 200 000 元（即 2022 年 12 月 31 日的公允价值 6 200 000 元）之间的差额为-150 000 元（价款小于账面余额），应当作为投资损失，记入“投资收益”科目的借方。

【例 3-25】承【例 3-18】和【例 3-23】，假定 2023 年 3 月 20 日，宏达公司出售了所持有的 B 公司全部债券，价款为 1 100 000 元。不考虑相关税费和其他因素。宏达公司应编制如下会计分录：

借：其他货币资金——存出投资款　　1 100 000

　贷：交易性金融资产——B 公司债券——成本　　924 000

　　　　　　　　　　　　　　　　——公允价值变动　　66 000

　　　投资收益——B 公司债券　　110 000

在本例中，乙公司出售交易性金融资产的售价 1 100 000 元与其账面余额 990 000 元（即 2022 年 12 月 31 日 B 公司债券的公允价值 990 000 元）之间的差额 110 000 元应当作为投资收益，记入“投资收益”科目的贷方。

第三节　应收及预付款项

应收及预付款项是指企业在日常生产经营过程中发生的各项债权，包括应收款项和预付款项。其中，应收款项包括应收票据、应收账款、应收股利、应收利息和其他应收款等；预付款项是指企业按照合同规定预付的款项，如预付账款等。

一、应收票据

（一）应收票据概述

应收票据是指企业因销售商品、提供服务等而收到的商业汇票。商业汇票是一种由出票人签发的，委托付款人在指定日期无条件支付确定金额给收款人或者持票人的票据。

商业汇票的付款期限，最长不得超过 6 个月。定期付款的汇票付款期限自出票日起计算，并在汇票上记载具体到期日；出票后定期付款的汇票付款期限自出票日起按月计算，并在汇票上记载；见票后定期付款的汇票付款期限自承兑或拒绝承兑日起按月计算，并在汇票上记载。商业汇票的提示付款期限，自汇票到期日起 10 日。符合条件的商业汇票的持票人，可以持未到期的商业汇票连同贴现凭证向银行申请贴现。

根据承兑人不同，商业汇票分为商业承兑汇票和银行承兑汇票。商业承兑汇票是指由付款人签发并承兑，或由收款人签发交由付款人承兑的汇票。商业承兑汇票的付款人收到开户银行的付款通知，应在当日通知银行付款。付款人在接到通知日的次日起 3 日内（遇法定休假日顺延）未通知银行付款的，视同付款人承诺付款。银行将于付款人接到通知日的次日起第 4 日（遇法定休假日顺延），将票款划给持票人。付款人提前收到由其承兑的商业汇票，应通知银行于汇票到期日付款。银行在办理划款时，付款人存款账户不足支付的，银行应填制付款人未付票款通知书，连同商业承兑汇票邮寄持票人开户银行转交持票人.

银行承兑汇票是指由在承兑银行开立存款账户的存款人（即出票人）签发，由承兑银行承兑的票据。企业申请使用银行承兑汇票时，应向其承兑银行交纳手续费。银行承兑汇票的出票人应于汇票到期前将票款足额交存其开户银行，承兑银行应在汇票到期日或到期日后的见票当日支付票款。银行承兑汇票的出票人于汇票到期前未能足额交存票款时，承兑银行除凭票向持票人无条件付款外，对出票人尚未支付的汇票金额按每天万分之五计收利息。

（二）应收票据的账务处理

为了反映和监督应收票据取得、票款收回等情况，企业应当设置“应收票据”科目，借方登记取得的应收票据的面值，贷方登记到期收回票款或到期前向银行贴现的应收票据的票面金额，期末余额在借方，反映企业持有的商业汇票的票面金额。“应收票据”科目可按照开出、承兑商业汇票的单位进行明细核算，并设置“应收票据备查簿”，逐笔登记商业汇票的种类、号数和出票日、票面金额、交易合同号和付款人、承兑人、背书人的姓名或单位名称、到期日、背书转让日、贴现日、贴现率和贴现净额以及收款日和收回金额、退票情况等资料。商业汇票到期结清票款或退票后，在备查簿中应予注销。

1. 取得应收票据和收回到期票款

应收票据取得的原因不同，其账务处理也有所区别。因债务人抵偿前欠货款而取得的应收票据，借记“应收票据”科目，贷记“应收账款”科目；因企业销售商品、提供劳务等而收到开出、承兑的商业汇票，借记“应收票据”科目，贷记“主营业务收入”“应交税费——应交增值税（销项税额）”等科目。商业汇票到期收回款项时，应按实际收到的金额，借记“银行存款”科目，贷记“应收票据”科目。

【例3-26】宏达公司2022年9月15日销售产品一批，采用商业汇票结算，收到不带息的商业汇票一张，面额56 500元，其中包括销售商品的价款为50 000元，应收取的增值税6 500元，票据的期限为3个月。宏达公司应编制如下会计分录：

借：应收票据　　56 500

　贷：主营业务收入　　50 000

　　　应交税费——应交增值税（销项税额）　　6 500

【例3-27】2022年12月1日，宏达公司收到星辉公司开出的带息商业承兑汇票一张，面值200 000元，期限6个月，年利率6%，用于抵其前欠的货款。宏达公司应编制如下会计分录：

借：应收票据　　200 000

　贷：应收账款——星辉公司　　200 000

【例3-28】承【例3-27】2022年12月31日，宏达公司于会计期末计提应收星辉公司的票据利息1 000元。

借：应收票据　　1 000

　贷：财务费用　　1 000

【例3-29】承【例3-26】2022年12月15日，宏达公司持有的上述票据到期，收回票面金额56 500元存入银行。宏达公司应编制如下会计分录：

借：银行存款　　56 500

　贷：应收票据　　56 500

2. 应收票据背书转让

实务中，企业可以将其持有的商业汇票背书转让。背书是指在票据背面或者粘单上记载有关事项并签章的票据行为。背书转让的，背书人应当承担票据责任。通常情况下，企业将持有的商业汇票背书转让以取得所需物资时，按应计入取得物资成本的金额，借记“在途物资”“材料采购”“原材料”“库存商品”等科目，按照增值税专用发票上注明的可抵扣的增值税税额，借记“应交税费——应交增值税（进项税额）”科目，按商业汇票的票面金额，贷记“应收票据”科目，如有差额，借记或贷记“银行存款”等科目。

【例3-30】承【例3-27】【例3-28】宏达公司于2023年3月1日将持有的星辉公司的带息商业汇票背书转让，以取得生产经营所需的A种材料，该材料价款为200 000元，适用的增值税税率为13%，该票据尚未计提的利息为2 000元。不足款项以银行存款支付。宏达公司应编制如下会计分录：

借：原材料　　200 000

　　应交税费——应交增值税（进项税额）　　26 000

贷：应收票据　201 000
　　银行存款　23 000
　　财务费用　2 000

3. 应收票据贴现

采用商业票据结算的企业，收款方在票据到期前需要资金时，可以将未到期的商业票据向开户银行申请贴现。应收票据贴现是指企业以未到期的商业汇票向银行融通资金，银行按票据的应收金额扣除自贴现日到票据到期日止的利息后将余额支付给企业的一种筹资行为。

贴现金额的计算公式如下：

贴现金额=票据到期值-贴现利息

贴现利息=票据到期值×贴现利率×贴现期限

不带息票据到期值=面值

带息票据到期值=面值+利息

对于票据贴现，企业通常应按实际收到的金额，借记“银行存款”科目，按应收票据的票面金额，贷记“应收票据”科目，按其差额，借记或贷记“财务费用”科目。

【例 3-31】2023 年 5 月 1 日宏达公司急需用款，持票面金额 400 000 元，到期日为 8 月 1 日的银行承兑汇票到银行申请贴现，贴现利率为年利率 10%。

贴现利息 $=400\ 000\times10\%\times\frac{3}{12}=10\ 000$（元）

贴现金额 $=400\ 000-10\ 000=390\ 000$（元）

借：银行存款　390 000
　　财务费用　10 000
　贷：应收票据　400 000

二、应收账款

应收账款是指企业因销售商品、提供服务等经营活动，应向购货单位或接受服务单位收取的款项，主要包括企业销售商品或提供服务等应向有关债务人收取的价款、增值税及代购货单位垫付的包装费、运杂费等。

为了反映和监督应收账款的增减变动及其结存情况，企业应设置“应收账款”科目，不单独设置“预收账款”科目的企业，预收的账款也在“应收账款”科目核算。“应收账款”科目的借方登记应收账款的增加，贷方登记应收账款的收回及确认的坏账损失，期末余额一般在借方，反映企业尚未收回的应收账款；如果期末余额在贷方，一般为企业预收的账款。

【例 3-32】宏达公司 2023 年 11 月 10 日销售给星辉公司一批产品，开具的增值税专用发票上注明的价款为 20 000 元，增值税为 2 600 元，以银行存款代垫运费 600 元（假定运费不考虑增值税）。11 月 20 日收到全部款项。宏达公司应作如下会计处理：

（1）11 月 10 日，销售产品时，应编制如下会计分录：

借：应收账款——星辉公司　23 200
　贷：主营业务收入　20 000

应交税费——应交增值税（销项税项） 2 600
银行存款 600

（2）11 月 20 日，宏达公司实际收到款项时，应编制如下会计分录：

借：银行存款 23 200
　贷：应收账款——星辉公司 23 200

企业应收账款改用应收票据结算，在收到承兑的商业汇票时，借记“应收票据”科目，贷记“应收账款”科目。

【例 3-33】承【例 3-32】如果宏达公司收到星辉公司交来的商业承兑汇票一张，面值 23 200 元，用以偿还其前欠应收账款。宏达公司应编制如下会计分录：

借：应收票据 23 200
　贷：应收账款 23 200

三、预付账款

预付账款是指企业按照合同规定预付的款项。如预付的材料、商品采购款、在建工程价款等。

为了反映和监督预付账款的增减变动及其结存情况，企业应当设置“预付账款”科目。“预付账款”科目的借方登记预付的款项及补付的款项，贷方登记收到所购物资时根据有关发票账单记入“原材料”等科目的金额及收回多付款项的金额，期末余额在借方，反映企业实际预付的款项；如果期末余额在贷方，则反映企业应付或应补付的款项。预付款项情况不多的企业，可以不设置“预付账款”科目，而将预付的款项通过“应付账款”科目核算。

企业根据购货合同的规定向供应单位预付款项时，借记“预付账款”科目，贷记“银行存款”科目；企业收到所购物资，按应计入购入物资成本的金额，借记“材料采购”“原材料”“库存商品”等科目，按可抵扣的增值税进项税额，借记“应交税费——应交增值税（进项税额）”等科目，贷记“预付账款”科目；当预付价款小于采购货物所需支付的款项时，应将不足部分补付，借记“预付账款”科目，贷记“银行存款”等科目；当预付价款大于采购货物所需支付的款项时，对收回的多余款项，应借记“银行存款”等科目，贷记“预付账款”科目。

【例 3-34】宏达公司按购货合同规定，预付给星辉公司货款 20 000 元。

借：预付账款——星辉公司 20 000
　贷：银行存款 20 000

【例 3-35】宏达公司收到星辉公司的货物，发票的货款金额 40 000 元，专用发票上注明的增值税额 5 200 元。

借：原材料 40 000
　　应交税费——应交增值税（进项税额） 5 200
　贷：预付账款——星辉公司 45 200

【例 3-36】宏达公司补付星辉公司款项 25 200 元。

借：预付账款——星辉公司 25 200
　贷：银行存款 25 200

四、应收股利和应收利息

（一）应收股利的账务处理

应收股利是指企业应收取的现金股利或应收取其他单位分配的利润。为了反映和监督应收股利的增减变动及其结存情况，企业应设置“应收股利”科目。“应收股利”科目的借方登记应收现金股利或利润的增加，贷方登记收到的现金股利或利润，期末余额一般在借方，反映企业尚未收到的现金股利或利润。“应收股利”科目应当按照被投资单位设置明细科目进行核算。

企业在持有以公允价值计量且其变动计入当期损益的金融资产（交易性金融资产）期间，被投资单位宣告发放现金股利，按应享有的份额，确认为当期投资收益，借记“应收股利”科目，贷记“投资收益”科目。

【例 3-37】宏达公司持有丙上市公司股票，作为以公允价值计量且其变动计入当期损益的金融资产（交易性金融资产）进行管理和核算。2023 年 5 月 11 日，丙上市公司宣告发放 2022 年度的现金股利，宏达公司按其持有丙上市公司股份计算确定的应分得的现金股利为 100 000 元。假定不考虑相关税费。宏达公司应编制如下会计分录：

借：应收股利——丙上市公司　　100 000

　贷：投资收益——丙上市公司　　100 000

【例 3-38】承【例 3-37】2023 年 5 月 27 日，宏达公司收到丙上市公司发放的现金股利 100 000 元，款项已存入银行。假定不考虑相关税费。甲公司应编制如下会计分录：

借：其他货币资金——存出投资款　　100 000

　贷：应收股利——丙上市公司　　100 000

需要说明的是，企业收到被投资单位分配的现金股利或利润，应贷记“应收股利”科目，但对于应借记的会计科目，应区别两种情况分别进行处理：对于企业通过证券公司购入上市公司股票所形成的股权投资取得的现金股利，应借记“其他货币资金——存出投资款”科目；对于企业持有的其他股权投资取得的现金股利或利润，应借记“银行存款”科目。（借方科目是否为银行存款）

（二）应收利息的账务处理

应收利息是指企业根据合同或协议规定应向债务人收取的利息。为了反映和监督应收利息的增减变动及其结存情况，企业应设置“应收利息”科目。“应收利息”科目的借方登记应收利息的增加，贷方登记收到的利息，期末余额一般在借方，反映企业尚未收到的利息。“应收利息”科目应当按照借款人或被投资单位设置明细科目进行核算。

【例 3-39】宏达公司持有 K 公司债券投资，2023 年 1 月 11 日，宏达公司收到 K 公司通知，拟向其支付 2021 年利息 500 000 元，款项尚未支付。假定不考虑相关税费。宏达公司应编制如下会计分录：

借：应收利息——K 公司　　500 000

　贷：投资收益——K 公司　　500 000

五、其他应收款

其他应收款是指企业除应收票据、应收账款、预付账款、应收股利和应收利息以外的其他各种应收及暂付款项。其主要内容包括：应收的各种赔款、罚款，如因企业财产等遭受意外损失而应向有关保险公司收取的赔款等；应收的出租包装物租金；应向职工收取的各种垫付款项，如为职工垫付的水电费、应由职工负担的医药费、房租费等；存出保证金，如租入包装物支付的押金；其他各种应收、暂付款项。

为了反映和监督其他应收账款的增减变动及其结存情况，企业应当设置“其他应收款”科目进行核算。“其他应收款”科目的借方登记其他应收款的增加，贷方登记其他应收款的收回，期末余额一般在借方，反映企业尚未收回的其他应收款项。“其他应收款”科目应当按照对方单位（或个人）设置明细科目进行核算。

企业发生各种其他应收款项时，应借记“其他应收款”科目，贷记“库存现金”“银行存款”“固定资产清理”等科目。收回其他各种应收款项时，借记“库存现金”“银行存款”“应付职工薪酬”等科目，贷记“其他应收款”科目。

【例 3-40】宏达公司向丁公司租入包装物一批，以银行存款支付丁公司的包装物押金 3 000 元。

借：其他应收款——丁公司　　3 000

　贷：银行存款　　3 000

宏达公司按期如数向丁公司退回所租包装物，并收到丁公司退还的押金 3 000 元，已存入银行。宏达公司应编制如下会计分录：

借：银行存款　　3 000

　贷：其他应收款—— 丁公司　　3 000

【例 3-41】宏达公司以现金 2 000 元预付刘明因公出差的差旅费。

借：其他应收款——刘明　　2 000

　贷：库存现金　　2 000

同上，宏达公司职工刘明公出回来按规定报销差旅费 1 480 元，余款收回。

借：管理费用　　1 480

　　库存现金　　520

　贷：其他应收款——刘明　　2 000

【例 3-42】宏达公司以银行存款替副总经理赵阳垫付应由其个人负担的医药费 8 000 元，拟从其工资中扣回。

（1）垫支时

借：其他应收款——赵阳　　8 000

　贷：银行存款　　8 000

（2）扣款时

借：应付职工薪酬——赵阳　　8 000

　贷：其他应收款　　8 000

六、应收款项减值

企业的各项应收款项，可能会因债务人拒付、破产、死亡等信用缺失原因而使部分或全部无法收回。这类无法收回的应收款项通常称为坏账。企业因坏账而遭受的损失称为坏账损失。应收款项减值有两种核算方法，即直接转销法和备抵法。我国企业会计准则规定，应收款项减值的核算应采用备抵法。小企业会计准则规定，应收款项减值采用直接转销法。

（一）直接转销法

采用直接转销法时，日常核算中应收款项可能发生的坏账损失不进行会计处理，只有在实际发生坏账时，才作为坏账损失计入当期损益。

1. 坏账损失的确认

小企业应收及预付款项符合下列条件之一的，减除可收回的金额后确认的无法收回的应收及预付款项，作为坏账损失：

（1）债务人依法宣告破产、关闭、解散、被撤销，或者被依法注销、吊销营业执照，其清算财产不足清偿的。

（2）债务人死亡，或者依法被宣告失踪、死亡，其财产或者遗产不足清偿的。

（3）债务人逾期 3 年以上未清偿，且有确凿证据证明已无力清偿债务的。

（4）与债务人达成债务重组协议或法院批准破产重整计划后，无法追偿的。

（5）因自然灾害、战争等不可抗力导致无法收回的。

（6）国务院财政、税务主管部门规定的其他条件。

2. 坏账损失的账务处理

按照小企业会计准则规定确认应收账款实际发生的坏账损失，应当按照可收回的金额，借记“银行存款”等科目，按照其账面余额，贷记“应收账款”等科目，按照其差额，借记“营业外支出——坏账损失”科目。

【例 3-43】某一小型食品加工厂 2022 年发生的一笔 10 000 元应收账款，因债务人财务状况原因长期未能收回，经过努力于 2023 年末收回 3 000 元，其余款项确实无法收回确认为坏账。该食品加工厂在 2023 年末应编制如下会计分录：

借：银行存款	3 000	
营业外支出——坏账损失	7 000	
贷：应收账款		10 000

直接转销法的优点是账务处理简单，将坏账损失在实际发生时确认为损失符合其偶发性特征和小企业经营管理的特点。其缺点是不符合权责发生制会计基础，也与资产定义存在一定的冲突。在这种方法下，只有坏账实际发生时，才将其确认为当期损益，导致资产和各期损益不实；另外，在资产负债表上，应收账款是按账面余额而不是按账面价值反映，这在一定程度上高估了期末应收款项。

（二）备抵法

备抵法是采用一定的方法按期确定预期信用损失计入当期损益，作为坏账准备，待坏账损失实际发生时，冲销已计提的坏账准备和相应的应收款项。

在备抵法下，企业应当定期或者至少于每年年度终了，对应收款项进行减值测试，分各项应收款项收回的可能性，预计可能发生的减值损失。对于单项金额重大的应收款项，应单独进行减值测试，有客观证据表明其发生了减值时，应当以其未来现金流量的现值低其账面价值的差额，确认减值损失，计提坏账准备；对于单项金额非重大的应收款项，可单独进行减值测试，也可以与经单独测试后未减值的应收款项一起按类似信用风险特征划为若干组合，再按这些组合在资产负债表日余额的一定比例预计减值金额，计提坏账准备。

采用备抵法核算各应收款项的坏账，应采用一定的方法合理估计各会计期间的坏账损失，在会计实务中，常用的方法有应收账款余额百分比法、账龄分析法、销货百分比法和个别认定法等。本教材重点介绍应收账款余额百分比法和账龄分析法。

1. 应收账款余额百分比法

应收账款余额百分比法是指按应收账款期末余额的一定比例估计坏账损失，计提坏账准备的一种方法。

企业应当设置“坏账准备”科目，核算应收款项的坏账准备计提、转销等事项。“坏账准备”科目的贷方登记当期计提的坏账准备、收回已转销的应收账款而恢复的坏账准备，借方登记实际发生的坏账损失金额和冲减的坏账准备金额，期末贷方余额，反映企业已计提但尚未转销的坏账准备。

坏账准备可按以下公式计算：

当期应计提的坏账准备=当期按应收款项计算的坏账准备金额-（或+）“坏账准备”科目的贷方（或借方）余额

采用这种方法，每期期末应根据企业应收款项的账面余额和计提比率计算出应有的坏账准备金额。然后将计算出来的应有的坏账准备金额与账面已有的坏账准备进行对照，如果应有金额大于已提金额，则应补提差额部分；如果应有金额小于已提金额，则应将差额部分冲回。

【例 3-44】宏达公司 2021 年初坏账准备余额为 0，2021 年末应收账款余额为 2 300 000 元，提取比例为 5‰；2022 年内实际发生了坏账损失 120 00 元，其中，A 公司 7 000 元，B 公司 5 000 元，年末应收账款余额为 2 250 000 元；2023 年，上年已转销的 B 公司 5 000 元应收款项又收回，新发生 C 公司坏账损失 2 000 元，年末应收账款余额为 2 600 000 元。

（1）2021 年按应收账款计算应提坏账准备金额为：2 300 000×5‰=11 500（元）。

应编制如下会计分录：

借：信用减值损失　　　　11 500

　贷：坏账准备　　　　　　11 500

（2）2022 年实际发生坏账时，应编制如下会计分录：

借：坏账准备　　　　12 000

　贷：应收账款——A 公司　　　　7 000

　　　　　　——B 公司　　　　5 000

（3）2022 年年末按应收账款余额计算应提坏账准备金额为：2 250 000×5‰=11 250（元）。

由于 2022 年年末计提坏账准备前“坏账准备”余额为借方 500 元（12 000-

11 500)，所以，2022 年末实际应计提坏账准备为：11 250+500=11 750（元）。

应编制如下会计分录：

借：信用减值损失——计提的坏账准备　　11 750

　贷：坏账准备　　11 750

需要注意的是 2022 年末提取坏账准备之后，坏账准备账户的余额为贷方余额 11 250 元。

（4）2023 年，上年已转销的 B 公司应收账款 5 000 元又收回，应编制如下会计分录：

借：应收账款——B 公司　　5 000

　贷：坏账准备　　5 000

同时

借：银行存款　　5 000

　贷：应收账款——B 公司　　5 000

（5）2023 年新发生 C 公司坏账损失 2 000 元时，应编制如下会计分录：

借：坏账准备　　2 000

　贷：应收账款——C 公司　　2 000

（6）2023 年年末按应收账款余额计算其应提的坏账准备金额为：2 600 000×5‰=13 000（元）。

但 2023 年年末计提坏账准备前“坏账准备”科目为贷方余额为 14 250 元（11 250+5 000−2 000），所以，2023 年应提取的坏账准备为：13 000−14 250=−1 250（元），即应冲减已计提的坏账准备 1 250 元。应编制如下会计分录：

借：坏账准备　　1 250

　贷：信用减值损失——计提的坏账准备　　1 250

2. 账龄分析法

账龄分析法是指对应收款按账龄的长短进行分组并分别确定坏账准备提取比率，计提坏账准备的一种方法。所谓账龄，就是客户所欠账款时间的长短。一般来说，款项拖欠的时间越长，发生坏账的可能性就越大。

账龄分析法通过将账款按拖欠时间的长短划分为若干区段，并为各个区段的应收款项金额估计一个坏账损失百分比，然后按区段确定坏账损失。整个计算过程是通过编制“应收款项账龄分析表”和“坏账损失估计表”来进行的。

【例 3-45】鑫新公司 2023 年年初“坏账准备”的贷方余额为 5 600 元，2023 年实际发生坏账损失为 3 500 元，采用应收账款账龄分析法，于 2023 年年末估计坏账损失如表 3-2 所示。

表 3-2　坏账损失估计表

2023 年 12 月 31 日　　单位：元

应收账款账龄	应收账款金额	估计损失率/%	估计损失金额
未到期	30 000	0.5	150
过期 1 个月	20 000	1	200

表3-2(续)

应收账款账龄	应收账款金额	估计损失率/%	估计损失金额
过期 2 个月	15 000	2	300
过期 3 个月	10 000	3	300
过期 3 个月以上	5 000	5	250
合计	80 000		1 200

(1) 2023 年实际发生坏账损失时，应编制如下会计分录：

借：坏账准备 3 500

贷：应收账款 3 500

(2) 年末根据“坏账准备”科目的期初、期末应保留余额及本期实际发生的坏账损失和坏账回收情况，计算出本期计提的坏账准备数额为：1 200-（5 600-3 500）=-900（元）。

应编制如下会计分录：

借：坏账准备 900

贷：信用减值损失 900

第四节　存货

一、存货概述

（一）存货的概念

存货是指企业在日常活动中持有以备出售的产品或商品、处在生产过程中的在产品、在生产过程或提供劳务过程中储备的材料或物料等。企业持有存货的最终目的是销售，包括可供直接销售的商品和需要经过进一步加工后销售的原材料、在产品等，以及在生产经营管理过程中使用的包装物和低值易耗品等。

（二）存货的分类

存货必须在符合定义的前提下，同时具备与该存货有关的经济利益很可能流入企业和该存货的成本能够可靠地计量两个条件，才能予以确认。

存货按经济用途可分为：原材料、在产品、半成品、产成品、商品以及周转材料等。

(1) 原材料。原材料是指企业在生产过程中经过加工改变其形态或性质并构成产品主要实体的各种原料及主要材料、辅助材料、外购半成品（外购件）、修理用备件（备品备件）、包装材料、燃料等。

(2) 在产品。在产品是指企业正在制造尚未完工的生产物，包括正在各个生产工序加工的产品和已加工完毕但尚未检验或已检验但尚未办理入库手续的产品。

(3) 半成品。半成品是指经过一定生产过程并已检验合格交付半成品仓库保管，但尚未制造完工，仍需进一步加工的中间产品。

(4) 产成品。产成品是指企业已经完成全部生产过程并已验收入库，可以按照合同规定的条件送交订货单位，或者可以作为商品对外销售的产品。企业接受来料加工制造的代制品和为外单位加工修理的代修品，制造和修理完成验收入库后，应视同企业的产成品。

（5）商品。商品是指商品流通企业外购或委托加工完成验收入库用于销售的各种商品。

（6）周转材料。周转材料包括包装物和低值易耗品。包装物是指为了包装本企业的商品而储备的各种包装容器，如桶、箱、瓶、坛、袋等。其主要作用是盛装、装潢产品或商品。低值易耗品是指不能作为固定资产核算的各种用具物品，如各种工具、管理用具、玻璃器皿、劳动保护用品以及在经营过程中周转使用的容器等。其特点是单位价值较低，或使用期限相对于固定资产较短，在使用过程中保持其原有实物形态基本不变。

二、存货的初始计量

存货的初始计量应以取得存货的实际成本为基础。存货成本包括采购成本、加工成本和其他成本以及自制存货成本等。

（一）外购存货的采购成本

企业的外购存货主要包括原材料和商品。存货的采购成本，包括购买价款、相关税费、运输费、装卸费、保险费以及其他可归属于存货采购成本的费用。

（1）存货的购买价款是指企业购入的材料或商品的发票账单上列明的价款，但不包括按照规定可以抵扣的增值税进项税额。

（2）存货的相关税费是指企业购买存货发生的进口关税、消费税、资源税和不能抵扣的增值税进项税额以及相应的教育费附加等应计入存货采购成本的税费。

（3）其他可归属于存货采购成本的费用是指采购成本中除上述各项以外的可归属于存货采购的费用，如在存货采购过程中发生的仓储费、包装费，运输途中的合理损耗，入库前的挑选整理费用（包括挑选整理中发生的工、费支出和挑选整理过程中所发生的数量损耗，并扣除回收的下脚废料价值）等。运输途中的合理损耗，是指商品在运输过程中，因商品性质、自然条件及技术设备等因素，所发生的自然的或不可避免的损耗。例如，汽车在运输煤炭、化肥等的过程中自然散落以及易挥发产品在运输过程中的自然挥发等。

（4）商品流通企业在采购商品过程中发生的运输费、装卸费、保险费以及其他可归属于存货采购成本的费用等进货费用，应当计入所购商品成本。企业也可以对这部分成本先进行归集，期末根据所购商品的存、销情况进行分摊。对于已售商品的进货费用，计入当期主营业务成本；对于未售商品的进货费用，计入期末存货成本。企业采购商品的进货费用金额较小的，可以在发生时直接计入当期销售费用。按照小企业会计准则规定，小企业（批发业、零售业）在购买商品过程中发生的费用（包括运输费、装卸费、包装费、保险费、运输途中的合理损耗和入库前的挑选整理费等），记入“销售费用”科目核算。

（二）加工取得存货的成本

企业通过进一步加工取得的存货，主要包括产成品、在产品、半成品、委托加工物资等，其成本由采购成本、加工成本构成。

存货的加工成本是指在存货的加工过程中发生的追加费用，包括直接人工以及按照一定方法分配的制造费用。直接人工是指企业在生产产品过程中发生的直接从事产品生产人员的职工薪酬。制造费用是指企业为生产产品而发生的各项间接费用。

企业委托外单位加工完成的存货，包括加工后的原材料、包装物、低值易耗品、半成品、产成品等，其成本包括实际耗用的原材料或者半成品、加工费、装卸费、保险费、委托加工的往返运输费等费用以及按规定应计入存货成本的税费。

（三）存货的其他成本

存货的其他成本是指除采购成本、加工成本以外的，使存货达到目前场所和状态所发生的其他支出。为特定客户设计产品所发生的、可直接认定的产品设计费用应计入存货的成本，但是企业设计产品发生的设计费用通常应计入当期损益。

（四）下列费用不应计入存货成本，而应在其发生时计入当期损益

（1）非正常消耗的直接材料、直接人工和制造费用，应在发生时计入当期损益，不应计入存货成本。比如，由于自然灾害而发生的直接材料、直接人工和制造费用，由于这些费用的发生无助于使该存货达到目前场所和状态，不应计入存货成本，而应确认为当期损益。

（2）仓储费用指企业在存货采购入库后发生的储存费用，应在发生时计入当期损益。但是，在生产过程中为达到下一个生产阶段所必需的仓储费用应计入存货成本。例如，某种酒类产品生产企业为使生产的酒达到规定的产品质量标准而必须发生的仓储费用，应计入酒的成本，而不应计入当期损益。

（3）不能归属于使存货达到目前场所和状态的其他支出，应在发生时计入当期损益，不得计入存货成本。

三、发出存货的计价方法

（一）发出存货计价方法的管理

企业发出存货的计价方法直接影响发出存货成本、结存存货成本和经营成果的计算结果，选择并采用合理科学的计价方法是合理准确计算成本和经营成果的基础。企业应当根据各类存货的实物流转方式、存货的性质、企业管理的要求等实际情况，合理地选择发出存货成本的计算方法，以合理确定当期发出存货的成本。对于性质和用途相同的存货，应当采用相同的成本计价方法确定发出存货的成本。

实务中，企业发出的存货可以按实际成本核算，也可以按计划成本核算。如采用计划成本核算，会计期末应调整为实际成本。在实际成本核算方式下，企业应当采用的发出存货成本的计价方法有个别计价法、先进先出法、月末一次加权平均法和移动加权平均法。按照小企业会计准则规定，小企业应当采用先进先出法、加权平均法或者个别计价法确定发出存货的实际成本。计价方法一经选用，不得随意变更。

（二）个别计价法

个别计价法也称个别认定法，是指对发出的存货分别加以认定的一种方法。该种方法是假设存货具体项目的实物流转与成本流转相一致，按照各种存货逐一辨认各批发出存货和期末存货所属的购进批别或生产批别，分别按其购入或生产时所确定的单

位成本计算各批发出存货和期末存货成本。在这种方法下，把每一种存货的实际成本作为计算发出存货成本和期末存货成本的基础。

个别计价法的成本计算准确，符合实际情况，但在存货收发频繁的情况下，其发出成本分辨的工作量较大。因此，这种方法通常适用于不能替代使用的存货、特定项目专门购入或制造的存货的计价，以及品种数量不多、单位价值较高或体积较大、容易辨认的存货，如房产、重型设备以及珠宝、名画等贵重物品的计价。

【例 3-46】宏达公司 2023 年 7 月初甲材料结存 60 千克，单位成本 50 元，本月 5 日入库甲材料 20 千克，单位成本 48 元，10 日生产 A 产品领用甲材料 30 千克，15 日入库甲材料 40 千克，单位成本 52 元，20 日生产 B 产品领用甲材料 50 千克。

假定经过具体辨别认定，本期发出甲材料的单位成本如下：10 日生产 A 产品领用的 30 千克甲材料为期初存货，单价为 50 元；20 日生产 B 产品领用的 50 千克甲材料，其中 20 千克为 7 月 5 日购入的，单价为 48 元，30 千克系 7 月 15 日购入的，单价为 52 元。

按个别计价法计算宏达公司材料发出和结存的成本为：

发出甲材料的成本 = 30×50+20×48+30×52 = 4 020（元）

结存甲材料成本 = 30×50+10×52 = 2 020（元）

在个别计价法下宏达公司 2023 年 7 月甲材料明细账如表 3-3 所示。

表 3-3　材料存货明细账

存货类别：　　　　　　　　　　　　　　计量单位：千克

存货编号：　　　　　　　　　　　　　　最高存量：

存货名称及规格：甲材料　　　　　　　　最低存量：

2023 年		凭证号数	摘要	收入			发出			结存		
月	日			数量	单价	金额	数量	单价	金额	数量	单价	金额
7	1	略	期初余额							60	50	3 000
7	5		购入	20	48	960				60 20	50 48	3 000 960
7	10		发出				30	50	1 500	30 20	50 48	1 500 960
7	15		购入	40	52	2 080				30 20 40	50 48 52	1 500 960 2 080
7	20		发出				20 30	48 52	960 1 560	30 10	50 52	1 500 520
7	31		本月合计	60		3 040	80		4 020	30 10	50 52	1 500 520

（三）先进先出法

先进先出法是假设先入库的存货先发出，并根据这种假定的存货实物流动顺序，对发出存货进行计价的一种方法。采用这种方法，先购入的存货成本在后购入存货成本之前转出，据此确定发出存货和期末存货的成本。具体方法是：收入存货时，逐笔登记收入存货的数量、单价和金额；发出存货时，按照先进先出的原则逐笔登记存货的发出成本和结存金额。

先进先出法可以随时结转存货发出成本，但较烦琐。如果存货收发业务较多，且存货单价不稳定时，其工作量较大。在物价持续上升时，期末存货成本接近于市价，而发出成本偏低，会高估企业当期利润和库存存货价值；反之，会低估企业存货价值和当期利润。

【例 3-47】承【例 3-46】资料，假定宏达公司采用先进先出法对发出存货进行计价。本月发出的 80 千克材料，按先进先出法的计价原理，其中 10 日领用的 30 千克，应是期初结存的材料，单价为 50 元；20 日领用的 50 千克中有 30 千克为期初结存的（因为期初结存的只剩 30 千克，应先发出），单价为 50 元，另外 20 千克为本期第一次入库的材料，单价为 48 元。宏达公司材料发出和结存的成本为：

发出甲材料成本 = 30×50+30×50+20×48 = 3 960（元）

结存甲材料成本 = 40×52 = 2 080（元）

在先进先出法下宏达公司甲材料明细账如表 3-4 所示。

表 3-4　材料存货明细账

存货类别：　　　　　　　　　　　　　　　计量单位：千克

存货编号：　　　　　　　　　　　　　　　最高存量：

存货名称及规格：甲材料　　　　　　　　　最低存量：

2023 年		凭证号数	摘要	收入			发出			结存		
月	日			数量	单价	金额	数量	单价	金额	数量	单价	金额
7	1	略	期初余额							60	50	3 000
7	5		购入	20	48	960				60 20	50 48	3 000 960
7	10		发出				30	50	1 500	30 20	50 48	1 500 960
7	15		购入	40	52	2 080				30 20 40	50 48 52	1 500 960 2 080
7	20		发出				30 20	50 48	1 500 960	40	52	2 080
7	31		本月合计	60		3 040	80		3 960	40	52	2 080

（四）月末一次加权平均法

月末一次加权平均法是指以本月全部进货数量加上月初存货数量作为权数，去除本月全部进货成本加上月初存货成本，计算出存货的加权平均单位成本，以此为基础计算本月发出存货的成本和期末结存存货的成本的一种方法。计算公式如下：

$$\text{平均单位成本} = \frac{\text{期初结存存货成本} + \sum \text{本月收入存货成本}}{\text{期初结存材料数量} + \sum \text{本月收入存货数量}}$$

本月发出存货的成本＝本月发出存货的数量×平均单位成本

本月月末结存存货成本＝月末结存存货的数量×平均单位成本

或

本月月末结存存货成本＝月初结存存货成本+本月收入存货成本－本月发出存货成本

采用月末一次加权平均法只在月末一次计算加权平均单价，可以简化成本计算工作。月末一次计算加权平均单价和发出存货成本，不便于存货成本的日常管理与控制。

【例 3-48】承【例 3-46】资料，假定宏达公司采用月末一次加权平均法对发出存货进行计价。按月末一次加权平均法的计价原理，宏达公司甲材料发出和结存的成本计算为：

$$甲材料平均单位成本=\frac{60\times50+（20\times48+40\times52）}{60+（20+40）}=\frac{6\ 040}{120}=50.33（元/千克）$$

发出甲材料成本＝（30+50）×50.33＝4 026.4（元）

结存甲材料成本＝6 040－4 026.4＝2 013.6（元）（用减的方法可以消除尾差）

在月末一次加权平均法下，宏达公司甲材料明细账如表 3-5 所示。

表 3-5　材料存货明细账

存货类别：　　　　　　　　　　　　　　　　　　　　计量单位：千克

存货编号：　　　　　　　　　　　　　　　　　　　　最高存量：

存货名称及规格：甲材料　　　　　　　　　　　　　　最低存量：

2023 年		凭证号数	摘要	收入			发出			结存		
月	日			数量	单价	金额	数量	单价	金额	数量	单价	金额
7	1	略	期初余额							60	50	3 000
7	5		购入	20	48	960				80		
7	10		发出				30			50		
7	15		购入	40	52	2 080				90		
7	20		发出				50			40		
7	31		本月合计	60		3 040	80	50.33	4 026.4	40	50.33	2 013.6

（五）移动加权平均法

移动加权平均法是指以每次进货的成本加上原有结存存货的成本的合计额，除以每次进货数量加上原有结存存货的数量的合计数，据以计算加权平均单位成本，作为在下次进货前计算各次发出存货成本依据的一种方法。其计算公式为：

$$移动加权平均单位成本=\frac{原有结存存货成本+本次收入存货成本}{原有结存存货数量+本次收入存货数量}$$

本次发出存货成本＝本次发出存货数量×本次发货前移动加权平均单位成本

本月月末结存存货成本＝月末结存存货的数量×月末移动加权平均单位成本

或

本月月末结存存货成本＝月初结存存货成本+本月收入存货成本－本月发出存货成本

采用移动加权平均法能够使企业管理层及时了解存货的结存情况，计算的平均单位成本以及发出和结存的存货成本比较客观。但由于每次收货都要计算一次平均单位成本，计算工作量较大，对收发货较频繁的企业不太适用。

【例 3-49】承【例 3-46】资料，假定宏达公司采用移动加权平均法对发出存货进行计价。按移动加权平均法的计价原理，宏达公司甲材料发出和结存的成本计算为：

（1）7 月 5 日购进甲材料入库的平均单位成本

$$甲材料平均单位成本=\frac{60\times50+20\times48}{60+20}=49.5（元/千克）$$

（2）7 月 10 日领用甲材料时成本

发出甲材料成本 = 30×49.5 = 1 485（元）

（3）7 月 10 日甲材料结存成本

甲材料结存成本 = 50×49.5 = 2 475（元）

以此类推进行计算，期末将本期每次发出材料的成本相加即为本期发出材料的成本。

在移动加权平均法下，宏达公司甲材料明细账如表 3-6 所示。

表 3-6 材料存货明细账

存货类别：　　　　　　　　　　　　　　　　计量单位：千克

存货编号：　　　　　　　　　　　　　　　　最高存量：

存货名称及规格：甲材料　　　　　　　　　　最低存量：

2023 年		凭证号数	摘要	收入			发出			结存		
月	日			数量	单价	金额	数量	单价	金额	数量	单价	金额
7	1	略	期初余额							60	50	3 000
7	5		购入	20	48	960				80	49.5	3 960
7	10		发出				30	49.5	1 485	50	49.5	2 475
7	15		购入	40	52	2 080				90	50.61	4 555
7	20		发出				50	50.61	2 530.5	40	50.61	2 024.5
7	31		本月合计	60		3 040	80		4 015.5	40	50.61	2 024.5

与月末一次加权平均法相比，移动加权平均法的特点是将存货的计价和明细账的登记分散在平时进行，从而可以随时掌握发出存货的成本和结存存货的成本，为存货管理及时提供所需要的信息。但是采用这种方法，每次收货都要计算一次加权平均单位成本，计算工作量较大，因此不适合收货业务频繁的企业使用。

从【例 3-46】至【例 3-49】的计算结果我们可以发现，采用不同的存货计价方法得出的计算结果各不相同。这将会对企业的财务状况和经营成果产生一定的影响，主要体现在以下几个方面：

（1）存货计价方法对损益的计算有直接影响。上述例子中，采用个别计价法、先进先出法、月末一次加权平均法和移动加权平均法依次计算的发出存货成本分别为 4 020 元、3 960 元、4 026.4 元和 4 015.5 元。从中可以看出，在采购单价不断上升的情况下，不考虑其他影响利润的因素，采用先进先出法计算的成本最低，利润额最高，采用月末一次加权平均法计算的成本最高，利润额最低，这对准确评价企业的盈利能力有一定的影响。

（2）存货计价方法对资产负债表的有关项目计算有直接影响。存货计价方法不同，期末存货成本不同，又因为计算的损益不同，从而影响流动资产总额、所有者权益金额，进而对存货周转率、资产负债率等财务指标的形成产生一定影响。

（3）存货计价方法对应交所得税数额的计算有一定的影响。

企业可以对不同的存货采用不同的计价方法，但在同一会计年度内不能随意变更同种存货的计价方法。确实需要变更计价方法的，因变更计价方法而对本期及以后各期有重大影响时，应按会计政策变更的要求，在会计报表附注中披露变更理由及其对财务状况和经营成果的影响。由于不同存货计价方法的经济后果可能存在差异，因此，企业应在国家统一会计制度规定范围内尽可能选择发出存货成本偏高的计价方法，以使企业利益相关者特别是股东作出谨慎的经济决策。

四、原材料的核算

原材料的日常收入、发出及结存可以采用实际成本核算，也可以采用计划成本核算。采用实际成本核算，对于材料的收入、发出及结存，无论总分类核算还是明细分类核算，均按照实际成本计价，这样方法简单、核算程序简便易行。但是采用实际成本核算，日常不能直接反映材料成本的节约或超支情况，不便于对材料等及时实施监督管理。因此，这种方法通常适用于规模较小、材料收发业务较少、监督管理要求不高的企业。在会计实务工作中，对于材料收发业务较多、监督管理复杂且要求较高、计划成本资料较为健全、准确的企业，一般可以采用计划成本进行材料收入、发出的核算。

（一）采用实际成本核算

企业对原材料采用实际成本核算时，主要应设置的会计科目有“原材料”“在途物资”“应付账款”等科目。

“原材料”科目用于核算企业库存材料的收发与结存情况。该科目属于资产类科目，借方登记入库材料的实际成本，贷方登记发出材料的实际成本，期末余额在借方，反映企业库存材料的实际成本。该科目可按材料的类别、品种和规格等设置明细账，进行明细分类核算。

“在途物资”科目核算企业采用实际成本（进价）进行材料、商品等物资的日常核算及价款已付但尚未验收入库的各种物资（即在途物资）的采购成本。该科目属于资产类科目，借方登记企业购入的在途物资的实际成本，贷方登记验收入库的在途物资的实际成本，期末余额在借方，反映企业在途物资的采购成本。“在途物资”科目应按照供应单位和物资品种设置明细账进行明细核算。

“应付账款”科目核算企业因购买材料、商品或接受劳务等经营活动应支付的款项。该科目属于负债类科目，贷方登记企业因购入材料、商品或接受劳务等尚未支付的款项。借方登记支付的应付账款，期末余额一般在贷方，反映企业尚未支付的应付账款。“应付账款”科目应按照债权人设置明细科目进行明细核算。

1. 购入原材料的账务处理

企业购入原材料时，由于距离采购地点不同以及货款结算方式不同等原因，可能造成存货验收入库和货款结算不能同步完成。另外，外购存货还可能采用预付款方式、赊购方式等。因此，企业应根据具体情况进行会计处理。

（1）材料已验收入库，货款已经支付或已开出、承兑商业汇票。

【例3-50】宏达公司购入A材料一批，增值税专用发票上注明的价款为25 000元，增值税税额为3 250元，款项已用转账支票付讫，材料已验收入库。宏达公司采用实际成本法对原材料进行日常核算。对该项业务，宏达公司应编制如下会计分录：

借：原材料——A材料	25 000	
应交税费——应交增值税（进项税额）	3 250	
贷：银行存款		28 250

该例为发票账单与材料同时到达企业的采购业务，材料已验收入库，因此，应通过“原材料”科目核算，对于增值税专用发票上注明的可抵扣的进项税额，应借记“应交税费——应交增值税（进项税额）”科目。

【例3-51】宏达公司采用托收承付结算方式购入B材料一批，取得的增值税专用发票上注明的价款为20 000元，增值税税额为2 600元，款项在承付期内以银行存款支付，材料已验收入库。宏达公司采用实际成本法进行材料日常核算。对该项业务，宏达公司应编制如下会计分录：

借：原材料——B材料	20 000	
应交税费——应交增值税（进项税额）	2 600	
贷：银行存款		22 600

（2）货款已经支付或已开出、承兑商业汇票，材料尚未到达或尚未验收入库。

【例3-52】宏达公司采用汇兑结算方式购入C材料一批，发票及账单已收到，取得的增值税专用发票上注明的价款为10 000元，增值税税额为1 300元，材料尚未到达。宏达公司采用实际成本法进行材料日常核算。对该项业务，宏达公司应编制如下会计分录：

借：在途物资	10 000	
应交税费——应交增值税（进项税额）	1 300	
贷：银行存款		11 300

该例为已经付款，但材料尚未到达企业的采购业务，应通过“在途物资”科目核算；待材料到达入库后，根据收料单，由“在途物资”科目转入“原材料”科目核算。

【例3-53】承【例3-52】，上述购入的C材料已收到，并验收入库。宏达公司应编制如下会计分录：

借：原材料——C材料	10 000	
贷：在途物资		10 000

（3）材料已经验收入库，货款尚未支付。

【例3-54】宏达公司采用托收承付结算方式购入D材料一批，增值税专用发票上注明的价款为25 000元，增值税税额为3 250元。银行转来的结算凭证已到，款项尚未支付，材料已验收入库。宏达公司采用实际成本法进行材料日常核算。对该项业务，宏达公司应编制如下会计分录：

借：原材料——D 材料　25 000

　应交税费——应交增值税（进项税额）　3 250

　贷：应付账款　28 250

【例 3-55】宏达公司购入 E 材料一批，材料已验收入库，月末发票账单尚未收到也无法确定其实际成本，暂估价值为 15 000 元。宏达公司采用实际成法进行材料日常核算。对该项业务，宏达公司应编制如下会计分录：

借：原材料——E 材料　15 000

　贷：应付账款——暂估应付账款　15 000

下月月初，用红字冲销原暂估入账金额：

借：原材料——E 材料　15 000

　贷：应付账款——暂估应付账款　15 000

该例中，原材料已到企业，但发票账单尚未收到，难以确定其实际成本，一般先不进行处理，待发票账单收到时再进行处理。如果月末发票账单仍未收到，则应按照暂估价值入账，借记“原材料”科目，贷记“应付账款——暂估应付账款”科目，并于下月初用红字凭证冲回。待收到发票账单后再按照实际金额进行账务处理，借记“原材料”“应交税费——应交增值税（进项税额）”科目，贷记“银行存款”或“应付票据”等科目。

【例 3-56】承【例 3-55】上述购入的 E 材料于次月收到发票账单，增值税专用发票上注明的价款为 16 000 元，增值税税额为 2 015 元，已用银行存款付讫。宏达公司应编制如下会计分录：

借：原材料——E 材料　16 000

　应交税费——应交增值税（进项税额）　2 015

　贷：银行存款　18 015

（4）货款已经预付，材料尚未验收入库。

【例 3-57】宏达公司按购货合同规定，预付给星辉公司货款 20 000 元。

借：预付账款——星辉公司　20 000

　贷：银行存款　20 000

【例 3-58】宏达公司收到星辉公司的货物，发票的货款金额为 40 000 元，专用发票上注明的增值税额为 5 200 元。

借：原材料　40 000

　应交税费——应交增值税（进项税额）　5 200

　贷：预付账款——星辉公司　45 200

【例 3-59】宏达公司补付星辉公司款项 25 200 元。

借：预付账款——星辉公司　25 200

　贷：银行存款　25 200

2. 发出原材料的账务处理

企业采用实际成本核算发出材料的成本，主要有以下几种情形：①生产、经营管理领用材料，企业应按用途反映材料的实际耗用情况，借记有关科目，贷记“原材料”科目。其中，直接用于产品生产的，借记“生产成本”科目；用于车间一般耗用的，借记“制造费用”科目；用于企业管理方面的，借记“管理费用”科目；为销售产品而消耗的，借记“销售费用”科目等。②出售材料结转成本，按出售材料的实际成本，借记“其他业务成本”科目，贷记“原材料”科目。③发出委托外单位加工的材料，按发出材料的实际成本，借记“委托加工物资”科目，贷记“原材料”科目。

企业采用实际成本进行材料日常核算的，发出材料的实际成本，可以采用先进先出法、月末一次加权平均法、移动加权平均法或个别计价法计算确定。

企业各生产单位及有关部门领用的材料具有种类多、业务频繁等特点，因此为了简化核算，企业可以在月末根据“领料单”或“限额领料单”中有关领料的单位、部门等加以归类，编制“发料凭证汇总表”，据以编制记账凭证、登记入账。发出材料实际成本的确定，可以由企业从上述个别计价法、先进先出法、月末一次加权平均法、移动加权平均法等方法中选择。计价方法一经确定，不得随意变更。如需变更，应在附注中予以说明。

【例 3-60】2023 年 7 月 31 日，宏达公司按材料领用部门和用途编制发料凭证汇总表，本月共领用 A、B 两种材料，合计 1 012 000 元，材料领用情况如表 3-7 所示。

表 3-7 发料凭证汇总表

2023 年 7 月 31 日　　单位：元

材料用途		A 材料			B 材料			合计
		数量/吨	单价	金额	数量/吨	单价	金额	
生产产品直接耗用	甲产品	300	1 000	300 000	120	1 500	180 000	480 000
	乙产品	200	1 000	200 000	200	1 500	300 000	500 000
生产车间一般耗用		15	1 000	15 000	6	1 500	9 000	24 000
管理部门耗用		2	1 000	2 000	2	1 500	3 000	5 000
销售部门耗用		3	1 000	3 000				3 000
合计		520		520 000	328		492 000	1 012 000

根据发料凭证汇总表应编制如下会计分录：

借：生产成本——甲产品　　480 000
　　　　　——乙产品　　500 000
　　制造费用　　24 000
　　管理费用　　5 000
　　销售费用　　3 000
　贷：原材料——A 材料　　520 000
　　　　　——B 材料　　492 000

（二）采用计划成本核算

采用计划成本核算材料，材料的收入、发出及结存，无论是总分类核算还是明细分类核算，均按照计划成本计价。企业应设置的会计科目有“原材料”“材料采购”“材料成本差异”等。材料实际成本与计划成本的差异，通过“材料成本差异”科目核算。月末，计算本月发出材料应负担的成本差异并进行分摊，根据领用材料的用途计入相关资产的成本或者当期损益，从而将发出材料的计划成本调整为实际成本。

“原材料”科目的借方登记入库材料的计划成本；贷方登记发出材料的计划成本；期末余额在借方，反映企业库存材料的计划成本。

“材料采购”科目借方登记采购材料的实际成本，贷方登记入库材料的计划成本。借方金额大于贷方金额表示超支，从“材料采购”科目贷方转入“材料成本差异”科目的借方；贷方金额大于借方金额表示节约，从“材料采购”科目借方转入“材料成本差异”科目的贷方；期末为借方余额，反映企业在途材料的实际采购成本。

“材料成本差异”科目反映企业已入库各种材料的实际成本与计划成本的差异，借方登记超支差异及发出材料应负担的节约差异，贷方登记节约差异及发出材料应负担的超支差异。期末如为借方余额，反映企业库存材料的实际成本大于计划成本的差异（即超支差异）；如为贷方余额，反映企业库存材料实际成本小于计划成本的差异（即节约差异）。

按计划成本对原材料进行核算，其收发业务一般包括六个方面的内容，会计处理按下列程序和方法进行。

（1）材料采购时，按外购材料的实际成本借记“材料采购”科目，按专用发票上的进项税额借记“应交税费——应交增值税（进项税）”科目，按实际支付的款项贷记“银行存款”“其他货币资金”等科目。

（2）材料入库时，根据已办理结算的入库外购材料的计划成本，借记“原材料”科目，贷记“材料采购”科目。按实际成本大于计划成本的差异，借记“材料成本差异”科目，贷记“材料采购”科目；按实际成本小于计划成本的差异，借记“材料采购”科目，贷记“材料成本差异”科目。在实务中，企业也可以集中在月末一次性对本月已付款或已开出并承兑商业汇票的入库材料汇总核算，记入“原材料”科目，同时结转材料成本差异。

（3）发出材料时，根据领用的部门和用途，按发出材料的计划成本，借记“生产成本“制造费用”“管理费用”“销售费用”等科目，贷记“原材料”科目。

（4）月末将材料成本差异总额在发出材料和期末结存材料之间进行分摊，按照发出材料应分摊的成本差异额，借记“生产成本”“制造费用”“管理费用”“销售费用”等科目，贷记“材料成本差异”科目（超支用蓝字，节约用红字）。

材料成本差异率的计算公式如下：

本月材料成本差异率＝（月初结存材料的成本差异+本月验收入库材料的成本差异）÷（月初结存材料的计划成本+本月验收入库材料的计划成本）×100%

本月发出材料应负担的成本差异＝本月发出材料的计划成本×本月材料成本差异率

如果企业的材料成本差异率各期之间是比较均衡的，也可以采用期初材料成本差异率分摊本期的材料成本差异。

期初材料成本差异率＝期初结存材料的成本差异÷期初结存材料的计划成本×100%

发出材料应负担的成本差异＝发出材料的计划成本×期初材料成本差异率

（5）会计期末，“材料采购”科目的借方余额反映已经购买但未验收入库的在途物资的实际成本；“原材料”科目的借方余额反映入库后未发出的原材料的计划成本；“材料成本差异”科目的余额反映入库后未发出的材料负担的材料成本差异。在编制资产负债表时，应将“材料采购”“原材料”科目的借方余额再加上“材料成本差异”科目的借方余额（减去贷方余额）后的数额计入存货项目。

【例3-61】宏达公司为增值税一般纳税人，对原材料（A材料）采用计划成本核算，2023年5月发生有关材料的收入、发出及结存业务如下：

（1）5月15日购入A材料一批，取得的增值税专用发票上注明的原材料价款为100 000元，增值税进项税额为13 000元，发票等结算凭证已经收到，货款已通过银行转账支付，原A材料已经验收入库。该批原材料的计划成本为110 000元。其账务处理如下：

借：材料采购——A材料	100 000	
应交税费——应交增值税（进项税额）	13 000	
贷：银行存款		113 000
借：原材料——A材料	110 000	
贷：材料采购——A材料		100 000
材料成本差异——A材料		10 000

（2）5月18日购入A原材料一批，取得增值税专用发票上注明的原材料价款为200 000元，增值税进项税额为26 000元，发票等结算凭证已经收到，货款已通过银行转账支付，但材料尚未运到。该批原材料的计划成本为180 000元。其账务处理如下：

借：材料采购——A材料	200 000	
应交税费——应交增值税（进项税额）	26 000	
贷：银行存款		226 000

（3）5月23日购入A材料一批，取得增值税专用发票上注明的原材料价款为10 000元，增值税进项税额为1 300元，原材料已经运到，并验收入库。双方商定采用商业承兑汇票结算方式支付货款，付款期限为4个月。该批原材料的计划成本为9 000元。其账务处理如下：

借：材料采购——A材料	10 000	
应交税费——应交增值税（进项税额）	1 300	
贷：应付票据		11 300
借：原材料——A材料	9 000	
材料成本差异——A材料	1 000	
贷：材料采购——A材料		10 000

（4）5月31日，宏达公司根据“发料凭证汇总表”的记录，整理出其领用A材料的计划成本分别为：基本生产车间78 000元，辅助生产车间30 000元，车间管理部门4 800元，厂部管理部门9 600元，销售部门1 200元。假定月初结存A材料的计划成本为41 000元，材料成本差异为超支差异13 800元。

本期领用A材料的账务处理如下：

借：生产成本	108 000	
制造费用	4 800	
管理费用	9 600	
销售费用	1 200	
贷：原材料——A材料		123 600

本月A材料成本差异率=（13 800-10 000+1 000）÷（41 000+110 000+9 000）×100%=3%

本月发出A材料应负担的成本差异=123 600×3%=3 708（元）

结转发出A材料的成本差异，其账务处理如下：

借：生产成本	3 240	
制造费用	144	
管理费用	288	
销售费用	36	
贷：材料成本差异		3 708

五、周转材料

周转材料，是指企业能够多次使用，不符合固定资产定义，逐渐转移其价值但仍保持原有形态的材料物品。企业的周转材料包括包装物和低值易耗品，以及小企业（建筑业）的钢模板、木模板、脚手架等。

（一）包装物

1. 包装物的内容

包装物，是指为了包装商品而储备的各种包装容器，如桶、箱、瓶、坛、袋等。其具体包括：

（1）生产过程中用于包装产品作为产品组成部分的包装物。

（2）随同商品出售而不单独计价的包装物。

（3）随同商品出售单独计价的包装物。

（4）出租或出借给购买单位使用的包装物。

按照小企业会计准则的规定，小企业的各种包装材料，如纸、绳、铁丝、铁皮等，应在“原材料”科目内核算；用于储存和保管产品、材料而不对外出售的包装物，应按照价值大小和使用年限长短，分别在“固定资产”科目或“原材料”科目核算。

2. 包装物的账务处理

为了反映和监督包装物的增减变动及其价值损耗、结存等情况，企业应当设置“周转材料——包装物”科目进行核算，借方登记包装物的增加，贷方登记包装物的减少，期末余额在借方，反映企业期末结存包装物的金额。

对于生产领用包装物，应根据领用包装物的实际成本或计划成本，借记“生产成本”科目，贷记“周转材料——包装物”“材料成本差异”（采用计划成本核算时使用该科目）等科目。随同商品出售而不单独计价的包装物，应于包装物发出时，按其实际成本计入销售费用，借记“销售费用”科目，贷记“周转材料——包装物”等科目。随同商品出售而单独计价的包装物，一方面应反映其销售收入，记入“其他业务收入”科目的贷方；另一方面应反映其实际销售成本，记入“其他业务成本”科目的借方。多次使用的包装物应当根据预计使用次数分次进行摊销。

（1）生产领用包装物

生产领用包装物，应按照领用包装物的实际成本，借记“生产成本”科目，按照领用包装物的计划成本，贷记“周转材料——包装物”科目，按照其差额，借记或贷记“材料成本差异”科目。

【例 3-62】甲公司为增值税一般纳税人，对包装物采用计划成本核算，某月生产产品领用包装物的计划成本为 50 000 元，材料成本差异率为-3%。甲公司应编制如下会计分录：

领用包装物时

借：生产成本	48 500	
材料成本差异	1 500	
贷：周转材料——包装物		50 000

（2）随同商品出售包装物

随同商品出售包装物具体包括两种情形，其账务处理不尽相同。

①随同商品出售不单独计价的包装物，应按其实际成本计入销售费用，借记“销售费用”科目，按其计划成本，贷记“周转材料——包装物”科目，按其差额，借记或贷记“材料成本差异”科目。

【例 3-63】甲公司为增值税一般纳税人，对包装物采用计划成本核算，某月销售商品领用不单独计价包装物的计划成本为 25 000 元，材料成本差异率为 3%。甲公司应编制如下会计分录：

借：销售费用	25 750	
贷：周转材料——包装物		25 000
材料成本差异		750

在本例中，借记“销售费用”科目反映由于销售商品领用不单独计价包装物而增加的销售费用，其金额为所领用包装物的实际成本；由于采用计划成本核算包装物，贷记“周转材料”科目反映由于销售商品领用而减少的包装物的计划成本，销售商品领用不单独计价包装物的实际成本与计划成本之间的差异即材料成本差异，通过“材料成本差异”科目进行反映，本例中，由于是超支差异，因此，贷记“材料成本差异”科目。如果采用实际成本核算包装物，则“销售费用”科目和“周转材料”科目均反映包装物的实际成本。

②随同商品出售单独计价的包装物，按照实际取得的金额，借记“银行存款”等科目，按照其销售收入，贷记“其他业务收入”科目，按照增值税专用发票上注明的增值税销项税额，贷记“应交税费——应交增值税（销项税额）”科目；同时，结转所销售包装物的成本，应按其实际成本计入其他业务成本，借记“其他业务成本”科目，按其计划成本，贷记“周转材料——包装物”科目，按其差额，借记或贷记“材料成本差异”科目。

【例 3-64】甲公司为增值税一般纳税人，对包装物采用计划成本核算，某月销售商品领用单独计价包装物的计划成本为 40 000 元，销售收入为 50 000 元，开具的增值税专用发票上注明的增值税税额为 6 500 元，款项已存入银行。该包装物的材料成本差异率为-3%。甲公司应编制如下会计分录：

出售单独计价包装物时

借：银行存款	56 500	
贷：其他业务收入		50 000
应交税费——应交增值税（销项税额）		6 500

结转所售单独计价包装物的成本时

借：其他业务成本　　41 200

　　材料成本差异　　1 200

　贷：周转材料——包装物　　40 000

（3）出租或出借包装物

有时企业因销售产品，将包装物以出租或出借的形式，租给或借给客户暂时使用，并与客户约定一定时间内收回包装物。

①出租或出借包装物的发出。

企业出租、出借包装物时，应根据包装物出库等凭证列明的金额，借记“周转材料——包装物——出租包装物（或出借包装物）”科目，贷记“周转材料——包装物——库存包装物”科目。包装物如按计划成本计价，还应同时结转材料成本差异。

②出租或出借包装物的押金和租金。

为了保证及时返还和承担妥善保管包装物的经管责任，企业出租或出借包装物时，一般应向客户收取一定数额的押金，即存入保证金，归还包装物时将押金退还给客户。收取包装物押金时，借记“库存现金”“银行存款”等科目，贷记“其他应付款——存入保证金”科目；退还押金时，编制相反的会计分录。

出租包装物是企业（专门经营包装物租赁除外）的一项其他业务活动，为短期租赁和低价值租赁业务。出租期间，企业按约定收取的包装物租金，应计入其他业务收入，借记“库存现金”“银行存款”“其他应收款”等科目，贷记“其他业务收入”科目。

③出租或出借包装物发生的相关费用。

出租或出借包装物发生的相关费用包括两个方面：一是包装物的摊销费用；二是包装物的维修费用。

企业按照规定的摊销方法，对包装物进行摊销时，借记“其他业务成本”（出租包装物）、“销售费用”（出借包装物）科目，贷记“周转材料——包装物——包装物摊销”科目。

企业确认应由其负担的包装物修理费用等支出时，借记“其他业务成本”（出租包装物）、“销售费用”（出借包装物）科目，贷记“库存现金”“银行存款”“原材料”“应付职工薪酬”等科目。

（二）低值易耗品

1. 低值易耗品的内容

低值易耗品，一般划分为一般工具、专用工具、替换设备、管理用具、劳动保护用品和其他用具等。

2. 低值易耗品的账务处理

为了反映和监督低值易耗品的增减变动及其结存情况，企业应当设置“周转材料——低值易耗品”科目，借方登记低值易耗品的增加，贷方登记低值易耗品的减少，期末余额在借方，通常反映企业期末结存低值易耗品的金额。

低值易耗品在发出时，应将其价值摊销计入相关成本费用。摊销方法一般有一次摊销法、五五摊销法和分次摊销法。

一次摊销法是指在领用低值易耗品时，将其价值一次性计入有关成本费用的一种方法。这种方法一般适用于单位价值低、使用期限短、一次领用数量不多以及容易破损的低值易耗品，为加强实物管理，应当在备查簿中进行登记，以便于对使用中的低值易耗品进行监督管理。

五五摊销法是指在领用低值易耗品时，摊销其价值的一半；报废时再摊销其价值的另一半的摊销方法。

分次摊销法是指在领用低值易耗品时，按预计的使用期限或次数，将其价值平均摊入有关成本费用的摊销方法。分次摊销法适用于可供多次反复使用的低值易耗品。

在采用五五摊销法及分次摊销法的情况下，需要单独设置“周转材料——低值易耗品——在库”“周转材料——低值易耗品——在用”“周转材料——低值易耗品——摊销”明细科目。其中，“周转材料——低值易耗品——摊销”明细科目为“周转材料——低值易耗——在用”明细科目的备抵科目，核算使用中低值易耗品的累计摊销额。

低值易耗品领用时，借记“周转材料——低值易耗品——在用”科目，贷记“周转材料——低值易耗品——在库”科目，同时按其价值的平均摊销额，借记“生产成本”“管理费用”“销售费用”等科目，贷记“周转材料——低值易耗品——摊销”科目。报废时，注销报废低值易耗品的价值和累计摊销额，借记“周转材料——低值易耗品——摊销”科目，贷记“周转材料——低值易耗品——在用”科目。

【例 3-65】甲公司为增值税一般纳税人，对低值易耗品采用实际成本核算，某月基本生产车间领用专用工具一批，实际成本为 50 000 元，不符合固定资产定义，采用分次摊销法进行摊销。该专用工具的估计使用次数为 4 次。甲公司应编制如下会计分录：

（1）领用专用工具时

借：周转材料——低值易耗品——在用　　50 000

　贷：周转材料——低值易耗品——在库　　50 000

（2）第一次摊销其价值的 1/4

借：制造费用　　12 500

　贷：周转材料——低值易耗品—— 摊销　　12 500

（3）第二次、第三次分别摊销其价值的 1/4

借：制造费用　　12 500

　贷：周转材料——低值易耗品——摊销　　12 500

（4）最后一次摊销时

借：制造费用　　12 500

　贷：周转材料——低值易耗品——摊销　　12 500

同时核销在用低值易耗品，注销使用部门的经管责任，则

借：周转材料——低值易耗品——摊销　　50 000

　贷：周转材料——低值易耗品——在用　　50 000

六、委托加工物资

委托加工物资是指企业委托外单位加工的各种材料、商品等物资。与材料或商品销售不同，委托加工材料发出后，其保管地点发生位移，但仍属企业存货范畴。经过

加工，材料或商品实物形态、性能和使用价值将发生变化，加工过程中需要消耗其他材料，发生加工费、税费等加工成本。因此，加强委托加工物资的合同管理和准确完整核算加工成本，是企业委托加工物资会计核算与监督的主要任务。

企业委托外单位加工物资的成本包括加工中实际耗用物资的成本、支付的加工费用及应负担的运杂费、支付的税费等。委托加工物资核算内容主要包括拨付加工物资、支付加工费用和税金、收回加工物资和剩余物资等。

为了反映和监督委托加工物资增减变动及其结存情况，企业应当设置“委托加工物资”科目，借方登记委托加工物资的实际成本，贷方登记加工完成验收入库的物资的实际成本和剩余物资的实际成本，期末余额在借方，反映企业尚未完工的委托加工物资的实际成本等。本科目应按照加工合同、受托加工单位以及加工物资的品种等进行明细核算。委托加工物资也可以采用计划成本或售价进行核算，其方法与库存商品相关业务会计处理基本相同。

（一）发出物资

【例 3-66】甲公司对材料和委托加工物资采用计划成本核算，某月委托某量具厂加工一批量具，发出材料的计划成本为 35 000 元，材料成本差异率为 4%。甲公司应编制如下会计分录：

借：委托加工物资　　36 400
　贷：原材料　　35 000
　　　材料成本差异——××材料　　1 400

企业向外单位发出加工物资，采用计划成本或售价核算的，应同时结转材料成本差异或商品进销差价，贷记或借记“材料成本差异”科目，或借记“商品进销差价”科目。

（二）支付加工费、运费等

【例 3-67】承【例 3-66】，甲公司以银行存款支付加工物资的运费 500 元，增值税专用发票上注明的增值税税额为 45 元。甲公司应编制如下会计分录：

借：委托加工物资　　500
　　应交税费——应交增值税（进项税额）　　45
　贷：银行存款　　545

企业向外单位发出加工物资支付的运费，一是计入委托加工物资的成本，借记“委托加工物资”科目；二是将支付的、可抵扣的增值税进项税额，记入“应交税费——应交增值税（进项税额）”科目单独核算。

【例 3-68】承【例 3-66】和【例 3-67】，甲公司以银行存款支付上述量具的加工费用 10 000 元，增值税专用发票上注明的增值税税额为 1 300 元。甲公司应编制如下会计分录：

借：委托加工物资　　10 000
　　应交税费——应交增值税（进项税额）　　1 300
　贷：银行存款　　11 300

（三）加工完成验收入库

【例 3-69】承【例 3-66】、【例 3-67】和【例 3-68】，甲公司收回由某量具厂

（为增值税一般纳税人）代加工后的量具，以银行存款支付运费 1 500 元，增值税专用发票上注明的增值税税额为 135 元。该量具已验收入库，其计划成本为 49 000 元。甲公司应编制如下会计分录：

（1）支付运费时

借：委托加工物资	1 500	
应交税费——应交增值税（进项税额）	135	
贷：银行存款		1 635

（2）量具验收入库时

借：周转材料——低值易耗品	49 000	
贷：委托加工物资		48 400
材料成本差异——××量具		600

在本例中，加工完成的委托加工物资的实际成本为 48 400 元［（36 400+500）+10 000+1 500］，计划成本为 49 000 元，成本差异为-600 元（48 400-49 000），记入“材料成本差异”科目的贷方。

需要注意的是，需要交纳消费税的委托加工物资，由受托方代收代缴的消费税，加工收回后用于直接销售的，按规定计税时不准予扣除，计入加工物资的成本，借记“委托加工物资”科目；收回后用于继续加工的，按规定不属于直接出售的，在计税时准予扣除，借记“应交税费——应交消费税”科目。

七、生产成本

生产成本是指一定期间生产产品所发生的直接费用和间接费用的总和。生产成本是相对于一定的产品而言所发生的费用，是按照产品品种等成本计算对象对当期发生的费用进行归集所形成的。企业的产品成本项目可以根据企业的具体情况自行设定。一般为直接材料、直接人工和制造费用等。企业为了核算各种产品所发生的各项生产费用，应通过“生产成本”账户和“制造费用”账户进行核算。

“生产成本”账户属于成本类账户，用来核算企业进行工业性生产发生的各项生产费用，包括生产各种产品（产成品、自制半成品等）、自制材料、自制工具、自制设备等所发生的各项生产费用。该账户的借方登记在生产过程中发生的直接材料、直接人工、其他直接费用及月末分配计入产品生产成本的制造费用，贷方登记完工入库产品的生产成本，期末余额在借方，表示企业尚未完工的各项在产品的生产成本。该账户可设置“基本生产成本”和“辅助生产成本”二级账户及按产品成本核算对象设置三级账户。

“制造费用”账户属于成本类账户，用来核算企业生产车间为生产产品和提供劳务而发生的各项间接费用。如车间管理人员的工资等职工薪酬、折旧费、办公费、机物料消耗、发生的季节性停工损失等费用。该账户的借方登记发生的各项制造费用，贷方登记月末分配结转的应由各种产品负担的制造费用，除季节性的生产企业外，该账户期末应无余额。

工业企业生产过程中发生的各项生产费用，经过在各种产品之间的归集和分配，集中登记在“生产成本明细账”和“产品成本计算单”中。在“产品成本计算单”中的生产费用，减去交库废料价值后，就是该产品本月发生的费用。如果月初、月末都有在产品时，本月发生的生产费用加上月初在产品成本之后的合计数额，还要在完工产品和月末在产品之间进行分配，计算完工产品成本。通过在产品成本的计算，生产费用在完工产品和月末在产品之间进行分配后，就可以确定完工产品的成本，根据计算的完工产品成本，编制“完工产品成本汇总计算表”，计算出完工产品总成本和单位成本。结转完工产品时，借记“库存商品”科目，贷记“生产成本”科目。

【例3-70】假设兴旺公司同时生产甲、乙两种产品各1 000件，某月发生的经济业务及会计分录如下：

（1）领用原材料526 200元，用于产品生产。其中，甲产品耗用200 000元，乙产品耗用300 000元，车间管理部门一般性耗用26 200元。

借：生产成本——甲产品　　200 000
　　　　　　——乙产品　　300 000
　　制造费用　　26 200
　贷：原材料　　526 200

（2）以银行存款支付应由生产车间负担的水电费11 800元。

借：制造费用　　11 800
　贷：银行存款　　11 800

（3）用银行存款支付生产车间办公费2 000元。

借：制造费用　　2 000
　贷：银行存款　　2 000

（4）计算应由本月产品负担的工资总额为330 000元。其中，甲产品生产工人工资100 000元，乙产品生产工人工资150 000元，车间管理人员工资80 000元。

借：生产成本——甲产品　　100 000
　　　　　　——乙产品　　150 000
　　制造费用　　80 000
　贷：应付职工薪酬　　330 000

（5）计提本月生产甲、乙产品的机器设备的折旧费为30 000元。

借：制造费用　　30 000
　贷：累计折旧　　30 000

（6）按生产工人工资比例计算分配制造费用150 000元，并结转至产品成本。

制造费用分配率=150 000÷（100 000+150 000）=0.6

甲产品应负担的制造费用=100 000×0.6=60 000（元）

乙产品应负担的制造费用=150 000×0.6=90 000（元）

借：生产成本——甲产品　　60 000
　　　　　　——乙产品　　90 000
　贷：制造费用　　150 000

（7）假设甲公司投产的甲、乙产品全部完工。月末，编制完工产品成本计算单（见表3-8），并根据完工产品成本计算单结转完工产品成本。

表 3-8　完工产品成本计算单

单位：元

成本项目	甲产品（1 000 件）		乙产品（1 000 件）	
	总成本	单位成本	总成本	单位成本
原材料	200 000	200	300 000	300
工资	100 000	100	150 000	150
制造费用	60 000	60	90 000	90
合计	360 000	360	540 000	540

借：库存商品——甲产品　　360 000
　　　　　　——乙产品　　540 000
　贷：生产成本——甲产品　　360 000
　　　　　　　——乙产品　　540 000

八、库存商品

（一）库存商品的内容

库存商品是指企业完成全部生产过程并已验收入库、合乎标准规格和技术条件，可以按照合同规定的条件送交订货单位，或可以作为商品对外销售的产品以及外购或委托加工完成验收入库用于销售的各种商品。

库存商品具体包括库存产成品、外购商品、存放在门市部准备出售的商品、发出展览的商品、寄存在外的商品、接受来料加工制造的代制品和为外单位加工修理的代修品等。已完成销售手续但购买单位在月末未提取的产品，不应作为企业的库存商品，而应作为代管商品处理，单独设置“代管商品”备查簿进行登记。

为了反映和监督库存商品的增减变动及其结存情况，企业应当设置“库存商品”科目，借方登记验收入库的库存商品成本，贷方登记发出的库存商品成本，期末余额在借方，反映各种库存商品的实际成本。“库存商品”科目应按库存商品的种类、品种和规格设置明细科目进行核算。

（二）库存商品的账务处理

1. 验收入库商品

对于库存商品采用实际成本核算的企业，当产品完成生产并验收入库时，应按实际成本，借记“库存商品”科目，贷记“生产成本——基本生产成本”科目。

【例 3-71】甲公司商品入库汇总表记载，某月已验收入库 Y 产品 1 000 台，实际单位成本 2 500 元，共计 2 500 000 元；Z 产品 2 000 台，实际单位成本 500 元，共计 1 000 000 元。甲公司应编制如下会计分录：

借：库存商品——Y 产品　　2 500 000
　　　　　　——Z 产品　　1 000 000
　贷：生产成本——基本生产成本——Y 产品　　2 500 000
　　　　　　　　　　　　　　　——Z 产品　　1 000 000

2. 发出商品

企业销售产成品按规定确认收入的同时，应计算、结转与收入相关的产成品成本。产成品销售成本的计算与结转，通常是在期（月）末进行。采用实际成本进行产成品日常核算的，应根据本期（月）销售产品数量及其相应的单位生产成本计算确定本期产品销售成本总额，借记“主营业务成本”科目，贷记“库存商品”科目。

【例 3-72】甲公司月末汇总的发出商品中，当月已实现销售的 Y 产品 500 台，Z 产品 1 500 台。该月采用加权平均法计算的 Y 产品实际单位成本 3 000 元，Z 产品实际单位成本 500 元。结转销售成本应编制如下会计分录：

借：主营业务成本	2 250 000	
贷：库存商品——Y 产品		1 500 000
——Z 产品		750 000

商品流通企业发出商品的核算，除采用上述方法外，还可以采用以下方法：

（1）毛利率法

毛利率法是指根据本期销售净额乘以上期实际（或本期计划）毛利率匡算本期销售毛利，并据以计算发出存货和期末存货成本的一种方法。其计算公式为：

毛利率=销售毛利÷销售额×100%

销售净额=商品销售收入-销售退回与折让

销售毛利=销售净额×毛利率

销售成本=销售净额-销售毛利

期末存货成本=期初存货成本+本期购货成本-本期销售成本

这一方法是商品流通企业，尤其是商业批发企业常用的计算本期商品销售成本和期末库存商品成本的方法。商品流通企业由于经营商品的品种繁多，分品种计算商品成本的工作量较大，在企业同类商品的毛利率差异不大的情况下，采用该计价方法既能减轻工作量，也能满足销售毛利管理的需要。

【例 3-73】某商场采用毛利率法进行核算，2023 年 4 月 1 日针织品库存余额 900 000 元，本月购进 1 500 000 元，本月销售收入 1 700 000 元，上季度该类商品毛利率为 30%。本月已销商品和月末库存商品的成本计算如下：

销售毛利=1 700 000×30%=510 000（元）

本月销售成本=1 700 000-510 000=1 190 000（元）

月末库存商品成本=900 000+1 500 000-1 190 000=1 210 000（元）

（2）售价金额核算法

售价金额核算法是指平时商品的购入、加工收回、销售均按售价记账，售价与进价的差额通过“商品进销差价”科目核算，期末计算进销差价率和本期已销售商品应分摊的进销差价，据以调整本期销售成本的一种方法。其计算公式为：

商品进销差价率=（期初库存商品进销差价+本期购入商品进销差价）÷（期初库存商品售价+本期购入商品售价）×100%

本期销售商品应分摊的商品进销差价=本期商品销售收入×商品进销差价率

本期销售商品的成本=本期商品销售收入-本期销售商品应分摊的商品进销差价

期末结存商品的成本=期初库存商品的进价成本+本期购进商品的进价成本-本期销售商品的成本

如果企业的商品进销差价率各期之间比较均衡，也可以采用上期商品进销差价率分摊本期的商品进销差价。年度终了，应对商品进销差价进行核实调整。

企业购入商品采用售价金额核算，按验收入库商品的售价，借记“库存商品”科目，按商品进价，贷记“银行存款”“在途物资”“委托加工物资”等科目，按商品售价与进价之间的差额，贷记“商品进销差价”等科目。

对外销售发出商品时，按售价结转销售成本，借记“主营业务成本”科目，贷记“库存商品”科目。期（月）末分摊已销商品的进销差价，借记“商品进销差价”科目，贷记“主营业务成本”科目。

对于从事商业零售业务的企业（如百货公司、超市等），由于经营的商品种类、品种、规格等繁多，对库存和货架陈列商品的管控要求高，采用售价金额核算法既可以满足按商品零售价格明码标价的要求，又便于加强库存和陈列商品的实物负责制管理。因此，零售实务中广泛采用这一方法。

【例 3-74】某商场为增值税一般纳税人，库存商品采用售价金额核算法核算与管理。2023 年 7 月，期初库存商品的进价成本总额为 500 000 元，售价总额为 550 000 元；本月购进商品的进价成本总额为 375 000 元，售价总额为 450 000 元；本月实现销售收入共计 600 000 元。有关会计处理如下：

①本月购进商品验收入库，按售价金额入账，编制会计分录时

借：库存商品	450 000	
应交税费——应交增值税（进项税额）	48 750	
贷：银行存款		423 750
商品进销差价		75 000

②确认本月商品销售收入，编制会计分录时

借：银行存款	678 000	
贷：主营业务收入		600 000
应交税费——应交增值税（销项税额）		78 000

同时，按售价结转销售成本，注销柜台的商品经管责任，编制会计分录

借：主营业务成本	600 000	
贷：库存商品		600 000

③月末，计算销售商品应分摊商品进销差价时

商品进销差价率＝（50 000+75 000）÷（550 000+450 000）×100%＝12.5%

已销商品应分摊的商品进销差价＝600 000×12.5%＝75 000（元）

本期销售商品的实际成本＝600 000−75 000＝525 000（元）

期末结存商品的实际成本＝500 000+375 000−525 000＝350 000（元）

将平时按售价结转的销售成本调整为实际成本，编制如下会计分录

借：商品进销差价	75 000	
贷：主营业务成本		75 000

调整后本月实际的商品销售成本为 52 500 元（600 000 元−75 000 元）。

九、存货清查

存货清查是指通过对存货的实地盘点，确定存货的实有数量，并与账面结存数核对，从而确定存货实存数与账面结存数是否相符的一种专门方法。

由于存货种类繁多、收发频繁，在日常收发过程中可能发生计量错误、计算错误、自然损耗，还可能发生损坏变质等情况，造成账实不符，形成存货的盘盈、盘亏。对于存货的盘盈、盘亏，应填写存货盘点报告（如实存账存对比表），及时查明原因，按照规定程序报批处理。

为了反映和监督企业在财产清查中查明的各种存货的盘盈、盘亏和毁损情况，企业应当设置"待处理财产损溢"科目，借方登记存货的盘亏、毁损金额及盘盈的转销金额，贷方登记存货的盘盈金额及盘亏的转销金额。企业清查的各种存货损溢，应在期末结账前处理完毕，期末处理后，"待处理财产损溢"科目应无余额。

（一）存货盘盈的账务处理

企业发生存货盘盈时，借记"原材料""库存商品"等科目，贷记"待处理财产损溢"科目；按管理权限报经批准后，借记"待处理财产损溢"科目，贷记"管理费用"科目。

【例3-75】2023年12月31日，宏达公司对原材料进行盘点，发现盘盈A种原材料100千克，实际单位成本2.50元。经查，属于材料收发计量方面的错误。其会计处理如下：

批准处理前

借：原材料	250	
贷：待处理财产损溢——待处理流动资产损溢		250

批准处理后

借：待处理财产损溢——待处理流动资产损溢	250	
贷：管理费用		250

（二）存货盘亏及毁损的账务处理

企业发生存货盘亏及毁损时，借记"待处理财产损溢"科目，贷记"原材料""库存商品"等科目。在按管理权限报经批准后应作如下账务处理：对于入库的残料价值记入"原材料"等科目；对于应由保险公司和过失人的赔款，记入"其他应收款"科目；扣除残料价值和应由保险公司、过失人赔款后的净损失，属于一般经营损失的部分，记入"管理费用"科目，属于非常损失的部分，记入"营业外支出"等科目。

【例3-76】2023年12月31日，宏达公司对原材料（金属扎丝）进行盘点，发现盘亏原材料300千克，实际单位成本2.00元，转出增值税进项税额为78元。经查，属于当年夏天雷击造成的毁损。其中，应由保管员李志刚赔偿160元；属于保险公司责任范围，应由保险公司赔偿350元，余额168元计入营业外支出。其会计处理如下：

批准前处理

借：待处理财产损溢——待处理流动资产损溢	678	
贷：原材料		600
应交税费——应交增值税（进项税额转出）		78

批准后处理

借：其他应收款——李志刚　　160

　　　　　　——保险公司　　350

　　营业外支出　　168

　贷：待处理财产损溢——待处理流动资产损溢　　678

小企业存货发生毁损，按取得的处置收入、可收回的责任人赔偿和保险赔款，扣除其成本、相关税费后的净额，应当计入营业外支出或营业外收入。发生的存货盘盈，按实现的收益计入营业外收入；发生的存货盘亏损失应当计入营业外支出。

十、存货减值

在会计期末，存货应当按照成本与可变现净值孰低进行计量。

（一）存货跌价准备的计提和转回

资产负债表日，存货应当按照成本与可变现净值孰低计量。其中，成本是指期末存货的实际成本。可变现净值是指在日常活动中，存货的估计售价减去至完工时估计将要发生的成本、估计的销售费用以及估计的相关税费后的金额。可变现净值的特征表现为存货的预计未来净现金流量，而不是存货的售价或合同价。当存货成本低于可变现净值时，存货按成本计价；当存货成本高于可变现净值时，存货按可变现净值计价，表明存货可能发生跌价损失，应在存货销售之前确认跌价损失，计入当期损益，并相应减少存货的账面价值。以前减记存货价值的影响因素已经消失的，减记的金额应当予以恢复，并在原已计提的存货跌价准备金额内转回，转回的金额计入当期损益，恢复后的存货账面价值不应超过该存货原先的入账价值。

（二）存货跌价准备的账务处理

为了反映和监督存货跌价准备的计提、转回和转销情况，企业应当设置“存货跌价准备”科目，贷方登记计提的存货跌价准备金额；借方登记实际发生的存货跌价损失金额和转回的存货跌价准备金额，期末余额一般在贷方，反映企业已计提但尚未转销的存货跌价准备。

当存货成本高于其可变现净值时，企业应当按照存货可变现净值低于账面价值的差额，借记“资产减值损失——计提的存货跌价准备”科目，贷记“存货跌价准备”科目。转回已计提的存货跌价准备金额时，按企业会计准则允许恢复增加的金额，借记“存货跌价准备”科目，贷记“资产减值损失——计提的存货跌价准备”科目。

企业结转存货销售成本时，对于已计提存货跌价准备的，应当一并结转，同时调整销售成本，借记“存货跌价准备”科目，贷记“主营业务成本”“其他业务成本”等科目。

【例 3-77】兴业公司对期末存货按成本与可变现净值孰低法计量。2022 年 12 月 31 日，公司 A 商品的账面余额（成本）为 50 000 元。由于市场价格下跌，预计可变现净值为 40 000 元，由此应计提的存货跌价准备为 10 000 元（50 000-40 000）。假定 A 商品以前未计提存货跌价准备，兴业公司应编制如下会计分录：

借：资产减值损失——计提的存货跌价准备　　10 000

　贷：存货跌价准备　　10 000

2022 年 12 月 31 日的资产负债表中，商品的价值应按可变现净值 40 000 元列示。

【例 3-78】承【例 3-77】，假设 2023 年 12 月 31 日，A 商品的账面余额（成本）为 50 000 元，已计提存货跌价准备金额 10 000 元。由于市场价格上升，使得 A 商品的预计可变现净值为 60 000 元，则应转回的存货跌价准备为 10 000 元，即在原已计提的存货跌价准备金额内转回。甲公司应编制如下会计分录：

借：存货跌价准备　　10 000

　贷：资产减值损——计提的存货跌价准备　　10 000

转回后，A 商品恢复原入账价值 50 000 元。2023 年 12 月 31 日的资产负债表中，A 商品的价值应按原入账价值 50 000 元列示。

需要强调的是，根据《企业会计准则第 1 号——存货》规定，在资产负债表日，为生产而持有的材料等，用其生产的产成品的可变现净值高于成本的，该材料仍然应当按照成本计量；材料价格的下降表明产成品的可变现净值低于成本的，该材料应当按照可变现净值计量。也就是说，材料存货在期末通常按照成本计量，除非企业用其生产的产成品发生了跌价，并且该跌价是由材料本身的价格下跌所引发的，才需要考虑计算材料存货的可变现净值，然后将该材料的可变现净值与成本进行比较，从而确定材料存货是否发生了跌价问题。

思政德育课堂

HD 集团财务造假案的警示

HD 集团成立于 1996 年，经过 20 多年的快速发展，已经形成以民生地产为基础，文化旅游、健康养生为两翼，新能源汽车为龙头的世界 500 强企业集团，总资产达万亿元，年销售规模超 4 000 亿元，员工 8 万多人，其中，HD 地产集团在 280 多个城市拥有 1 300 多个项目，成为全球第一房企。2020 年 9 月 10 日，“2020 中国民营企业 500 强”榜单发布，HD 集团有限公司列第 6 位；2021 年 2 月 25 日，HD 集团被表彰为“全国脱贫攻坚先进集体”；2021 年 9 月 25 日，入选“2021 中国企业 500 强”榜单，排名第 37 位。

曾经如此辉煌的企业却在 2021 年 9 月“爆雷”。2021 年 9 月 10 日，其董事局主席及执行董事许某某在“HD 财富专题会”上明确表示，要确保所有到期的财富产品尽早全部兑付，一分钱都不能少。但事实并非如此，其豪言壮语也终成一句空话。截至 2022 年 12 月 31 日，HD 集团负债总额超过 2.43 万亿元人民币。大量的债主都争先恐后地要求冻结 HD 的资产。2024 年 3 月 18 日，HD 地产公告称，近日收到中国证监会行政处罚及市场禁入事先告知书。经证监会查明，HD 地产、许某某等人涉嫌违法的事实主要有三项：一是 HD 地产披露的 2019 年、2020 年年度报告存在虚假记载。HD 地产通过提前确认收入方式财务造假，导致 2019 年 HD 地产虚增收入 2 139.89 亿元，占当期营业收入的 50.14%，对应虚增成本 1 732.67 亿元，虚增利润 407.22 亿元，占当期利润总额的 63.31%；2020 年 HD 地产虚增收入 3 501.57 亿元，占当期营业收入的

78.54%，对应虚增成本 2 988.68 亿元，虚增利润 512.89 亿元，占当期利润总额的 86.88%；二是 HD 地产公开发行公司债券涉嫌欺诈发行。HD 地产在 2020 年至 2021 年发行债券共计 208 亿元，HD 地产在发行债券公告文件中引用了存在虚假记载的 2019 年、2020 年年度报告的相关数据，涉嫌欺诈发行；三是 HD 地产未按规定及时披露相关信息。HD 地产未按期披露 2021 年年度报告、2022 年中期报告及 2022 年年度报告，存在未按规定披露重大诉讼仲裁的情况和未能清偿到期债务的情况。公告称，时任 HD 地产董事长许某某、副主席兼总裁夏某某、财务总监潘某某、副总裁兼财务中心总经理潘某某等人，决策并组织实施财务造假，手段特别恶劣、情节特别严重。决定对董事长许某某、副主席兼总裁夏某某分别处以 4 700 万元及 1 500 万元的罚款，并采取终身证券市场禁入措施。对财务总监潘某某、副总裁兼财务中心总经理潘某某分别处以 900 万元罚款，采取十年证券市场禁入措施，其他数人也受到不同程度处罚。与此同时，HD 地产也被责令改正，给予警告，被处以 41.75 亿元罚款。

案例启示：

1. HD 地产公司上到董事长，下到财务负责人严重违反《中华人民共和国会计法》相关规定，提供虚假财务报告，损害投资者利益，扰乱社会经济秩序，必将付出沉重代价。任何企业必须诚信经营，在追求企业经济效益的同时，更要关注社会效益和国家利益，这样才能长久稳健地发展下去。

2. HD 公司债务危机的爆发，也提示了企业稳健经营的重要性。作为财务人员要依据相关法律法规和会计准则进行会计核算和监督，为企业发展提供合理化建议；要严守会计职业道德，拒绝财务造假，唯有如此，才能在职业生涯中稳步向前，为社会作出贡献的同时，实现人生的价值。

思考与练习

一、思考题

1. 现金管理制度的主要内容有哪些？为什么要对现金实施限额管理？
2. 什么是其他货币资金？具体包括哪些内容？
3. 金融资产有哪些分类？
4. 什么是交易性金融资产？具体包括哪些内容？
5. 应收款项减值应当如何进行会计处理？
6. 存货的核算范围及存货成本构成是怎样的？
7. 发出存货的计价方法有哪几种？各种计价方法的特点是什么？
8. 出租和出借包装物应分别如何进行会计处理？
9. 期末存货盘盈与盘亏的会计处理有何不同？
10. 企业如何计提存货跌价准备？

二、单项选择题

三、多项选择题

四、判断题

五、业务练习题

练习一

1. 目的：熟悉货币资金业务的会计处理。

2. 资料：甲公司为增值税一般纳税人，2023 年 3 月发生的有关货币资金业务如下：

（1）从银行提取现金 50 000 元备发工资。

（2）购买办公用品 500 元，以现金支付。

（3）用现金预支职工李某差旅费 800 元。

（4）职工李某报销差旅费 700 元，余款 100 元用现金交回。

（5）现金清查中发现溢余 50 元，经批准转作营业外收入处理。

（6）以银行存款支付本月行政管理部门电费 1 800 元，支付广告费 5 000 元。

（7）用银行存款上缴所得税税金 3 500 元。

（8）企业向银行提交“银行汇票委托书”，并将 100 000 元缴存银行，取得银行汇票。

（9）用银行汇票支付前欠货款 180 000 元。

（10）采购员用 100 000 元的银行汇票购买原材料 80 000 元，增值税 10 400 元，材料已验收入库，多余款项通过银行退回并已收妥。

3. 要求：根据以上业务，编制有关会计分录。

练习二

1. 目的：熟悉银行存款余额调节表的编制。

2. 资料：A 公司 2023 年 12 月 31 日银行存款日记账余额是 384 830 元，银行送来的对账单上本企业银行存款余额是392 109元，经逐笔核对，发现以下几笔未达账项：

（1）企业委托银行代收货款8 700元，银行已经收到入账，企业尚未登账；

（2）银行代付水电费261元，企业尚未接到付款通知；

（3）月末，企业送存转账支票5 510元，企业已入账，银行尚未录入企业存款账；

（4）月末，企业开出现金支票一张，金额4 350元，用于支付购买办公用品费，但持票人尚未去银行支取；

3. 要求：根据以上资料，编制银行存款余额调节表。

练习三

1. 目的：熟悉交易性金融资产业务的会计处理。

2. 资料：甲公司为增值税一般纳税人，2023年发生的有关交易性金融资产业务如下：

（1）1月3日，向证券公司指定账户存出投资款2 000万元。同日，委托证券公司购入乙上市公司股票100万股，支付价款1 010万元，其中包含已宣告但尚未发放的现金股利10万元，另支付相关交易费用2.5万元，甲公司将该股票投资确认为交易性金融资产。

（2）3月20日，收到乙上市公司发放的现金股利10万元并存入银行的投资款专户。3月31日，持有的乙上市公司股票公允价值为960万元。

（3）4月30日，甲公司将乙上市公司股票100万股全部出售，售价为1 200万元，转让该金融商品应交的增值税为5.38万元，款项已收存投资款专户。

3. 要求：根据上述资料，假如不考虑其他相关税费，编制有关会计分录。

练习四

1. 目的：熟悉材料采购业务的会计处理。

2. 资料：启亚公司为增值税一般纳税人，适用的增值税税率为13%。原材料采用实际成本核算，材料发出采用月末一次加权平均法计算。2023年5月发生原材料采购业务如下：

（1）6日从长虹公司购入A材料400吨，单价200元，增值税率为13%。发生运杂费800元，收到相关发票账单，全部款项尚未支付，材料已验收入库。

（2）8日从新宇公司购入B材料100吨，单价150元，增值税率为13%，收到相关发票账单，本公司开出三个月到期，金额为17 550元的银行承兑汇票一张，材料尚未运达企业。

（3）11日，以存款30 000元向中通公司预付购买B材料的货款。

（4）20日，收到中通公司发来的已预付货款的B材料500吨，单价120元，增值税额率13%，材料已验收入库。以银行存款支付中通公司预付款不足部分。

（5）25日，从兴达公司购入C材料一批，材料已验收入库，月末发票账单尚未收到，暂估价60 000元。

3. 要求：根据上述经济业务编制有关会计分录。

练习五

1. 目的：熟悉应收账款相关业务的会计处理。

2. 资料：一诺公司2021年年初坏账准备余额为5 500元，2021年年末应收账款余额为230万元，提取比例为5‰；2022年年内实际发生了坏账损失12 000元（按应收账款计提的部分，下同），其中，宏达公司7 000元，思创公司5 000元，年末应收账款余额为200万元；2023年，上年已转销的思创公司5 000元应收账款又收回，新发生新兴公司坏账损失2 000元，年末应收账款余额为260万元。

3. 要求：依据以上资料编制有关会计分录。

练习六

1. 目的：熟悉材料收发结存的会计处理。

2. 资料：启明公司为增值税一般纳税人，适用的增值税税率为13%。原材料采用实际成本核算，材料发出采用月末一次加权平均法计算。2023年7月1日，甲材料数量3 000千克，结存金额8 700元。本月进货情况如下：

日期	单价/元/千克	数量/千克	金额/元
9日	3.10	4 100	12 710
12日	3.20	6 000	19 200
20日	3.30	4 500	14 850
26日	3.40	1 800	6 120

7月31日，发料凭证汇总表中列明甲材料的耗用情况如下：生产产品领用8 000千克，车间管理部门领用600千克，行政管理部门领用300千克，销售部门领用100千克。

3. 要求：

（1）计算甲材料本月的发出成本、期末结存成本。

（2）对发出材料业务做出相应会计分录。

第四章 非流动资产

■学习目标

知识目标：通过本章的学习，了解非流动资产核算的主要内容，各项非流动资产的概念、确认与计量方法；掌握长期股权投资、固定资产、无形资产的核算；掌握固定资产折旧的计提方法。了解投资性房地产和长期待摊费用的核算方法。

能力目标：能够运用借贷记账法分析非流动资产相关经济业务，做出正确的账务处理；能够分析非流动资产项目变动对财务状况的影响。

德育目标：财务人员要帮助企业树立正确的投资观，增强风险意识，具备谨慎、务实的专业素养；在企业的发展中，克服短视行为，把经济效益和社会效益有机结合起来；理解科技创新政策对产业升级的推动作用，认识坚持自主创新对企业可持续发展的重要性，增强科技报国意识。

■导入案例

林浩和宋雨是好朋友，宋雨有多年在某知名品牌奶茶店工作的经验。如今，林浩和宋雨经过商议，决定自主创业，合伙开一家奶茶店，他们认真地进行了市场调查，选好了店面位置，也筹集到了足够的资金。但在商议经营模式时，两人产生了分歧，宋雨认为一个口碑好的奶茶品牌非常重要，所以应该开一家加盟店，加盟费大约10万元。而林浩认为，制作奶茶的技术并不复杂，宋雨又有奶茶店工作经验，没必要花这笔钱，省下的钱可以租一个大一点的门店，购置更高端的设备，包括操作台、制冰机、净水机、封口机等，这些是能看得见的实实在在的资产，能让门店获得现实的利益。请从财务的角度分析上述案例中涉及哪些资产？它们对企业取得经济效益分别发挥什么作用？从成本效益、风险回报等角度分析两种方案对企业的不同影响，并说明决策时如何平衡短期利益与长期发展的关系。

第一节　长期股权投资

一、长期股权投资的确认与计量

按照企业会计准则的相关规定，长期股权投资的确认与计量的范围包括投资方能够对被投资单位实施控制的权益性投资，即对子公司投资；投资方与其他合营方一同对被投资单位实施共同控制且对被投资单位净资产享有权利的权益性投资，即对合营企业投资；投资方对被投资单位具有重大影响的权益性投资，即对联营企业投资。按照小企业会计准则规定，长期股权投资是指小企业准备长期持有的权益性投资。

（一）长期股权投资的初始计量

长期股权投资的初始计量即企业取得长期股权投资对其进行确认计量入账的过程。长期股权投资的取得方式通常有企业合并方式取得和非企业合并方式取得。不同取得方式的长期股权投资，其初始成本的确定也有所不同。无论何种方式，企业都可以以现金、转让非现金资产、发行权益性证券等作为取得长期股权投资的对价。企业对于付出对价的账务处理也视取得长期股权投资的方式而定。

1. 以合并方式取得的长期股权投资

企业合并形成的长期股权投资又分为同一控制下控股合并与非同一控制下控股合并。同一控制下企业合并形成的长期股权投资，合并方以支付现金、转让非现金资产或承担债务方式作为合并对价的，应在合并日按取得被合并方所有者权益在最终控制方合并财务报表中的账面价值的份额作为初始投资成本计量。非同一控制下企业合并形成的长期股权投资，购买方以支付现金、转让非现金资产或承担债务方式等作为合并对价的，按照确定的企业合并成本进行初始计量；购买方以发行权益性证券作为合并对价的应在购买日按照发行的权益性证券的公允价值作为初始投资成本计量；企业为企业合并发生的审计、法律服务、评估咨询等中介费用以及其他相关管理费用应作为当期损益计入管理费用。

2. 以非合并方式取得的长期股权投资

以支付现金、非现金资产等其他方式取得的长期股权投资，应按现金、非现金货币性资产的公允价值作为初始投资成本计量；以发行权益性证券取得的长期股权投资应当按照发行的权益性证券的公允价值作为初始投资成本计量。

3. 小企业的长期股权投资应当按照成本进行计量

以支付现金取得的长期股权投资，应当按照购买价款和相关税费作为成本进行计量。实际支付价款中包含的已宣告但尚未发放的现金股利，应当单独确认为应收股利，不计入长期股权投资的成本。通过非货币性资产交换取得的长期股权投资，应当按照换出非货币性资产的评估价值和相关税费作为成本进行计量。

（二）长期股权投资的后续计量

长期股权投资的后续计量即企业取得长期股权投资后至处置前对长期股权投资的核算，包括持有期间投资收益的确认及期末计价。长期股权投资的后续计量，视对被投资单位的影响程度等情况的不同，应分别采用成本法及权益法进行核算。

1. 成本法

成本法，是指长期股权投资日常核算按投资成本计价的一种方法。其特点是，除追加投资或收回投资外，长期股权投资的账面价值一般应当保持不变。除取得投资时实际支付的价款或对价中包含的已宣告但尚未发放的现金股利或利润外，投资企业应当按照被投资单位宣告发放的现金股利或利润中应享有的份额确认投资收益。

企业会计准则规定，投资方能够对被投资单位实施控制的长期股权投资应当采用成本法核算。按照小企业会计准则规定，长期股权投资应当采用成本法进行会计处理。

2. 权益法

权益法，是指取得长期股权投资以初始投资成本计价，后续根据投资企业享有被投资单位所有者权益份额的变动相应对其投资的账面价值进行调整的一种方法。其特点是，长期股权投资的账面价值随被投资单位所有者权益的变动而变动，在股权持有期间，长期股权投资的账面价值与享有被投资单位所有者权益的份额相对应。

企业会计准则规定，投资方对联营企业和合营企业的长期股权投资应当采用权益法核算。

二、长期股权投资的账务处理

为了如实反映和监督长期股权投资的取得、持有、处置等业务活动，企业应设置"长期股权投资"科目。其借方登记取得股权时的实际投资成本或享有被投资单位权益的增加金额；贷方登记享有被投资单位权益的减少金额或股权投资处置的成本；期末余额在借方，反映企业持有的长期股权投资的价值。权益法下，"长期股权投资"科目还应当分别设置"投资成本""损益调整""其他权益变动"等明细科目进行明细核算。

（一）企业合并形成的长期股权投资的账务处理

1. 同一控制下企业合并形成的长期股权投资

同一控制下企业合并实质是集团内部资产的重新配置与账面调拨，仅涉及集团内部不同企业间资产和所有者权益的变动，不具有商业实质，不应产生经营性损益和非经营性损益。

（1）合并方以支付现金、转让非现金资产或承担债务方式作为合并对价的，应在合并日按取得被合并方所有者权益在最终控制方合并财务报表中的账面价值的份额，借记"长期股权投资"科目（投资成本），按支付的合并对价的账面价值，贷记或借记有关资产、负债科目，按其差额，贷记"资本公积——资本溢价或股本溢价"科目；如为借方差额，借记"资本公积——资本溢价或股本溢价"科目，资本公积（资本溢价或股本溢价）不足冲减的，应依次借记"盈余公积""利润分配——未分配利润"科目。

【例4-1】甲公司和乙公司同为某一集团的子公司，2023年6月1日，甲公司以银行存款720万元取得乙公司所有者权益的80%，同日乙公司所有者权益的账面价值为1 000万元。甲公司的会计处理如下：

借：长期股权投资——乙公司　　8 000 000

贷：银行存款　　7 200 000

资本公积——股本溢价　　800 000

若甲公司支付银行存款 900 万元为对价取得该长期股权投资，则会计处理如下：

借：长期股权投资　　8 000 000

资本公积——股本溢价　　1 000 000

贷：银行存款　　9 000 000

【例 4-2】甲公司和乙公司同为某一集团的子公司，2023 年 8 月 1 日甲公司发行 600 万股普通股（每股面值 1 元）作为对价取得乙公司 60%的股权，同日乙公司账面净资产总额为 1 300 万元。甲公司会计处理如下：

借：长期股权投资——乙公司　　7 800 000

贷：股本　　6 000 000

资本公积——股本溢价　　1 800 000

【例 4-3】甲公司和乙公司为同一母公司最终控制下的两家公司。2023 年 6 月 30 日，甲公司向其母公司支付现金 18 000 000 元，取得母公司拥有乙公司 80%的股权，能够对乙公司实施控制。合并日母公司合并报表中乙公司的净资产账面价值为 20 000 000 元。合并日甲公司资本公积——股本溢价 1 500 000 元，盈余公积 600 000 元。甲公司以银行存款支付审计费 500 000 元。甲、乙公司在合并前采用的会计政策相同。

合并日，甲公司会计处理如下：

①确认长期股权投资时

借：长期股权投资——乙公司　　16 000 000

资本公积——股本溢价　　1 500 000

盈余公积　　500 000

贷：银行存款　　18 000 000

②支付审计费时

借：管理费用　　500 000

贷：银行存款　　500 000

上例中，甲公司和乙公司为同一母公司最终控制下的两家公司，甲公司取得长期股权投资应按应享有母公司合并财务报表中的乙公司账面价值的份额计算确定。

（2）合并方以发行权益性证券作为合并对价的，应当在合并日按照被合并方所有者权益在最终控制方合并财务报表中的账面价值的份额，借记“长期股权投资”科目（投资成本），按照发行股份的面值总额，贷记“股本”科目，按其差额，贷记“资本公积——资本溢价或股本溢价”科目；如为借方差额，借记“资本公积——资本溢价或股本溢价”科目，资本公积（资本溢价或股本溢价）不足冲减的，应依次借记“盈余公积”“利润分配——未分配利润”科目。

【例 4-4】甲公司和乙公司同属 A 集团下属子公司。2023 年 10 月 12 日，甲公司增发普通股股票 1 000 万股（每股面值为 1 元，公允价值为 3.52 元）作为对价，自乙公司处取得其持有的丙公司 100%股权，能够对丙公司实施控制。合并日丙公司在最终控制方合并财务报表中的净资产账面价值为 1 200 万元。合并当日甲公司“资本公积——股本溢价”2 000 000 元。甲公司以银行转账方式支付发行股票手续费及佣金

500 000 元。

合并日，甲公司会计处理如下：

①确认长期股权投资时

借：长期股权投资——丙公司　　12 000 000

　贷：股本　　10 000 000

　　资本公积——股本溢价　　2 000 000

②支付发行股票手续费及佣金时

借：资本公积——股本溢价　　500 000

　贷：银行存款　　500 000

在本例中，甲公司和丙公司为同一母公司最终控制下的两家公司，甲公司取得长期股权投资和发行股票的价值不应按照股票的市场公允价值每股 3.52 元计算确定，而应按照合并财务报表中的丙公司账面价值中应享有的份额计算确定。

2. 非同一控制下企业合并形成的长期股权投资

非同一控制下的企业合并实质是不同市场主体间的产权交易，购买方如果是以转让非现金资产方式作为对价的，实质是转让或处置了非现金资产，具有商业实质性质，产生经营性损益或非经营性损益。

（1）购买方以支付现金、转让非现金资产或承担债务方式等作为合并对价的，应在购买日按照现金、非现金货币性资产的公允价值作为初始投资成本计量确定合并成本，借记“长期股权投资”科目（投资成本），按付出的合并对价的账面价值，贷记或借记有关资产、负债科目，按发生的直接相关费用（如资产处置费用），贷记“银行存款”等科目，按其差额，贷记“主营业务收入”“资产处置损益”“投资收益”等科目或借记“管理费用”“资产处置损益”“主营业务成本”等科目。

【例 4-5】2023 年 6 月 30 日，胜利公司以一台固定资产向乙公司投资（胜利公司和乙公司不属于同一控制的两个公司），取得乙公司 60%的股权，该固定资产的账面原价为 800 万元，已计提累计折旧 270 万元，已计提固定资产减值准备 30 万元，投资日该固定资产的公允价值为 660 万元。2023 年 6 月 30 日乙公司的可辨认净资产公允价值为 1 000 万元。假定不考虑相关税费等其他因素影响。

投资时，胜利公司的会计处理如下：

借：长期股权投资——乙公司　　6 600 000

　　累计折旧　　2 700 000

　　固定资产减值准备　　300 000

　贷：固定资产　　8 000 000

　　资产处置损益　　1 600 000

在本例中，长期股权投资成本应按非现金货币性资产的公允价值作为初始投资成本计量。

（2）购买方以发行权益性证券作为合并对价的，应在购买日按照发行的权益性证券的公允价值，借记“长期股权投资”科目（投资成本），按照发行的权益性证券的面值总额，贷记“股本”科目，按其差额，贷记“资本公积——资本溢价或股本溢价”科目。企业为企业合并发生的审计、法律服务、评估咨询等中介费用以及其他相关管理费用，应当于发生时借记“管理费用”科目，贷记“银行存款”等科目。

【例 4-6】丙公司和丁公司为非同一控制下的两家独立公司。2023 年 6 月 30 日，丙公司以发行普通股 3 000 万股取得丁公司有表决权的股份 60%。该股票面值为每股 1 元，市场发行价格为 3 元。向证券承销机构支付股票发行相关税费 350 万元。假定不考虑其他因素影响。丙公司应作账务处理如下：

确认长期股权投资，编制如下会计分录：

借：长期股权投资——丁 公司	90 000 000	
贷：股本		30 000 000
资本公积——股本溢价		60 000 000

支付发行相关税费，编制如下会计分录：

借：资本公积—— 股本溢价	3 500 000	
贷：银行存款		3 500 000

在本例中，长期股权投资成本应按发行普通股的市场公允价值作为初始投资成本计量。

（二）以非企业合并方式形成的长期股权投资的账务处理

企业以非企业合并方式形成的长期股权投资，其实质是进行权益投资性质的商业交易。以支付现金、非现金资产等其他方式取得的长期股权投资，应按现金、非现金货币性资产的公允价值或按照非货币性资产交换或债务重组准则确定的初始投资成本，借记以非企业合并方式形成的“长期股权投资”科目，贷记“银行存款”等科目，贷记或借记“资产处置损益”等处置非现金资产相关的科目。按照小企业会计准则规定，资产处置损益应分别借记“营业外支出”科目或贷记“营业外收入”科目。

【例 4-7】甲公司和乙公司为非同一控制下的两家独立小型有限责任公司。2022 年 6 月 30 日，甲公司以支付现金 160 万元取得乙公司有表决权的股份 20%。甲公司准备长期持有。假定不考虑其他因素影响。

购买日，甲公司应作账务处理如下：

借：长期股权投资—— 乙公司	1 600 000	
贷：银行存款		1 600 000

（三）成本法下长期股权投资的会计处理

长期股权投资采用成本法核算的，应按被投资单位宣告发放的现金股利或利润中属于投资企业的部分，借记“应收股利”科目，贷记“投资收益”科目。

【例 4-8】承【例 4-7】2022 年 12 月 31 日，乙公司利润表显示当年实现净利润 250 万元。2023 年 2 月 20 日发布经股东会批准的利润决算报告，决定分配现金股利 150 万元的利润分配方案；并于 2023 年 3 月 20 日发放了全部股利。

甲公司对乙公司的股权投资采用成本法核算，2022 年 12 月 31 日被投资方乙公司当年实现净利润，甲公司不需要作会计处理。2023 年 2 月 20 日发布利润分配公告，甲公司应编制如下会计分录：

借：应收股利	300 000	
贷：投资收益		300 000

2022 年 3 月 20 日，收到乙公司发放的股利，应编制如下会计分录：

借：银行存款　　　　　　　　　　　　　　　　　　　300 000

　贷：应收股利　　　　　　　　　　　　　　　　　　300 000

（四）权益法下长期股权投资的会计处理

企业的长期股权投资采用权益法核算的，应当分下列情况进行处理：

1. 被投资单位可辨认净资产公允价值发生变动的会计处理

长期股权投资的初始投资成本大于投资时应享有被投资单位可辨认净资产公允价值份额的，不调整已确认的初始投资成本；长期股权投资的初始投资成本小于投资时应享有被投资单位可辨认净资产公允价值份额的，应按其差额，借记“长期股权投资”科目（投资成本），贷记“营业外收入”科目。

2. 被投资单位实现盈利或发生亏损的会计处理

资产负债表日，企业应按被投资单位实现的净利润（以取得投资时被投资单位可辨认净资产的公允价值为基础计算）中企业享有的份额，借记“长期股权投资”科目（损益调整），贷记“投资收益”科目。被投资单位发生净亏损作相反的会计分录，但以“长期股权投资”科目的账面价值减记至零为限；还需承担的投资损失，应将其他实质上构成对被投资单位净投资的“长期应收款”等的账面价值减记至零为限；除按照以上步骤已确认的损失外，按照投资合同或协议约定将承担的损失，确认为预计负债。除上述情况仍未确认的应分担被投资单位的损失，应在账外备查登记。发生亏损的被投资单位以后实现净利润的，应按与上述相反的顺序进行处理。

【例 4-9】2022 年 12 月 31 日，宏达公司持有丙公司发行在外的普通股 1 000 万股，占丙公司 30%的股份。经审计的年度利润表中丙公司当年实现净利润 2 000 万元。宏达公司应确认投资收益 600 万元（2 000×30%）。宏达公司应编制如下会计分录：

借：长期股权投资——丙公司——损益调整　　　　　　6 000 000

　贷：投资收益　　　　　　　　　　　　　　　　　　6 000 000

3. 被投资单位分配股利或利润的会计处理

取得长期股权投资后，被投资单位宣告发放现金股利或利润时，企业计算应分得的部分，借记“应收股利”科目，贷记“长期股权投资”科目（损益调整）。收到被投资单位发放的股票股利，不进行账务处理，但应在备查簿中登记。发生亏损的被投资单位以后实现净利润的，企业计算应享有的份额，如有未确认投资损失的，应先弥补未确认的投资损失，弥补损失后仍有余额的，依次借记“长期应收款”科目和“长期股权投资”科目（损益调整），贷记“投资收益”科目。

【例 4-10】承【例 4-9】2023 年 3 月 20 日，丙公司经股东大会批准，宣告现金股利分配方案为每 10 股 3 元分配 2022 年度现金股利。宏达公司于 2023 年 4 月 20 日收到丙公司发放的现金股利。不考虑所得税等相关因素影响。

2023 年 3 月 20 日，宏达公司确认应分配的现金股利为 300 万元（1 000×0. 3），应编制如下会计分录：

借：应收股利　　　　　　　　　　　　　　　　　　3 000 000

　贷：长期股权投资——损益调整　　　　　　　　　　3 000 000

2023 年 4 月 20 日，宏达公司收到现金股利，应编制如下会计分录：

借：银行存款　　　　　　　　　　　　　　　　　　3 000 000

　贷：应收股利　　　　　　　　　　　　　　　　　　3 000 000

（五）长期股权投资的减值

资产负债表日，企业根据资产减值相关要求确定长期股权投资发生减值的，按应减记的金额，借记“资产减值损失”科目，贷记“长期股权投资减值准备”科目。处置长期股权投资时，应同时结转已计提的长期股权投资减值准备。

小企业发生长期股权投资减值损失采用直接转销法核算。根据小企业会计准则规定确认实际发生的长期股权投资损失，应当按照可收回的金额，借记“银行存款”等科目，按照其账面余额，贷记“长期股权投资”科目，按照其差额，借记“营业外支出”科目。

（六）长期股权投资的处置

处置长期股权投资时，应按实际收到的金额，借记“银行存款”等科目，原已计提减值准备的，借记“长期股权投资减值准备”科目，按其账面余额，贷记“长期股权投资”科目，按尚未领取的现金股利或利润，贷记“应收股利”科目，按其差额，贷记或借记“投资收益”科目。处置采用权益法核算的长期股权投资时，应当采用与被投资单位直接处置相关资产或负债相同的基础，对相关的其他综合收益进行会计处理。对于应转入当期损益的其他综合收益，应按结转的长期股权投资的投资成本比例结转原记入“其他综合收益”科目的金额，借记或贷记“其他综合收益”科目，贷记或借记“投资收益”科目。处置采用权益法核算的长期股权投资时，还应按结转的长期股权投资的投资成本比例结转原记入“资本公积——其他资本公积”科目的金额，借记或贷记“资本公积——其他资本公积”科目，贷记或借记“投资收益”科目。

第二节　投资性房地产

一、投资性房地产的管理

（一）投资性房地产的概念

投资性房地产是指为赚取租金或资本增值，或两者兼有而持有的房地产，包括已出租的土地使用权、持有并准备增值后转让的土地使用权、已出租的建筑物。企业持有投资性房地产的目的主要有赚取租金和资本增值。资本增值是指资产负债表日投资性房地产的价值减去转作或购置时的价值或价格后增加或损失的价值。企业自用的厂房、办公楼等生产经营场所应当将其作为企业固定资产进行管理及核算，房地产开发企业销售的或为销售而正在开发的商品房和土地，应当作为存货管理及核算。

属于投资性房地产的项目主要有：

（1）已出租的土地使用权。已出租的土地使用权，是指企业通过出让或转让方式取得并以经营租赁方式出租的土地使用权。对以经营租赁方式租入土地使用权再转租给其他单位的，不能确认为投资性房地产。

（2）持有并准备增值后转让的土地使用权。持有并准备增值后转让的土地使用权，是指企业通过出让或转让方式取得的并准备增值后转让的土地使用权。按照国家有关规定认定的闲置土地，不属于持有并准备增值后转让的土地使用权。

（3）已出租的建筑物。已出租的建筑物，是指企业拥有产权并以经营租赁方式出租的房屋等建筑物，包括自行建造或开发活动完成后用于出租的建筑物。企业以经营租赁方式租入建筑物再转租的建筑物不属于投资性房地产。企业将建筑物出租，按租赁协议向承租人提供的相关辅助服务在整个协议中不重大的，如企业将办公楼出租并向承租人提供保安、维修等辅助服务，应当将该建筑物确认为投资性房地产。

如果某项房地产部分用于赚取租金或资本增值，部分用于生产商品、提供劳务或经营管理，能够单独计量和出售的、用于赚取租金或资本增值的部分，应当确认为投资性房地产；不能够单独计量和出售的、用于赚取租金或资本增值的部分，不确认为投资性房地产。

（二）投资性房地产的管理要求

投资性房地产是企业的一种经营性活动，经营方式主要是出租赚取租金和持有并准备增值后转让获取资本增值。出租包括出租建筑物和土地使用权，其实质是在一定时期内让渡资产使用权的商业行为。投资性房地产的租金和资本增值高低，与国内外市场供求、经济发展、房地产市场波动、国家对房地产市场的管控及其政策变化等众多经济、政治、法律等因素影响紧密相关；加之，投资性房地产投资金额巨大、周期长，在持有期间管理难度大，客观存在较大风险：一是投资决策失误，引发盲目投资或丧失其他更有利的投资机会，可能导致资金链断裂或投资效益低下；二是资金占用过量、资金调度困难、营运不畅，可能导致企业陷入财务困境风险；三是出租经营活动管控不严，可能导致出租资产损坏或租金收取困难，甚至遭受欺诈欺骗等风险；四是当投资决策失当、管控不严等引发资金周转困难，又常常会引发盲目筹资和资本结构不合理或筹资困难，导致企业筹资成本过高或债务危机等。加强投资性房地产的会计核算与监督管理，提供真实、完整、准确、及时、详尽的会计资料，对于落实投资性房地产经管责任、提高管理效率和投资效益、防范投资风险等具有十分重要的作用和意义。

二、投资性房地产的确认与计量

（一）投资性房地产的确认

1. 投资性房地产的确认条件

投资性房地产在符合其定义的前提下，同时满足下列条件的予以确认：

（1）与该投资性房地产有关的经济利益很可能流入企业，即有证据表明企业能够获取租金或资本增值，或两者兼而有之。

（2）该投资性房地产的成本能够可靠地计量。

2. 投资性房地产的确认时点

（1）对已出租的土地使用权、已出租的建筑物，其作为投资性房地产的确认时点一般为租赁期开始日，即土地使用权、建筑物进入出租状态、开始赚取租金的日期。但对企业持有以备经营出租的空置建筑物，董事会或类似机构作出书面决议，明确表明将其用于经营出租且持有意图短期内不再发生变化的，即使尚未签订租赁协议，也应视为投资性房地产。

（2）对持有并准备增值后转让的土地使用权，其作为投资性房地产的确认时点为企业将自用土地使用权停止自用、准备增值后转让的日期。

（二）投资性房地产的计量

投资性房地产的计量分为成本模式和公允价值模式两种。

（1）成本模式是指投资性房地产的初始计量和后续计量均采用实际成本进行核算，外购、自行建造等按照初始购置或自行建造的实际成本计量，后续发生符合资本化条件的支出计入账面成本，后续计量按照固定资产或无形资产的相关规定按期计提折旧或摊销，资产负债表日发生减值的计提减值准备。

（2）公允价值模式是指投资性房地产初始计量采用实际成本核算，后续计量按照投资性房地产的公允价值进行计量。按准则规定，只有存在确凿证据表明投资性房地产的公允价值能够持续可靠取得的情况下，企业才可以采用公允价值模式进行后续计量。可靠证据是指投资性房地产所在地有活跃的房地产交易市场、企业能够从活跃的交易市场上取得同类或类似房地产的市场价格及其他相关信息，从而对投资性房地产的公允价值作出合理的估计。企业一旦选择采用公允价值模式，就应当对其所有投资性房地产均采用公允价值模式进行后续计量。

两种模式的会计核算结果及其经济后果存在一定的差异。成本模式下会计核算结果的可靠性和可控性较高、会计处理比较简单、不同会计期间会计资料的可比性较强，便于监督管理；公允价值模式下取得公允价值的确凿证据相对较为困难，对会计职业判断的要求高，可能存在一定的企业自由裁量权，会计核算结果的可靠性和可控性较低、顺周期性较为明显、会计处理较为复杂烦琐、不同会计期间会计资料的可比性较差，对会计监督管理的要求很高。为此，准则规定，企业通常应当采用成本模式对投资性房地产进行后续计量，对采用公允价值模式的条件作了限制性规定，且同一企业只能采用一种模式对所有投资性房地产进行后续计量，不得同时采用两种计量模式；同时规定，企业可以从成本模式变更为公允价值模式，已采用公允价值模式的不得转为成本模式。

（三）投资性房地产会计科目的设置

为了反映和监督投资性房地产的取得、计提折旧或摊销、公允价值变动和处置等情况，企业应按照成本模式和公允价值模式分别设置相应的会计科目。其会计科目设置的详细情况归纳如下：

（1）投资性房地产初始核算的科目设置。在成本模式下，应设置“投资性房地产”科目，核算其实际成本及其增减变化，按具体项目（如厂房、已出租土地使用权等）设置明细科目；在公允模式下，设置“投资性房地产——成本”科目，核算其实际成本及其增减变化。

（2）投资性房地产后续核算的科目设置。在成本模式下，应设置“投资性房地产累计折旧”和“投资性房地产累计摊销”科目，分别核算计提折旧或计提摊销，设置“投资性房地产减值准备”科目，核算计提的减值准备；在公允模式下，设置“投资性房地产——公允价值变动”科目，核算公允价值增减变动，设置“公允价值变动损益”科目，核算投资性房地产公允价值变动损益，设置“其他综合收益”科目，核算非投资性房地产转换为投资性房地产转换日的公允价值大于账面价值的差额。

（3）投资性房地产处置核算的科目设置。设置“其他业务收入”和“其他业务成本”科目，核算处置收益和结转的成本。

三、投资性房地产的账务处理

（一）取得投资性房地产的账务处理

企业取得投资性房地产，在成本模式下或公允价值模式下均应按照取得时的实际成本核算。

1. 外购的投资性房地产

企业外购的土地使用权和建筑物，按照取得时的实际成本进行初始计量，借记“投资性房地产”科目，贷记“银行存款”等科目。取得时的实际成本包括购买价款、相关税费和可直接归属于该资产的其他支出。

企业购入的房地产，部分用于出租（或资本增值）、部分自用，用于出租（或资本增值）的部分应当予以单独确认的，应按照不同部分的公允价值占公允价值总额的比例将成本在不同部分之间进行分配。

【例 4-11】2023 年 2 月 20 日，宏达公司以银行存款 2 400 万元购入一栋写字楼，当即出租给乙企业，为期 5 年。假设不考虑相关税费及其他因素影响。宏达公司应作账务处理如下：

借：投资性房地产——写字楼　　24 000 000

　贷：银行存款　　24 000 000

2. 自行建造的投资性房地产

在采用成本模式计量下，自行建造的投资性房地产，其成本由建造该项资产达到预定可使用状态前发生的必要支出构成，包括土地开发费、建筑成本、安装成本、应予以资本化的借款费用、支付的其他费用和分摊的间接费用等。建造过程中发生的非正常性损失直接计入当期损益，不计入建造成本。按照建造过程中发生的成本，借记“投资性房地产”科目，贷记“银行存款”等科目。

【例 4-12】2023 年 2 月，振兴公司从其他单位购入一块使用年限为 50 年的土地，并在此土地上开始自行建造两栋厂房。2023 年 11 月，振兴公司预计厂房即将完工，与乙公司签订了经营租赁合同，将其中的一栋厂房租赁给乙公司使用。合同约定于厂房完工交付使用时开始起租，租赁期为 6 年，每年年末支付租金 150 万元。2023 年 12 月 5 日，两栋厂房同时完工达到预定可使用状态并交付使用。该土地使用权的成本为 600 万元，至 2023 年 12 月 5 日，该土地使用权已累计计提摊销 11 万元；两栋厂房的实际造价成本均为 600 万元，能够单独出售。两栋厂房占用土地分别为这块土地的一半面积。振兴公司应作账务处理如下：

借：固定资产——厂房　　6 000 000

　　投资性房地产——厂房　　6 000 000

　贷：在建工程——厂房　　12 000 000

将出租厂房应分摊的土地使用权转作投资性房地产时

借：投资性房地产——已出租土地使用权　　3 000 000

　　累计摊销　　55 000

贷：无形资产——土地使用权　　3 000 000
　　投资性房地产累计摊销　　55 000

在本例中，建造完工交付使用两栋楼，共占用土地使用权的成本为 600 万元，其中出租厂房占用的土地使用权的成本 300 万元由“无形资产——土地使用权”科目记入“投资性房地产——已出租土地所有权”科目；已计提土地使用权摊销应平均分摊，其中由出租厂房分摊的 5.5 万元由“累计摊销”科目记入“投资性房地产累计摊销”科目。

3. 自用房地产或存货转换为采用公允价值模式计量的投资性房地产

自用房地产或存货转换为采用公允价值模式计量的投资性房地产，该项投资性房地产应当按照转换日的公允价值计量。转换日的公允价值小于原账面价值的，其差额计入当期损益（公允价值变动损益）。转换日的公允价值大于原账面价值的，其差额作为其他综合收益核算。处置该项投资性房地产时，原计入其他综合收益的部分应当转入处置当期损益。

对公允价值变动损益的不同处理，一方面有利于满足谨慎性要求，即费用不应少计、收入不应多计，使得反映的净利润偏低；另一方面有利于满足可靠性要求，即公允价值增值有着客观确凿证据，理应如实记账，转换日的公允价值大于原账面价值的差额属于未实现损益，作为其他综合收益计入利润表但不增加净利润，这就既满足了谨慎性要求，又增加了会计核算的有用性要求。

（二）投资性房地产后续核算的账务处理

1. 采用成本模式对投资性房地产进行后续计量

在成本模式下，应当按照投资性房地产的实际成本进行计量，在持有期间比照固定资产或无形资产的相关规定计提折旧或摊销；存在减值迹象的，应当按照资产减值的相关规定进行处理。

【例 4-13】承【例 4-12】振兴公司按月计提投资性房地产折旧和摊销。预计出租的厂房使用寿命为 20 年，预计净残值为 0；土地使用权按 50 年摊销。按照年限平均法计提折旧和摊销。振兴公司应作账务处理如下；

（1）每月计提折旧 25 000 元和摊销 5 000 元。

借：其他业务成本——出租厂房折旧　　25 000
　　　　　　　　——投资性房地产累计摊销　　5 000
　贷：投资性房地产累计折旧　　25 000
　　　投资性房地产累计摊销　　5 000

（2）每月确认应收租金收入 12.5 万元。

借：其他应收款——应收租金（1 500 000÷12）　　125 000
　贷：其他业务收入　　125 000

2. 采用公允价值模式对投资性房地产进行后续计量

采用公允价值模式计量，企业应设置“投资性房地产——成本”科目和“投资性房地产——公允价值变动”科目及其“公允价值变动损益——投资性房地产”科目，分别核算投资性房地产的成本和后续计量公允价值变动及其由公允价值变动而产生的损益。采用公允价值模式进行后续核算，投资性房地产不应计提折旧或摊销。

【例 4-14】承【例 4-11】2023 年 2 月 20 日，宏达公司购入写字楼，支付价款共计 2 400 万元，与公允价值为相同金额。该写字楼所在区域有活跃的房地产交易市场，而且能够从房地产市场上获得同类房地产的市场报价。假设不考虑相关税费及其他因素影响。宏达公司采用公允价值模式对该项出租房地产进行后续核算。2023 年 12 月 31 日该写字楼的公允价值为 2 640 万元。宏达公司应作账务处理如下：

（1）2023 年 2 月 20 日，购入写字楼时

借：投资性房地产——成本　　24 000 000

　贷：银行存款　　24 000 000

（2）2023 年 12 月 31 日，按照公允价值调整其账面价值，公允价值与原账面价值之间的差额计入当期损益

借：投资性房地产——公允价值变动　　2 400 000

　贷：公允价值变动损益——投资性房地产　　2 400 000

（三）投资性房地产处置的账务处理

企业出售、转让、报废投资性房地产或者发生投资性房地产毁损，应当将处置收入扣除其账面价值和相关税费后的金额计入当期损益。

【例 4-15】甲公司将一幢出租用房出售，取得收入 2 000 万元存入银行。甲公司采用成本模式计量，该幢出租房的账面原值为 4 300 万元，已计提折旧 2 580 万元，未计提减值准备。假定不考虑相关税费等其他因素。甲公司应作账务处理如下：

借：银行存款　　20 000 000

　贷：其他业务收入　　20 000 000

借：其他业务成本　　17 200 000

　　投资性房地产累计折旧　　25 800 000

　贷：投资性房地产　　43 000 000

【例 4-16】乙公司将一幢出租用房出售，取得收入 4 300 万元存入银行。乙公司采用公允价值模式计量，该幢出租房出售时投资性房地产的成本明细科目借方余额为 4 300 万元、公允价值变动明细科目贷方余额为 100 万元。假定不考虑相关税费等其他因素。乙公司应作账务处理如下：

借：银行存款　　43 000 000

　贷：其他业务收入　　43 000 000

借：其他业务成本　　42 000 000

　　投资性房地产——公允价值变动　　1 000 000

　贷：投资性房地——成本　　43 000 000

第三节　固定资产

一、固定资产概述

（一）固定资产的概念和特征

根据《企业会计准则第 4 号——固定资产》的规定，固定资产是指同时具有下列特征的有形资产：①为生产商品、提供劳务、出租或经营管理而持有的；②使用寿命

超过一个会计年度。企业不符合以上条件的工具、器具等劳动资料，应当作为低值易耗品管理和核算。

从固定资产的定义可以看出，它具有以下特征：

第一，企业持有固定资产的目的，是用于生产商品、提供劳务、出租或经营管理的，也就是说企业持有固定资产的主要目的不是为了出售。其中“出租”的固定资产，是指企业以经营租赁方式出租的机器设备类固定资产，不包括以经营租赁方式出租的建筑物，后者属于企业的投资性房地产。

第二，企业使用固定资产的期限超过一个会计年度。这一特征表明企业固定资产属于非流动资产，其给企业带来的收益期超过一年，能在一年以上的时间里为企业创造经济利益。

（二）固定资产的分类

根据不同的管理需要和核算要求以及不同的分类标准，可以对固定资产进行不同的分类，主要有以下几种分类方法：

1. 按经济用途分类

按固定资产的经济用途分类，可分为生产经营用固定资产和非生产经营用固定资产。

（1）生产经营用固定资产。生产经营用固定资产，是指直接服务于企业生产、经营过程的各种固定资产，如生产经营用的房屋、建筑物、机器、设备、器具、工具等。

（2）非生产经营用固定资产。非生产经营用固定资产是指不直接服务于企业生产、经营过程的各种固定资产，如职工宿舍、食堂、职工俱乐部等使用的房屋、设备和其他固定资产等按照固定资产的经济用途分类，可以归类反映和监督企业生产经营用固定资产和非生产经营用固定资产之间，以及生产经营用各类固定资产之间的组成和变化情况，借以考核和分析企业固定资产的利用情况，促使企业合理地配置固定资产，充分发挥其效用，更加有效地利用企业的资产。

2. 综合分类

按固定资产的经济用途和使用情况等综合分类，可把企业的固定资产划分为七大类：

（1）生产经营用固定资产。

（2）非生产经营用固定资产。

（3）租出固定资产（指企业在经营租赁方式下出租给外单位使用的固定资产）。

（4）不需用固定资产。

（5）未使用固定资产。

（6）土地。土地是指过去已经估价单独入账的土地。（因征地而支付的补偿费，应计入与土地有关的房屋、建筑物的价值内，不单独作为土地价值入账。企业取得的土地使用权，应作为无形资产管理和核算，不作为固定资产管理和核算）

（7）租入固定资产。租入固定资产指企业除短期租赁和低价值资产租赁租入的固定资产外，该资产在租赁期内，应作为使用权资产进行核算与管理。

由于企业的经营性质不同，经营规模各异，对固定资产的分类不可能完全一致。但在实际工作中，企业大多以综合分类的方法作为编制固定资产目录、进行固定资产核算的依据。

（三）固定资产的管理

固定资产是企业生产经营管理过程中重要的劳动资料和物质基础，是固定资本的实物形态。企业应结合实际情况加强固定资产的监督管理，规范固定资产管理流程，明确固定资产的申请采购、验收、交付使用、处置报废等各环节的权、责、利，强化各有关部门及员工的职责、落实经管责任，保证固定资产会计核算资料的真实、准确、完整。应当防范因固定资产更新改造不够、使用效能低下、维护不当、产能过剩，可能导致的企业缺乏竞争力、资产价值贬损、安全事故频发或资源浪费等风险。具体要求主要有：

（1）正确预测并确定固定资产的需要量和规模。

（2）严格划分资本性支出和收益性支出的界限。合理确认并准确计量固定资产的价值；坚持实质重于形式的原则，正确区分固定资产和在建工程。

（3）加强固定资产的日常管理。在日常管理过程中，企业应建立和健全固定资产的管理责任制度，严格固定资产的采购、验收、交付使用、出售和报废清理及定期清查盘点等手续制度，确保各项经办业务的各项原始凭证真实、准确、完整，提高固定资产的使用效率和效果。

（4）正确核算固定资产折旧和减值，及时准确计提固定资产折旧，需要计提固定资产减值的应准确合理识别固定资产减值迹象并按规定计提减值，确保固定资产的及时更新改造。

二、固定资产核算的会计科目

为了反映和监督固定资产的取得、计提折旧和处置等情况，企业一般需要设置“固定资产”“累计折旧”“在建工程”“工程物资”“固定资产清理”等科目。

“固定资产”科目核算企业固定资产的原价，借方登记企业增加的固定资产原价，贷方登记企业减少的固定资产原价，期末借方余额，反映企业期末固定资产的账面原价。企业应当设置“固定资产登记簿”和“固定资产卡片”，按固定资产类别、使用部门和每项固定资产进行明细核算。

“累计折旧”科目属于“固定资产”的调整科目，核算企业固定资产的累计折旧，贷方登记企业计提的固定资产折旧，借方登记处置固定资产转出的累计折旧，期末贷方余额，反映企业固定资产的累计折旧额。

“在建工程”科目核算企业基建、更新改造等在建工程发生的支出，借方登记企业各项在建工程的实际支出，贷方登记完工工程转出的成本，期末借方余额，反映企业尚未达到预定可使用状态的在建工程的成本。

“工程物资”科目核算企业为在建工程而准备的各种物资的实际成本，借方登记企业购入工程物资的成本，贷方登记领用工程物资的成本，期末借方余额，反映企业为在建工程准备的各种物资的成本。

“固定资产清理”科目核算企业因出售、报废、毁损、对外投资、非货币性资产交换、债务重组等原因转入清理的固定资产价值以及在清理过程中发生的清理费用和清理收益。该科目借方登记转出的固定资产账面价值、清理过程中应支付的相关税费及其他费用，贷方登记出售固定资产取得的价款、残料价值和变价收入。期末借方余额，反映企业尚未清理完毕的固定资产清理净损失，期末如为贷方余额，则反映企业尚未清理完毕的固定资产清理净收益。固定资产清理完成，其借方登记转出的清理净收益，贷方登记转出的清理净损失，清理净损益结转后，“固定资产清理”科目无余额。企业应当按照被清理的固定资产项目设置明细账，进行明细核算。

此外，企业固定资产、在建工程、工程物资发生减值的，还应当设置“固定资产减值准备”“在建工程减值准备”“工程物资减值准备”等科目进行核算。

三、取得固定资产的账务处理

（一）外购固定资产

企业外购的固定资产，应按实际支付的购买价款、相关税费、使固定资产达到预定可使用状态前所发生的可归属于该项资产的运输费、装卸费、安装费和专业人员服务费等，作为固定资产的取得成本。其中，相关税费不包括按照现行增值税制度规定，可以从销项税额中抵扣的增值税进项税额。企业购入的固定资产，分为需要安装的固定资产和不需要安装的固定资产。

企业作为一般纳税人，购入不需要安装的固定资产时，应按支付的购买价款、使固定资产达到预定可使用状态前所发生的可归属于该项资产的运输费、装卸费和专业人员服务费等，作为固定资产成本，借记“固定资产”科目，取得增值税专用发票、海关完税证明或公路发票等增值税扣税凭证，并经税务机关认证可以抵扣的，应按专用发票上注明的增值税进项税额，借记“应交税费——应交增值税（进项税额）”科目，贷记“银行存款”“应付账款”等科目。

企业作为一般纳税人，购入需要安装的固定资产时，应在购入的固定资产取得成本的基础上加上安装调试成本作为入账成本。按照购入需安装的固定资产的取得成本，借记“在建工程”科目，按购入固定资产时可抵扣的增值税进项税额，借记“应交税费——应交增值税（进项税额）”科目，贷记“银行存款”“应付账款”等科目；按照发生的安装调试成本，借记“在建工程”科目，按取得的外部单位提供的增值税专用发票上注明的增值税进项税额，借记“应交税费——应交增值税（进项税额）”科目，贷记“银行存款”等科目；耗用了本单位的材料或人工的，按应承担的成本金额，借记“在建工程”科目，贷记“原材料”“应付职工薪酬”等科目。安装完成达到预定可使用状态时，由“在建工程”科目转入“固定资产”科目，借记“固定资产”科目，贷记“在建工程”科目。

企业作为小规模纳税人，购入固定资产发生的增值税进项税额应计入固定资产成本，借记“固定资产”或“在建工程”科目，不通过“应交税费—— 应交增值税”科目核算。

企业以一笔款项购入多项没有单独标价的固定资产，应将各项资产单独确认为固定资产，并按各项固定资产公允价值的比例对总成本进行分配，分别确定各项固定资产的成本。

【例 4-17】2023 年 3 月 1 日，宏达公司购入一台不需要安装的生产用 A 设备，取得的增值税专用发票上注明的设备价款为 200 000 元，增值税进项税额为 26 000 元，另支付运费并取得增值税专用发票，注明运费 1 000 元，税率 9%，增值税税额 90 元，款项以银行存款转账支付。宏达公司为增值税一般纳税人，应编制如下会计分录：

借：固定资产——A 设备　　201 000

　　应交税费——应交增值税（进项税额）　　26 090

　贷：银行存款　　227 090

在本例中，购入固定资产的买价 200 000 元、发生的运费 1 000 元，均应计入固定资产成本。

【例 4-18】2023 年 5 月 16 日，宏达公司用银行存款购入一台需要安装的设备，取得的增值税专用发票上注明的价款为 100 000 元，增值税税额为 13 000 元，支付安装费并取得增值税专用发票，注明安装费为 20 000 元，税率为 9%，增值税税额为 1 800 元。宏达公司为增值税一般纳税人，应编制如下会计分录：

（1）购入进行安装时

借：在建工程　　100 000

　　应交税费——应交增值税（进项税额）　　13 000

　贷：银行存款　　113 000

（2）支付安装费时

借：在建工程　　20 000

　　应交税费——应交增值税（进项税额）　　1 800

　贷：银行存款　　21 800

（3）设备安装完毕达到预定可使用状态交付使用时

该设备的成本 = 100 000+20 000 = 120 000（元）

借：固定资产　　120 000

　贷：在建工程　　120 000

【例 4-19】2023 年 7 月 1 日，宏达公司一次购入不同型号的生产设备 A、B、C 各一台，取得的增值税专用发票上注明的价款为 700 000 元，增值税税额为 91 000 元，另支付包装费 20 000 元，增值税税额为 1 200 元，全部款项以银行存款转账支付。其公允价值分别为 300 000 元、140 000 元、160 000 元，已交付使用。宏达公司为增值税一般纳税人，购入固定资产的入账价值及账务处理如下：

（1）分配固定资产的价值，确定设备 A、B、C 各自的成本。

应计入固定资产的总金额 = 700 000+20 000 = 720 000（元）

分配率 = 720 000÷（300 000+140 000+160 000）= 1.2

A 设备应分摊的价值 = 300 000×1.2 = 360 000（元）

B 设备应分摊的价值 = 140 000×1.2 = 168 000（元）

C 设备应分摊的价值 = 160 000×1.2 = 192 000（元）

（2）宏达公司应编制如下会计分录：

借：固定资产——设备 A　　360 000

　　　　　　——设备 B　　168 000

　　　　　　——设备 C　　192 000

　　应交税费——应交增值税（进项税额）　　92 200

　贷：银行存款　　812 200

【例 4-20】甲公司为增值税小规模纳税人，2023 年 5 月 10 日用银行存款购入一台需要安装的设备，增值税专用发票上注明的价款为 200 000 元，增值税税额为 26 000 元，支付安装费 40 000 元，增值税税额为 3 600 元。甲公司应编制如下会计分录：

（1）购入进行安装时

借：在建工程　　226 000

　贷：银行存款　　226 000

（2）支付安装费时

借：在建工程　　43 600

　贷：银行存款　　43 600

（3）设备安装完毕交付使用时

该设备的成本＝226 000+43 600＝269 600（元）

借：固定资产　　269 600

　贷：在建工程　　269 600

在本例中，由于甲公司为小规模纳税人，按照现行增值税法律制度规定，其购入固定资产发生的增值税进项税额合计为 29 600 元，不得从销项税额中抵扣，而应计入固定资产成本，记入“在建工程”科目的借方。

（二）建造固定资产

企业自行建造固定资产，应当按照建造该项资产达到预定可使用状态前所发生的必要支出，作为固定资产的成本。

企业自行建造固定资产，应先通过“在建工程”科目核算，工程达到预定可使用状态时，再从“在建工程”科目转入“固定资产”科目。企业自行建造固定资产，主要有自营和出包两种方式，由于采用的建设方式不同，其会计处理也不同。

1. 自营工程

自营工程是指企业自行组织工程物资采购、自行组织施工人员施工的建筑工程和安装工程。购入工程物资时，按已认证的增值税专用发票上注明的价款，借记“工程物资”科目；按增值税专用发票上注明的增值税进项税额，借记“应交税费——应交增值税（进项税额）”科目，按实际支付或应付的金额，贷记“银行存款”“应付账款”等科目。领用工程物资时，借记“在建工程”科目，贷记“工程物资”科目。在建工程领用本企业原材料时，借记“在建工程”科目，贷记“原材料”等科目。在建工程领用本企业生产的商品时，借记“在建工程”科目，贷记“库存商品”科目。自营工程发生的其他费用（如分配工程人员薪酬等），借记“在建工程”科目，贷记“银行存款”“应付职工薪酬”等科目。自营工程达到预定可使用状态时，按其成本，借记“固定资产”科目，贷记“在建工程”科目。

【例 4-21】甲公司为增值税一般纳税人，2023 年 6 月 1 日，自行建造厂房一幢，购入建造工程用的各种物资 1 000 000 元，增值税专用发票上注明的增值税税额为 130 000 元，全部用于工程建设。领用本企业生产的水泥一批，实际成本为 800 000 元，应计工程人员薪酬 200 000 元。支付的安装费取得增值税专用发票上注明的安装费为 60 000 元，税率为 9%，增值税税额为 5 400 元。工程完工并达到预定可使用状态，甲公司应编制如下会计分录：

（1）购入工程物资时

借：工程物资　　1 000 000

　　应交税费——应交增值税（进项税额）　　130 000

　贷：银行存款　　1 130 000

（2）工程领用全部工程物资时

借：在建工程　　1 000 000

　贷：工程物资　　1 000 000

（3）工程领用本企业生产的水泥时

借：在建工程　　800 000

　贷：库存商品　　800 000

（4）分配工程人员薪酬时

借：在建工程　　200 000

　贷：应付职工薪酬　　200 000

（5）支付工程发生的其他费用时

借：在建工程　　60 000

　　应交税费—— 应交增值税（进项税额）　　5 400

　贷：银行存款　　65 400

（6）工程完工结转固定资产时

转入固定资产的成本＝1 000 000+800 000+200 000+60 000＝2 060 000（元）

借：固定资产　　2 060 000

　贷：在建工程　　2 060 000

2. 出包工程

出包工程是指企业通过招标方式将工程项目发包给建造承包商，由建造承包商组织施工的建筑工程和安装工程。企业采用出包方式进行的固定资产工程，其工程的具体支出主要由建造承包商核算，在这种方式下，“在建工程”科目主要反映企业与建造承包商办理工程价款结算的情况，企业支付给建造承包商的工程价款作为工程成本，通过“在建工程”科目核算。

企业按合理估计的发包工程进度和合同规定向建造承包商结算进度款，并由对方开具增值税专用发票，按增值税专用发票上注明的价款，借记“在建工程”科目，按增值税专用发票上注明的增值税进项税额，借记“应交税费——应交增值税（进项税额）”科目，按应实际支付的金额，贷记“银行存款”科目。工程达到预定可使用状态时，按其成本，借记“固定资产”科目，贷记“在建工程”科目。

【例 4-22】甲公司为增值税一般纳税人，2023 年 7 月 1 日，将一幢厂房的建造工程出包给丙公司（增值税一般纳税人）承建，按合理估计的发包工程进度和合同规定向丙公司结算进度款并取得丙公司开具的增值税专用发票，注明工程款为 300 000 元，税率为 9%，增值税税额为 27 000 元。2023 年 4 月 1 日，工程完工后，收到丙公司有关工程结算单据和增值税专用发票，补付工程款并取得丙公司开具的增值税专用发票，注明工程款为 200 000 元，税率为 9%，增值税税额为 18 000 元。工程完工并达到预定可使用状态，甲公司应编制如下会计分录：

（1）按合理估计的发包工程进度和合同规定向丙公司结算进度款时

借：在建工程　　300 000

　　应交税费——应交增值税（进项税额）　　27 000

　贷：银行存款　　327 000

（2）补付工程款时

借：在建工程　　200 000

　　应交税费——应交增值税（进项税额）　　18 000

　贷：银行存款　　218 000

（3）工程完工并达到预定可使用状态时

借：固定资产　　500 000

　贷：在建工程　　500 000

四、固定资产折旧

（一）固定资产折旧概述

固定资产折旧是指在固定资产的使用寿命内，按照确定的方法对应计折旧额进行系统分摊。所谓应计折旧额，是指应当计提折旧的固定资产原价扣除其预计净残值后的金额，已计提减值准备的固定资产，还应当扣除已计提的固定资产减值准备累计金额。企业应当根据固定资产的性质和使用情况，合理确定固定资产的使用寿命和预计净残值。固定资产的使用寿命、预计净残值一经确定，不得随意变更。

1. 影响固定资产折旧的主要因素

（1）固定资产原价，是指固定资产的成本。

（2）预计净残值，是指假定固定资产预计使用寿命已满并处于使用寿命终了时的预期状态，企业目前从该项资产处置中获得的扣除预计处置费用后的金额。

（3）固定资产减值准备，是指固定资产已计提的固定资产减值准备累计金额。

（4）固定资产的使用寿命，是指企业使用固定资产的预计期间，或者该固定资产所能生产产品或提供劳务的数量。企业确定固定资产使用寿命时，应当考虑下列因素：该项资产预计的生产能力或实物产量；该项资产预计的有形损耗，如设备使用中发生磨损、房屋建筑物受到自然侵蚀等；该项资产预计的无形损耗，如因新技术的出现而使现有的资产技术水平相对陈旧、市场需求变化使产品过时等；法律或者类似规定对该项资产使用的限制。

2. 固定资产的折旧范围

除以下情况外，企业应当对所有固定资产计提折旧：

（1）已提足折旧仍继续使用的固定资产。

（2）单独计价入账的土地。

在确定计提折旧的范围时，还应注意以下几点：

（1）固定资产应当按月计提折旧，当月增加的固定资产，当月不计提折旧，从下月起计提折旧；当月减少的固定资产，当月仍计提折旧，从下月起不计提折旧。

（2）固定资产提足折旧后，不论能否继续使用，均不再计提折旧；提前报废的固定资产，也不再补提折旧。所谓提足折旧，是指已经提足该项固定资产的应计折旧额。

（3）已达到预定可使用状态但尚未办理竣工决算的固定资产，应当按照估计价值确定其成本，并计提折旧；待办理竣工决算后，再按实际成本调整原来的暂估价值，但不需要调整原已计提的折旧额。

3. 固定资产使用寿命、预计净残值和折旧方法的复核

企业至少应当于每年年度终了，对固定资产的使用寿命、预计净残值和折旧方法进行复核。使用寿命预计数与原先估计数有差异的，应当调整固定资产使用寿命。预计净残值预计数与原先估计数有差异的，应当调整预计净残值。与固定资产有关的经济利益预期消耗方式有重大改变的，应当改变固定资产折旧方法。上述事项在报经股东大会或董事会、经理（厂长）会议或类似机构批准后，作为计提折旧的依据，并按照法律、行政法规等的规定报送有关部门备案。

固定资产使用寿命、预计净残值和折旧方法的改变应当作为会计估计变更进行会计处理。

（二）固定资产的折旧方法

企业应当根据与固定资产有关的经济利益的预期消耗方式，合理选择固定资产折旧方法。可选用的折旧方法包括年限平均法（又称直线法）、工作量法、双倍余额递减法和年数总和法等。

1. 年限平均法

采用年限平均法计提固定资产折旧，其特点是将固定资产的应计折旧额均衡地分摊到固定资产预计使用寿命内，采用这种方法计算的折旧额每期是相等的。

年限平均法的计算公式如下：

年折旧率=（1-预计净残值率）÷预计使用寿命（年）×100%

月折旧率=年折旧率÷12

月折旧额=固定资产原价×月折旧率

【例4-23】宏达公司有一幢厂房，原价为3 000 000元，预计可使用20年，预计报废时的净残值率为4%。该厂房的折旧率和折旧额的计算如下：

年折旧率=（1-4%）÷20×100%=4.8%

月折旧率=4.8%÷12=0.4%

月折旧额=3 000 000×0.4%=120 000（元）

2. 工作量法

工作量法是指根据实际工作量计算固定资产每期应计提折旧额的一种方法。工作量法的基本计算公式如下：

单位工作量折旧额=［固定资产原价×（1-预计净残值率）］÷预计总工作量某项固定资产月折旧额=该项固定资产当月工作量×单位工作量折旧额

【例4-24】宏达公司于2023年2月20日购入一辆运货卡车，取得时增值税专用发票注明的价款为300 000元，增值税税额为39 000元。预计总行驶里程为500 000千米。预计报废时的净残值为5%。该企业对运货卡车采用工作量法计提折旧。3月份卡车行驶里程为3 000千米。该辆货车月折旧额计算如下：

单位里程折旧额=300 000×（1-5%）÷500 000=0.57（元/千米）

本月折旧额=3 000×0.57=1 710（元）

3. 双倍余额递减法

双倍余额递减法是指在不考虑固定资产预计净残值的情况下，根据每期期初固定资产原价减去累计折旧后的余额和双倍的直线法折旧率计算固定资产折旧的一种方法。采用双倍余额递减法计提固定资产折旧，一般应在固定资产使用寿命到期前两年内，将固定资产账面净值扣除预计净残值后的余额平均摊销。

双倍余额递减法的计算公式如下：

年折旧率＝2÷预计使用年限×100%

年折旧额＝每个折旧年度年初固定资产账面净值×年折旧率

月折旧额＝年折旧额÷12

需要注意的是，这里的折旧年度是指"以固定资产开始计提折旧的月份为始计算的1个年度期间"，如某公司某年3月取得某项固定资产，其折旧年度为"从当年4月至第二年3月的期间"。

【例4-25】宏达公司购入一台机器设备，原值为40 000元，预计净残值率为2%，使用年限为5年。固定资产采用双倍余额递减法计提折旧。每年的折旧额计算如下：

双倍直线年折旧率＝2×1/5×100%＝40%

预计净残值＝40 000×2%＝800（元）

各年计算折旧额如表4-1所示。

表4-1 折旧计算表

（双倍余额递减法）

单位：元

年次	年初净值	折旧率	年折旧额	累计折旧额	年末净值
1	40 000	40%	16 000	16 000	24 000
2	24 000	40%	9 600	25 600	14 400
3	14 400	40%	5 760	31 360	8 640
4	8 640	—	3 920	35 280	4 720
5	4 720	—	3 920	39 200	800

第4年起改用年限平均法。其年折旧额为：（8 640－800）÷2＝3 920（元）

从上例可知，双倍余额递减法仅仅是在确定双倍的直线折旧率时不考虑固定资产的净残值或假设净残值为零，实际计算时则必须考虑固定资产的净残值，并且必须做到虽然固定资产整个使用期间计提的折旧额各期不同，但是计提的各期间的折旧额之和等于应计折旧总额。从表4-1中可以看出，采用这种方法，在固定资产使用到期前的最后两年之前，固定资产的年折旧率保持不变，固定资产账面净额逐年减少，固定资产使用早期计提折旧高，以后逐年递减，反映的会计处理结果比较稳健，有利于固定资产投入早期回收垫支的固定资金，加速资金周转和固定资产的更新，促进技术进步。

4. 年数总和法

年数总和法是指将固定资产的原价减去预计净残值后的余额，乘以一个逐年递减的分数计算每年的折旧额，这个分数的分子为固定资产尚可使用寿命，分母为固定资产预计使用寿命逐年数字总和。

年数总和法的计算公式如下：

年折旧率=(预计使用寿命-已使用年限)÷[预计使用寿命×(预计使用寿命+1)÷2]×100%

或者：

年折旧率=尚可使用年限÷预计使用寿命的年数总和×100%

年折旧额=（固定资产原价-预计净残值）×年折旧率

【例 4-26】若【例 4-25】固定资产采用年数总和法计提折旧。

各年折旧率和折旧额计算如表 4-2 所示。

表 4-2　折旧计算表

（年数总和法）

单位：元

年份	应计折旧总额	折旧率	折旧额	累计折旧额
1	39 200	5/15	13 066. 67	13 066. 67
2	39 200	4/15	10 453. 33	23 520
3	39 200	3/15	7 840	31 360
4	39 200	2/15	5 226. 67	36 586. 67
5	39 200	1/15	2 613. 33	39 200

本例采用年数总和法计提固定资产折旧，从表 4-2 可以看出，在这种方法下，各年中固定资产的原价减去预计净残值的余额始终保持不变，年折旧率逐年降低，折旧额逐年减少，逐年降低的幅度较双倍余额递减法有所减缓，会计处理结果比较稳健。

（三）固定资产折旧的账务处理

固定资产应当按月计提折旧，计提的折旧应当记入“累计折旧”科目，根据固定资产的用途和受益对象性质计入相关资产的成本或者当期损益。

企业自行建造固定资产过程中使用的固定资产，其计提的折旧应计入在建工程成本；基本生产车间使用的固定资产，其计提的折旧应计入制造费用；管埋部门使用的固定资产，其计提的折旧应计入管理费用；销售部门使用的固定资产，其计提的折旧应计入销售费用；经营租出的固定资产，其计提的折旧应计入其他业务成本。

企业计提固定资产折旧时，借记“在建工程”“制造费用”“管理费用”“销售费用”“其他业务成本”等科目，贷记“累计折旧”科目。

各月固定资产折旧额的计算，可通过编制折旧计算表进行。折旧计算表是在上月份计提折旧的基础上，调整上月增减固定资产应计折旧额对本月折旧额的影响而确定本月折旧额。其计算公式如下：

本月应提折旧额=上月计提折旧额+上月增加固定资产应计折旧额-上月减少固定资产应计折旧额

【例 4-27】某企业会计部门根据各使用部门编制的 2023 年 5 月份固定资产折旧计算表，汇总编制的本企业折旧计算汇总表如表 4-3 所示。

表 4-3　固定资产折旧计算汇总表

2023 年 5 月份　　　　　　　　　　　　单位：元

使用部门		上月计提折旧额	上月增加固定资产应计折旧额	上月减少固定资产应计折旧额	本月应计折旧额
生产部门	生产用	207 000	150 00	2 000	220 000
	管理用	23 000	5 000		28 000
	合计	230 000	20 000	2 000	248 000
行政管理部门		45 000		3 000	42 000
出租		5 000			5 000
总计		280 000	20 000	5 000	295 000

根据表 4-3 作会计分录如下：

借：制造费用　　248 000
　　管理费用　　42 000
　　其他业务支出　　5 000
　贷：累计折旧　　295 000

五、固定资产发生的后续支出

固定资产的后续支出，是指固定资产在使用过程中发生的更新改造支出、修理费用等。

固定资产的更新改造、修理等后续支出，满足固定资产确认条件的，应当计入固定资产成本，如有被替换的部分，应同时将被替换部分的账面价值从该固定资产原账面价值中扣除；不满足固定资产确认条件的后续支出，应当在发生时计入当期损益。

固定资产发生属于资本化的后续支出时，应当通过“在建工程”科目核算。固定资产发生属于资本化的后续支出时，企业应将该固定资产的原价、已计提的累计折旧和减值准备转销，将固定资产的账面价值转入在建工程，借记“在建工程”“累计折旧”“固定资产减值准备”等科目，贷记“固定资产”科目。发生属于资本化的后续支出时取得增值税专用发票的，应借记“在建工程”科目，按增值税专用发票上注明的增值税进项税额，借记“应交税费——应交增值税（进项税额）”科目，按实际支付的金额，贷记“银行存款”等科目。发生后续支出的固定资产达到预定可使用状态时，借记“固定资产”科目，贷记“在建工程”科目。

企业行政管理部门的固定资产发生不属于资本化的后续支出，例如，固定资产日常修理费用及其可抵扣的增值税进项税额，应借记“管理费用”“应交税费——应交增值税（进项税额）”科目，贷记“银行存款”等科目；企业专设销售机构的固定资产发生不属于资本化的后续支出，例如，固定资产日常修理费用及其可抵扣的增值税进项税额，应借记“销售费用”“应交税费——应交增值税（进项税额）”科目，贷记“银行存款”等科目。

【例 4-28】宏达公司 2023 年 4 月对一台原值 600 000 元，已提折旧 420 000 万元的设备进行更新改造。改造过程中领用工程物资 90 000 元，应付工程人员的工资 78 000

万元，以存款支付其他支出 60 000 元，被替换部分的账面价值 72 000 元作为原材料入库。宏达公司账务处理如下：

（1）转出更新改造设备账面价值

借：在建工程　　180 000

　　累计折旧　　420 000

　贷：固定资产　　600 000

（2）发生的改扩建支出

借：在建工程　　228 000

　贷：工程物资　　90 000

　　　应付职工薪酬　　78 000

　　　银行存款　　60 000

（3）替换部分的账面价值入库

借：原材料　　72 000

　贷：在建工程　　72 000

（4）改扩建工程完工

借：固定资产　　336 000

　贷：在建工程　　336 000

【例 4-29】甲公司为增值税一般纳税人，2023 年 8 月 1 日，自行对管理部门使用的设备进行日常修理，发生修理费并取得增值税专用发票，注明修理费 2 500 元，税率 13%，增值税税额 325 元。甲公司应编制如下会计分录：

借：管理费用　　2 500

　　应交税费——应交增值税（进项税额）　　325

　贷：银行存款　　2 825

在本例中，甲公司对管理部门使用的设备进行日常修理发生的修理费不符合固定资产后续资本化的条件，应将其在发生时计入当期损益，记入“管理费用”科目。

六、处置固定资产

固定资产处置，即固定资产的终止确认，包括固定资产的出售、报废、毁损、对外投资、非货币性资产交换、债务重组等。

企业在生产经营过程中，可能将不适用或不需用的固定资产对外出售转让，或因磨损、技术进步等原因对固定资产进行报废，或因遭受自然灾害而对毁损的固定资产进行处理。对于上述交易或事项在进行会计处理时，应当按照规定程序办理有关手续，结转固定资产的账面价值，计算有关的清理收入、清理费用及残料价值等，清理完毕，结转固定资产清理损益。

企业处置固定资产应通过“固定资产清理”科目核算。通常包括以下环节：

（一）固定资产转入清理

企业因出售、报废、毁损、对外投资、非货币性资产交换、债务重组等转出的固定资产，按该项固定资产的账面价值，借记“固定资产清理”科目，按已计提的累计折旧，借记“累计折旧”科目，按已计提的减值准备，借记“固定资产减值准备”科目，按其账面原价，贷记“固定资产”科目。

（二）结算清理费用等

固定资产清理过程中，支付的清理费用及其可抵扣的增值税进项税额，借记“固定资产清理”“应交税费——应交增值税（进项税额）”科目，贷记“银行存款”等科目。

（三）收回出售固定资产的价款、残料价值和变价收入等

收回出售固定资产的价款和税款，借记“银行存款”科目，按增值税专用发票上注明的价款，贷记“固定资产清理”科目，按增值税专用发票上注明的增值税销项税额，贷记“应交税费——应交增值税（销项税额）”科目。残料入库，按残料价值，借记“原材料”等科目，贷记“固定资产清理”科目。

（四）确认应收责任单位（或个人）赔偿损失

应由保险公司或过失人赔偿的损失，借记“其他应收款”等科目，贷记“固定资产清理”科目。

（五）结转清理净损益

固定资产清理完成后，对清理净损益，应区分不同情况进行账务处理：

（1）因固定资产已丧失使用功能或因自然灾害发生毁损等原因而报废清理产生的利得或损失应计入营业外收支。属于生产经营期间正常报废清理产生的处理净损失，借记“营业外支出——非流动资产处置损失”科目，贷记“固定资产清理”科目；属于生产经营期间由于自然灾害等非正常原因造成的，借记“营业外支出——非常损失”科目，贷记“固定资产清理”科目；如为净收益，借记“固定资产清理”科目，贷记“营业外收入——非流动资产处置利得”科目。

（2）因出售、转让等原因产生的固定资产处置利得或损失应计入资产处置收益。确认处置净损失，借记“资产处置损益”科目，贷记“固定资产清理”科目；如为净收益，借记“固定资产清理”科目，贷记“资产处置损益”科目。

【例 4-30】宏达公司一台设备因使用期已满经批准报废。该设备原值为 1 500 000 元，已提折旧 1 350 000 元。在清理中，以银行存款支付清理费用 9 000 元，出售残料收入 30 000 元，增值税税额为 3 900 元，款项已存入银行。宏达公司作会计分录如下：

（1）固定资产转入清理时

借：固定资产清理	150 000	
累计折旧	1 350 000	
贷：固定资产		1 500 000

（2）支付清理费用时

借：固定资产清理	9 000	
贷：银行存款		9 000

（3）残料收入存入银行时

借：银行存款	33 900	
贷：固定资产清理		30 000
应交税费——应交增值税（销项税额）		3 900

（4）结转报废固定资产发生的净损失时

借：营业外支出——非流动资产处置损失　　129 000

　贷：固定资产清理　　129 000

在本例中，固定资产清理结束时，“固定资产清理”科目为借方余额129 000元（150 000+9 000-30 000），由于属于生产经营期间正常的处置净损失，应结转至“营业外支出——非流动资产处置损失”科目的借方，结转后“固定资产清理”科目无余额。

【例4-31】甲公司为增值税一般纳税人，2023年12月30日，出售一座建筑物（该建筑物系2019年6月1日自建完工达到预定可使用状态），原价（成本）为1 000 000元，已计提折旧750 000元，未计提减值准备。收到出售价款600 000元，增值税税率为9%，增值税税额为54 000元，款项已存入银行。不考虑其他相关因素。甲公司应编制如下会计分录：

（1）将出售固定资产转入清理时

借：固定资产清理　　250 000

　　累计折旧　　750 000

　贷：固定资产　　1 000 000

（2）收到出售固定资产的价款和税款时

借：银行存款　　654 000

　贷：固定资产清理　　600 000

　　　应交税费——应交增值税（销项税额）　　54 000

（3）结转出售固定资产实现的利得时

借：固定资产清理　　350 000

　贷：资产处置损益　　350 000

在本例中，固定资产清理完毕时，“固定资产清理”科目为贷方余额350 000元（600 000-250 000），属于处置净收益，应结转至“资产处置损益”科目的贷方，结转后“固定资产清理”科目无余额。

【例4-32】宏达公司因遭受洪水毁损一座仓库，该仓库原价2 000 000元，已计提折旧500 000元，未计提减值准备。其残料估计价值25 000元，残料已办理入库。发生清理费用并取得增值税专用发票，注明的装卸费为10 000元，增值税税额为600元，全部款项以银行存款支付。收到保险公司理赔款750 000元，存入银行。假定不考虑其他相关税费。宏达公司应编制如下会计分录：

（1）将毁损的仓库转入清理时

借：固定资产清理　　1 500 000

　　累计折旧　　500 000

　贷：固定资产　　2 000 000

（2）残料入库时

借：原材料　　25 000

　贷：固定资产清理　　25 000

（3）支付清理费用时

借：固定资产清理　　10 000

　　应交税费——应交增值税（进项税额）　　600

　贷：银行存款　　10 600

(4) 确认并收到保险公司理赔款项时

借：其他应收款　750 000

　贷：固定资产清理　750 000

借：银行存款　750 000

　贷：其他应收款　750 000

(5) 结转毁损固定资产损失时

借：营业外支出——非常损失　735 000

　贷：固定资产清理　735 000

在本例中，固定资产清理结束时，“固定资产清理”科目为借方余额735 000元(1 500 000-25 000+10 000-750 000)，由于属于自然灾害等非正常原因造成的清理净损失，应结转至“营业外支出——非常损失”科目的借方，结转后“固定资产清理”科目无余额。

七、固定资产清查

为保证固定资产核算的真实性，充分挖掘企业现有固定资产的潜力，企业应当定期或者至少于每年年末对固定资产进行清查盘点。在固定资产清查过程中，如果发现盘盈、盘亏的固定资产，应当填制固定资产盘盈盘亏报告表。清查固定资产的损溢，应当及时查明原因，并按照规定程序报批处理。

(一) 固定资产的盘盈

企业在财产清查中盘盈的固定资产，应当作为重要的前期差错进行会计处理。企业在财产清查中盘盈的固定资产，在按管理权限报经批准处理前，应先通过“以前年度损益调整”科目核算。

盘盈的固定资产，应按重置成本确定其入账价值，借记“固定资产”科目，贷记“以前年度损益调整”科目；由于以前年度损益调整而增加的所得税费用，借记“以前年度损益调整”科目，贷记“应交税费——应交所得税”科目；将以前年度损益调整科目余额转入留存收益时，借记“以前年度损益调整”科目，贷记“盈余公积”“利润分配——未分配利润”科目。

【例4-33】宏达公司年终盘点时，盘盈生产设备一台，重置成本为25 000元，估计已损耗价值8 000元。报经有关部门审批后，将盘盈的生产设备净值转为营业外收入。根据以上资料编制会计分录：

(1) 盘盈生产设备时

借：固定资产　17 000

　贷：待处理财产损溢——待处理固定资产损溢　17 000

(2) 报经有关部门审批后

借：待处理财产损溢——待处理固定资产损溢　17 000

　贷：营业外收入——固定资产盘盈　17 000

【例4-34】宏达公司年终盘点时，盘盈生产设备一台，重置成本为25 000元。假定宏达公司按净利润的10%提取法定盈余公积，不考虑相关税费及其他因素的影响。宏达公司应编制如下会计分录：

（1）盘盈固定资产时

借：固定资产　　25 000

　贷：以前年度损益调整　　25 000

（2）结转为留存收益时

借：以前年度损益调整　　25 000

　贷：盈余公积——法定盈余公积　　2 500

　　利润分配——未分配利润　　22 500

在本例中，盘盈固定资产应作为重要的前期差错进行会计处理，应通过“以前年度损益调整”科目进行核算。

（二）固定资产的盘亏

企业在财产清查中盘亏的固定资产，按照盘亏固定资产的账面价值，借记“待处理财产损溢”科目，按照已计提的累计折旧，借记“累计折旧”科目，按照已计提的减值准备，借记“固定资产减值准备”科目，按照固定资产的原价，贷记“固定资产”科目。

企业按照管理权限报经批准后处理时，按照可收回的保险赔偿或过失人赔偿，借记“其他应收款”科目，按照应计入营业外支出的金额，借记“营业外支出——盘亏损失”科目，贷记“待处理财产损溢”科目。

【例 4-35】宏达公司年终财产清查时发现 A 车间在用的拖车比账面数少一台，该拖车原价 40 000 元，已折旧 20 000 元，购入时增值税税额为 5 200 元。宏达公司应编制如下会计分录：

（1）盘亏拖车时

借：待处理财产损溢——待处理固定资产损溢　　20 000

　　累计折旧　　20 000

　贷：固定资产　　40 000

（2）转出不可抵扣的进项税额时

借：待处理财产损溢　　2 600

　贷：应交税费——应交增值税（进项税额转出）　　2 600

（3）经查该拖车是由于 A 车间保管员看守不当致被盗，经研究决定，保管员罚款 1 000 元，罚款当即以现金收到，其余列为营业外支出。其分录为：

借：库存现金　　1 000

　　营业外支出——盘亏损失　　21 600

　贷：待处理财产损溢——待处理固定资产损溢　　22 600

根据现行增值税制度的规定，购进货物及不动产发生非正常损失，其负担的进项税额不得抵扣，其中购进货物包括被确认为固定资产的货物。但是，如果盘亏的是固定资产，应按其账面净值（即固定资产原价-已计提折旧）乘以适用税率计算不可以抵扣的进项税额。据此，在本例中，该辆拖车因盘亏，其购入时的增值税进项税额中不可从销项税额中抵扣的金额为 2 600 元［（40 000-20 000）×13%］. 应借记“待处理财产损溢”科目，贷记“应交税费——应交增值税（进项税额转出）”科目。

八、固定资产减值

固定资产的初始入账价值为历史成本，由于固定资产使用年限较长，市场条件和经营环境的变化、科学技术的进步以及企业经营管理不善等原因，都可能导致固定资产创造未来经济利益的能力下降。因此，固定资产的真实价值有可能低于账面价值，在期末必须对固定资产减值损失进行确认。

固定资产在资产负债表日存在可能发生减值的迹象时，其可收回金额低于账面价值的，企业应当将该固定资产的账面价值减记至可收回金额，减记的金额确认为减值损失，计入当期损益，借记“资产减值损失——固定资产减值损失”科目，同时，计提相应的资产减值准备，贷记“固定资产减值准备”科目。

需要强调的是，根据《企业会计准则第 8 号——资产减值》的规定，企业固定资产减值损失一经确认，在以后会计期间不得转回。

【例 4-36】2023 年 12 月 31 日，宏达公司的某台生产设备有可能发生减值。经计算，该生产设备的可收回金额合计为 615 000 元，账面价值为 700 000 元，以前年度未对该生产线计提过减值准备。由于该生产线的可收回金额为 615 000 元，账面价值为 700 000 元，可收回金额低于账面价值，应按两者之间的差额 85 000 元（700 000-615 000）计提固定资产减值准备。宏达公司应编制如下会计分录：

借：资产减值损失——固定资产减值损失　　85 000

　贷：固定资产减值准备　　85 000

第四节　无形资产和长期待摊费用

一、无形资产

（一）无形资产的概念和特征

1. 无形资产的概念

无形资产，是指企业拥有或者控制的没有实物形态的可辨认非货币性资产。通常包括专利权、非专利技术、商标权、著作权、土地使用权、特许权等。无形资产尽管没有实体，但具有很大价值，并且能在较长时间内为企业提供服务、能为企业带来经济利益，是企业从事生产经营活动的经济资源，属于企业的长期资产。

2. 无形资产的特征

无形资产具有以下主要特征：

（1）具有资产基本特征。由企业拥有或者控制并能为其带来未来经济利益是无形资产作为一项资产的基本特征。

（2）不具有实物形态。无形资产是不具有实物形态的资产，通常表现为某种能为企业带来未来经济利益的权利，如非专利技术、土地使用权等。

（3）具有可辨认性。资产满足下列条件之一的，符合无形资产定义中的可辨认性标准：

①能够从企业中分离或者划分出来，并能单独用于出售或转让等。在处置时不需要同时处置在同一获利活动中的其他资产，表明无形资产可辨认；或者在处置时需要与有关的合同一起用于出售转让等，视为无形资产可辨认。企业自创商誉及内部产生的品牌、报刊名等，无法与企业的整体资产分离而存在，不具有可辨认性，按现行会计准则规定不应确认为无形资产。

②源自合同性权利或其他法定权利，无论这些权利是否可以从企业或其他权利和义务中转移或者分离。如一方通过与另一方签订特许权合同而获得的特许使用权，通过法律程序申请获得的商标权、专利权等。

（4）属于非货币性资产。无形资产在持有期间为企业带来未来经济利益的情况不确定，不属于以固定或可确定的金额收取的资产。无形资产的存在形态不具有货币性资产形态特征。

无形资产是经济增长中的决定性因素。企业无形资产的规模和质量决定着创新型企业的技术水平、创新资源、创新能力和创新效率等核心竞争力和可持续发展能力，无形资产相对于有形资产在保持和增强企业持久经济利益流入中越来越重要。无形资产准确及时的确认与计量、提供高质量的无形资产会计核算资料和会计信息，可防范和化解企业因无形资产权属不清、技术落后、缺乏核心技术、管理失当、存在重大技术安全隐患等导致企业法律纠纷、缺乏可持续发展能力风险，并对引导创新决策、有效配置创新资源等方面具有重要意义和作用。

（二）无形资产的确认条件

无形资产在符合定义的前提下，同时满足以下两个确认条件时，应当予以确认：

（1）与该无形资产有关的经济利益很可能流入企业。

（2）该无形资产的成本能够可靠地计量。

企业在判断无形资产有关的经济利益是否很可能流入企业，需要对无形资产在预计使用寿命期内可能存在的各种经济因素做出合理的估计，并且应当有确凿的证据支持。

企业自创商誉及内部产生的品牌、报刊名等，不应确认为无形资产。

（三）无形资产的分类

无形资产按照不同的标准，可以分为不同的类别。

1. 按经济内容分类

无形资产按照其反映的经济内容分类，可以分为专利权、非专利技术、商标权、著作权、土地使用权和特许经营权。

（1）专利权。专利权是指国家专利主管机关依法授予发明创造专利申请人对其发明创造在法定期限内所享有的专有权利，包括发明专利权、实用新型专利权和外观设计专利权。专利权受法律保护，在有效期限内享有独占权，期满后自动失效。

（2）非专利技术。非专利技术即专有技术，是指先进的、未公开的、未申请专利、可以带来经济效益的技术及诀窍。非专利技术主要包括工业专有技术、商业（贸易）专有技术和管理专有技术。由于非专利技术未经公开且未申请专利，仅仅靠保密手段进行自我保护，通常没有固定的有效期限。

（3）商标权。商标权是指专门在某类指定的商品或产品上使用特定的名称或图案的权利。《中华人民共和国商标法》（以下简称《商标法》）明确规定，经商标局核准注册的商标为注册商标，商标注册人享有商标专用权，受法律的保护。我国《商标法》规定，注册商标的有效期限为 10 年。

（4）著作权。著作权也称版权，是指著作者或文艺创作者以及出版商依法享有的在一定年限内发表、制作、出版和发行其作品的专有权利。著作权包括发表权、署名权、保护作品完整权、使用权和获得报酬权，它受法律保护，有法律规定的有效期限。

（5）土地使用权。土地使用权是指企业经国家土地管理机关批准享有的在一定年限内对于土地开发、利用和经营的权利。我国，土地归国家和集体所有，任何单位或个人只能有土地使用权。

（6）特许经营权。特许经营权也称经营特许权、专营权，是指企业在某一地区经营或售某种特定商品的权利或是一家企业接受另一家企业使用其商标、商号、技术秘密等的权利。前者一般是由政府机构授权，后者一般是企业间依照签订的合同授权。

2. 按取得方式分类

无形资产按照取得方式分类，可以分为外购无形资产和自创无形资产。

（1）外购无形资产。外购无形资产是指企业从外部购入的无形资产，它可以是单独购入，也可以是与其他资产同时购入或与企业整体一起购入。

（2）自创无形资产。自创无形资产是指企业自行研究和开发而形成的无形资产。自创无形资产在符合资本化条件时应确认为无形资产。

3. 按使用寿命分类

无形资产按使用寿命分类，可以分为使用寿命有限的无形资产和使用寿命不确定的无形资产。

（1）使用寿命有限的无形资产。有些无形资产（如专利权、商标权、特许权、版权等）使用寿命受法律法规、协议或合同的限制，是可以确定的。

（2）使用寿命不确定的无形资产。有些无形资产如非专利技术、永久性特许经营权等的寿命则是无限的或者很难确定。

（四）无形资产的账务处理

为了反映和监督无形资产的取得、摊销和处置等情况，企业应当设置“无形资产”“累计摊销”等科目进行核算。

“无形资产”科目核算企业持有的无形资产成本，借方登记取得无形资产的成本，贷方登记处置无形资产时转出的账面余额，期末借方余额，反映企业无形资产的成本。“无形资产”科目应当按照无形资产的项目设置明细科目进行核算

“累计摊销”科目核算企业对使用寿命有限的无形资产计提的累计摊销，该科目属于“无形资产”的调整科目。“累计摊销”科目的贷方登记企业计提的无形资产摊销，借方登记处置无形资产、转出无形资产的累计摊销，期末贷方余额，反映企业无形资产的累计摊销额。

此外，企业无形资产发生减值的，还应当设置“无形资产减值准备”科目进行核算。

1. 取得无形资产

取得的无形资产应当按照成本进行初始计量。企业取得无形资产的主要方式有外购、自行研究开发、接受投资等。取得的方式不同，其会计处理也有所差别。

（1）外购无形资产

外购无形资产的成本包括购买价款、相关税费以及直接归属于使该项资产达到预定用途所发生的其他支出。其中，相关税费不包括按照现行增值税制度规定，可以从销项税额中抵扣的增值税进项税额。外购无形资产，取得增值税专用发票的，按注明的增值税进项税额，借记“应交税费——应交增值税（进项税额）”科目；取得增值税普通发票的，按照注明的价税合计金额作为无形资产的成本，其进项税额不可抵扣。

【例 4-37】2023 年 5 月 20 日宏达公司向 A 企业购入一项专利技术，取得的增值税专用发票上注明的价款为 1 000 000 元，增值税税额为 60 000 元，款项以银行存款支付。宏达公司会计分录如下：

借：无形资产——专利权　　1 000 000
　　应交税费——应缴增值税（进项税）　　60 000
　贷：银行存款　　1 060 000

（2）自行研究开发无形资产

企业内部研究开发项目所发生的支出应区分研究阶段支出和开发阶段支出。

企业自行开发无形资产发生的研发支出，不满足资本化条件的，借记“研发支出——费用化支出”科目，满足资本化条件的，借记“研发支出——资本化支出”科目，贷记“原材料”“银行存款”“应付职工薪酬”等科目。自行研究开发无形资产发生的支出取得增值税专用发票可抵扣的进项税额，借记“应交税费——应交增值税（进项税额）”科目。

研究开发项目达到预定用途形成无形资产的，应当按照“研发支出——资本化支出”科目的余额，借记“无形资产”科目，贷记“研发支出——资本化支出”科目。期（月）末，应将“研发支出—— 费用化支出”科目归集的金额转入“管理费用”科目，借记“管理费用”科目，贷记“研发支出——费用化支出”科目。

企业如果无法可靠区分研究阶段的支出和开发阶段的支出，应将发生的研发支出全部费用化，计入当期损益，记入“管理费用”科目的借方。

【例 4-38】宏达公司自行研究开发某项专利技术，2022 年 3 月份开始进入研究阶段，共发生研究费用 300 000 元，2023 年 3 月份转入开发阶段，至 2023 年 12 月 31 日研发成功，开发阶段发生费用 500 000 元，假如均符合资本化支出条件，取得的增值税专用发票上注明的增值税税额为 65 000 元。以上费用均以存款支付。有关的会计分录如下：

①2022 年支付研究费用时

借：研发支出——费用化支出　　300 000
　贷：银行存款　　300 000

②2022 年年末将研究费用转入管理费用

借：管理费用　　300 000
　贷：研发支出——费用化支出　　300 000

③2023 年支付开发费用时

借：研发支出——资本化支出　　500 000

　　应交税费——应缴增值税（进项税）　　65 000

　贷：银行存款　　565 000

④2023 年 13 月 31 日，专利技术研发成功转入无形资产

借：无形资产　　500 000

　贷：研发支出——资本化支出　　500 000

（3）接受投资取得

企业接受其他企业单位作为资本等投入的无形资产，也是企业吸纳资金的一种方式，但是企业接受无形资产投资是受国家对资本金中无形资产的比例约束的。按合同或协议约定的价值确定的入账价值借记“无形资产”，按投资者所占注册资本数额贷记“实收资本”或者“股本”，差额贷记或者借记“资本公积”等。

【例 4-39】宏达公司于 2023 年 6 月 1 日收到甲企业以某项非专利技术投入的资本，双方协商作价 350 000 元，全部作为投资者的资本金。假定不考虑增值税，公司宏达应作会计分录如下：

借：无形资产——非专利技术　　350 000

　贷：实收资本——甲企业　　350 000

2. 无形资产摊销

企业应当于取得无形资产时分析判断其使用寿命。使用寿命有限的无形资产应进行摊销。使用寿命不确定的无形资产不应摊销。

使用寿命有限的无形资产，其残值通常被视为零。对于使用寿命有限的无形资产，企业应当按月进行摊销。自可供使用（即达到预定用途）当月起开始摊销，处置当月不再摊销。无形资产摊销方法有年限平均法（即直线法）、生产总量法等。企业选择的无形资产摊销方法，应当反映与该项无形资产有关的经济利益的预期消耗方式。无法可靠确定预期消耗方式的，应当采用年限平均法摊销。

无形资产的摊销额一般应当计入当期损益。企业管理用的无形资产，其摊销金额计入管理费用；出租的无形资产，其摊销金额计入其他业务成本；某项无形资产属于专门用于生产某种产品或其他资产的，其所包含的经济利益是通过转入所生产的产品或其他资产中实现的，其摊销金额应当计入相关资产成本。例如，一项专门用于生产某种产品的专利技术，该无形资产的摊销金额应当计入制造该产品的制造费用。

企业计提无形资产摊销时，借记“管理费用”“其他业务成本”“生产成本”“制造费用”等科目，贷记“累计摊销”科目。

【例 4-40】宏达公司于 2023 年 7 月 1 日购买一项管理用特许权，成本为 3 000 000 元，法律规定的有效年限为 20 年，采用直线法摊销，无残值。每月摊销时，宏达公司应作如下账务处理：

（1）计算每月应摊销的金额

每月应摊销的金额 = 3 000 000÷20÷12 = 12 500（元）

（2）编制会计分录

借：管理费用　　12 500

　贷：累计摊销　　12 500

在本例中，该无形资产属于企业管理用无形资产，其摊销金额应记入“管理费用”科目的借方。

【例 4-41】2023 年 1 月 1 日，宏达公司将其自行开发完成的非专利技术出租给 A 公司，该非专利技术成本为 1 800 000 元，双方约定的租赁期限为 10 年，宏达公司采用直线法进行摊销。每月摊销时，宏达公司应作如下账务处理：

（1）计算每月应摊销的金额

每月应摊销的金额 = 1 800 000÷10÷12 = 15 000（元）

（2）编制会计分录

借：其他业务成本　　15 000

　贷：累计摊销　　15 000

在本例中，该无形资产属于企业出租的，其摊销金额应记入“其他业务成本”科目的借方。

3. 无形资产出售

企业出售无形资产，属于日常经营活动，应当将取得的价款扣除该无形资产账面价值以及出售相关税费后的差额作为资产处置损益进行会计处理。

企业出售无形资产，应当按照实际收到或应收的金额等，借记“银行存款”“其他应收款”等科目，按照已计提的累计摊销，借记“累计摊销”科目，按照实际支付相关费用的可抵扣进项税额，借记“应交税费——应交增值税（进项税额）”科目，按照实际支付的相关费用，贷记“银行存款”等科目，按无形资产账面余额，贷记“无形资产”科目，按照开具的增值税专用发票上注明的增值税销项税额，贷记“应交税费——应交增值税（销项税额）”科目，按照其差额，贷记或借记“资产处置损益”科目。已计提减值准备的，应同时结转减值准备，借记“无形资产减值准备”科目。

【例 4-42】2023 年 5 月 20 日，宏达公司将其购买的一项专利权转让给 B 公司，开具增值税专用发票，注明价款 250 000 元，税率 6%，增值税税额 15 000 元，全部款项 265 000 元已存入银行。该专利权的成本为 300 000 元，已摊销 110 000 元。甲公司应编制如下会计分录：

借：银行存款　　265 000

　　累计摊销　　110 000

　贷：无形资产　　300 000

　　　应交税费——应交增值税（销项税额）　　15 000

　　　资产处置损益　　60 000

在本例中，在出售时，企业该项专利权的账面价值为 190 000 元（300 000-110 000），取得的出售价款为 250 000 元，企业出售该项专利权实现净损益为 60 000 元（250 000-190 000）。

4. 无形资报废

如果无形资产预期不能为企业带来经济利益，如某无形资产已被其他新技术所替代或超过法律保护期，不能再为企业带来经济利益的，则不再符合无形资产的定义，应将其报废并予以转销。

企业报废并转销无形资产时，应按已计提的累计摊销，借记“累计摊销”科目，按其账面余额，贷记“无形资产”科目，如果已计提减值准备的，应同时结转减值准备，借记“无形资产减值准备”科目，按其差额，借记“营业外支出——处置非流动资产损失”科目。

【例 4-43】宏达公司拥有一项非专利技术，采用直线法进行摊销，预计使用期限为 10 年。现该项非专利技术已被内部研发成功的新技术所替代，并且根据市场调查，用该非专利技术生产的产品已没有市场，预期不能再为企业带来任何经济利益，故应当予以转销。转销时，该项非专利技术的成本为 2 000 000 元，已累计摊销 1 500 000 元，累计已计提减值准备 200 000 元，预计残值为零。假定不考虑其他因素，宏达公司应编制如下会计分录：

借：累计摊销	1 500 000	
无形资产减值准备	200 000	
营业外支出——处置非流动资产损失	300 000	
贷：无形资产——非专利技术		2 000 000

5. 无形资产的减值

如果无形资产将来为企业创造的经济利益不足以补偿无形资产的成本（摊余成本），则说明无形资产发生了减值，具体表现为无形资产的账面价值高于其可收回金额。

在资产负债表日，无形资产存在可能发生减值迹象，且其可收回金额低于账面价值的，企业应当将该无形资产的账面价值减记至可收回金额，减记的金额确认为减值损失，计提相应的资产减值准备。

企业按照应减记的金额，借记“资产减值损失——无形资产减值损失”科目，贷记“无形资产减值准备”科目。

需要强调的是，根据《企业会计准则第 8 号——资产减值》的规定，企业无形资产减值损失一经确认，在以后会计期间不得转回。

【例 4-44】2023 年 12 月 31 日，宏达公司拥有某专利技术的账面价值为 500 000 元，剩余摊销年限为 4 年，经减值测试，该专利技术的可收回金额为 400 000 元。由于该专利技术可收回金额低于其账面价值，应按其差额 100 000 元（500 000-400 000）计提减值准备。甲公司应编制如下会计分录：

借：资产减值损失——无形资产减值损失	100 000	
贷：无形资产减值准备		100 000

二、长期待摊费用

长期待摊费用是指企业已经发生但应由本期和以后各期负担的分摊期限在 1 年以上的各项费用，如以租赁方式租入的使用权资产发生的改良支出等。

为了反映和监督长期待摊费用的发生、摊销情况，企业应设置“长期待摊费用”科目。该科目借方登记发生的长期待摊费用，贷方登记摊销的长期待摊费用，期末借方余额，反映企业尚未摊销完毕的长期待摊费用。“长期待摊费用”科目可按待摊费用项目进行明细核算。

企业发生的长期待摊费用，借记“长期待摊费用”科目，确认当期可抵扣的增值税进项税额，借记“应交税费——应交增值税（进项税额）”科目，贷记“原材料”“银行存款”等科目。摊销长期待摊费用，借记“管理费用”“销售费用”等科目，贷记“长期待摊费用”科目。

【例 4-45】2023 年 6 月 1 日，甲公司对以租赁方式新租入的办公楼进行装修，发生有关支出：领用生产用材料 400 000 元；发生有关人员工资等职工薪酬 200 000 元。

2023 年 11 月 30 日，该办公楼装修完工，达到预定可使用状态并交付使用，按租赁期 10 年进行摊销。假定不考虑其他因素。甲公司应编制如下会计分录：

（1）装修办公楼领用原材料时

借：长期待摊费用　　400 000

　贷：原材料　　400 000

（2）确认工程人员职工薪酬时

借：长期待摊费用　　200 000

　贷：应付职工薪酬　　200 000

（3）2023 年 12 月摊销装修支出时

借：管理费用　　5 000

　贷：长期待摊费用　　5 000

在本例中，甲公司发生的办公楼装修支出合计为 600 000 元，2023 年 12 月应分摊的装修支出为 5 000 元（600 000÷10÷12）。

思政德育课堂

科大讯飞的自主创新之路

科大讯飞成立于 1999 年，是全球领先的智能语音和人工智能公共服务平台，致力于构建人机交互的核心技术和领先产品，推动人工智能与实体经济深度融合。经过短短二十几年的发展，科大讯飞的业务领域从最初的语音识别扩展到人工智能全产业链。《2020 中国智能语音产业发展白皮书》显示，科大讯飞在语音识别领域的市场占有率稳居国内前列。《2018—2023 年中国人工智能行业市场竞争现状分析与投资趋势研究报告》显示，科大讯飞在电信、金融、电力、社保等行业的市场份额占 80%以上。科大讯飞 2019 年年报披露，其主营业务的产品收入来源包括了教育领域、智慧城市、政法业务、开放平台及消费者业务、汽车领域、智能服务、智慧医疗和其他八个方面。

科大讯飞取得成功，保持领先的原因是什么？首先是国家政策的大力支持。科大讯飞上市之初，其从政府所取得的补助就有 1 900 多万元。2019 年，政府对其补助更一举增加到 7. 2 亿元，助力其在“城市超脑”、“智能审图”、脑机接口关键技术等多个项目的研发。其次，科大讯飞从成立之初就秉持“顶天立地、自主创新”的发展战略，为此，科大讯飞在引进人才和研发投入上从不吝惜，其研发人员的薪酬合计在上市前一年便高达 1 457. 94 万元，占当时总研发费用的 63. 67%。科大讯飞的研发人员数量从 2015 年的 1 998 人飙升到 2019 年的 6 404 人，研发人员数量占总人数的比重持续保持在 60%以上。科大讯飞致力于用较高薪酬和良性激励机制来调动员工的积极性。2019

年，科大讯飞的研发费用为16亿元，2020年为22亿元、2021年28亿元，正是这样持续而强大的研发投入，支撑了科大讯飞在语音识别、语言处理、机器翻译等领域的技术领先。科大讯飞的科技创新成果斐然，其语音识别技术的准确率已达到世界领先水平，能够广泛应用于教育、医疗、金融、司法等多个领域，极大地提高了社会运行的效率和便利性。此外，公司还成功开发了智能教育机器人、AI翻译机等创新产品，为用户提供了更加丰富多样的智能服务体验。科大讯飞的专利申请量从2008年的13项到2018年的1 039项，专利授予量从2008年的3项到2019年的526项，科大讯飞的创新成果不仅获得了国内外的广泛认可，更多次获得国家科技进步奖等荣誉，展现了中国企业在人工智能领域的强大实力和核心竞争力。

作为一个快速成长的科技型企业，科大讯飞在2019年也被美国商务部纳入"实体清单"，很多与科大讯飞合作的开发平台没有办法采购美国芯片，在遭遇国际技术合作环境变化的状况下，科大讯飞凭借自身强大的自主研发能力取得了一系列令世人瞩目的成就。国际比赛中，科大讯飞始终保持着领先地位。在2020年5月4日的英文语音识别大赛中，科大讯飞再次蝉联全球第一。在核心技术上，由于具有独立知识产权，科大讯飞并不受制于人；在供应链市场上，科大讯飞依托国内供应链体系，保障其持续发展，继续为客户提供优质的产品和服务。

资料来源：谭洪涛. 会计学课程思政案例集［M］. 成都：西南财经大学出版社，2022.

案例启示：

1. 科大讯飞的成功案例，不仅展现了中国企业在科技创新方面的活力和潜力，也彰显了自主研发带来的深远影响。企业的发展离不开国家的支持，国家的强盛需要无数企业经营者、科研人员、劳动者具有勇于拼搏、自强不息、开拓创新的奋斗精神。

2. 研发的投入往往会增加企业当期的成本，却不能在短期内实现经济效益，所以许多企业有短视行为，不注重自主研发。企业经营者应充分认识到坚持科技创新和自主研发是企业发展的不竭动力，也是国家进步和繁荣的重要支撑。在新时代背景下，每一位青年学生都应该积极培养创新意识和实践能力，为实现中华民族伟大复兴贡献智慧和力量。

思考与练习

一、思考题

1. 同一控制下和非同一控制下长期股权投资的会计处理有何不同？
2. 什么是长期股权投资的成本法和权益法，两者的会计处理有何区别？
3. 什么是投资性房地产？包括哪些内容？
4. 企业外购固定资产的取得成本有哪些内容？
5. 影响企业固定资产折旧的主要因素有哪几项？固定资产的折旧范围如何确定？
6. 按规定企业如何选择不同的折旧方法？选择不同折旧方法有何利弊？
7. 什么是无形资产？其特征有哪些？
8. 无形资产摊销有何规定？如何进行会计处理？

二、单项选择题

三、多项选择题

四、判断题

五、业务练习题

练习一

1. 目的：熟悉长期股权投资业务的核算。

2. 资料：甲、乙、丙公司均不在同一集团内，2022 年至 2023 年甲公司发生如下与长期股权投资相关的交易或事项：

（1）2022 年 1 月，甲公司以 11 000 万元购入乙公司有表决权股份的 80%，能够对乙公司实施控制。取得投资时，乙公司所有者权益的账面价值为 15 000 万元（与公允价值相等）。

（2）2022 年 1 月，甲公司以 9 000 万元取得丙公司有表决权股份的 30%，能够对丙公司施加重大影响。投资时，丙公司可辨认净资产的账面价值为 25 000 万元（与公允价值相等）。

（3）2022 年度，乙公司实现净利润 4 000 万元，丙公司实现净利润 3 000 万元。

（4）2023 年 3 月，乙公司和丙公司分别宣告分派现金股利，甲公司按其持股比例可分得乙公司现金股利 200 万元，丙公司现金股利 100 万元。

（5）2023 年 10 月，丙公司其他资本公积增加 1 000 万元。

（6）2023 年 12 月，甲公司将其持有的丙公司股份全部出售，取得价款 11 000 万元。

3. 要求：根据上述资料，不考虑其他因素，编制相关会计分录。

练习二

1. 目的：熟悉自建固定资产业务的会计处理。

2. 资料：新华公司准备自建一座厂房，发生下列各项经济业务：

（1）以银行存款购买建造厂房所需物资 400 000 元，增值税税率为 13%；

（2）开工后领用了全部所购工程物资；

（3）该厂房建造过程中领用本企业生产的产品实际成本30 000元；

（4）结算工程应负担的长期借款利息12 000元；

（5）结算工程应负担的工程人员薪酬48 000元；

（6）以银行存款支付工程应负担的其他支出20 000元；

（7）该厂房建造完工，经验收合格投入使用，结转工程成本。

3. 要求：根据以上业务做相应的会计分录。

练习三

1. 目的：熟悉固定资产计提折旧业务的核算。

2. 资料：新华公司新增1台机器设备，原值100 000元，估计残值6 000元，预计清理费用1 500元，预计使用年限为4年。

3. 要求：分别采用平均年限法、年数总和法和双倍余额递减法计算各年的折旧额。

练习四

1. 目的：熟悉固定资产减少业务的会计处理。

2. 资料：飞翔电器公司2023年5月有关固定资产减少的业务如下：

（1）报废磨床一台，原价300 000元，已提折旧为298 000元，发生清理费用15 000元，出售磨床残值收入为10 000元，增值税额1 300元。出售残值收入和清理费用已由银行存款结清，固定资产清理完毕。

（2）出售房屋一栋，原价为500 000元，已提折旧200 000元，出售价格450 000元，增值税税率为9%，出售时发生的相关费用为7 500元，有关价款结算已由银行存款收支。

（3）发现盘亏设备一台，原价为300 000元，已提折旧220 000元。经董事会批准作为营业外支出处理。

3. 要求：根据以上业务做相应的会计分录。

练习五

1. 目的：熟悉无形资产有关业务的会计处理。

2. 资料：某企业为增值税一般纳税人，2023年12月发生的有关经济业务如下：

（1）2日，企业自行开发的一项行政部门管理用M非专利技术的研发活动结束，达到预定用途。其中，研究阶段自本年1月1日开始至6月30日结束，共发生支出600 000元，不符合资本化确认条件；开发阶段自本年7月1日开始至12月2日结束，共发生支出300 000元，全部符合资本化确认条件。企业预计M非专利技术的受益年限为5年，残值为零，采用直线法进行摊销。

（2）10日，购入一台不需要安装的N生产设备，取得经税务机关认证的增值税专用发票注明的价款为800 000元，增值税税额为104 000元，款项尚未支付。

（3）12日，N生产设备运达并交付使用。以银行存款支付N设备运输费，取得经税务机关认证的增值税专用发票注明的运输费为3 000元，增值税税额为270元。

3. 要求：根据上述资料，不考虑其他因素，做出相应的会计分录。

第五章 负债

■学习目标

知识目标： 通过本章的学习，熟悉流动负债和非流动负债包括的具体内容、短期借款和应付及预收款项的内容、应付职工薪酬的内容、应交税费的内容、长期借款和长期应付款的内容；掌握短期借款和应付及预收款项的核算、应付职工薪酬的核算、应交税费的核算、长期借款的核算。

能力目标： 能够运用借贷记账法分析负债相关经济业务，做出正确的账务处理；能够根据负债项目分析企业负债结构，评估财务风险。

德育目标： 认识会计信息真实性的重要意义，牢固树立依法纳税意识，强化契约精神，提高财务人员对债权人、职工、国家等利益相关者的责任担当。

■导入案例

2020 年，陈卓和赵越分别出资 50 万元创办了向阳饲料加工公司。公司地处农业生产区，原材料充足，价格适中；职工主要来自农村中老年群体，他们勤劳朴实，服从管理。陈卓负责内部生产经营，赵越负责市场销售，经过两年多的努力，销售和利润稳步增长，2022 年完成销售额 400 万元，实现息税前利润 80 万元。由于产品销路良好，两人决定扩大经营规模，需要再追加资金 150 万元。两人决定把利润中的 50 万元作为追加投资，但还有 100 万元的资金缺口。针对 100 万元的资金缺口，目前有两个方案：方案一是投资人李伟看中公司发展前景，愿意投资 100 万元，按所占资金份额分配利润；方案二是从银行借款，借款期限为一年，年利率为 8%。陈卓认为第一个方案因为吸收的是入股资金，无须按期偿还，没有风险，而且不用支付利息，所以应该选第一个方案；赵越认为虽然银行借款有利息，但利率远低于销售利润率，且公司目前产品畅销，运营良好，按期归还借款没有问题，所以应该选择第二个方案。学习完本章内容请思考：对该饲料公司的筹资方案有何建议？企业的负债包括哪些内容？企业通过负债筹集资金有何利弊？应如何有效防范财务风险？

第一节　短期借款

一、短期借款的概念

短期借款是指企业向银行或其他金融机构等借入的期限在 1 年以下（含 1 年）的各种款项。短期借款一般是企业为了满足正常生产经营所需的资金或者是为了抵偿某项债务而借入的。短期借款具有借款金额小、时间短、利息低等特点，对企业资产的流动性要求高。

二、短期借款的账务处理

企业应设置“短期借款”科目核算短期借款的取得、偿还等情况。该科目的贷方登记取得短期借款本金的金额，借方登记偿还短期借款的本金金额，期末余额在贷方，反映企业尚未偿还的短期借款。本科目可按借款种类、贷款人和币种设置明细科目进行明细核算。

短期借款的账务处理包括取得短期借款、发生短期借款利息、归还短期借款等环节。

（一）取得短期借款

企业取得短期借款时，借记“银行存款”科目，贷记“短期借款”科目。

（二）发生短期借款利息

企业借入短期借款应支付利息。在实际工作中，如果短期借款利息是按期支付的，如按季度支付利息，或者利息是在借款到期时连同本金一起归还，并且其数额较大的，企业应于月末采用预提方式进行短期借款利息的核算。短期借款利息属于企业的筹资费用，应当在发生时作为财务费用直接计入当期损益。在资产负债表日，企业应当按照计算确定的短期借款利息费用，借记“财务费用”科目，贷记“应付利息”科目；实际支付利息时，借记“应付利息”科目，贷记“银行存款”或“库存现金”科目。

如果企业的短期借款利息按月支付，或者在借款到期时连同本金一起归还，数额不大的可以不采用预提的方法，而在实际支付或收到银行的计息通知时，直接计入当期损益，借记“财务费用”科目，贷记“银行存款”科目。

（三）归还短期借款

短期借款到期时，应及时归还。短期借款到期偿还本金时，企业应借记“短期借款”科目，贷记“银行存款”科目。如果在借款到期时连同本金一起归还利息的，企业应将归还的利息通过“应付利息”或“财务费用”科目核算。

【例 5-1】宏达公司于 2023 年 1 月 1 日向银行借入一笔生产经营用短期借款，共计 120 000 元，期限为 9 个月，年利率为 8%。根据与银行签署的借款协议，该项借款的本金到期后一次归还，利息按季支付。宏达公司的有关会计处理如下：

（1）1 月 1 日借入短期借款时

借：银行存款	120 000	
贷：短期借款		120 000

（2）1 月末，计提 1 月份应计利息时

本月应计提的利息金额 = 120 000×8%÷12 = 800（元）

借：财务费用	800	
贷：应付利息		800

2 月末计提 2 月份利息费用的处理与 1 月份相同。

（3）3 月末支付第一季度银行借款利息时

借：财务费用	800	
应付利息	1 600	
贷：银行存款		2 400

在本例中，1 月至 2 月已经计提的利息为 1 600 元，应借记“应付利息”科目，3 月份应当计提的利息为 800 元，应借记“财务费用”科目；实际支付利息 2 400 元，贷记“银行存款”科目。第二、第三季度的会计处理同上。

（4）9 月 30 日，借款到期，偿还银行借款本金时

借：短期借款	120 000	
贷：银行存款		120 000

第二节　应付及预收款项

一、应付票据

（一）应付票据的概念

应付票据是指企业购买材料、商品和接受服务等而开出、承兑的商业汇票，包括商业承兑汇票和银行承兑汇票。

我国商业汇票的付款期限不超过 6 个月，因此，企业应将应付票据作为流动负债管理和核算。同时，由于应付票据的偿付时间较短，在会计实务中，一般均按照开出、承兑的应付票据的面值入账。

企业应当设置“应付票据备查簿”，详细登记商业汇票的种类、号数和出票日期、到期日、票面余额、交易合同号和收款人姓名或单位名称以及付款日期和金额等资料。应付票据到期结清时，上述内容应当在备查簿内予以注销。

（二）应付票据的账务处理

企业应设置“应付票据”科目核算应付票据的开出、偿付等情况。该科目贷方登记开出、承兑汇票的面值，借方登记支付票据的金额，期末余额在贷方，反映企业尚未到期的商业汇票的票面金额。

1. 开出应付票据

企业因购买材料、商品和接受服务等而开出、承兑的商业汇票，应当按其票面金额作为应付票据的入账金额，借记“材料采购”“在途物资”“原材料”“库存商品”“应付账款”“应交税费——应交增值税（进项税额）”等科目，贷记“应付票据”科目。

企业因开出银行承兑汇票而支付的银行承兑汇票手续费，应当计入当期财务费用。支付手续费时，按照确认的手续费，借记“财务费用”科目，取得增值税专用发票的，按注明的增值税进项税额，借记“应交税费——应交增值税（进项税额）”科目，按照实际支付的金额，贷记“银行存款”科目。

【例 5-2】宏达公司为增值税一般纳税人，原材料按实际成本核算。宏达公司于 2023 年 2 月 1 日开出并经开户银行承兑的不带息商业汇票一张，面值为 54 500 元、期限为 3 个月，用以采购一批材料，原材料已验收入库。增值税专用发票上注明的材料价款为 50 000 元，增值税额为 4 500 元。交纳银行承兑手续费 27. 25 元，其中增值税税额 1. 54 元。宏达公司有关会计分录如下：

（1）2 月 1 日，开出并承兑商业汇票购入材料时

借：原材料	50 000	
应交税费——应交增值税（进项税额）	4 500	
贷：应付票据		54 500

（2）2 月 1 日，支付商业汇票承兑手续费时

借：财务费用	25. 71	
应交税费—— 应交增值税（进项税额）	1. 54	
贷：银行存款		27. 25

2. 偿付应付票据

企业开具的商业汇票到期支付票据款时，根据开户银行的付款通知，借记“应付票据”科目，贷记“银行存款”科目。

【例 5-3】承【例 5-2】2023 年 5 月 1 日，宏达公司于 2 月 1 开出的商业汇票到期。宏达公司通知其开户银行以银行存款支付票款。该企业的有关会计分录如下：

借：应付票据	54 500	
贷：银行存款		54 500

3. 转销应付票据

商业承兑汇票到期，如果企业无力支付票款，应将应付票据的账面余额转作应付账款，借记“应付票据”科目，贷记“应付账款”科目。银行承兑汇票到期，如果企业无力支付票款，应将应付票据的账面余额转作短期借款，借记“应付票据”科目，贷记“短期借款”科目。

【例 5-4】承【例 5-2】假设上述商业汇票为银行承兑汇票，该汇票到期时宏达公司业无力支付票款。该企业的有关会计分录如下：

借：应付票据	54 500	
贷：短期借款		54 500

二、应付账款

（一）应付账款的概念

应付账款是指企业因购买材料、商品或接受服务等经营活动而应付给供应单位的款项。实务中，为了使所购入材料、商品的金额、品种、数量和质量等与合同条款规定的相符，避免因验收时发现所购材料、商品的数量或质量存在问题而对入账的材料、商品或应付账款金额进行改动，在材料、商品和发票账单同时到达的情况下，一般在所购材料、商品验收入库后，根据发票账单登记入账，确认应付账款。在所购材料、商品已经验收入库，但是发票账单未能同时到达的情况下，企业应付材料、商品供应单位的债务已经成立，在会计期末，为了反映企业的负债情况，需要将所购材料、商品和相关的应付账款暂估入账，待下月月初用红字将上月月末暂估入账的应付账款予以冲销。

（二）应付账款的账务处理

企业应设置“应付账款”科目核算应付账款的发生、偿还、转销等情况。该科目的贷方登记应付未付款项的增加，借方登记应付未付款项的减少，期末贷方余额反映企业尚未支付的应付账款余额。本科目可按债权人设置明细科目进行明细核算。

1. 发生应付账款

企业购入材料、商品或接受服务等所产生的应付账款，应按应付金额入账。购入材料、商品等验收入库，但货款尚未支付，根据有关凭证（发票账单、随货同行发票上记载的实际价款或暂估价值），借记“材料采购”“在途物资”“原材料”“库存商品”等科目，按照可抵扣的增值税进项税额，借记“应交税费——应交增值税（进项税额）”科目，按应付的款项，贷记“应付账款”科目。企业接受供应单位提供服务而发生的应付未付款项，根据供应单位的发票账单所列金额，借记“生产成本”“管理费用”等科目，按照增值税专用发票上注明的可抵扣的增值税进项税额，借记“应交税费——应交增值税（进项税额）”科目，贷记“应付账款”科目。应付账款附有现金折扣的，应按照扣除现金折扣前的应付款总额入账。因在折扣期限内付款而获得的现金折扣，应在偿付应付账款时冲减财务费用。

【例 5-5】宏达公司为增值税一般纳税人，2023 年 3 月 1 日，宏达公司从 A 公司购入一批材料，货款 100 000 元，增值税 13 000 元，对方代垫运杂费 1 000 元。材料已运到并验收入库（该企业材料按实际成本进行核算），款项尚未支付。宏达公司的有关会计分录如下：

借：原材料	100 000	
应交税费——应交增值税（进项税额）	13 000	
贷：应付账款——A 公司		113 000

【例 5-6】乙百货商场于 2023 日年 4 月 2 日，从 B 公司购入一批家电产品并已验收入库。增值税专用发票上列明，该批家电的价款为 100 万元，增值税为 13 万元。按照购货协议的规定，乙百货商场如在 15 天内付清货款，将获得 1% 的现金折扣。乙百货商场的有关会计分录如下：

借：库存商品	1 000 000	
应交税费——应交增值税（进项税额）	130 000	
贷：应付账款——B 公司		1 130 000

在本例中，乙百货商场对B公司的应付账款附有现金折扣，应按照扣除现金折扣前的应付款总额1 130 000元记入“应付账款”科目。

2. 偿还应付账款

企业偿还应付账款或开出商业汇票抵付应付账款时，借记“应付账款”科目，贷记“银行存款”“应付票据”等科目。

【例5-7】承【例5-5】3月31日，宏达公司用银行存款支付上述所欠A公司的应付账款。宏达公司的有关会计分录如下：

借：应付账款——A公司　　113 000

　贷：银行存款　　113 000

【例5-8】承【例5-6】假定乙百货商场于2023年4月10日付款，可享受1%的现金折扣，乙百货商场以银行存款按照扣除现金折扣后的金额偿还欠款。乙百货商场的有关会计发分录如下：

借：应付账款——B公司　　1 130 000

　贷：银行存款　　1 120 000

　　财务费用　　10 000

在本例中，乙百货商场在4月10日（即购货后的第8天）付清所欠B公司的货款，按照购货协议可以获得现金折扣。乙百货商场获得的现金折扣=1 000 000×1%=10 000（元），实际支付的货款=1 130 000-10 000×1%=1 120 000（元）。

3. 转销应付账款

应付账款一般在较短期限内支付，但有时由于债权单位撤销或其他原因而使应付账款无法清偿。企业对于确实无法支付的应付账款应予以转销，按其账面余额计入营业外收入，借记“应付账款”科目，贷记“营业外收入”科目。

【例5-9】2023年12月31日，宏达公司确定一笔丁公司的应付账款4 000元为无法支付的款项，应予转销。宏达公司的有关会计分录如下：

借：应付账款——丁公司　　4 000

　贷：营业外收入——其他　　4 000

三、预收账款

（一）预收账款的概念

预收账款是指企业按照合同规定预收的款项。

（二）预收账款的账务处理

企业应设置“预收账款”科目，核算预收账款的取得、偿付等情况。该科目贷方登记发生的预收账款金额，借方登记企业冲销的预收账款金额；期末贷方余额，反映企业预收的款项，如为借方余额，反映企业尚未转销的款项。本科目一般应按照客户设置明细科目进行明细核算。

1. 取得预收账款

企业向购货单位预收款项时，由于此时款项所有权仍属于购货方，形成企业的负债，应借记“库存现金”“银行存款”科目，贷记“预收账款”科目。

【例5-10】宏达公司为增值税一般纳税人，2023年6月3日，宏达公司与甲企业签订供货合同，向其出售一批商品，货款金额共计100 000元，应交纳增值税13 000元。根据购货合同规定，甲企业在购货合同签订一周内，应当向宏达公司预付货款60 000元，剩余货款在交货后付清。2023年6月8日，宏达公司收到甲企业交来的预付款60 000元并存入银行。宏达公司的有关会计处理如下：

借：银行存款　　60 000

　贷：预收账款——甲企业　　60 000

2. 偿付预收账款

销售实现时，按实现的收入和应交的增值税销项税额，借记“预收账款”科目，贷记“主营业务收入”“应交税费——成交增值税（销项税额）”等科目；企业收到购货单位补付的款项，借记“银行存款”科目，贷记“预收账款”科目；向购货单位退回其多付的款项时，借记“预收账款”科目，贷记“银行存款”科目。

【例5-11】承【例5-10】2023年6月18日宏达公司将货物发到甲企业并开出增值税发票，甲企业验收合格后结清剩余货款。宏达公司的有关会计处理如下：

借：预收账款——甲企业　　113 000

　贷：主营业务收入　　100 000

　　应交税费——应交增值税（销项税额）　　13 000

应该注意的是，此时，“预收账款”借记的金额为销售商品的全部价税款113 000元，而不是60 000元。甲企业应补付的货款为113 000-60 000＝53 000（元）

借：银行存款　　53 000

　贷：预收账款——甲企业　　53 000

预收款业务不多的企业，可以不单独设置“预收账款”科目，其所发生的预收款，可通过“应收账款”科目核算。

四、合同负债

根据《企业会计准则第14号——收入》（2017）的规定，合同负债，是指企业已收或应收客户对价而应向客户转让商品的义务。

企业应设置“合同负债”科目，核算企业在向客户转让商品之前，客户已经支付了合同对价或企业已经取得了无条件收取合同对价的权利。该科目贷方登记企业已收或应收的金额；借方登记企业向客户转让相关商品时转销的金额；期末贷方余额反映企业在向客户转让商品之前，已经收到的合同对价或已经取得的无条件收取合同对价权利的金额。该科目应按合同进行明细核算。

【例5-12】宏达公司于2023年12月2日与M企业签订一项设备安装合同，安装期为3个月，合同约定不含税总价款500 000元，当日预收（不含税）安装费150 000元。宏达公司预收安装费应编制如下会计分录：

借：银行存款　　150 000

　贷：合同负债　　150 000

企业因转让商品收到的预收款适用本准则进行会计处理时，不再使用“预收账款”科目及“递延收益”科目。

五、应付利息和应付股利

（一）应付利息

应付利息是指企业按照合同约定应支付的利息，包括预提短期借款的利息，以及分期付息到期还本的长期借款、企业债券等应支付的利息。

企业应设置“应付利息”科目核算应付利息的发生、支付情况。该科目贷方登记按照合同约定计算的应付利息，借方登记实际支付的利息，期末贷方余额反映企业应付未付的利息。本科目一般应按照债权人设置明细科目进行明细核算。

企业采用合同约定的利率计算确定利息费用时，按应付合同利息金额，借记“财务费用”等科目，贷记“应付利息”科目；实际支付利息时，借记“应付利息”科目，贷记“银行存款”等科目。

【例 5-13】企业借入 5 年期到期还本每年付息的长期借款 5 000 000 元，合同约定年利率为 5%，假定不符合资本化条件。该企业的有关会计处理如下：

（1）每年计算确定利息费用时

借：财务费用　　250 000

　贷：应付利息　　250 000

企业每年应支付的利息 = 5 000 000×5% = 250 000（元）

（2）每年实际支付利息时

借：应付利息　　250 000

　贷：银行存款　　250 000

（二）应付股利

应付股利是指企业根据股东大会或类似机构审议批准的利润分配方案确定分配给投资者的现金股利或利润。企业应设置“应付股利”科目，核算企业确定或宣告支付但尚未实际支付的现金股利或利润。该科目贷方登记应支付的现金股利或利润，借方登记实际支付的现金股利或利润，期末贷方余额反映企业应付未付的现金股利或利润。该科目应按照投资者设置明细科目进行明细核算。

企业根据股东大会或类似机构审议批准的利润分配方案，确认应付给投资者的现金股利或利润时，借记“利润分配——应付现金股利或利润”科目，贷记“应付股利”科目；向投资者实际支付现金股利或利润时，借记“应付股利”科目，贷记“银行存款”等科目。

【例 5-14】某股份有限责任公司 2023 年度实现净利润 8 000 000 元，经过董事会批准，决定 2023 年度分配股利 5 000 000 元，股利已经用银行存款支付。该公司有关会计处理如下：

（1）确认应付投资者利润时

借：利润分配——应付现金股利或利润　　5 000 000

　贷：应付股利　　5 000 000

（2）实际支付投资者利润时

借：应付股利　　5 000 000

　贷：银行存款　　5 000 000

此外，需要说明的是，企业董事会或类似机构通过的利润分配方案中拟分配的现金股利或利润，不作账务处理，不作为应付股利核算，但应在附注中披露。企业分配的股票股利不通过“应付股利”科目核算，待实际发放时记入“股本”科目。

六、其他应付款

（一）其他应付款的概念

其他应付款是指企业除应付票据、应付账款、预收账款、应付职工薪酬、应交税费、应付利息、应付股利等经营活动以外的其他各项应付、暂收的款项，如应付短期租赁固定资产租金、应付低价值资产租赁的租金、应付租入包装物租金、出租或出借包装物向客户收取的押金、存入保证金等。

（二）其他应付款的账务处理

企业应设置“其他应付款”科目核算其他应付款的增减变动及其结存情况。该科目贷方登记发生的各种应付、暂收款项；借方登记偿还或转销的各种应付、暂收款项；该科目期末贷方余额，反映企业应付未付的其他应付款项。本科目按照其他应付款的项目和对方单位（或个人）设置明细科目进行明细核算。

企业发生其他各种应付、暂收款项时，借记“管理费用”等科目，贷记“其他应付款”科目；支付或退回其他各种应付、暂收款项时，借记“其他应付款”科目，贷记“银行存款”等科目。

【例 5-15】宏达公司 2023 年 1 月 1 日起，以经营租赁方式租入管理用办公设备一批，每月租金 5 000 元，按季支付。3 月 31 日，宏达公司以银行存款支付应付租金。宏达公司的有关会计处理如下：

（1）1 月 31 日，计提应付经营租入固定资产租金时

借：管理费用	5 000	
贷：其他应付款		5 000

2 月底计提应付经营租入固定资产租金的会计处理同上。

（2）3 月 31 日支付租金时

借：其他应付款	10 000	
管理费用	5 000	
贷：银行存款		15 000

第三节　应付职工薪酬

一、职工薪酬的概念及内容

职工薪酬是指企业为获得职工提供的服务或解除劳动关系而给予的各种形式的报酬或补偿。职工薪酬包括短期薪酬、离职后福利、辞退福利和其他长期职工福利。企业提供给职工配偶、子女、受赡养人、已故员工遗属及其他受益人等的福利，也属于职工薪酬。

这里所称的“职工”，主要包括三类人员：一是与企业订立劳动合同的所有人员，含全职、兼职和临时职工；二是未与企业订立劳动合同，但由企业正式任命的企业治理层和管理层人员，如董事会成员、监事会成员等；三是在企业的计划和控制下，虽未与企业订立劳动合同或未由其正式任命，但向企业所提供服务与职工所提供服务类似的人员，也属于职工的范畴，包括通过企业与劳务中介公司签订用工合同而向企业提供服务的人员。

（一）短期职工薪酬

短期薪酬是指企业在职工提供相关服务的年度报告期间结束后 12 个月内需要全部予以支付的职工薪酬，因解除与职工的劳动关系给予的补偿除外。短期薪酬具体包括：

（1）职工工资、奖金、津贴和补贴。其是指按照构成工资总额的计时工资、计件工资、支付给职工的超额劳动报酬和增收节支的劳动报酬、为补偿职工特殊或额外的劳动消耗和因其他特殊原因支付给职工的津贴，以及为保证职工工资水平不受物价影响支付给职工的物价补贴等。其中，企业按照短期奖金计划向职工发放的奖金属于短期薪酬，按照长期奖金计划向职工发放的奖金属于其他长期职工福利。

（2）职工福利费。其是指企业向职工提供的生活困难补助、丧葬补助费、抚恤费、职工异地安家费、防暑降温费等职工福利支出。

（3）医疗保险费、工伤保险费等社会保险费。其是指企业按照国家规定的基准和比例计算，向社会保险经办机构缴纳的医疗保险费、工伤保险费。

（4）住房公积金。其是指企业按照国家规定的基准和比例计算，向住房公积金管理机构缴存的住房公积金。

（5）工会经费和职工教育经费。其是指企业为了改善职工文化生活、为职工学习先进技术及提高文化水平和业务素质，用于开展工会活动和职工教育及职业技能培训等相关支出。

（6）短期带薪缺勤。其是指职工虽然缺勤但企业仍向其支付报酬的安排，包括年休假、病假、婚假、产假、丧假、探亲假等。长期带薪缺勤属于其他长期职工福利。

（7）短期利润分享计划。其是指因职工提供服务而与职工达成的基于利润或其他经营成果提供薪酬的协议。长期利润分享计划属于其他长期职工福利。

（8）其他短期薪酬。其是指除上述薪酬以外的其他为获得职工提供的服务而给予的短期薪酬。

（二）长期职工薪酬

（1）离职后福利。其是指企业为获得职工提供的服务而在职工退休或与企业解除劳动关系后，提供的各种形式的报酬和福利，短期薪酬和辞退福利除外。离职后福利计划，是指企业与职工就离职后福利达成的协议，或者企业为向职工提供离职后福利制定的规章或办法等。企业应当将离职后福利计划分类为设定提存计划和设定受益计划。其中，设定提存计划，是指向独立的基金缴存固定费用后，企业不再承担进一步支付义务的离职后福利计划；设定受益计划，是指除设定提存计划以外的离职后福利计划。

（2）辞退福利。其是指企业在职工劳动合同到期之前解除与职工的劳动关系，或者为鼓励职工自愿接受裁减而给予职工的补偿。

（3）其他长期职工福利。其是指除短期薪酬、离职后福利、辞退福利之外所有的职工薪酬，包括长期带薪缺勤、长期残疾福利、长期利润分享计划等。

二、短期职工薪酬的账务处理

企业应设置“应付职工薪酬”科目，核算应付职工薪酬的计提、结算、使用等情况。该科目的贷方登记已分配计入有关成本费用项目的职工薪酬，借方登记实际发放的职工薪酬，包括扣还的款项等；期末贷方余额，反映企业应付未付的职工薪酬。

“应付职工薪酬”科目应按照“工资”“职工福利费”“非货币性福利”“社会保险费”“住房公积金”“工会经费”“职工教育经费”“带薪缺勤”“利润分享计划”“设定提存计划”“设定受益计划”“辞退福利”等职工薪酬项目设置明细科目进行明细核算。企业应当在职工为其提供服务的会计期间，将实际发生的短期薪酬确认为负债，并计入当期损益，其他会计准则要求或允许计入资产成本的除外。

（一）货币性职工薪酬

1. 职工工资、奖金、津贴和补贴

对于职工工资、奖金、津贴和补贴等货币性职工薪酬，企业应当在职工为其提供服务的会计期间，将实际发生的职工工资、奖金、津贴和补贴等，根据职工提供服务的受益对象，将应确认的职工薪酬，借记“生产成本”“制造费用”“合同履约成本”“管理费用”“销售费用”等科目，贷记“应付职工薪酬——工资”科目。

【例 5-16】宏达公司 2023 年 6 月份计算应付职工工资总额 462 000 元，工资费用分配汇总表中列示的产品生产人员工资为 320 000 元，车间管理人员工资为 70 000 元，企业行政管理人员工资为 60 400 元，销售人员工资为 11 600 元。宏达公司编制会计分录如下：

借：生产成本——基本生产成本	320 000	
制造费用	70 000	
管理费用	60 400	
销售费用	11 600	
贷：应付职工薪酬——工资		462 000

企业按照有关规定向职工支付工资、奖金、津贴、补贴等，借记“应付职工薪酬——工资”科目，贷记“银行存款”“库存现金”等科目；企业从应付职工薪酬中扣还的各种款项（代垫的职工家属医药费、个人所得税等），借记“应付职工薪酬”科目，贷记“银行存款”“库存现金”“其他应收款”“应交税费——应交个人所得税”等科目。

【例 5-17】宏达公司根据“工资费用分配汇总表”结算本月应付职工工资总额 462 000 元，其中企业代垫职工房租 15 000 元、代垫职工家属医药费 6 000 元、代扣个人所得税 9 000 元，实发工资 432 000 元。甲企业应编制如下会计分录：

（1）通过银行网银转账发放工资

借：应付职工薪酬——工资	432 000	
贷：银行存款		432 000

（2）代垫款项

借：应付职工薪酬——工资	30 000	
贷：其他应收款——职工房租		15 000
——代垫医药费		6 000
应交税费——应交个人所得税		9 000

2. 职工福利费

对于职工福利费，企业应当在实际发生时按照实际发生额计入当期损益或相关资产成本，借记“生产成本”“制造费用”“管理费用”“销售费用”等科目，贷记“应付职工薪酬——职工福利费”科目。

【例5-18】宏达公司下设一所职工食堂，每月根据在岗职工数量及岗位分布情况、相关历史经验数据等计算需要补贴食堂的金额，从而确定企业每期因职工食堂而需要承担的福利费金额。2023 年 5 月，企业在岗职工共计 100 人，其中管理部门 20 人，生产车间 80 人，企业的历史经验数据表明，对于每个职工企业每月需补贴食堂 120 元。宏达公司的有关会计分录如下：

借：生产成本	9 600	
管理费用	2 400	
贷：应付职工薪酬——职工福利		12 000

【例5-19】承【例5-18】2023 年6 月，宏达公司支付15 000 元补贴给食堂。宏达公司应编制如下会计分录：

借：应付职工薪酬——职工福利费	15 000	
贷：银行存款		15 000

3. 国家规定计提标准的职工薪酬

（1）工会经费和职工教育经费

根据《中华人民共和国工会法》的规定，企业按每月全部职工工资总额的 2%向工会拨缴经费，在成本费用中列支，主要用于为职工服务和工会活动。

职工教育经费一般由企业按照每月工资总额的 8%计提，主要用于职工接受岗位培训、继续教育等方面的支出。

期末，企业根据规定的计提基础和比例计算确定应付工会经费、职工教育经费，借记“生产成本”“制造费用”“管理费用”“销售费用”“在建工程”“研发支出”等科目，贷记“应付职工薪酬——工会经费”“应付职工薪酬——职工教育经费”等科目；实际上缴或发生实际开支时，借记“应付职工薪酬——工会经费”“应付职工薪酬——职工教育经费”等科目，贷记“银行存款”等科目。

【例5-20】承【例5-16】2023 年6 月，宏达公司根据相关规定，分别按照职工工资总额的 2%和 8%的计提标准，确认应付工会经费和职工教育经费。宏达公司应编制如下会计分录：

借：生产成本——基本生产成本	32 000	
制造费用	7 000	
管理费用	6 040	
销售费用	1 160	
贷：应付职工薪酬——工会经费		9 240
——职工教育经费		36 960

在本例中，应确认的应付职工薪酬 =（320 000+70 000+60 400+11 600）×（2%+8%）= 46 200（元），其中，工会经费为 9 240 元、职工教育经费为 36 960 元。

在本例中，应记入“生产成本”科目的金额 = 320 000×（2%+8%）= 32 000

（元）；应记入“制造费用”科目的金额＝70 000×（2%+8%）＝7 000（元）；应记入“管理费用”科目的金额＝60 400×（2%+8%）＝6 040（元）；应记入“销售费用”科目的金额＝11 600×（2%+8%）＝1 160（元）

（2）社会保险费和住房公积金

社会保险费包括医疗保险费、养老保险费、失业保险费、工伤保险费。企业承担的社会保险费，除养老保险费和失业保险费按规定确认为离职后福利外，其他的社会保险作为企业的短期薪酬。

住房公积金分为职工所在单位为职工缴存和职工个人缴存两部分，但其全部属于职工个人所有。

期末，对于企业应缴纳的社会保险费（不含基本养老保险费和失业保险费）和住房公积金，应按照规定的计提基础和比例，在职工提供服务期间根据受益对象计入当期损益或相关资产成本，并确认相应的应付职工薪酬金额，借记“生产成本”“制造费用”“管理费用”“销售费用”“在建工程”“研发支出”等科目，贷记“应付职工薪酬——社会保险费、住房公积金”科目；对于职工个人承担的社会保险费和住房公积金，由职工所在企业每月从其工资中代扣代缴，借记“应付职工薪酬——工资”科目，贷记“其他应付款——社会保险费（医疗保险）、住房公积金”科目。

【例 5-21】承【例 5-16】2023 年 6 月，宏达公司根据规定的计提标准，计算应由企业负担的向社会保险经办机构缴纳社会保险费（不含基本养老保险费和失业保险费）共计 55 440 元。按照规定标准计提住房公积金为 50 820 元。宏达公司应编制如下会计分录：

借：生产成本——基本生产成本	73 600	
制造费用	16 100	
管理费用	13 892	
销售费用	2 668	
贷：应付职工薪酬——社会保险费		55 440
——住房公积金		50 820

在本例中，应确认的应付职工薪酬＝55 440+50 820＝106 260（元），应记入“生产成本”科目的金额＝106 260×（320 000÷462 000）＝73 600（元）；应记入“制造费用”科目的金额＝106 260×（70 000÷462 000）＝16 100（元）；应记入“管理费用”科目的金额＝106 260×（60 400÷462 000）＝13 892（元）；应记入“销售费用”科目的金额＝106 260×（11 600÷462 000）＝2 668（元）。

假定宏达公司从应付职工薪酬中代扣个人应缴纳的社会保险费（不含基本养老保险费和失业保险费）为 55 440 元、住房公积金为 50 820 元，共计 106 260 元。甲企业应编制如下会计分录：

借：应付职工薪酬——工资	106 260	
贷：其他应付款——社会保险费		55 440
——住房公积金		50 820

（二）非货币性职工薪酬

企业以其自产产品作为非货币性福利发放给职工的，应当根据受益对象，按照该产品的含税公允价值计入相关资产成本或当期损益，同时确认应付职工薪酬，借记“生产成本”“制造费用”“管理费用”等科目，贷记“应付职工薪酬——非货币性福利”科目。将企业拥有的房屋等资产无偿提供给职工使用的，应当根据受益对象，将该住房每期应计提的折旧计入相关资产成本或当期损益，同时确认应付职工薪酬，借记“生产成本”“制造费用”“管理费用”等科目，贷记“应付职工薪酬——非货币性福利”科目，并且同时借记“应付职工薪酬——非货币性福利”科目，贷记“累计折旧”科目。租赁住房等资产供职工无偿使用的，应当根据受益对象，将每期应付的租金计入相关资产成本或当期损益，并确认应付职工薪酬，借记“生产成本”“制造费用”“管理费用”等科目，贷记“应付职工薪酬——非货币性福利”科目。难以认定受益对象的非货币性福利，直接计入当期损益和应付职工薪酬。

【例5-22】假如宏达公司于2023年12月以其自行生产的每台成本为800元的电暖器作为春节福利发放给公司每名职工。该型号的电暖器市场售价为每台1 000元，宏达公司适用的增值税税率为13%。公司共有职工200名，其中150名为直接参加生产的职工，20名为车间管理人员，30名为行政管理人员。宏达公司的会计处理如下：

（1）宏达公司实际发放电暖气时

借：应付职工薪酬——非货币性福利	226 000	
贷：主营业务收入		200 000
应交税费——应交增值税（销项税额）		26 000
借：主营业务成本	160 000	
贷：库存商品——电暖器		160 000

宏达公司应确认的主营业务收入＝200×1 000＝100 000（元）

宏达公司应确认的增值税销项税额＝200×500×13%＝13 000（元）

宏达公司应确认的主营业务成本＝200×800＝160 000（元）

（2）对非货币性福利进行分配时

借：生产成本	169 500	
制造费用	22 600	
管理费用	33 900	
贷：应付职工薪酬——非货币性福利		226 000

计算过程如下：

应确认的应付职工薪酬＝200×1 000+200×1 000×13%＝226 000（元）

应记入生产成本的金额＝150×1 000+150×1 000×13%＝169 500（元）

应记入制造费用的金额＝20×1 000+20×1 000×13%＝22 600（元）

应记入管理费用的金额＝30×1 000+30×1 000×13%＝33 900（元）

三、长期职工薪酬的账务处理

（一）离职后福利

对于设定提存计划，企业应当根据在资产负债表日为换取职工在会计期间提供的服务而应向单独主体缴存的提存金，确认为应付职工薪酬，并计入当期损益或相关资产成本，借记“生产成本”“制造费用”“管理费用”“销售费用”等科目，贷记“应付职工薪酬——设定提存计划”科目。

【例5-23】承【例5-16】宏达公司根据所在地政府规定，按照职工工资总额的16%计提基本养老保险费，缴存当地社会保险经办机构。2023年6月，宏达公司缴存的基本养老保险费，应计入生产成本的金额为51 200元，应计入制造费用的金额为11 200元，应计入管理费用的金额为9 664元，应计入销售费用的金额为1 856元。宏达公司应编制如下会计分录：

借：生产成本——基本生产成本	51 200	
制造费用	11 200	
管理费用	9 664	
销售费用	1 856	
贷：应付职工薪酬——设定提存计划——基本养老保险费		73 920

（二）辞退后福利

企业向职工提供辞退福利的，应当在“企业不能单方面撤回因解除劳动关系或裁减所提供的辞退福利时”和“企业确认涉及支付辞退福利的重组相关成本或费用时”两者孰早日，确认辞退福利产生的职工薪酬负债，并计入当期损益，借记“管理费用”科目，贷记“应付职工薪酬——辞退福利”科目。

（三）其他长期职工福利

企业向职工提供的其他长期职工福利，符合设定提存计划条件的，应当按照设定提存计划的有关规定进行会计处理；符合设定受益计划条件的，应当按照设定受益计划的有关规定进行会计处理。

长期残疾福利水平取决于职工提供服务期间长短的，企业应在职工提供服务的期间确认应付长期残疾福利义务，计量时应当考虑长期残疾福利支付的可能性和预期支付的期限；与职工提供服务期间长短无关的，企业应当在导致职工长期残疾的事件发生的当期确认应付长期残疾福利。

第四节　应交税费

一、应交税费概述

企业根据税法规定应交纳的各种税费包括：增值税、消费税、企业所得税、城市维护建设税、资源税、土地增值税、房产税、车船税、城镇土地使用税、教育费附加、印花税、耕地占用税、环境保护税、契税、车辆购置税等。

企业应设置“应交税费”科目，核算各种税费的应交、交纳等情况。该科目贷方登记应交纳的各种税费，借方登记实际交纳的税费；期末余额一般在贷方，反映企业尚未交纳的税费，期末余额如在借方，反映企业多交或尚未抵扣的税费。本科目按应交税费项目设置明细科目进行明细核算。

企业代扣代缴的个人所得税，也通过“应交税费”科目核算，而企业交纳的印花税、耕地占用税等不需要预计应交数的税金，不通过“应交税费”科目核算。

二、应交增值税

（一）应交增值税概述

1. 增值税的含义、征税范围、纳税义务人和税率

增值税是以商品（含应税劳务、应税行为）在流转过程中实现的增值额作为计税依据而征收的一种流转税。按照我国现行增值税制度的规定，在我国境内销售货物、加工修理修配劳务、服务、无形资产和不动产以及进口货物的企业、单位和个人为增值税的纳税人。其中，“服务”是指提供交通运输服务、建筑服务、邮政服务、电信服务、金融服务、现代服务、生活服务等。

根据经营规模大小及会计核算水平的健全程度，增值税纳税人分为一般纳税人和小规模纳税人。一般纳税人是指年应税销售额超过财政部、国家税务总局规定标准的增值税纳税人。小规模纳税人是指年应税销售额未超过规定标准，并且会计核算不健全，不能够提供准确税务资料的增值税纳税人。

一般纳税人采用的税率分为13%、9%、6%和零税率，具体规定如下：

（1）销售或进口货物、提供加工修理修配劳务或提供有形动产租赁服务，税率为13%；

（2）销售或进口以下货物提供应税服务的，税率为9%：销售或进口粮食等农产品、食用植物油、食用盐；自来水、暖气、冷气、热水、煤气、石油液化气、天然气、沼气、居民用煤炭制品；图书、报纸、杂志、音像制品、电子出版物；饲料、化肥、农药、农机；提供交通运输服务、邮政服务、基础电信服务、建筑服务、不动产租赁服务，销售不动产、转让土地使用权。

（3）除上述以外的服务，税率为6%：包括金融服务、现代服务（租赁服务外）、增值现代服务、生活服务、转让无形资产（土地使用权除外）。

（4）出口货物，及其他由财政部和国家税务总局另行规定的应税行为，税率为零。

2. 增值税的计税方法

计算增值税的方法分为一般计税方法和简易计税方法。

（1）增值税的一般计税方法，是先按当期销售额和适用的税率计算出销项税额，然后以该销项税额对当期购进项目支付的税款（即进项税额）进行抵扣，间接算出当期的应纳税额。应纳税额的计算公式：

应纳税额＝当期销项税额－当期进项税额

公式中的“当期销项税额”是指纳税人当期销售货物、加工修理修配劳务、服务、无形资产和不动产时按照销售额和增值税税率计算并收取的增值税税额。当期销项税额的计算公式：

销项税额＝销售额×增值税税率

其中，销售额是指纳税人销售货物、加工修理修配劳务、服务、无形资产和不动产向购买方收取的全部价款和价外费用，但是不包括收取的销项税额。如果销售价格在定价时含税，则应还原为不含税的销售额，即销售额＝含税销售额÷（1+增值税税率）。

公式中的“当期进项税额”是指纳税人购进货物、加工修理修配劳务、服务、无形资产或者不动产，支付或者负担的增值税税额。下列进项税额准予从销项税额中抵扣：

①从销售方取得的增值税专用发票（含《机动车销售统一发票》，下同）上注明的增值税税额。

②从海关取得的海关进口增值税专用缴款书上注明的增值税税额。

③购进农产品，除取得增值税专用发票或者海关进口增值税专用缴款书外，按照农产品收购发票或者销售发票上注明的农产品买价和9%的扣除率计算的进项税额；如用于生产销售或委托加工13%税率货物的农产品，按照农产品收购发票或者销售发票上注明的农产品买价和10%的扣除率计算的进项税额。

④从境外单位或者个人购进服务、无形资产或者不动产，从税务机关或者扣缴义务人取得的解缴税款的完税凭证上注明的增值税税额。

⑤一般纳税人支付的道路通行费，取得的收费公路通行费增值税电子普通发票上注明的增值税税额；桥、闸通行费，凭取得的通行费发票上注明的收费金额和规定的方法计算的可抵扣的增值税进项税额。当期销项税额小于当期进项税额不足抵扣时，其不足部分可以结转下期继续抵扣。

（2）增值税的简易计税方法，是按照销售额与征收率的乘积计算应纳税额，不得抵扣进项税额。应纳税额的计算公式：

应纳税额=销售额×征收率

公式中的销售额不包括其应纳税额，如果纳税人采用销售额和应纳税额合并定价方法，则应把含税销售额还原为不含税销售额，其计算公式为：销售额=含税销售额÷(1+征收率)。采用简易计税方式的，增值税征收率为3%，国家另有规定的除外。

增值税一般纳税人计算增值税大多采用一般计税方法；小规模纳税人一般采用简易计税方法；一般纳税人发生财政部和国家税务总局规定的特定应税销售行为，也可以选择简易计税方式计税，但是不得抵扣进项税额。

（二）一般纳税人的账务处理

1. 增值税核算应设置的会计科目

为了核算企业应交增值税的发生、抵扣、交纳、退税及转出等情况，增值税一般纳税人应当在“应交税费”科目下设置“应交增值税”“未交增值税”“预交增值税”“待抵扣进项税额”“待认证进项税额”“待转销项税额”“增值税留抵税额”“简易计税”“转让金融商品应交增值税”“代扣代缴增值税”等明细科目。

（1）“应交增值税”明细科目，核算一般纳税人进项税额、销项税额抵减、已交税金、转出未交增值税、减免税款、出口抵减内销产品应纳税额、销项税额、出口退税、进项税额转出、转出多交增值税等情况。该明细科目设置以下专栏：①“进项税额”专栏，记录一般纳税人购进货物、加工修理修配劳务、服务、无形资产或不动产而支付或负担的、准予从当期销项税额中抵扣的增值税税额；②“销项税额抵减”专栏，记录一般纳税人按照现行增值税制度规定因扣减销售额而减少的销项税额；③“已交税金”专栏，记录一般纳税人当月已交纳的应交增值税税额；④“转出未交增值税”和“转出多交增值税”专栏，分别记录一般纳税人月度终了转出当月应交未交或多交的增值税税额；⑤“减免税款”专栏，记录一般纳税人按现行增值税制度规定准予减免的增值税税额；⑥“出口抵减内销产品应纳税额”专栏，记录实行“免、抵、退”办法的一般纳税人按规定计算的出口货物的进项税抵减内销产品的应纳税额；⑦“销项税额”专栏，记录一般纳税人销售货物、加工修理修配劳务、服务、无形资产或不动产应收取的增值税税额；⑧“出口退税”专栏，记录一般纳税人出口货物、加工修理修配劳务、服务、无形资产按规定退回的增值税税额；⑨“进项税额转出”专栏，记录一般纳税人购进货物、加工修理修配劳务、服务、无形资产或不动产等发生非正常损失以及其他原因而不应从销项税额中抵扣、按规定转出的进项税额。

（2）“未交增值税”明细科目，核算一般纳税人月度终了从“应交增值税”或“预交增值税”明细科目转入当月应交未交、多交或预交的增值税税额，以及当月交纳以前期间未交的增值税税额。

（3）“预交增值税”明细科目，核算一般纳税人转让不动产、提供不动产经营租赁服务、提供建筑服务、采用预收款方式销售自行开发的房地产项目等，以及其他按现行增值税制度规定应预交的增值税税额。

（4）“待抵扣进项税额”明细科目，核算一般纳税人已取得增值税扣税凭证并经税务机关认证，按照现行增值税制度规定准予以后期间从销项税额中抵扣的进项税额。

（5）“待认证进项税额”明细科目，核算一般纳税人由于未经税务机关认证而不得从当期销项税额中抵扣的进项税额。包括，一般纳税人已取得增值税扣税凭证、按照现行增值税制度规定准予从销项税额中抵扣，但尚未经税务机关认证的进项税额；一般纳税人已申请稽核但尚未取得稽核结果的海关缴款书进项税额。

（6）“待转销项税额”明细科目，核算一般纳税人销售货物、加工修理修配劳务、服务、无形资产或不动产，已确认相关收入（或利得）但尚未发生增值税纳税义务而需于以后期间确认为销项税额的增值税税额。

（7）“简易计税”明细科目，核算一般纳税人采用简易计税方法发生的增值税计提、扣减、预缴、缴纳等业务。

（8）“转让金融商品应交增值税”明细科目，核算增值税纳税人转让金融商品发生的增值税税额。

（9）“代扣代缴增值税”明细科目，核算纳税人购进在境内未设经营机构的境外单位或个人在境内的应税行为代扣代缴的增值税。

2. 取得资产、接受劳务或服务

（1）一般纳税人购进货物、加工修理修配劳务、服务、无形资产或者不动产，按应计入相关成本费用或资产的金额，借记“材料采购”“在途物资”“原材料”“库存商品”“生产成本”“无形资产”“固定资产”“管理费用”等科目，按当月已认证的可抵扣增值税税额，借记“应交税费——应交增值税（进项税额）”科目，按当月未认证的可抵扣增值税税额，借记“应交税费——待认证进项税额”科目，按应付或实际支付的金额，贷记“应付账款”“应付票据”“银行存款”等科目。购进货物等发生的退货，应根据税务机关开具的红字增值税专用发票编制相反的会计分录，如原增值税专用发票未做认证，应将发票退回并作相反的会计分录。

企业购进农产品，除取得增值税专用发票或者海关进口增值税专用缴款书外，按照农产品收购发票或者销售发票上注明的农产品买价和9%的扣除率计算的进项税额；以及购进用于生产销售或委托加工13%税率货物的农产品，按照农产品收购发票或者销售发票上注明的农产品买价和10%的扣除率计算的进项税额，借记“应交税费——应交增值税（进项税额）”科目，按农产品买价扣除进项税额后的差额，借记“材料采购”“在途物资”“原材料”“库存商品”等科目，按照应付或实际支付的价款，贷记“应付账款”“应付票据”“银行存款”等科目。

【例5-24】宏达公司为增值税一般纳税人，销售商品适用的增值税税率为13%，原材料按实际成本核算，2023年6月20日购入原材料一批，增值税专用发票上注明的价款为60 000元，增值税税额为7 800元，运输费用为3 000元，增值税税额为270元，全部款项已用转账支票付讫。原材料已验收入库。宏达公司应编制如下会计分录：

借：原材料	63 000	
应交税费——应交增值税（进项税额）	8 070	
贷：银行存款		71 070

【例5-25】宏达公司于2023年7月15日，购入不需要安装的生产设备一台，增值税专用发票上注明的价款为200 000元，增值税税额为26 000元，款项尚未支付。

借：固定资产	200 000	
应交税费—— 应交增值税（进项税额）	26 000	
贷：应付账款		226 000

【例5-26】宏达公司于2023年7月20日，购入农产品一批，农产品收购发票上注明的买价为100 000元，规定的扣除率为9%，货物尚未到达，价款已用银行存款支付。

借：在途物资	91 000	
应交税费—— 应交增值税（进项税额）	9 000	
贷：银行存款		100 000

进项税额＝购买价款×扣除率＝100 000×9%＝9 000（元）

【例5-27】宏达公司于2023年7月25日，委托外单位修理机器设备，取得对方开具的增值税专用发票上注明的修理费用为10 000元，增值税税额为1 300元，款项已用银行存款支付。

借：管理费用	10 000	
应交税费—— 应交增值税（进项税额）	1 300	
贷：银行存款		11 300

（2）进项税额转出。某些情况下，企业原先已计入进项税额但按照现行增值税制度不得从销项税额中抵扣，应将进项税额转出，借记“待处理财产损溢”“应付职工薪酬”“固定资产”“无形资产”等科目，贷记“应交税费——应交增值税（进项税额转出）”等目。税法规定，进项税额不得从销项税额中抵扣的情形包括：

①用于简易计税方法计税项目免征增值税项目、集体福利或者个人消费的购进货物、加工修理修配劳务、服务、无形资产或不动产。

②非正常损失的购进货物及相关的加工修理修配劳务和交通运输服务。

③非正常损失的在产品、产成品所耗用的购进货物（不包括固定资产）、加工修理修配劳务和交通运输服务。

④非正常损失的不动产，以及该不动产所耗用的购进货物、设计服务和建筑服务。

⑤非正常损失的不动产在建工程所耗用的购进货物、设计服务和建筑服务。新建、改建、扩建、修缮、装饰不动产，均属于不动产在建工程。

⑥购进的旅客运输服务、贷款服务、餐饮服务、居民日常服务和娱乐服务。

⑦财政部和国家税务总局规定的其他情形。

【例 5-28】宏达公司由于管理不善，毁损产成品一批，实际成本为 100 000 元，所耗购进货物的进项税额为 13 000 元。其账务处理如下：

借：待处理财产损溢	113 000	
贷：库存商品		100 000
应交税费——应交增值税（进项税额转出）		13 000

【例 5-29】2023 年 6 月，宏达公司库存材料因管理不善发生火灾损失，材料实际成本为 10 000 元，相关增值税专用发票上注明的增值税税额为 1 300 元。甲公司将毁损库存材料作为待处理财产损溢入账。

借：待处理财产损溢——待处理流动资产损溢	11 300	
贷：原材料		10 000
应交税费——应交增值税（进项税额转出）		1 300

【例 5-30】2023 年 6 月，宏达公司将一批外购原材料用于集体福利，该批原材料的实际成本为 30 000 元，相关增值税专用发票上注明的增值税税额为 3 900 元。

借：应付职工薪酬——职工福利费	33 900	
贷：原材料		30 000
应交税费——应交增值税（进项税额转出）		3 900

3. 销售等业务的账务处理

（1）企业销售货物、加工修理修配劳务、服务、无形资产或不动产，应当按应收或已收的金额，借记“应收账款”“应收票据”“银行存款”等科目，按取得的收益金额，贷记“主营业务收入”“其他业务收入”“固定资产清理”等科目，按现行增值税制度规定计算的销项税额（或采用简易计税方法计算的应纳增值税额），贷记“应交税费——应交增值税（销项税额）”或“应交税费——简易计税”科目。

企业销售货物等发生销售退回的，应根据税务机关开具的红字增值税专用发票作相反的会计分录。根据会计准则相关规定的收入或利得确认时点早于按照现行增值税制度确认增值税纳税义务发生时点的，应将相关销项税额记入“应交税费——待转销项税额”科目，待实际发生纳税义务时再转入“应交税费——应交增值税（销项税额）”或“应交税费——简易计税”科目。按照增值税制度确认增值税纳税义务发生时点早于根据会计准则相关规定收入或利得确认时点的，应将应纳增值税额，借记“应收账款”科目，贷记“应交税费——应交增值税（销项税额）”或“应交税费——简易计税”科目，根据会计准则相关规定确认收入或利得时，应按扣除增值税销项税额后的金额确认收入或利得。

【例 5-31】2023 年 6 月 15 日，宏达公司销售产品一批，开具增值税专用发票上注明的价款为 1 500 000 元，增值税税额为 195 000 元，提货单和增值税专用发票已交给买方，款项尚未收到。

借：应收账款　　1 695 000

　贷：主营业务收入　　1 500 000

　　应交税费——应交增值税（销项税额）　　195 000

【例 5-32】2023 年 6 月 25 日，宏达公司为外单位代加工 M 产品 250 个，每个收取加工费 80 元，已加工完成。开具增值税专用发票上注明的价款为 20 000 元，增值税税额为 2 600 元，款项已收到并存入银行。

借：银行存款　　22 600

　贷：主营业务收入　　20 000

　　应交税费——应交增值税（销项税额）　　2 600

（2）视同销售。企业有些交易和事项按照现行增值税制度规定，应视同对外销售处理，计算应交增值税。视同销售需要交纳增值税的事项主要有：企业将自产或委托加工的货物用于集体福利或个人消费、作为投资提供给其他单位或个体工商户、分配给股东或投资者、对外捐赠等。在这些情况下，企业应当根据视同销售的具体内容，按照现行增值税制度规定计算的销项税额（或采用简易计税方法计算的应纳增值税税额），借记“长期股权投资”“应付职工薪酬”“利润分配”“营业外支出”等科目，贷记“应交税费——应交增值税（销项税额）”或“应交税费——简易计税”科目。

【例 5-33】2023 年 6 月 10 日，宏达公司以公司生产的产品对外捐赠，该批产品的实际成本为 100 000 元，市场不含税售价为 150 000 元，开具的增值税专用发票上注明的增值税税额为 19 500 元。宏达公司应作的会计分录为：

借：营业外支出　　119 500

　贷：库存商品　　100 000

　　应交税费——应交增值税（销项税额）　　19 500

【例 5-34】2023 年 6 月 10 日，宏达公司用一批原材料对外进行长期股权投资。该批原材料实际成本为 300 000 元，双方协商不含税价值为 375 000 元，开具的增值税专用发票上注明的增值税税额为 48 750 元。不考虑其他因素。宏达公司应作的会计分录为：

借：长期股权投资　　423 750

　贷：其他业务收入　　375 000

　　应交税费——应交增值税（销项税额）　　48 750

同时

借：其他业务成本　　300 000

　贷：原材料　　300 000

4. 交纳增值税

企业交纳当月应交的增值税，借记“应交税费——应交增值税（已交税金）”科目，贷记“银行存款”科目；企业交纳以前期间未交的增值税，借记“应交税费——未交增值税”科目，贷记“银行存款”科目。

【例 5-35】2023 年 6 月，宏达公司当月发生增值税销项税额合计为 265 850 元，增值税进项税额转出合计为 18 200 元，增值税进项税额合计为 44 370 元。宏达公司当月应交增值税计算结果如下：

当月应交增值税=265 850+18 200-44 370=239 680（元）

宏达公司编制如下会计分录：

借：应交税费——应交增值税（转出未交增值税）　　239 680

　贷：应交税费——未交增值税　　239 680

5. 月末转出多交增值税和未交增值税

月度终了，企业应当将当月应交未交或多交的增值税自“应交增值税”明细科目转入“未交增值税”明细科目。对于当月应交未交的增值税，借记“应交税费——应交增值税（转出未交增值税）”科目，贷记“应交税费——未交增值税”科目；对于当月多交的增值税，借记“应交税费——未交增值税”科目，贷记“应交税费——应交增值税（转出多交增值税）”科目。

【例5-36】2023年7月，宏达公司交纳6月未交的增值税239 680元，编制如下会计分录：

借：应交税费——未交增值税　　239 680

　贷：银行存款　　239 680

需要说明的是，企业购入材料、商品等不能取得增值税专用发票的，发生的增值税应计入材料采购成本，借记“材料采购”“在途物资”“原材料”“库存商品”等科目，贷记“银行存款”等科目。

（三）小规模纳税人的账务处理

小规模纳税人核算增值税采用简易计税的方法，即购进货物、应税服务或应税行为，取得增值税专用发票上注明的增值税，一律不予抵扣，直接计入相关成本费用或资产。小规模纳税人销售货物、应税服务或应税行为时，按照不含税的销售额和规定的增值税征收率计算应交纳的增值税（即应纳税额），但不得开具增值税专用发票。

一般来说，小规模纳税人采用销售额和应纳税额合并定价的方法并向客户结算款项，销售货物、应税服务或应税行为后，应进行价税分离，确定不含税的销售额。不含税的销售额计算公式为：

不含税销售额=含税销售额÷（1+征收率）

应纳税额=不含税销售额×征收率

小规模纳税人进行账务处理时，只需在“应交税费”科目下设置“应交增值税”明细科目，该明细科目不再设置增值税专栏。“应交税费——应交增值税”科目贷方登记应交纳的增值税，借方登记已交纳的增值税；期末贷方余额，反映小规模纳税人尚未交纳的增值税，期末借方余额，反映小规模纳税人多交纳的增值税。

小规模纳税人购进货物、应税服务或应税行为，按照应付或实际支付的全部款项（包括支付的增值税税额），借记“材料采购”“在途物资”“原材料”“库存商品”等科目，贷记“应付账款”“应付票据”“银行存款”等科目；销售货物、应税服务或应税行为，应按全部价款（包括应交的增值税税额），借记“银行存款”等科目，按不含税的销售额，贷记“主营业务收入”等科目，按应交增值税税额，贷记“应交税费——应交增值税”科目。

【例5-37】某企业为增值税小规模纳税人，适用增值税征收率为3%，原材料按实际成本核算。该企业发生的经济交易如下：购入原材料一批，取得增值税专用发票上注明的价款为15 000元，增值税税额为1 950元，全部款项以银行存款支付，材料已验收入库。销售产品一批，开具的普通发票上注明的货款（含税）为25 750元，款项已存入银行。用银行存款交纳增值税750元。该企业应编制如下会计分录：

（1）购入原材料时

借：原材料　　16 950

　贷：银行存款　　16 950

（2）销售产品时

借：银行存款　　25 750

　贷：主营业务收入　　25 000

　　　应交税费——应交增值税　　750

不含税销售额=含税销售额÷（1+征收率）=25 750÷（1+3%）=25 000（元）

应纳增值税=不含税销售额×征收率=25 000×3%=750（元）

（3）缴纳增值税时

借：应交税费——应交增值税　　750

　贷：银行存款　　750

三、应交消费税

（一）应交消费税概述

消费税是指在我国境内生产、委托加工和进口应税消费品的单位和个人，按其流转额交纳的一种税。消费税有从价定率、从量定额、从价定率和从量定额复合计税（简称“复合计税”）三种征收方法。采取从价定率方法征收的消费税，以不含增值税的销售额为税基，按照税法规定的税率计算。企业的销售收入包含增值税的，应将其换算为不含增值税的销售额。采取从量定额计征的消费税，按税法确定的企业应税消费品的数量和单位应税消费品应缴纳的消费税计算确定。采取复合计税计征的消费税，由从价定率和从量定额计算的消费税额共同确定。

（二）应交消费税的账务处理

企业应在“应交税费”科目下设置“应交消费税”明细科目，核算应交消费税的发生、交纳情况。该科目贷方登记应交纳的消费税，借方登记已交纳的消费税，期末贷方余额，反映企业尚未交纳的消费税，期末借方余额，反映企业多交纳的消费税。

1. 销售应税消费品

企业销售应税消费品应交的消费税，应借记“税金及附加”科目，贷记“应交税费——应交消费税”科目。

【例5-38】宏达公司销售应税消费品一批，不含增值税的价款为500 000元，开具的增值税专用发票上注明的增值税税额为65 000元，适用的消费税税率为10%，款项已存入银行。宏达公司应编制如下会计分录：

（1）取得价款和税款时

借：银行存款　　565 000

贷：主营业务收入　　500 000

应交税费——应交增值税（销项税额）　　65 000

（2）计算应交纳的消费税

应纳消费税税额 = 500 000×10% = 50 000（元）

借：税金及附加　　50 000

贷：应交税费——应交消费税　　50 000

2. 自产自用应税消费品

企业将生产的应税消费品用于在建工程等非生产机构时，按规定应交纳的消费税，借记“在建工程”等科目，贷记“应交税费——应交消费税”科目。

【例 5-39】宏达公司将一批自产应税消费品用于在建工程项目，该批产品的成本为 25 000 元，应纳消费税 3 000 元。不考虑其他相关税费。宏达公司应编制如下会计分录：

借：在建工程　　28 000

贷：库存商品　　25 000

应交税费——应交消费税　　3 000

3. 委托加工应税消费品

企业如有应交消费税的委托加工物资，一般应由受托方代收代缴消费税。委托加工物资收回后，直接用于销售的，应将受托方代收代缴的消费税计入委托加工物资的成本，借记“委托加工物资”等科目，贷记“应付账款”“银行存款”等科目；委托加工物资收回后用于连续生产应税消费品的，按规定准予抵扣的，应按已由受托方代收代缴的消费税，借记“应交税费——应交消费税”科目，贷记“应付账款”“银行存款”等科目，待用委托加工的应税消费品生产出应纳消费税的产品销售时，再交纳消费税。

【例 5-40】宏达公司委托乙企业代为加工一批应交消费税的材料（非金银首饰）。宏达公司发出材料的成本为 1 000 000 元，应付加工费为 200 000 元，增值税税率为 13%，由乙企业代收代缴的消费税为 80 000 元。材料已经加工完成，并由宏达公司收回验收入库，加工费及相关税金尚未支付。宏达公司采用实际成本法进行原材料的核算。宏达公司和乙企业均为增值税一般纳税人。宏达公司应编制如下会计分录：

（1）委托加工物资收回继续用于生产应税消费品

借：委托加工物资　　1 000 000

贷：原材料　　1 000 000

借：委托加工物资　　200 000

应交税费——应交增值税（进项税额）　　26 000

——应交消费税　　80 000

贷：应付账款　　306 000

借：原材料　　1 200 000

贷：委托加工物资　　1 200 000

（2）委托加工物资收回直接对外销售

借：委托加工物资　　1 000 000

　贷：原材料　　1 000 000

借：委托加工物资　　280 000

　　应交税费——应交增值税（进项税额）　　26 000

　贷：应付账款　　306 000

借：原材料　　1 280 000

　贷：委托加工物资　　1 280 000

4. 进口应税消费品

企业进口应税物资交纳的消费税由海关代征。应交的消费税按照组成计税价格和规定的税率计算，消费税计入该项物资成本，借记“在途物资”“材料采购”“原材料”“库存商品”科目，贷记“银行存款”等科目。

【例5-41】宏达公司从国外进口一批需要交纳消费税的商品，已知该商品关税完税价格为270 000元，按规定应交纳关税54 000元，假定进口的应税消费品的消费税税率为10%、增值税税率为13%。货物报关后，自海关取得的“海关进口消费税专用缴款书”注明的消费税为36 000元、“海关进口增值税专用缴款书”注明的增值税为46 800元。进口商品已验收入库，全部货款和税款已用银行存款支付。宏达公司应编制如下会计分录：

进口商品的入账成本=270 000+54 000+36 000=360 000（元）

借：库存商品　　360 000

　　应交税费——应交增值税（进项税额）　　46 800

　贷：银行存款　　406 800

在本例中，应交消费税税额=［（270 000+54 000）÷（1-10%）］×10%=36 000（元）；应交增值税税额=（270 000+54 000+36 000）×13%=46 800（元）。

四、其他应交税费

（一）其他应交税费概述

其他应交税费是指除上述应交税费以外的其他各种应上交国家的税费，包括应交资源税、应交城市维护建设税、应交城镇土地增值税、应交所得税、应交房产税、应交城镇土地使用税、应交车船税、应交教育费附加、应交环境保护税、应交个人所得税等。企业应当 在“应交税费”科目下设置相应的明细科目进行核算，贷方登记应交纳的有关税费，借方登记已交纳的有关税费，期末贷方余额，反映企业尚未交纳的有关税费。

（二）应交资源税的账务处理

资源税是对在我国境内开采矿产品或者生产盐的单位和个人征收的税。对外销售应税产品应交纳的资源税应记入“税金及附加”科目，借记“税金及附加”科目，贷记“应交税费——应交资源税”科目；自产自用应税产品应交纳的资源税应记入“生产成本”“制造费用”等科目，借记“生产成本”“制造费用”等科目，贷记“应交税费——应交资源税”科目。

【例 5-42】宏达公司本期对外销售资源税应税矿产品 1 800 吨，税法规定每吨矿产品应交资源税 5 元。宏达公司应编制如下会计分录：

借：税金及附加　　9 000

　贷：应交税费——应交资源税　　9 000

企业对外销售应税产品而应交的资源税 = 1 800×5 = 9 000（元）

（三）应交城市维护建设税的账务处理

城市维护建设税是以增值税和消费税为计税依据征收的一种税。其纳税人为交纳增值税和消费税的单位和个人，以纳税人实际缴纳的增值税和消费税税额为计税依据，并分别与两项税金同时缴纳。税率因纳税人所在地不同从 1%～7%不等。应纳税额的计算公式为：

应纳税额 =（实际交纳的增值税+实际交纳的消费税）× 适用税率

企业按规定计算出应交纳的城市维护建设税，借记“税金及附加”等科目，贷记“应交税费—— 应交城市维护建设税”科目。交纳城市维护建设税，借记“应交税费——应交城市维护建设税”科目，贷记“银行存款”科目。

【例 5-43】2023 年 7 月，宏达公司实际交纳增值税 300 000 元、消费税 120 000 元，适用的城市维护建设税税率为 7%。宏达公司应编制如下会计分录：

（1）计算应交城市维护建设税

借：税金及附加　　29 400

　贷：应交税费——应交城市维护建设税　　29 400

应交的城市维护建设税 =（300 000+120 000）×7% = 29 400（元）

（2）用银行存款交纳城市维护建设税

借：应交税费——应交城市维护建设税　　29 400

　贷：银行存款　　29 400

（四）应交教育费附加的账务处理

教育费附加是指为了加快发展地方教育事业、扩大地方教育经费资金来源而向企业征收的附加费用。教育费附加以各单位实际缴纳的增值税、消费税的税额为计征依据，按其一定比例分别与增值税、消费税同时缴纳。企业按规定计算出应交纳的教育费附加，借记“税金及附加”等科目，贷记“应交税费——应交教育费附加”科目。

【例 5-44】宏达公司按税法规定计算，2023 年第四季度应交纳教育费附加 150 000 元。款项已经用银行存款支付。宏达公司应编制如下会计分录：

（1）计算应交纳的教育费附加

借：税金及附加　　150 000

　贷：应交税费——应交教育费附加　　150 000

（2）用银行存款交纳教育费附加

借：应交税费——应交教育费附加　　150 000

　贷：银行存款　　150 000

（五）应交土地增值税的账务处理

土地增值税是对转让国有土地使用权、地上的建筑物及其附着物（简称“转让房地产”）并取得增值性收入的单位和个人所征收的一种税。

土地增值税按照转让房地产所取得的增值额和规定的税率计算征收。转让房地产的增值额是转让收入减去税法规定扣除项目金额后的余额，其中，转让收入包括货币收入、实物收入和其他收入；扣除项目主要包括取得土地使用权所支付的金额、开发土地的成本及费用、新建房及配套设施的成本及费用、与转让房地产有关的税金、旧房及建筑物的评估价格、财政部确定的其他扣除项目等。土地增值税采用四级超率累进税率，其中最低税率为30%，最高税率为60%。

根据企业对房地产核算的方法不同，企业应交土地增值税的账务处理也有所区别：企业转让的土地使用权连同地上建筑物及其附着物一并在“固定资产”科目核算的，转让时应交的土地增值税，借记“固定资产清理”科目，贷记“应交税费——应交土地增值税”科目；土地使用权在“无形资产”科目核算的，借记“银行存款”“累计摊销”“无形资产减值准备”科目，按应交的土地增值税，贷记“应交税费——应交土地增值税”科目，同时冲销土地使用权的账面价值，贷记“无形资产”科目，按其差额，借记或贷记“资产处置损益”科目；房地产开发经营企业销售房地产应交纳的土地增值税，借记“税金及附加”科目，贷记“应交税费——应交土地增值税”科目。交纳土地增值税，借记“应交税费——应交土地增值税”科目，贷记“银行存款”科目。

【例5-45】宏达公司对外转让一栋厂房，根据税法规定计算的应交土地增值税为22 500元。宏达公司应编制如下会计分录：

（1）计算应交土地增值税

借：固定资产清理	22 500	
贷：应交税费——应交土地增值税		22 500

（2）用银行存款交纳土地增值税

借：应交税费——应交土地增值税	22 500	
贷：银行存款		22 500

（六）应交房产税、城镇土地使用税和车船税的账务处理

房产税是国家对在城市、县城、建制镇和工矿区征收的由产权所有人缴纳的一种税。房产税依照房产原值一次减除10%~30%后的余额计算交纳。没有房产原值作为依据的，由房产所在地税务机关参考同类房产核定；房产出租的，以房产租金收入为房产税的计税依据。

城镇土地使用税是以城市、县城、建制镇、工矿区范围内使用土地的单位和个人为纳税人，以其实际占用的土地面积和规定税额计算征收。

车船税是以车辆、船舶（简称“车船”）为课征对象，向车船的所有人或者管理人征收的一种税。

企业应交的房产税、城镇土地使用税、车船税，借记“税金及附加”科目，贷记“应交税费——应交房产税、应交城镇土地使用税、应交车船税”科目。

【例5-46】某企业按税法规定本期应交纳房产税为80 000元、车船税19 000元、城镇土地使用税 22 500 元。该企业应编制如下会计分录：

（1）计算应交纳的上述税金

借：税金及附加	121 500	
贷：应交税费——应交房产税		80 000
——应交城镇土地使用税		22 500
——应交车船税		19 000

（2）用银行存款交纳上述税金

借：应交税费——应交房产税	80 000	
——应交城镇土地使用税	22 500	
——应交车船税	19 000	
贷：银行存款		121 500

第五节　非流动负债

非流动负债是指偿还期超过一年或一个营业周期的债务。与流动负债相比，长期负债具有偿还期限较长、金额较大的特点，是企业一项比较稳定且重要的资金来源。长期负债主要包括长期借款、应付债券、长期应付款和预计负债等。

一、长期借款

（一）长期借款的概念

长期借款是指企业向银行或其他金融机构借入的期限在 1 年以上（不含 1 年）的各种借款，一般用于固定资产的购建、改扩建工程、大修理工程、对外投资以及为了保持长期经营能力等方面。它是企业长期负债的重要组成部分，必须加强管理与核算。

由于长期借款的使用关系到企业的生产经营规模和效益，企业除了要遵守有关的贷款规定、编制借款计划并要有不同形式的担保外，还应监督借款的使用、近期支付长期借款的利息以及按规定的期限归还借款本金等。因此，长期借款会计处理的基本要求是反映和监督企业长期借款的借入、借款利息的结算和借款本息的归还情况，促使企业遵守信贷纪律，提高信用等级，同时也要确保长期借款的有效使用。

（二）长期借款的账务处理

长期借款分为分期付息到期还本和到期一次还本付息。因此，企业应设置“长期借款”科目，核算长期借款的借入、归还等情况。本科目设置“本金”“利息调整”“应计利息”等明细科目进行核算。该科目的贷方登记长期借款本息的增加额，借方登记本息的减少额，期末贷方余额反映企业尚未偿还的长期借款。

1. 取得长期借款

企业借入长期借款，应按实际收到的金额，借记“银行存款”科目，贷记“长期借款——本金”科目；如存在差额，还应借记“长期借款——利息调整”科目。

【例 5-47】宏达公司于 2021 年 1 月 1 日从银行借入资金 5 000 000 元，借款期限为

3 年，年利率为 6%（每年年末付息，到期还本），所借款项已存入银行。宏达公司用该借款于当日购买不需安装的设备一台，价款 4 000 000 元，增值税税额为 520 000 元，另支付运杂费及保险等费用 200 000 元，设备已于当日投入使用。宏达公司的有关会计处理如下：

（1）取得借款时

借：银行存款　　　　5 000 000

　贷：长期借款——本金　　　　5 000 000

（2）支付设备款和运杂费、保险费时

借：固定资产　　　　4 200 000

　　应交税费——应交增值税（进项税额）　　　　520 000

　贷：银行存款　　　　4 720 000

2. 发生长期借款利息

长期借款利息费用应当在资产负债表日按照实际利率法计算确定，实际利率与合同利率差异较小的，也可以采用合同利率计算确定利息费用。长期借款计算确定的利息费用，应当按以下原则计入有关成本、费用：属于筹建期间的，计入管理费用；属于生产经营期间的，计入财务费用。如果长期借款用于购建固定资产等符合资本化条件的，在资产尚未达到预定可使用状态前，所发生的利息支出应当资本化，计入在建工程等相关资产成本；资产达到预定可使用状态后发生的利息支出，以及按规定不予资本化的利息支出，计入财务费用。长期借款按合同利率计算确定的应付未付利息，如果属于分期付息的，记入“应付利息”科目，如果属于到期一次还本付息的，记入“长期借款——应计利息”科目，借记“在建工程”“制造费用”“财务费用”“研发支出”等科目，贷记“应付利息”或“长期借款——应计利息”科目。

【例 5-48】承【例 5-47】宏达公司于 2021 年 1 月 31 日计提长期借款利息，宏达公司的有关会计分录如下：

借：财务费用　　　　25 000

　贷：应付利息　　　　25 000

2021 年 1 月 31 日计提的长期借款利息 = 5 000 000×6%÷12 = 25 000（元）

2021 年至 2023 年 1 至 11 月末预提利息分录同上。

2021 年 12 月用银行存款偿还利息时

借：应付利息　　　　275 000

　　财务费用　　　　25 000

　贷：银行存款　　　　300 000

每年最后一个月的利息费用直接计入财务费用，不再计提。2022 年 12 月会计分录同上。

3. 归还长期借款

企业归还长期借款的本金时，应按归还的金额，借记“长期借款——本金”科目，贷记“银行存款”科目；按归还的利息，借记“应付利息”或“长期借款——应计利息”科目，贷记“银行存款”科目。

【例 5-49】承【例 5-47】和【例 5-48】，2023 年末，宏达公司偿还该笔银行借款本金及 2023 年利息。宏达公司的有关会计分录如下：

借：应付利息　　275 000

　　财务费用　　25 000

　　长期借款——本金　　5 000 000

　贷：银行存款　　5 300 000

二、应付债券

（一）债券的发行

企业为筹集长期资金而发行的、期限在 1 年以上的债券为应付债券，构成了企业一项非流动负债。企业会在未来某一特定日期按债券所记载的利率、期限等约定还本付息。债券发行有面值发行、溢价发行和折价发行三种情况。其中，债券按其票面金额发行，称为面值发行；以低于债券票面金额的价格发行，称为折价发行；以高于债券票面金额的价格发行，称为溢价发行。债券溢价或折价不是债券发行企业的收益或损失，而是发行债券企业在债券存续期内对利息费用的一种调整。其中，折价是企业以后各期少付利息而预先给投资者的补偿，溢价是企业以后各期多付利息而事先得到的补偿。

（二）应付债券的账务处理

企业应当设置“应付债券”科目，核算应付债券发行、计提利息、还本付息等情况。该科目贷方登记应付债券的本金和利息；借方登记归还的债券本金和利息；期末贷方余额表示企业尚未偿还的长期债券。本科目可按“面值”“利息调整”“应计利息”等设置明细科目进行明细核算。

企业无论按面值发行，还是溢价发行或折价发行债券，应按实际收到的金额，借记“银行存款”“库存现金”等科目，按债券票面价值，贷记“应付债券——面值”科目；实际收到的款项与债券票面金额的差额，借记或贷记“应付债券——利息调整”科目。

【例 5-50】宏达公司于 2020 年 7 月 1 日按面值发行三年期、到期时一次还本付息、票面年利率为 8%（不计复利）、面值总额为 15 000 000 元的债券，并于当日收到款项 15 000 000 元。假定票面年利率等于实际利率。宏达公司按面值发行债券应编制如下会计分录：

借：银行存款　　15 000 000

　贷：应付债券——面值　　15 000 000

企业发行长期债券，应采用实际利率法（即按照债券实际利率计算其摊余成本和各期利息的方法）按期计提利息。

在每期计提利息时，应当将应付债券面值（折价或溢价发行时为摊余成本）和实际利率计算的债券利息费用，按照与长期借款利息相一致的处理原则，根据筹集资金的用途，或资本化计入有关成本或费用化计入当期费用，借记“在建工程”“制造费用”“财务费用”“研发支出”等科目。对于分期付息、到期一次还本的债券，其按票面利率计算确定的应付未付利息贷记“应付利息”科目；对于一次还本付息的债券，其按票面利率计算确定的应付未付利息贷记“应付债券——应计利息”科目。按实际利率计算的利息费用与按票面利率计算的“应付利息”或“应付债券——应计利息”的差额，借记或贷记“应付债券——利息调整”科目。

【例 5-51】承【例 5-50】宏达公司发行债券所筹资金于当日用于建造固定资产，至 2020 年 12 月 31 日工程尚未完工，计提本年长期债券利息。公司按照《企业会计准则第 17 号——借款费用》的规定计算，将该期债券产生的实际利息费用全部资本化，作为在建工程成本。宏达公司就此应编制如下会计分录：

借：在建工程	600 000	
贷：应付债券——应计利息		600 000

在本例中，至 2020 年 12 月 31 日，公司债券发行在外的时间为 6 个月，该年应计的债券利息为：15 000 000×8%÷12×6＝600 000（元）。由于该长期债券为到期时一次还本付息，因此利息 600 000 元应记入“应付债券——应计利息”科目。

对于一次还本付息的长期债券，到期支付债券本息时，借记“应付债券——面值”和“应付债券——应计利息”科目，贷记“银行存款”科目。对于分期付息、到期一次还本的长期债券，企业在每期支付利息时，借记“应付利息”科目，贷记“银行存款”等科目；到期偿还债券本金并支付最后一期利息时，借记“应付债券——面值”“在建工程”“财务费用”等科目，贷记“银行存款”等科目，借方和贷方存在差额的，借记或贷记“应付债券——利息调整”科目。

【例 5-52】承【例 5-50】和【例 5-51】，2023 年 7 月 1 日，宏达公司以银行存款偿还债券本金和利息。宏达公司应编制如下会计分录：

借：应付债券——面值	15 000 000	
——应计利息	3 600 000	
贷：银行存款		18 600 000

在本例中，2020 年 7 月 1 日至 2023 年 7 月 1 日，宏达公司长期债券的应计利息＝15 000 000×8%×3＝3 600 000（元）。

三、长期应付款

（一）长期应付款的概念

长期应付款，是指企业除长期借款和应付债券以外的其他各种长期应付款项，如以分期付款方式购入固定资产发生的应付款项等。

（二）长期应付款的账务处理

企业应设置“长期应付款”科目，用以核算企业应付的款项及偿还情况。该科目可按长期应付款的种类和债权人进行明细核算。该科目的贷方登记发生的长期应付款，借方登记偿还的应付款项，期末贷方余额反映企业尚未偿还的长期应付款。

企业购买资产有可能延期支付有关价款。如果延期支付的购买价款超过正常信用条件，实质上具有融资性质的，所购资产的成本不能以各期付款额之和直接确定，应当以延期支付购买价款的现值之和为基础确认。固定资产购买价款的现值，应当按照各期支付的价款选择适当的折现率进行折现后的金额加以确定。其中，折现率是反映当前市场货币时间价值和延期付款债务特定风险的利率，实质上是供货企业的必要报酬率。各期实际支付的价款之和与其现值之和之间的差额，应当在信用期间内采用实际利率法进行摊销，计入相关资产成本或当期损益。具体来说，企业购入资产超过正常信用条件延期付款实质上具有融资性质时，应按购买价款的现值之和，借记“固定资产”“在建工程”等科目，按应支付的价款总额，贷记“长期应付款”科目，按其差额，借记“未确认融资费用”科目。

思政德育课堂

M 加油站偷税案例警示

李某是 M 加油站的会计。M 加油站位于某市城郊，临近交通要道，车流量大，业务繁忙。该加油站王经理认为企业需要积累更多的资金扩大经营，而缴纳税款增加了该企业的经营成本，必须想办法少交税款。为此，王经理找到李会计商议对策，提出可以通过篡改加油机主板数据、少申报加油站便利店营业额等方法隐匿收入，以达到少缴税款的目的。虽然李会计认为该种做法欠妥，但因为是领导安排的，就没有提出异议，随后便按此办理。2023 年 9 月，税务部门根据大数据分析，认为该加油站税负明显偏低，有偷税嫌疑。为此，2023 年 10 月税务部门依法对该加油站进行税务稽查，首先对营业场所便利店的电脑数据进行了采集，取得了 2021 年 1 月至 2023 年 10 月的销售台账，然后又对该加油站办公电脑和收银台电脑进行了数据采集，取得了该加油站的部分销售明细。结合加油站云平台数据、交通运输电子运单信息和 GPS 轨迹信息等资料相互印证，形成了完整的证据链。经查实，该加油 2021 年 1 月至 2023 年 10 月期间共隐瞒收入 850 万元，使单位少缴增值税 110. 5 万元，少缴城市维护建设税 42. 5 万元，少缴企业所得税 5. 8 万元，共计少缴税款 158. 8 万元，少缴教育费附加及地方教育附加合计 42. 5 万元。税务部门根据《中华人民共和国税收征收管理法》第六十三条第一款之规定，将该加油站隐瞒收入少缴税款的行为定性为偷税，追缴税款 158. 8 万元，追缴教育费附加及地方教育附加 42. 5 万元。同时根据《中华人民共和国税收征收管理法》第三十二条的规定加收滞纳金 53. 2 万元。经税务检查人员宣讲税收法规和批评教育，该加油站负责人及财务人员充分认识到了偷税行为的危害性，能够积极配合检查，纠正错误。鉴于该加油站已主动全额补缴各项应缴税费及滞纳金，有效减轻了违法行为的危害后果，社会影响较小，参照有关规定，给予 50% 的罚款计 59. 2 万元。对 M 加油站隐瞒收入少缴税款的行为你有什么看法？对李会计的做法有何评价？

案例提示：

1. 本案例属于单位偷税行为。该加油站严重违背了诚信经营原则，依法纳税是企业和公民应尽的义务，一个企业要想长久地发展下去，必须依法合规经营，不能为了谋取非法利益损害国家利益，否则必将受到严惩。

2. 李某系单位会计，负有会计核算和会计监督的职责，应对企业经济活动的真实性、完整性、合法性、合理性实施监督。面对王经理隐匿收入少缴税款的提议李会计非但没有阻止，反而参与实施财务造假，造成单位偷税事实。李会计严重违背了会计人员职业道德，应引以为戒。作为会计人员应该牢固树立诚信理念，知法守法，履行会计监督职责，为单位的健康发展保驾护航。

思考与练习

一、思考题

1. 流动负债与非流动负债各包括哪些内容？
2. 短期借款与长期借款的借款费用应分别如何进行账务处理？
3. 职工薪酬包括哪些内容？
4. 应付票据到期无力支付票款的账务处理有哪些？
5. 增值税一般纳税人与小规模纳税人对增值税账务处理的主要区别是什么？
6. 应交税费核算的内容有哪些？
7. 应付账款、其他应付款和长期应付款有何区别？

二、单项选择题

三、多项选择题

四、判断题

五、业务练习题

练习一

1. 目的：熟悉短期借款业务的核算。

2. 资料：甲企业 2023 年 1 月 1 日向银行借入 120 000 元，期限 9 个月，年利率 8%。该借款到期后按期如数归还，利息分月预提，按季支付。

3. 要求：编制借入款项、按月预提利息、按季支付利息和到期时归还本金的会计分录。

练习二

1. 目的：熟悉应付职工薪酬业务的核算。

2. 资料：某家电企业为增值税一般纳税人，适用的增值税税率为13%。2023年3月份该企业发生的有关职工薪酬的业务如下：

（1）当月应付职工工资总额为5 000 000元，“工资费用分配汇总表”中列示的产品生产工人工资为3 500 000元，车间管理人员工资为700 000元，企业行政管理人员工资为500 000元，专设销售机构人员工资为300 000元。

（2）根据“工资核算汇总表”，本月企业应付职工工资总额为5 000 000元，扣回代垫职工家属医药费60 000元，按税法规定应代扣代缴职工个人所得税合计150 000元；企业以银行存款支付工资4 790 000元。

（3）根据国家规定的计提标准，当月应计提基本养老保险费为1 000 000元，基本医疗保险费为500 000元，其他保险费为400 000元以及住房公积金为500 000元。

（4）当月企业以其生产的电风扇作为福利发放给500名直接参加产品生产的职工，每人一台，该型号电风扇市场售价为每台600元，每台成本为400元。

3. 要求：根据上述资料，不考虑其他因素，做出相关会计分录。

练习三

1. 目的：熟悉增值税相关业务的核算。

2. 资料：某乙企业为增值税一般纳税人，材料采用实际成本法进行日常核算。该企业2023年4月30日“应交税费——应交增值税”科目借方余额为200元，该借方余额均可从下月的销项税额中抵扣。5月份发生如下涉及增值税的经济业务：

（1）购买原材料一批，增值税专用发票上注明价款为300 000元，增值税税额为39 000元，公司已开出商业承兑汇票。该原材料已验收入库。

（2）购入不需要安装的设备一台，价款200 000元，增值税税额为26 000元，款项已用银行存款支付，设备已送达企业。

（3）用一批原材料对外进行长期股权投资，双方协议不含税价值为400 000元。该批材料的成本为300 000元，增值税税额52 000元。

（4）销售产品一批，不含税价格为260 000元，增值税为33 800元。销售成本为180 000元。货已发出，增值税专用发票已交购货方，货款尚未收到。

（5）因管理不善导致一批原材料发生损失，该批原材料的实际成本为50 000元，增值税税额为6 500元。

（6）用银行存款缴纳本月增值税27 000元。

3. 要求：

（1）编制上述业务会计分录；

（2）计算月末未交增值税的金额。

练习四

1. 目的：熟悉长期借款相关业务的核算。

2. 资料：丙企业为建造一幢厂房，2022 年 1 月 1 日借入期限为两年的长期专门借款 1 000 000 元，款项已存入银行。借款合同利率为 9%，市场利率与合同利率相同。每年付息一次，期满后一次还清本金。2022 年 1 月 1 日，丙企业以银行存款支付工程价款 600 000 元，2023 年 1 月 1 日又以银行存款支付工程费用 400 000 元。该厂房于 2023 年 8 月 31 日完工，达到预定可使用状态。假定不考虑其他因素。

3. 要求：编制丙企业和上述长期借款相关的会计分录。

第六章 所有者权益

■学习目标

知识目标：通过本章的学习，熟悉所有者权益的构成内容、留存收益的概念和内容；掌握实收资本、资本公积的账务处理；掌握盈余公积计提和使用的账务处理；掌握未分配利润的账务处理；了解其他权益工具、其他综合收益的概念和内容，企业增资扩股及减资的基本要求。

能力目标：能够运用借贷记账法分析所有者权益相关经济业务，做出正确的账务处理；能够分析所有者权益项目变动对资本结构及财务状况的影响。

德育目标：认识企业发展与股东权益增长的相互关系，强化企业的受托责任意识，保护各类股东特别是中小股东的合法利益，反对虚假出资和抽逃资本的行为，维护社会公平，构建和谐社会。

■导入案例

盛达科技公司成立于2016年，主要经营电子通信设备的生产和安装业务。2021年12月，公司实收资本1 200万元，资本公积800万元，盈余公积200万元。2022年5月，盛达科技公司拟参加一个项目的招标，但招标单位要求投标单位的实收资本不能低于2 000万元。市场部要求财务部门变更实收资本，于是财务部在未经股东大会决议，也未进行工商变更登记的情况下，把资本公积800万元全部转增为实收资本。2022年12月31日，公司实收资本2 000万元，当年实现净利润300万元，盈余公积为400万元。2023年2月，盛达科技公司进行利润分配，将300万元净利润全部分配给股东。2023年5月，公司将盈余公积200万元转增资本。通过对本章内容的学习，分析以上案例中，盛达科技公司对所有者权益相关业务的处理有何不妥？企业如何对利润进行合理分配，以利于企业的持续稳健发展？

第一节　实收资本或股本

一、实收资本或股本概述

（一）相关概念

实收资本是指企业按照章程规定或合同、协议约定，接受投资者投入企业的资本。实收资本的构成比例或股东的股份比例，是确定所有者在企业所有者权益中所占份额的基础，也是企业进行利润或股利分配的主要依据。对股份有限公司而言，实收资本又称为股本，即发起人按照合同或协议约定投入的资本和社会公众在公司发行股票时认购股票缴入的资本，其在金额上等于股份面值和股份总额的乘积。投资者投入企业资本以分享企业经营未来收益为目标，同时承担相应的风险，分担不完全合约下企业未来经营的不确定性，因此，对实收资本或股本进行真实、准确、完整的确认与计量，是保护投资者合法权益的会计基本职责，是建立投资者权益得到充分保护的股票市场和发挥资本市场直接融资功能的基础。

（二）实收资本（或股本）的有关规定

我国《公司法》规定，股东可以用货币出资，也可以用实物、知识产权、土地使用权、股权、债权等可以用货币估价并可以依法转让的非货币财产作价出资；但是，法律、行政法规规定不得作为出资的财产除外。企业应当对作为出资的非货币财产评估作价，核实财产，不得高估或者低估作价。法律、行政法规对评估作价有规定的，从其规定。股东应当按期足额缴纳公司章程中规定的各自所认缴的出资额。股东以货币出资的，应当将货币出资足额存入有限责任公司在银行开设的账户；以非货币财产出资的，应当依法办理其财产权的转移手续。股东不按照前款规定缴纳出资的，除应当向公司足额缴纳外还应当对公司造成的损失承担赔偿责任。企业收到所有者投入企业的资本后，应根据有关原始凭证（如投资清单、银行通知单等），分别以不同的出资方式进行会计处理。

一般情况下，企业的实收资本应相对固定不变，但在某些特定情况下，实收资本也可能发生增减变化。我国《企业法人登记管理条例施行细则》规定，除国家另有规定外，企业的注册资金应当与实收资本相一致，当实收资本比原注册资金增加或减少超过20%时，应持资金使用证明或者验资证明，向原登记主管机关申请变更登记。如擅自改变注册资本或抽逃资金，要受到工商行政管理部门的处罚。

（三）实收资本或股本的确认与计量

股份有限公司应设置“股本”科目，其他各类企业应设置“实收资本”科目，反映和监督企业实际收到的投资者投入资本的情况。

“实收资本”科目贷方登记企业收到投资者符合注册资本的出资额；借方登记企业按照法定程序报经批准减少的注册资本额；期末余额在贷方，反映企业实有的资本额。“实收资本”科目应按照投资者设置明细账。小企业根据合同规定在合作期间归还投资者的投资，应在本科目设置“已归还投资”明细科目进行核算。

为了反映和监督股份有限公司股本情况，“股本”科目贷方登记已发行的股票面值；借方登记经批准核销的股票面值；期末贷方余额反映发行在外的股票面值。“股本”科目应当按照股票的类别设置明细账进行明细核算。

二、实收资本或股本的账务处理

（一）接受现金资产投资

1. 股份有限公司以外的企业接受现金资产投资

企业接受现金资产投资时，应以实际收到的金额或存入企业开户银行的金额，借记“银行存款”等科目，按投资合同或协议约定的投资者在企业注册资本中所占份额的部分，贷记“实收资本”科目，企业实际收到或存入开户银行的金额超过投资者在企业注册资本中所占份额的部分，贷记“资本公积——资本溢价”科目。

【例6-1】甲、乙、丙共同出资设立兴盛商贸有限责任公司，公司注册资本为3 000万元，甲、乙、丙持股比例分别为50%、30%和20%。2023年1月10日，兴盛商贸有限责任公司收到甲、乙、丙现金出资1 500万元、900万元、600万元。兴盛商贸有限责任公司应编制如下会计分录：

借：银行存款　　30 000 000

　贷：实收资本——甲　　15 000 000

　　　　　　——乙　　9 000 000

　　　　　　——丙　　6 000 000

2. 股份有限公司接受现金资产投资

股份有限公司发行股票时，既可以按面值发行股票，也可以溢价发行（我国目前不允许折价发行）。股份有限公司在核定的股本总额及核定的股份总额的范围内发行股票时，应在实际收到现金资产时进行会计处理。股份有限公司发行股票收到现金资产时，借记“银行存款”等科目，按每股股票面值和发行股份总数的乘积计算的金额，贷记“股本”科目，实际收到的金额与该股本之间的差额，贷记“资本公积——股本溢价”科目。

股份有限公司发行股票发生的手续费、佣金等交易费用，应从溢价中抵扣，冲减资本公积（股本溢价）。

【例6-2】振兴股份有限公司发行普通股5 000 000股，每股面值1元，每股发行价格5元。假定股票发行成功，股款25 000 000元已全部收到，不考虑发行过程中的税费等因素。根据上述资料，振兴股份有限公司应编制如下会计分录：

应记入“资本公积”科目的金额＝25 000 000－5 000 000×1＝20 000 000（元）

借：银行存款　　25 000 000

　贷：股本　　5 000 000

　　　资本公积——股本溢价　　20 000 000

在本例中，振兴股份有限公司发行股票实际收到的款项为25 000 000元，应借记“银行存款”科目；实际发行的股票面值总额为5 000 000元，应贷记“股本”科目，按其差额20 000 000元，贷记“资本公积 ——股本溢价”科目。

（二）接受非现金资产投资

1. 接受投入固定资产

除了外购和自行建造固定资产外，企业接受投入的固定资产也是其取得固定资产的途径。企业接受投资者作价投入的房屋、建筑物、机器设备等固定资产，应按投资合同或协议约定的价值（不公允的除外）作为固定资产的入账价值，按投资合同或协议约定的投资者在企业注册资本或股本中所占份额的部分作为实收资本或股本入账，投资合同或协议约定的价值（不公允的除外）超过投资者在企业注册资本或股本中所占份额的部分，计入资本公积（资本溢价或股本溢价）。

【例 6-3】兴业有限责任公司于设立时收到 A 公司作为资本投入的不需要安装的机器设备一台，合同约定该机器设备的价值为 2 000 000 元，增值税进项税额为 260 000 元（由投资方支付税款，并提供或开具增值税专用发票）。经约定，兴业有限责任公司接受 A 公司的投入资本为 2 260 000 元，全部作为实收资本。合同约定的固定资产价值与公允价值相符，不考虑其他因素。兴业有限责任公司应编制如下会计分录：

借：固定资产	2 000 000	
应交税费——应交增值税（进项税额）	260 000	
贷：实收资本—— A 公司		2 260 000

在本例中，该项固定资产合同约定的价值与公允价值相符，兴业有限责任公司接受 A 公司投入的固定资产按合同约定金额与增值税进项税额之和作为实收资本，因此，应按 2 260 000 元的金额贷记“实收资本”科目。

2. 接受投入材料物资

企业接受投资者作价投入的材料物资，应按投资合同或协议约定的价值（不公允的除外）作为材料物资的入账价值，按投资合同或协议约定的投资者在企业注册资本或股本中所占份额的部分作为实收资本或股本入账，投资合同或协议约定的价值（不公允的除外）超过投资者在企业注册资本或股本中所占份额的部分，计入资本公积（资本溢价或股本溢价）。

【例 6-4】兴业有限责任公司于设立时收到 B 公司作为资本投入的原材料一批，该批原材料投资合同或协议约定价值（不含可抵扣的增值税进项税额部分）为 50 000 元，增值税进项税额为 6 500 元（由投资方支付税款，并提供或开具增值税专用发票）。合同约定的价值与公允价值相符，不考虑其他因素。兴业有限责任公司对原材料按实际成本进行日常核算。兴业有限责任公司应编制如下会计分录：

借：原材料	50 000	
应交税费—— 应交增值税（进项税额）	6 500	
贷：实收资本——B 公司		56 500

在本例中，原材料的合同约定价值与公允价值相符，因此，按 50 000 元的金额借记“原材料”科目；同时，该进项税额允许抵扣，因此，增值税专用发票上注明的增值税进项税额为 6 500 元，应借记“应交税费——应交增值税（进项税额）”科目。兴业有限责任公司接受的 B 公司投入的原材料按合同约定金额与增值税进项税额之和作为实收资本，因此，按 56 500 元的金额贷记“实收资本”科目。

3. 接受投入无形资产

企业收到以无形资产方式投入的资本，应按投资合同或协议约定的价值（不公允的除外）作为无形资产的入账价值，按投资合同或协议约定的投资者在企业注册资本或股本中所占份额的部分作为实收资本或股本入账，投资合同或协议约定的价值（不公允的除外）超过投资者在企业注册资本或股本中所占份额的部分，计入资本公积（资本溢价或股本溢价）。

【例6-5】兴业有限责任公司于设立时收到C公司作为资本投入的专利权一项，该专利权投资合同约定价值为300 000元，增值税进项税额为18 000元（由投资方支付税款，并提供或开具增值税专用发票）；同时收到D公司作为资本投入的土地使用权一项，投资合同约定价值为400 000元，增值税进项税额为36 000元（由投资方支付税款，并提供或开具增值税专用发票）。合同约定的资产价值与公允价值相符，不考虑其他因素。兴业有限责任公司应编制如下会计分录：

借：无形资产——非专利技术	300 000	
——土地使用权	400 000	
应交税费——应交增值税（进项税额）	54 000	
贷：实收资本——C公司		318 000
——D公司		436 000

在本例中，专利权和土地使用权的合同约定价值均与其公允价值相符，因此，应分别按300 000元和400 000元的金额借记“无形资产”科目；同时，该进项税额允许抵扣，因此，增值税专用发票上注明的增值税税额分别为18 000元和36 000元，应借记“应交税费——应交增值税（进项税额）”科目。C、D公司投入的专利权和土地使用权按合同约定金额作为实收资本，因此应分别按318 000元和436 000元的金额贷记“实收资本”科目。

（三）实收资本（或股本）的增减变动

1. 实收资本（或股本）的增加

一般企业增加资本主要有三个途径：接受投资者追加投资、资本公积转增资本和盈余公积转增资本。

企业按规定接受投资者追加投资时，其核算方法与投资者初次投入时相同。

企业采用资本公积或盈余公积转增资本时，应按转增的资本金额确认实收资本或股本。用资本公积转增资本时，借记“资本公积——资本溢价（或股本溢价）”科目，贷记“实收资本”（或“股本”）科目。用盈余公积转增资本时，借记“盈余公积”科目，贷记“实收资本”（或“股本”）科目。

需要注意的是，由于资本公积和盈余公积均属于所有者权益，用其转增资本时，如果是独资企业比较简单，直接结转即可。如果是股份有限公司或有限责任公司应该按照原投资者各自出资比例相应增加各投资者的出资额。

【例6-6】甲、乙、丙三人共同投资设立了兴旺有限责任公司，原注册资本为5 000 000元，甲、乙、丙分别出资3 000 000元、1 500 000元和500 000元。为扩大经营规模，经批准，兴旺有限责任公司注册资本扩大为6 000 000元，甲、乙、丙按照原出资比例分别追加投资600 000元、300 000元和100 000。兴旺有限责任公司如期收到甲、乙、丙追加的现金投资。兴旺有限责任公司应编制如下会计分录：

借：银行存款　　1 000 000
　贷：实收资本——甲　　600 000
　　　　　　——乙　　300 000
　　　　　　——丙　　100 000

在本例中，甲、乙、丙三人按原出资比例（甲、乙、丙分别为60%、30%和10%）追加实收资本，因此，A有限责任公司应分别按照600 000元、300 000元和100 000元的金额，贷记“实收资本”科目中甲、乙、丙明细分类账。

【例6-7】承【例6-6】，因扩大经营规模需要，经批准，兴旺有限责任公司按原出资比例将资本公积600 000元转增资本。兴旺有限责任公司应编制如下会计分录：

借：资本公积　　600 000
　贷：实收资本——甲　　360 000
　　　　　　——乙　　180 000
　　　　　　——丙　　60 000

在本例中，资本公积600 000元按原出资比例转增实收资本，因此，兴旺有限责任公司应分别按照360 000元、180 000元和60 000元的金额，贷记“实收资本”科目中甲、乙、丙明细分类账。

【例6-8】承【例6-6】，因扩大经营规模需要，经批准，兴旺有限责任公司按原出资比例将盈余公积500 000元转增资本。兴旺有限责任公司应编制如下会计分录：

借：盈余公积　　500 000
　贷：实收资本——甲　　300 000
　　　　　　——乙　　150 000
　　　　　　——丙　　50 000

在本例中，盈余公积500 000元按原出资比例转增实收资本，因此，A有限责任公司应分别按照300 000元、150 000元和50 000元的金额，贷记“实收资本”科目中甲、乙、丙明细分类账。

2. 实收资本（或股本）的减少

企业实收资本减少的原因一般包括以下几种：一是资本过剩；二是企业发生重大亏损而减少实收资本；三是因企业发展需要而调节资本结构。

一般企业返还投资的会计处理比较简单，按法定程序报经批准减少注册资本的，按减少的注册资本金额减少实收资本借记“实收资本”科目，贷记“银行存款”等科目。股份有限公司采用收购本公司股票方式减资的，应通过“库存股”科目核算回购股份的金额。回购本公司股份时，按实际支付的价款，借记“库存股”科目，贷记“银行存款”科目；减资时（注销股份时），按股票面值和注销股数计算的股票面值总额，借记“股本”科目，按注销库存股的账面余额，贷记“库存股”科目。如果回购股票支付的价款高于股票面值总额（溢价回购），按其差额，借记“资本公积——股本溢价”科目，股本溢价不足冲减的，应借记“盈余公积”“利润分配——未分配利润”科目；如果回购股票支付的价款低于股票面值总额（折价回购），应按股票面值总额，借记“股本”科目，按所注销的库存股账面余额，贷记“库存股”科目，按其差额，贷记“资本公积——股本溢价”科目。

【例 6-9】振兴股份有限公司 2023 年 12 月 31 日的股本为 50 000 000 元（面值为 1 元），资本公积（股本溢价）为 15 000 000 元，盈余公积为 20 000 000 元。经股东大会批准，振兴股份有限公司以现金回购方式回购本公司股票 10 000 000 股并注销。假定振兴股份有限公司按每股 2 元回购股票，不考虑其他因素。振兴股份有限公司应编制如下会计分录：

（1）回购本公司股份时

库存股成本 = 10 000 000×2 = 20 000 000（元）

借：库存股　　20 000 000

　贷：银行存款　　20 000 000

（2）注销本公司股份时

应冲减的资本公积 = 10 000 000×2−10 000 000×1 = 10 000 000（元）

借：股本　　10 000 000

　　资本公积——股本溢价　　10 000 000

　贷：库存股　　20 000 000

【例 6-10】承【例 6-9】，假定振兴股份有限公司按每股 3 元回购股票，其他条件不变，振兴股份有限公司应编制如下会计分录：

（1）回购本公司股份时

库存股成本 = 10 000 000×3 = 30 000 000（元）

借：库存股　　30 000 000

　贷：银行存款　　30 000 000

（2）注销本公司股份时

除股本外应冲减金额 = 10 000 000×3−10 000 000×1 = 20 000 000（元）其中应冲减股本溢价 15 000 000 元、盈余公积 5 000 000 元。

借：股本　　10 000 000

　　资本公积——股本溢价　　15 000 000

　　盈余公积　　5 000 000

　贷：库存股　　30 000 000

【例 6-11】承【例 6-9】，假定振兴股份有限公司按每股 0. 9 元回购股票，其他条件不变，振兴股份有限公司应编制如下会计分录：

（1）回购本公司股份时

库存股成本 = 10 000 000×0. 9 = 9 000 000（元）

借：库存股　　9 000 000

　贷：银行存款　　9 000 000

（2）注销本公司股份时

应增加的资本公积 = 10 000 000×1−10 000 000×0. 9 = 1 000 000（元）

借：股本　　10 000 000

　贷：库存股　　9 000 000

　　　资本公积——股本溢价　　1 000 000

在本例中，由于折价回购，股本与库存股成本的差额 1 000 000 元应作增加资本公积处理。

三、其他权益工具

（一）其他权益工具的概念

其他权益工具是企业发行的除普通股以外的按照准则规定归类为权益工具的各种金融工具，如优先股、永续债等。企业应根据所签订金融工具的合同条款及其所反映的经济实质而非仅以法律形式，结合金融资产、金融负债和权益工具的定义，在初始确认时将该金融工具或其组成部分分类为金融资产、金融负债或权益工具。

优先股是指依照《公司法》，在一般规定的普通种类股份之外，另行规定的其他种类股份，其股份持有人优先于普通股股东分配公司利润和剩余财产，但参与公司决策管理等权利受到限制。优先股每股票面金额为 100 元。其特点有：①优先股的股东对公司资产、利润分配等享有优先权，其风险较小；②对公司的经营没有参与权，优先股股东不能退股，只能通过优先股的赎回条款被公司赎回。

永续债是指没有到期日的债券，一般由主权国家、大型企业发行，持有人不能要求清偿本金，但可以按期取得利息。永续债的特点主要体现在高票息、长久期、附加赎回条款并伴随利率调整条款。

符合负债条件的优先股、永续债，应当分类为金融负债。

（二）其他权益工具的账务处理

其他权益工具账务处理的基本原则：对于归类为权益工具的金融工具，无论其名称中是否包含“债”，其利息支出或股利分配都应当作为发行企业的利润分配，其回购、注销等作为权益的变动处理；对于归类为金融负债的金融工具，无论其名称中是否包含“股”，其利息支出或股利分配原则上按照借款费用进行处理，其回购或赎回产生的利得或损失等计入当期损益。

企业（发行方）发行金融工具，其发生的手续费、佣金等交易费用，如分类为债务工具且以摊余成本计量的，应当计入所发行工具的初始计量金额；如分类为权益工具的，应当从权益（其他权益工具）中扣除。

为加强对其他权益工具的核算和监督，企业应当设置所有者权益类“其他权益工具”科目，核算企业发行的除普通股以外的归类为权益工具的各种金融工具，并按发行其他权益工具的种类设置“优先股”“永续债”明细科目进行明细核算。企业按规定发行其他权益工具时，应按照实际收到的金额（发行价扣除发生的手续费、佣金等交易费用），借记“银行存款”等科目，贷记“其他权益工具”科目；在存续期间分派股利的，作为利润分配处理，应根据经批准的股利分配方案，按应分配给金融工具持有者的股利金额，借记“利润分配——应付优先股股利、应付永续债股利”科目，贷记“应付股利——优先股股利、永续债股利”等科目；企业按规定赎回其他权益工具时，借记“库存股——其他权益工具”科目，贷记“银行存款”等科目；注销时，借记“其他权益工具”科目，贷记“库存股——其他权益工具”科目。

第二节 资本公积和其他综合收益

一、资本公积概述

（一）资本公积的概念

资本公积是企业收到投资者出资额超出其在注册资本（或股本）中所占份额的部分，以及其他资本公积等部分。资本公积包括资本溢价（或股本溢价）和其他资本公积。

资本溢价（或股本溢价）是企业收到投资者的超出其在企业注册资本（或股本）中所占份额的投资。其他资本公积是指除资本溢价（或股本溢价）以外所形成的资本公积。

与实收资本（或股本）不同，资本公积不直接反映企业所有者在企业的基本产权关系，不作为企业持续经营期间进行利润或股利分配的依据。

（二）资本公积的确认与计量

1. 资本溢价（或股本溢价）的确认与计量

资本溢价按投资者超额缴入资本的数额，即投资者实际缴入的款额超过其在企业注册资本中所占份额的数额确认与计量。股本溢价按溢价发行股票的溢价扣除发行费用后的数额，即股份有限公司发行股票实际收到的款额超过其股票面值总额的部分确认与计量。

2. 其他资本公积的确认与计量

“其他资本公积”是指除资本溢价（或股本溢价）、净损益、其他综合收益和利润分配以外所有者权益的其他变动。以下介绍三种确认与计量方法。

一是企业的长期股权投资采用权益法核算时，因被投资单位除净损益、其他综合收益以及利润分配以外的所有者权益的其他变动（主要包括被投资单位接受其他股东的资本性投入、被投资单位发行可分离交易的可转债中包含的权益成分、以权益结算的股份支付、其他股东对被投资单位增资导致投资方持股比例变动等），投资企业按应享有份额而增加或减少的资本公积，直接计入投资方所有者权益（资本公积——其他资本公积）。

二是以权益结算的股份支付换取职工或其他方提供服务的，应按照确定的金额，将当期取得的服务计入相关资产成本或当期费用，同时增加资本公积（其他资本公积）。根据国家有关规定企业实行股权激励的，如果在等待期内取消了授予的权益工具，企业应在进行权益工具加速行权处理时，将剩余等待期内应确认的金额计入当期损益，并同时确认资本公积（其他资本公积）。

三是企业集团（由母公司和其全部子公司构成）内发生的股份支付交易，如结算企业为接受服务企业的投资，应当按照授予日权益工具的公允价值或应承担负债的公允价值确认为对接受服务企业的长期股权投资，同时确认资本公积（其他资本公积）或负债。

二、资本公积的账务处理

为了反映和监督企业资本公积的增减变动情况，企业应设置“资本公积”科目。该科目贷方登记资本公积的增加额；借方登记资本公积的减少额；期末贷方余额反映企业资本公积结余额。该科目的明细账按资本公积的类别设置。

资本公积的核算包括资本溢价（或股本溢价）的核算、其他资本公积的核算、资本公积转增资本的核算以及资本公积弥补亏损的核算等内容。

（一）资本溢价（或股本溢价）的核算

1. 资本溢价

除股份有限公司外的其他类型的企业，在企业创立时，投资者认缴的出资额与注册资本一致，一般不会产生资本溢价。但在企业重组或有新的投资者加入时，常常会出现资本溢价。因为在企业进行正常生产经营后，其资本利润率通常要高于企业初创阶段，另外，企业有内部积累，新投资者加入企业后，对这些积累将来也要分享，所以新加入的投资者往往要付出大于原投资者的出资额，才能取得与原投资者相同的出资比例。投资者多缴的部分计入资本溢价。

【例 6-12】2023 年 4 月 1 日，兴业有限责任公司在持续经营时期，投受 E 公司 60 万元货币资金投资，资金已由银行收讫。按照投资协议，E 公司占兴业有限责任公司所有者权益 500 万元的 10%的股份。兴业有限责任公司应编制如下会计分录：

借：银行存款	600 000	
贷：实收资本——E 公司		500 000
资本公积——资本溢价		100 000

在本例中，兴业有限责任公司收到 E 公司的现金投资 600 000 元中，500 000 元属于 E 公司在注册资本中所享有的份额，应记入“实收资本”科目，100 000 元属于资本溢价，应记入“资本公积——资本溢价”科目。

2. 股本溢价

在按面值发行股票的情况下，企业发行股票取得的收入，应全部作为股本处理；在溢价发行股票的情况下，企业发行股票取得的收入，等于股票面值部分计入股本，超出股票面值的溢价收入计入股本溢价。

发行股票相关的手续费、佣金等交易费用，如果是溢价发行股票的，应从溢价中抵扣，冲减资本公积（股本溢价）；无溢价发行股票或溢价金额不足以抵扣的，应将不足抵扣的部分冲减盈余公积，盈余公积不足抵扣的，冲减未分配利润。

【例 6-13】振兴股份有限公司首次公开发行普通股 30 000 000 股，每股面值 1 元，每股发行价格为 4 元。振兴股份有限公司与证券公司约定，按发行收入的 3%收取佣金，从发行收入中扣除。假定收到的股款已存入银行。振兴股份有限公司应编制如下会计分录：

公司收到证券公司转来的发行收入 = 30 000 000×4×（1-3%）= 116 400 000（元）

应计入“资本公积”的金额 = 溢价收入-发行佣金 = 30 000 000×(4-1)-30 000 000×4×3% = 86 400 000（元）

借：银行存款　116 400 000

　贷：股本　30 000 000

　　资本公积——股本溢价　86 400 000

（二）其他资本公积的核算

1. 采用权益法核算的长期股权投资

企业对被投资单位的长期股权投资采用权益法核算的，在持股比例不变的情况下，对因被投资单位除净损益、其他综合收益和利润分配以外的所有者权益的其他变动，应按持股比例计算其应享有或应分担被投资单位所有者权益的增减数额，调整长期股权投资的账面价值和资本公积（其他资本公积）。在处置长期股权投资时，应转销与该笔投资相关的其他资本公积。

【例 6-14】兴隆有限责任公司于 2023 年 1 月 1 日向 F 公司投资 4 000 000 元，拥有该公司 20%的股份，并对该公司有重大影响，对 F 公司长期股权投资采用权益法核算。2023 年 12 月 31 日，F 公司除净损益、其他综合收益和利润分配之外的所有者权益增加了 500 000 元。假定除此以外，F 公司的所有者权益没有变化，兴隆有限责任公司的持股比例没有变化，F 公司资产的账面价值与公允价值一致，不考虑其他因素。兴隆有限责任公司应编制如下会计分录：

兴隆有限责任公司对 F 公司投资增加的资本公积 = 500 000×20% = 100 000（元）

借：长期股权投资——F 公司　100 000

　贷：资本公积——其他资本公积　100 000

在本例中，兴隆有限责任公司对 F 公司的长期股权投资采用权益法核算，持股比例未发生变化，F 公司发生了除净损益、其他综合收益和利润分配之外的所有者权益的其他变动，兴隆有限责任公司应按其持股比例计算应享有的 F 公司权益的数额 100 000 元作为增加其他资本公积处理。

2. 以权益结算的股份支付

以权益结算的股份支付换取职工或其他方提供服务的，应按照确定的金额，记入“管理费用”科目，同时增加资本公积（其他资本公积）。在职工或其他方行权日，应按实际行权的权益数量计算确定的金额，借记“资本公积——其他资本公积”科目，按计入实收资本或股本的金额，贷记“实收资本”或“股本”科目，并将其差额记入“资本公积——资本溢价”或“资本公积——股本溢价”科目。

【例 6-15】振兴公司 2023 年 7 月 1 日采用授权后立即行权的方式授予高管人员股份 1 000 000 股，每股 5 元，每股面值 1 元。振兴公司应编制会计分录如下：

（1）授权时

借：管理费用　5 000 000

　贷：资本公积——其他资本公积　5 000 000

（2）行权时

借：资本公积——其他资本公积　5 000 000

　贷：股本　1 000 000

　　资本公积——股本溢价　4 000 000

（三）资本公积转增资本的核算

经股东大会或类似机构决议，用资本公积转增资本时，应冲减资本公积，同时按照转增资本前的实收资本（或股本）的结构或比例，将转增的金额记入“实收资本”（或“股本”）科目下各所有者权益的明细分类科目。

有关账务处理，参见本章【例 6-7】的有关内容。

三、其他综合收益的账务处理

其他综合收益，是指企业根据其他会计准则规定未在当期损益中确认的各项利得和损失。其包括以后会计期间不能重分类进损益的其他综合收益和以后会计期间满足规定条件时将重分类进损益的其他综合收益两类。

1. 以后会计期间不能重分类进损益的其他综合收益，主要包括：

（1）重新计量设定受益计划净负债或净资产变动导致的变动。

（2）按权益法核算因被投资单位重新计量设定受益计划净负债或净资产变动导致的权益变动，投资企业按持股比例计算确认的该部分其他综合收益项目。

（3）在初始确认时，企业可以将非交易性权益工具指定为以公允价值计量且其变动计入其他综合收益的金融资产，该指定确认后不得撤销。

2. 以后会计期间满足规定条件时将重分类进损益的其他综合收益，主要包括：

（1）符合金融工具准则规定，同时符合以下两个条件的金融资产应当分类为以公允价值计量且其变动计入其他综合收益：①企业管理该金融资产的业务模式既以收取合同现金流量为目标又以出售该金融资产为目标；②该金融资产的合同条款规定，在特定日期产生的现金流量，仅为对本金和以未偿付本金金额为基础的利息的支付。当该类金融资产终止确认时，之前计入其他综合收益的累计利得或损失应当从其他综合收益中转出，计入当期损益。

（2）按照金融工具准则规定，将以公允价值计量且其变动计入其他综合收益的债务工具投资重分类为以摊余成本计量的金融资产的，或重分类为以公允价值计量且其变动计入当期损益的金融资产的，按规定可以将原计入其他综合收益的利得或损失转入当期损益的部分。

（3）采用权益法核算的长期股权投资，按照被投资单位实现其他综合收益以及持股比例计算应分享或分担的金额，调整长期股权投资的账面价值，同时增加或减少其他综合收益，应借记（或贷记）“长期股权投资——其他综合收益”科目，贷记（或借记）“其他综合收益”科目，待该项股权投资处置时，将原计入其他综合收益的金额转入当期损益。

（4）自用房地产或存货转换为采用公允价值模式计量的投资性房地产，转换日的公允价值大于原账面价值的，其差额作为其他综合收益核算。处置该项投资性房地产时，原计入其他综合收益的部分应当转入当期损益。

第三节 留存收益

一、留存收益的概念及内容

留存收益是指企业从历年实现的利润中提取或形成的留存于企业的内部积累，包括盈余公积和未分配利润。

（一）盈余公积

盈余公积是指企业按照有关规定从净利润中提取的积累资金。公司制企业的盈余公积包括法定盈余公积和任意盈余公积。其中，法定盈余公积是指企业按照规定的比例从净利润中提取的盈余公积；任意盈余公积是指企业按照股东会或股东大会决议提取的盈余公积。

企业提取的盈余公积经批准可用于弥补亏损、转增资本等。

按照我国《公司法》的有关规定，公司制企业应按照净利润（减弥补以前年度亏损，下同）的10%提取法定盈余公积。非公司制企业法定盈余公积的提取比例可超过净利润的10%。法定盈余公积累计额已达注册资本的50%时可以不再提取。值得注意的是，如果以前年度未分配利润有盈余（即年初未分配利润余额为正数），在计算提取法定盈余公积的基数时，不应包括企业年初未分配利润；如果以前年度有未弥补的亏损（即年初未分配利润余额为负数），应先弥补以前年度亏损再提取盈余公积。法定公积金（盈余公积）转增资本时，所留存的该项公积金不得少于转增前公司注册资本的25%。

公司制企业可根据股东会或股东大会的决议提取任意盈余公积。非公司制企业经类似权力机构批准，也可提取任意盈余公积。

（二）未分配利润

未分配利润是指企业实现的净利润经过弥补亏损、提取盈余公积和向投资者分配利润后留存在企业的、历年结存的利润。相对于所有者权益的其他部分来说，企业对于未分配利润的使用有较大的自主权。

上述过程中的利润分配，是指企业根据国家有关规定和企业章程、投资者协议等，对企业当年可供分配的利润所进行的分配。利润分配以可供分配利润为基础，按以下顺序进行：①提取法定盈余公积；②提取任意盈余公积；③向投资者分配利润。其中，可供分配利润的计算公式如下：

可供分配利润=当年实现的净利润（或净亏损）+年初未分配利润（或-年初未弥补亏损）+其他转入

二、留存收益的账务处理

（一）盈余公积的账务处理

为了反映和监督盈余公积的形成和使用情况，企业应设置“盈余公积”科目。该科目贷方登记按规定提取的盈余公积数额；借方登记用盈余公积弥补亏损和转增资本的实际数额；贷方余额反映企业的盈余公积。“盈余公积”科目应按照盈余公积形成的来源分设“法定盈余公积”和“任意盈余公积”两个明细科目。

1. 提取盈余公积

企业按规定提取盈余公积时，应借记“利润分配”科目，贷记“盈余公积”科目。

【例 6-16】A 股份有限公司本年实现净利润为 3 000 000 元，年初未分配利润为 0。经股东大会批准，A 股份有限公司按当年净利润的 10% 提取法定盈余公积。假定不考虑其他因素。A 股份有限公司应编制如下会计分录：

借：利润分配——提取法定盈余公积	300 000	
贷：盈余公积——法定盈余公积		300 000

本年提取法定盈余公积金额 = 3 000 000×10% = 300 000（元）

2. 盈余公积补亏

【例 6-17】经股东大会批准，B 股份有限公司用以前年度提取的盈余公积弥补当年亏损，当年弥补亏损的金额为 500 000 元。假定不考虑其他因素。B 股份有限公司应编制如下会计分录：

借：盈余公积	500 000	
贷：利润分配——盈余公积补亏		500 000

3. 盈余公积转增资本

【例 6-18】因扩大经营规模需要，经股东大会批准，C 股份有限公司将盈余公积 2 000 000 元转增股本。假定不考虑其他因素。C 股份有限公司应编制如下会计分录：

借：盈余公积	2 000 000	
贷：股本		2 000 000

（二）未分配利润的账务处理

在会计处理上，“未分配利润”设置“利润分配——未分配利润”明细科目进行核算，反映企业利润的分配（或亏损的弥补）和历年分配（或弥补）后的未分配利润（或未弥补亏损）。“利润分配”科目应设置“提取法定盈余公积”“提取任意盈余公积”“应付现金股利或利润”“盈余公积补亏”“未分配利润”等明细科目进行明细核算。

年度终了，企业应将全年实现的净利润或发生的净亏损，自“本年利润”科目转入“利润分配——未分配利润”科目，并将“利润分配”科目所属其他明细科目的余额，转入“未分配利润”明细科目。结转后，“利润分配——未分配利润”科目如为贷方余额，表示累积未分配的利润金额；如为借方余额，则表示累积未弥补的亏损金额。

【例 6-19】振兴股份有限公司 2023 年年初未分配利润为贷方 20 000 000 元，当年实现净利润 60 000 000 元，公司按照当年实现净利润的 10% 提取法定盈余公积，5% 提取任意盈余公积，按 20% 支付普通股股利，并结转未分配利润。振兴股份有限公司的会计处理如下：

（1）结转实现净利润时

借：本年利润	60 000 000	
贷：利润分配——未分配利润		60 000 000

(2) 进行利润分配时

借：利润分配——提取法定盈余公积　　6 000 000

——提取任意盈余公积　　3 000 000

——应付现金股利或利润　　12 000 000

贷：盈余公积——法定盈余公积　　6 000 000

——任意盈余公积　　3 000 000

应付股利　　12 000 000

(3) 结转“利润分配”明细科目时

借：利润分配——未分配利润　　21 000 000

贷：利润分配——提取法定盈余公积　　6 000 000

——提取任意盈余公积　　3 000 000

——应付现金股利或利润　　12 000 000

在本例中，振兴股份有限公司2023年年末“利润分配——未分配利润”明细科目的余额在贷方，余额为59 000 000元（年初未分配利润20 000 000元+本年利润60 000 000元-提取法定盈余公积6 000 000元-任意盈余公积金3 000 000元-应付现金股利12 000 000元），反映公司本年年末的累积未分配利润。

如果企业当年发生亏损，则应借记“利润分配——未分配利润”科目，贷记“本年利润”科目。

思政德育课堂

京沪高铁的发展

中国的高铁发展始于2008年，经过多年的高速发展，已经实现了全国高速铁路网的覆盖，整体规模和服务水平都处于行业前列。至2023年，我国高铁总里程达到45 000千米，位居全球第一。高铁规模的不断扩大充分体现出国家对高铁行业发展的重视，体现了交通强国战略。全国绝大多数城市都被高铁线路网覆盖，高铁已经成为我们国家走向世界的名片。在此背景下，京沪高铁自2011年全线通车以来，客流规模、运输效率、经营效益屡创新高，服务质量、安全性能、科技创新持续领先。作为中国客流量最大的高铁线路，采取很多高科技手段确保旅客安全，其中包括基于“北斗+5G”的铁路全自动无人机智能巡检专用系统，在国内外都是首次应用。京沪高铁已成为京、沪两地间最快捷、最便利的交通方式之一。它不仅是中国高铁技术进步的象征，也是国有资本运营效率和效益提升的典范。

2023年，京沪高铁本线列车全年运送旅客5 325.2万人次，同比增长209.1%；跨线列车运行里程完成9 204.4万千米，同比增长66.2%。京沪高铁财务报表显示，2020年疫情发生之前，京沪高铁的营业收入和净利润均呈现稳定增长的趋势。2019年营业收入为349亿元，净利润为106亿元。2020—2022年因受突发性公共卫生事件影响，营业收入呈现下滑及波动趋势。2023年，随着公共卫生突发事件的结束，营业收入和利润指标强势回归，营业收入为407亿元，净利润为112亿元。这说明京沪高铁在优化运营管理、提高服务质量、增强市场竞争力方面取得了显著成效。这不仅展示了国有资本在高效运营下的保值增值能力，也反映了京沪高铁在促进区域经济发展、满足公众出行需求等方面的重要作用。

京沪高铁的成功运营，充分展现了中国高速铁路系统的制度优势。作为世界上运营里程最长、技术标准最高、运营效率最优的高速铁路之一，京沪高铁的建设和运营，得益于国家对于基础设施建设的大力支持和有效规划。在国有企业体制下，京沪高铁得以利用集中的资源和政策优势，快速完成线路建设，实现了技术的跨越式发展。

案例启示：

1. 京沪高铁的成功案例，是中国高速铁路发展成就的缩影，也是国有企业履行社会责任、服务国家战略的生动体现。它不仅向世界展示了中国制度的优势和国有企业的活力，更激发了人民群众特别是青少年学生对国家的自豪感和对未来的信心。

2. 该案例使我们看到了在中国特色社会主义制度下，国有资本如何发挥其在国家经济和社会发展中的重要作用，以及在这种制度背景下企业如何实现快速发展、技术创新和社会服务。青年学生应充分认识到国家强大与企业发展的关系，应增强制度自信，要有爱国情怀，应为实现中国梦而努力奋斗。

思考与练习

一、思考题

1. 简述企业所有者权益的构成内容。
2. 一般企业增加资本的途径有哪些？资本减少的原因有哪些？
3. 什么是资本公积？与实收资本有何区别？
4. 简述留存收益的定义及构成。
5. 法定盈余公积的提取依据是什么？主要用于哪些方面？
6. 如何计算年末的未分配利润？利润分配账户应设置哪些明细账户？

二、单项选择题

三、多项选择题

四、判断题

五、业务练习题

练习一

1. 目的：熟悉投入资本业务的核算。

2. 资料：启航公司2023年1月发生以下经济业务：

（1）接受甲公司设备一台作为投资，账面原值125 000元，已提折旧50 000元，经双方协商，作价85 000元。

（2）接受乙公司仓库一座作为投资，其账面原值248 000元，已提折旧12 000元，经评估作价130 000元。

（3）联营单位投入一项非专利技术，计价80 000元。

（4）收到甲公司投入商品一批作为原材料使用，作价70 000元，增值税11 900元，材料已验收入库。

3. 要求：根据以上经济业务编制会计分录。

练习二

1. 目的：熟悉资本公积的核算。

2. 资料：甲股份有限公司2023年3月发生以下经济业务：

（1）委托证券公司发行普通股股票100 000股，每股面值为1元，发行价格为每股1.2元。按发行价格的3%向发行方支付手续费。公司已收款。

（2）公司原有投资者4人，资本总额400 000元。现有一投资者愿出资150 000元加入，只享受20%的股权比例。

（3）公司以资本公积100 000元转增资本金，已办好增资手续，进行转账。

3. 要求：根据以上经济业务编制会计分录。

练习三

1. 目的：熟悉盈余公积的核算。

2. 资料：乙股份有限公司2023年12月发生以下经济业务：

（1）本年度实现净利润200 000元，按10%提取法定盈余公积。

（2）用盈余公积弥补以前年度亏损150 000元。

（3）将盈余公积50 000元转增资本金。

3. 要求：根据以上经济业务编制会计分录。

练习四

1. 目的：熟悉资本减少的核算。

2. 资料：丙股份有限公司股本为30 000万股，每股面值为1元，资本公积（股本溢价）4 000万元，盈余公积5 000万元，未分配利润6 000万元。经股东大会批准，甲公司以现金回购本公司股票3 000万股并注销，假定每股回购价为4元。

3. 要求：编制股票回购及注销的会计分录。

练习五

1. 目的：熟悉利润分配的核算。

2. 资料：甲公司 2023 年度实现净利润 80 000 元，按本年实现净利润的 10%提取法定盈余公积，按本年实现净利润的 5%提取任意盈余公积，公司宣布分配投资者利润 30 000 元。经批准将盈余公积 30 000 元按投资者在注册资本中的比例转增资本。假设投资者 A、B、C 三者在注册资本中的比例分别为 70%、15%、15%。

3. 要求：根据上述资料做出相应的会计分录。

第七章

收入、费用和利润

■**学习目标**

知识目标：通过本章的学习，熟悉收入的概念、确认与计量的步骤，费用的概念、内容及其分类，利润的构成内容及计算方法；掌握一般销售商品收入的核算、材料销售业务的核算、商业折扣及现金折扣的核算、销售退回及销售折让的核算、期间费用的核算、利润的核算、在某一时段内完成的销售商品收入的核算。

能力目标：能够运用借贷记账法分析收入、费用和利润相关经济业务，做出正确的账务处理；能够分析企业的盈利能力和经营成果。

德育目标：依据会计准则如实核算企业的收入、费用和利润，强化诚信意识，不做假账，反对人为操纵利润的舞弊行为；树立成本节约观念，坚守会计人员道德底线和职业操守，抵制不正之风。

■**导入案例**

盛强公司 2022 年 8 月 30 日与欣然酒店签订装修合同，合同工期 12 个月，合同金额 4 000 000 元，预计合同成本 2 800 000 元。截至 2022 年 12 月 31 日，该合同进度完成工程总量的 40%。公司财务人员认为工程尚未完工，暂不进行账务处理。2023 年该企业将一批 A 产品（实际成本 200 000 元，售价 250 000 元）用于对外捐赠，财务部账务处理为：

借：营业外支出——捐赠支出　　　　200 000

　　贷：库存商品——A 产品　　　　200 000

由于该公司未设置“管理费用”（业务招待费）明细科目进行明细核算，也未设置“销售费用”（广告费）明细科目进行明细核算，2022 年全年销售收入 20 000 000

元。2023 年 6 月 2 日，税务机关在对 2022 年度企业所得税进行汇算清缴核查的过程中，发现该公司在管理费用中支出的业务招待费达到 300 000 元、广告费 3 500 000 元。税务机关认定企业少缴纳了企业所得税，要求企业补交企业所得税及滞纳金。

通过对本章内容的学习，结合以上案例，分析盛强公司对相关收入、费用业务的处理有何错弊？收入确认的原则和条件有哪些？案例中为什么税务机关认定企业少缴纳了企业所得税？公司应如何正确核算费用以保证依法纳税？

第一节 收入

一、收入概述

（一）收入的概念

收入是指企业在日常活动中形成的、会导致所有者权益增加的、与所有者投入资本无关的经济利益的总流入。按照是否是通过企业主要经营活动实现的收入，通常将收入分为主营业务收入和其他业务收入，例如，制造业企业的产品销售收入是其主营业务收入，生产产品用的材料销售收入或出租包装物等收入则属于其他业务收入。

（二）收入的管理

企业加强收入核算与监督的目标是保证收入的真实、完整，保证销售折让、折扣等可变对价的正确合理，保证客户信用管理和货款的及时足额收回，反映企业向客户转让商品的模式及其相应的销售政策和策略等销售决策的科学性、合理性。

收入核算和监督的基本要求是：确认收入的方式应当反映其向客户转让商品或提供服务的模式，收入的金额应当反映企业因转让商品或提供服务而预期有权收取的对价金额。通过收入确认和计量能进一步如实地反映企业的生产经营成果，准确核算企业实现的损益。

二、收入的确认与计量

按照《企业会计准则第 14 号——收入》（2017）的相关规定，收入确认和计量的基本步骤大致分为以下五步。

（一）识别与客户订立的合同

合同是指双方或多方之间订立有法律约束力的权利义务的协议。合同有书面形式、口头形式以及其他形式。合同的存在是企业确认客户合同收入的前提，企业与客户之间的合同一经签订，企业即享有从客户取得与转移商品和服务对价的权利，同时负有向客户转移商品和服务的履约义务。

1. 收入确认的原则

企业应当在履行了合同中的履约义务，即在客户取得相关商品控制权时确认收入。

取得相关商品控制权，是指客户能够主导该商品的使用并从中获得几乎全部经济利益，也包括有能力阻止其他方主导该商品的使用并从中获得经济利益。取得商品控制权包括三个要素：一是客户必须拥有现时权利，能够主导该商品的使用并从中获得几乎全部经济利益。如果客户只能在未来的某一期间主导该商品的使用并从中获益，则表明其尚未取得该商品的控制权。二是客户有能力主导该商品的使用，即客户在其活动中有权使用该商品，或者能够允许或阻止其他方使用该商品。三是客户能够获得几乎全部的经济利益。商品的经济利益是指商品的潜在现金流量，既包括现金流入的增加，也包括现金流出的减少。客户可以通过使用、消耗、出售、处置、交换、抵押或持有等多种方式直接或间接地获得商品的经济利益。

需要说明的是，本章所称的客户是指与企业订立合同以向该企业购买其日常活动产出的商品并支付对价的一方；所称的商品包括商品和服务。本章的收入不涉及企业对外出租资产收取的租金、进行债权投资收取的利息、进行股权投资取得的现金股利以及保费收入等。

2. 收入确认的前提条件

企业与客户之间的合同同时满足下列五项条件的，企业应当在客户取得相关商品控制权时确认收入：

（1）合同各方已批准该合同并承诺将履行各自义务。

（2）该合同明确了合同各方与所转让商品相关的权利和义务。

（3）该合同有明确的与所转让商品相关的支付条款。

（4）该合同具有商业实质，即履行该合同将改变企业未来现金流量的风险、时间分布或金额。

（5）企业因向客户转让商品而有权取得的对价很可能收回。

（二）识别合同中的单项履约义务

履约义务是指合同中企业向客户转让可明确区分商品或服务的承诺。企业应当将向客户转让可明确区分商品（或者商品的组合）的承诺以及向客户转让一系列实质相同且转让模式相同的、可明确区分商品的承诺作为单项履约义务。例如，企业与客户签订合同，向其销售商品并提供安装服务，该安装服务简单，除该企业外其他供应商也可以提供此类安装服务，该合同中销售商品和提供安装服务为两项单项履约义务。若该安装服务复杂且商品需要按客户定制要求修改，则合同中销售商品和提供安装服务合并为单项履约义务。

（三）确定交易价格

交易价格是指企业因向客户转让商品而预期有权收取的对价金额，不包括企业代第三方收取的款项（如增值税）以及企业预期将退还给客户的款项。合同条款所承诺的对价，可能是固定金额、可变金额或两者兼有。

（四）将交易价格分摊至各单项履约义务

当合同中包含两项或多项履约义务时，需要将交易价格分摊至各单项履约义务，分摊的方法是在合同开始日，按照各单项履约义务所承诺商品的单独售价（企业向客户单独销售商品的价格）的相对比例，将交易价格分摊至各单项履约义务。通过分摊交易价格，使企业分摊至各单项履约义务的交易价格能够反映其因向客户转让已承诺的相关商品而有权收取的对价金额。

（五）履行各单项履约义务时确认收入

当企业将商品转移给客户，客户取得了相关商品的控制权，意味着企业履行了合同履约义务，此时，企业应确认收入。企业将商品控制权转移给客户，可能是在某一时段内（即履行履约义务的过程中）发生，也可能在某一时点（即履约义务完成时）发生。企业应当根据实际情况，首先判断履约义务是否满足在某一时段内履行的条件，如不满足，则该履约义务属于在某一时点履行的履约义务。

收入确认和计量的五个步骤中，第一步、第二步和第五步主要与收入的确认有关，第三步和第四步主要与收入的计量有关。

需要说明的是，一般而言，确认和计量任何一项合同收入应考虑全部的五个步骤。但履行某些合同义务确认收入不一定都经过五个步骤，如企业按照第二步确定某项合同仅为单项履约义务时，可以从第三步直接进入第五步确认收入，不需要第四步（分摊交易价格）。

在会计实务中，下列商品销售，通常按规定的时点确认为收入，有证据表明不满足收入确认条件的除外：

（1）销售商品采用托收承付方式的，在办妥托收手续时确认收入。

（2）销售商品采用预收款方式的，在发出商品时确认收入。

（3）销售商品需要安装和检验的，在购买方接受商品以及安装和检验完毕前，不确认收入，待安装和检验完毕时确认收入。如果安装程序比较简单，可在发出商品时确认收入。

（4）销售商品采用以旧换新方式的，销售的商品应当按照销售商品收入确认条件确认收入，回收的商品作为购进商品处理。

（5）销售商品采用支付手续费方式委托代销的，在收到代销清单时确认收入。

三、会计科目设置

企业为了核算与客户之间的合同产生的收入及相关的成本费用，一般需要设置“主营业务收入”“其他业务收入”“主营业务成本”“其他业务成本”“合同取得成本”“合同履约成本”“合同资产”“合同负债”等科目。

“主营业务收入”科目核算企业确认的销售商品、提供服务等主营业务的收入。该科目贷方登记企业主营业务活动实现的收入，借方登记期末转入“本年利润”科目的主营业务收入，结转后该科目应无余额。该科目可按主营业务的种类进行明细核算。

“其他业务收入”科目核算企业确认的除主营业务活动以外的其他经营活动实现的收入，包括出租固定资产、出租无形资产、出租包装物和商品、销售材料等实现的收入。该科目贷方登记企业其他业务活动实现的收入，借方登记期末转入“本年利润”科目的其他业务收入，结转后该科目应无余额。该科目可按其他业务的种类进行明细核算。

“主营业务成本”科目核算企业确认销售商品、提供服务等主营业务收入时应结转的成本。该科目借方登记企业应结转的主营业务成本，贷方登记期末转入“本年利润”科目的主营业务成本，结转后该科目应无余额。该科目可按主营业务的种类进行明细核算。

“其他业务成本”科目核算企业确认的除主营业务活动以外的其他经营活动所形成的成本，包括出租固定资产的折旧额、出租无形资产的摊销额、出租包装物的成本或摊销额、销售材料的成本等。该科目借方登记企业应结转的其他业务成本，贷方登记期末转入“本年利润”科目的其他业务成本，结转后该科目应无余额。该科目可按其他业务的种类进行明细核算。

“合同取得成本”科目核算企业取得合同发生的、预计能够收回的增量成本。该科目借方登记发生的合同取得成本，贷方登记摊销的合同取得成本，期末借方余额，反映企业尚未结转的合同取得成本。该科目可按合同进行明细核算。

“合同履约成本”科目核算企业为履行当前或预期取得的合同所发生的、不属于其他企业会计准则规范范围且按照收入准则应当确认为一项资产的成本。该科目借方登记发生的合同履约成本，贷方登记摊销的合同履约成本，期末借方余额反映企业尚未结转的合同履约成本。该科目可按合同分别设置“服务成本”“工程施工”等明细科目进明细核算。

“合同资产”科目核算企业已向客户转让商品而有权收取对价的权利，且该权利取决于时间流逝之外的其他因素（如履行合同中的其他履约义务）。该科目借方登记因已转让商品而有权收取的对价金额，贷方登记取得无条件收款权的金额，期末借方余额，反映企业已向客户转让商品而有权收取的对价金额。该科目按合同进行明细核算。

此外，企业发生减值的，还应当设置“合同履约成本减值准备”“合同取得成本减值准备”“合同资产减值准备”等科目进行核算。

四、在某一时点完成的商品销售收入的账务处理

企业一般商品销售属于在某一时点履行的履约义务。对于在某一时点履行的履约义务，企业应当在客户取得相关商品控制权时点确认收入。在判断控制权是否转移时，企业应当综合考虑下列迹象：

（1）企业就该商品享有现时收款权利，即客户就该商品负有现时付款义务。例如：甲企业与客户签订销售商品合同，约定客户有权定价且在收到商品无误后10日内付款。在客户收到甲企业开具的发票、商品验收入库后，客户能够自主确定商品的销售价格或商品的使用情况，此时甲企业享有收款权利，客户负有现时付款义务。

（2）企业已将该商品的法定所有权转移给客户，即客户已拥有该商品的法定所有权。例如，房地产企业向客户销售商品房，在客户付款后取得房屋产权证时，表明企业已将该商品房的法定所有权转移给客户。

（3）企业已将该商品实物转移给客户，即客户已占有该商品实物。例如，企业与客户签订交款提货合同，在企业销售商品并送货到客户指定地点，客户验收合格并付款，表明企业已将该商品实物转移给客户，即客户已占有该商品实物。

（4）企业已将该商品所有权上的主要风险和报酬转移给客户，即客户已取得该商品所有权上的主要风险和报酬。例如，甲房地产公司向客户销售商品房办理产权转移手续后，该商品房价格上涨或下跌带来的利益或损失全部属于客户，表明客户已取得该商品房所有权上的主要风险和报酬。

（5）客户已接受该商品。例如，企业向客户销售为其定制生产的节能设备，客户收到并验收合格后办理入库手续，表明客户已接受该商品。

（6）其他表明客户已取得商品控制权的迹象。

（一）一般销售商品业务收入的账务处理

一般情况下，企业确认商品销售收入时，应按已收或应收的合同或协议价款，加上应收取的增值税税额，借记"库存现金""银行存款""应收账款""应收票据"等科目；按确认的收入，贷记"主营业务收入"科目；按应收取的增值税税额，贷记"应交税费——应交增值税（销项税额）"科目，在资产负债表日，企业应编制"商品发出汇总表"，按发出存货计价方法，计算已销商品的实际成本，并按应结转的实际成本借记"主营业务成本"科目，贷记"库存商品""发出商品"科目。涉及消费税、资源税等其他税费，应进行相应的账务处理。

【例 7-1】2023 年 6 月 1 日，甲公司向乙公司销售一批商品，开具的增值税专用发票上注明售价为 60 000 元，增值税税额为 7 800 元；当日甲公司收到乙公司支付的款项并存入银行；该批商品的实际成本为 50 000 元；乙公司收到商品并验收入库。

在本例中，甲公司已经收到乙公司支付的货款，客户乙公司收到商品并验收入库，因此，该项业务为单项履约义务且属于在某一时点履行的履约义务。甲公司应编制如下会计分录：

（1）确认收入时

借：银行存款	67 800	
贷：主营业务收入		60 000
应交税费——应交增值税（销项税额）		7 800

（2）结转商品销售成本时

借：主营业务成本	50 000	
贷：库存商品		50 000

【例 7-2】甲公司向乙公司赊销一批产品，开出的增值税专用发票上注明的销售价格为 100 000 元，增值税税额 13 000 元，产品已经发出。另外，甲公司以银行存款代垫运费 3 270 元，运输公司开具的增值税专用发票上注明的运输费用为 3 000 元，增值税税额 270 元。以上款项均未收到，该批产品成本为 80 000 元。乙公司已将该批产品验收入库。假设不考虑其他因素。甲公司的账务处理如下：

（1）确认产品销售收入时

借：应收账款	113 000	
贷：主营业务收入		100 000
应交税费——应交增值税（销项税额）		13 000

（2）代垫运费时

借：应收账款	3 270	
贷：银行存款		3 270

（3）结转销售成本时

借：主营业务成本	80 000	
贷：库存商品		80 000

如果销售商品不符合收入确认的条件，则不应确认收入。已经发出的商品，应当通过“发出商品”科目核算，待到符合收入确认条件时再确认商品销售收入，同时将成本从“发出商品”转入“主营业务成本”。

【例 7-3】甲公司向乙公司销售一批商品，开具的增值税专用发票上注明的售价为 200 000 元，增值税税额为 26 000 元；甲公司收到乙公司开出的不带息银行承兑汇票一张，票面金额为 226 000 元，期限为 3 个月；该批商品成本为 160 000 元；乙公司收到商品并验收入库。

在本例中，甲公司已经收到乙公司开出的不带息银行承兑汇票，客户乙公司收到商品并验收入库，因此，该项业务为单项履约义务且属于在某一时点履行的履约义务。甲公司应编制如下会计分录：

（1）确认收入时

借：应收票据	226 000	
贷：主营业务收入		200 000
应交税费——应交增值税（销项税额）		26 000

（2）结转销售商品成本时

借：主营业务成本	160 000	
贷：库存商品		160 000

（二）发出商品业务的账务处理

企业按合同发出商品，合同约定客户只有在商品售出取得价款后才支付货款。企业向客户转让商品的对价未达到“很可能收回”收入确认条件。在发出商品时，企业不应确认收入，将发出商品的成本记入“发出商品”科目，借记“发出商品”科目，贷记“库存商品”科目。如已发出的商品被客户退回，应编制相反的会计分录。“发出商品”科目核算企业商品已发出但客户没有取得商品控制权的商品成本。当收到货款或取得收取货款权利时，确认收入，借记“银行存款”“应收账款”科目，贷记“主营业务收入”科目，贷记“应交税费——应交增值税（销项税额）”科目；同时结转已销商品成本，借记“主营业务成本”科目，贷记“发出商品”科目。

【例 7-4】甲公司于 2022 年 9 月 20 以托收承付方式向乙公司销售一批商品，成本为 120 000 元，增值税发票上注明售价 150 000 元，增值税 19 500 元。甲公司在销售时已知乙公司资金周转暂时发生困难，但为了减少存货积压，甲公司仍将商品发往乙公司。该批商品已经发出，并已经向银行办妥托收手续。假定甲公司销售该批商品的纳税义务已经发生。

由于购货方资金周转困难，因而乙公司在货款回收方面存在不确定性。甲公司在销售时不能确认收入，为此作分录如下：

借：发出商品	120 000	
贷：库存商品		120 000

同时将增值税专用发票上注明的增值税额转入应收账款。

借：应收账款	19 500	
贷：应交税费——应交增值税（销项税额）		19 500

【例 7-5】依【例 7-4】，假定 2023 年 10 月 5 日甲公司得知乙公司经营状况逐步好转，乙公司承诺近期付款，则甲公司应确认收入。假定 2023 年 10 月 30 日甲公司收到款项。

（1）2023 年 10 月 5 日，确认收入并结转成本

借：应收账款　　150 000

　贷：主营业务收入　　150 000

借：主营业务成本　　120 000

　贷：发出商品　　120 000

（2）2023 年 10 月 30 日收到款项时

借：银行存款　　169 500

　贷：应收账款　　169 500

（三）材料销售业务的账务处理

材料销售业务是指企业在日常活动中发生对外销售不需用的原材料、随同商品对外销售单独计价的包装物等业务。企业销售原材料、包装物等存货取得收入的确认和计量原则比照商品销售。企业销售原材料、包装物等存货确认的收入作为其他业务收入处理，结转的相关成本作为其他业务成本处理。

【例 7-6】甲公司向乙公司销售一批原材料，开具的增值税专用发票上注明的售价为 10 000 元，增值税税额为 1 300 元；甲公司收到乙公司支付的款项并存入银行；该批原材料的实际成本为 7 500 元；乙公司收到原材料并验收入库。

在本例中，甲公司已经收到乙公司支付的货款，乙公司收到原材料并验收入库，该项业务为单项履约义务且属于在某一时点履行的履约义务。甲公司应编制如下会计分录：

（1）确认收入时

借：银行存款　　11 300

　贷：其他业务收入　　10 000

　　应交税费——应交增值税（销项税额）　　1 300

（2）结转销售原材料成本时

借：其他业务成本　　7 500

　贷：原材料　　7 500

（四）商业折扣、现金折扣的账务处理

（1）商业折扣。商业折扣是指企业为促进商品销售而给予的价格扣除。例如，某公司为促销出台了一项给予客户的折扣优惠政策：凡买 50 件以上（含 50 件）的优惠 5%，买 100 件以上（含 100 件）的优惠 10%，买 300 件以上（含 300 件）的优惠 15%。此外，企业为了尽快出售一些残次、陈旧、冷背的商品，也可能降价（即打折）销售。商业折扣在销售时已经确定，并不构成成交价格的一部分，因此，在会计实务上，企业应当按照扣除商业折扣后的净额确定商品销售收入金额。

（2）现金折扣。现金折扣是企业为鼓励客户在规定的折扣期限内付款而向客户提供的价格扣除。现金折扣一般用符号“折扣率/付款期限”表示，例如，“2/10，1/20，N/30”表示：客户在 10 天内付款可得到 2%的现金折扣，超过 10 天但在 20 天内付款可得到 1%的现金折扣，超过 20 天付款须按发票金额全额付款。在销售附有现金折扣条件的情况下，应收账款的未来收现金额是不确定的，因此，对于附有现金折扣条件

的销售，交易价格实际上属于可变对价。对于现金折扣的会计核算有两种处理方法：一是按发票金额扣除现金折扣后的净额计量收入即为净价法；二是按发票金额全额计量收入即为总价法。企业选择总价法还是净价法进行会计处理，应当取决于对可变对价最佳估计数的判断。如果企业判断客户在折扣期限内不是很可能取得现金折扣，即在相关不确定性消除时最终确定的交易价格最可能为发票价格，应当采用总价法；如果企业判断客户在折扣期限内很可能取得现金折扣，即在相关不确定性消除时最终确定的交易价格最可能为发票价格扣除现金折扣后的净额，应当采用净价法。在总价法下，如果客户能够在折扣期限内付款，企业应按客户取得的现金折扣金额调减收入；在净价法下，如果客户未能在折扣期限内付款，企业应按客户丧失的现金折扣金额调增收入。

【例 7-7】2023 年 11 月 1 日振兴公司向某客户销售 A 商品 3 000 件，每件商品的标价为 200 元（不含增值税），增值税税率为 13%；每件商品的实际成本为 120 元；由于是成批销售，振兴公司给予客户 10%的商业折扣，并在销售合同中规定现金折扣条件为 2/10，1/20，N/30；A 商品于 11 月 1 日发出，客户收到商品并验收入库。振兴公司基于对客户的了解，预计客户于在 20 日内付款的概率为 90%，20 天后付款的概率为 10%。2023 年 11 月 20 日收到该客户支付的货税款。假定计算现金折扣不考虑增值税。

本例中，该项销售业务属于在某一时点履行的履约义务。对于商业折扣，振兴公司从应确认的销售商品收入中予以扣除；对于现金折扣，振兴公司认为按照最可能发生金额能够更好地预测其有权获取的对价金额。因此，振兴公司应确认的销售商品收入的金额 = 200×(1-10%)×3000×(1-1%) = 534 600（元）；增值税销项税额 = 200×(1-10%)×3000×13% = 70 200（元）。振兴公司应编制如下会计分录：

（1）11 月 1 日确认收入时

借：应收账款	604 800	
贷：主营业务收入		534 600
应交税费——应交增值税（销项税额）		70 200
借：主营业务成本	360 000	
贷：库存商品		360 000

（2）11 月 20 日收到货款时

借：银行存款	604 800	
贷：应收账款		604 800

（五）销售折让、销售退回的账务处理

（1）销售折让。销售折让是指企业由于售出商品在质量、规格等方面不符合销售合同规定条款的要求，而在售价上给予的减让。如果发生销售折让时，企业尚未确认商品销售收入的，则应在确认商品销售收入时直接按扣除销售折让后的金额确认。企业已经确认商品销售收入后发生销售折让的，按应冲减的销售商品收入金额，借记“主营业务收入”科目，按增值税专用发票上注明的应冲减的增值税销项税额，借记“应交税费——应交增值税（销项税额）”科目，按实际支付或应退还的货款，贷记“银行存款”“应收账款”等科目。

（2）销售退回。销售退回是指企业因售出商品在质量、规格等方面不符合销售合同规定条款的要求，客户要求企业予以退货。企业销售商品发生退货，表明企业履约义务的减少和客户商品控制权及其相关经济利益的丧失。已确认销售商品收入的售出商品发生销售退回的，除属于资产负债表日后事项的外，企业收到退回的商品时，应退回货款或冲减应收账款，并冲减主营业务收入和增值税销项税额，借记“主营业务收入”“应交税费——应交增值税（销项税额）”等科目，贷记“银行存款”“应收票据”“应收账款”等科目。收到退回商品验收入库，按照商品成本，借记“库存商品”科目，贷记“主营业务成本”科目。

【例 7-8】2023 年 4 月 10 日，甲公司向乙公司销售一批商品，开出的增值税专用发票上注明的销售价款为 10 000 元，增值税额为 1 300 元。该批商品成本为 7 000 元。乙公司于 2023 年 4 月末全额支付了货款和税款。2023 年 6 月 10 日，该批商品因质量问题被乙公司全部退回，甲公司当日支付有关款项，并按规定向客户开具了增值税专用发票（红字）。假定不考虑其他因素，甲公司应编制如下会计分录：

（1）2023 年 4 月 10 日，确认收入并结转成本时

借：应收账款　　11 300

　贷：主营业务收入　　10 000

　　　应交税费——应交增值税（销项税额）　　1 300

借：主营业务成本　　7 000

　贷：库存商品　　7 000

（2）4 月末收到乙公司款项时

借：银行存款　　11 300

　贷：应收账款　　11 300

（3）2023 年 6 月 10 日发生销售退回时

借：主营业务收入　　10 000

　　应交税费——应交增值税（销项税额）　　1 300

　贷：银行存款　　11 300

借：库存商品　　7 000

　贷：主营业务成本　　7 000

五、在某一时段内完成的商品销售收入的账务处理

对于在某一时段内履行的履约义务，企业应当在该段时间内按照履约进度确认收入，履约进度不能合理确定的除外。满足下列条件之一的，属于在某一时段内履行的履约义务：

（1）客户在企业履约的同时即取得并消耗企业履约所带来的经济利益。

（2）客户能够控制企业履约过程中在建的商品。

（3）企业履约过程中所产出的商品具有不可替代用途，且该企业在整个合同期间内有权就累计至今已完成的履约部分收取款项。具有不可替代用途，是指因合同限制或实际可行性限制，企业不能轻易地将商品用于其他用途。有权就累计至今已完成的履约部分收取款项，是指在由于客户或其他方原因终止合同的情况下，企业有权就累计至今已完成的履约部分收取能够补偿其已发生成本和合理利润的款项，并且该权利

具有法律约束力。

企业应当考虑商品的性质，采用实际测量的完工进度、评估已实现的结果、时间进度、已完工或交付的产品等产出指标，或采用投入的材料数量、花费的人工工时、机器工时、发生的成本和时间进度等投入指标确定恰当的履约进度，并且在确定履约进度时，应当扣除那些控制权尚未转移给客户的商品和服务。通常，企业按照累计实际发生的成本占预计总成本的比例（即成本法）确定履约进度。累计实际发生的成本包括企业向客户转移商品过程中所发生的直接成本和间接成本，如直接人工、直接材料、分包成本以及其他与合同相关的成本。

对于每一项履约义务，企业只能采用一种方法来确定其履约进度，并加以一贯运用。对于类似情况下的类似履约义务，企业应当采用相同的方法确定履约进度。资产负债表日，企业按照合同的交易价格总额乘以履约进度扣除以前会计期间累计已确认的收入后的金额，确认当期收入。当履约进度不能合理确定时，企业已经发生的成本预计能够得到补偿的，应当按照已经发生的成本金额确认收入，直到履约进度能够合理确定为止。

（一）合同成本

1. 合同取得成本

企业为取得合同发生的增量成本预期能够收回的，应作为合同取得成本确认为一项资产。增量成本是指企业不取得合同就不会发生的成本，也就是企业发生的与合同直接相关，但又不是所签订合同的对象或内容（如建造商品或提供服务）本身所直接发生的费用。如销售佣金，若预期可通过未来的相关服务收入予以补偿，该销售佣金（即增量成本）应在发生时确认为一项资产，即合同取得成本。

企业为取得合同发生的、除预期能够收回的增量成本之外的其他支出，如无论是否取得合同均会发生的差旅费、投标费、为准备投标资料发生的相关费用等，应当在发生时计入当期损益，除非这些支出明确由客户承担。

2. 合同履约成本

企业为履行合同可能会发生各种成本，企业在确认收入的同时应当对这些成本进行分析，若不属于存货、固定资产、无形资产等规范范围且同时满足下列条件的，应当作为合同履约成本确认为一项资产：

（1）该成本与一份当前或预期取得的合同直接相关。

与合同直接相关的成本包括：直接人工（如支付给直接为客户提供所承诺服务的人员的工资、奖金等）、直接材料（如为履行合同耗用的原材料、辅助材料、构配件、零件、半成品的成本和周转材料的摊销及租赁费用等）、制造费用或类似费用（如组织和管理相关生产、施工、服务等活动发生的费用，包括车间管理人员的职工薪酬、劳动保护费、固定资产折旧费及修理费、物料消耗、取暖费、水电费、办公费、差旅费、财产保险费、工程保修费、临时设施摊销费等）。

（2）该成本增加了企业未来用于履行（包括持续履行）履约义务的资源。

（3）该成本预期能够收回。

企业应当在下列支出发生时，将其计入当期损益：一是管理费用，除非这些费用明确由客户承担。二是非正常消耗的直接材料、直接人工和制造费用（或类似费用），这些支出为履行合同发生，但未反映在合同价格中。三是与履约义务中已履行（包括已全部履行或部分履行）部分相关的支出，即该支出与企业过去的履约活动相关。四是无法在尚未履行的与已履行（或已部分履行）的履约义务之间区分的相关支出。

（二）合同取得成本及销售收入的账务处理

企业对已确认为资产的合同取得成本，应当采用与该资产相关的商品收入确认相同的基础进行摊销，计入当期损益。为简化实务操作，该资产摊销期限不超过一年的，可以在发生时计入当期损益。

企业发生合同取得成本时，借记“合同取得成本”科目，贷记“银行存款”“应付职工薪酬”等科目；对合同取得成本进行摊销时，借记“销售费用”等科目，贷记“合同取得成本”科目。

【例7-9】正大公司是一家咨询服务公司，为增值税一般纳税人，适用的增值税税率为6%。2023年通过竞标获得一项合作期为5年的服务合同，合同约定，正大公司向客户提供约定的咨询服务，该客户每年年末支付含税咨询费1 272 000元。为取得与该客户的合同，正大公司聘请外部律师进行尽职调查支付相关费用15 000元，为投标而发生的差旅费8 000元，支付销售人员佣金60 000元。正大公司预期这些支出未来均能够收回。此外，正大公司根据其年度销售目标、整体盈利情况及个人业绩等，向销售部门经理支付年度奖金8 000元。

在本例中，正大公司因签订该客户合同而向销售人员支付的佣金属于取得合同发生的增量成本，应当将其作为合同取得成本确认为一项资产；正大公司聘请外部律师进行尽职调查发生的支出、为投标发生的差旅费以及向销售部门经理支付的年度奖金（不能直接归属于可识别的合同）不属于增量成本，应当于发生时直接计入当期损益。正大公司应编制如下会计分录：

（1）支付与取得合同相关的费用时

借：合同取得成本	60 000	
管理费用	23 000	
贷：银行存款		83 000

（2）每月确认服务收入，摊销合同取得成本时

每月服务收入＝[1 272 000 ÷（1+6%）]÷12＝100 000（元）

每月摊销合同取得成本＝60 000÷5÷12＝1 000（元）

借：应收账款	106 000	
贷：主营业务收入		100 000
应交税费——应交增值税（销项税额）		6 000
借：销售费用	1 000	
贷：合同取得成本		1 000

（3）确认销售部门经理奖金时

借：销售费用	8 000	
贷：应付职工薪酬		8 000

（4）发放销售部门经理奖金时

借：应付职工薪酬	8 000	
贷：银行存款		8 000

（三）合同履约成本及销售收入的账务处理

企业对已确认为资产的合同履约成本，应当采用与该资产相关的商品收入确认相同的基础进行摊销，计入当期损益。

企业发生合同履约成本时，借记“合同履约成本”科目，贷记“银行存款”“应付职工薪酬”“原材料”等科目；对合同履约成本进行摊销时，借记“主营业务成本”“其他业务成本”等科目，贷记“合同履约成本”科目。涉及增值税的，还应进行相应的处理。

【例7-10】富强公司经营一家酒店，为增值税一般纳税人，适用增值税税率为6%，该酒店是富强公司的自有资产。2023 年 12 月富强公司计提与酒店经营直接相关的酒店、客房以及客房内的设备家具等折旧费用 80 000 元，酒店土地使用权摊销费用 40 000 元。经计算，当月确认房费、餐饮等服务含税收入 265 000 元，全部存入银行。

本例中，富强公司经营酒店主要是通过提供客房服务赚取收入，而客房服务的提供直接依赖于酒店物业（包含土地）以及家具等相关资产，这些资产折旧和摊销属于富强公司为履行与客户的合同而发生的合同履约成本。已确认的合同履约成本在收入确认时予以摊销，计入营业成本。富强公司应编制如下会计分录：

（1）确认资产折旧、摊销费用时

借：合同履约成本	120 000	
贷：累计折旧		80 000
累计摊销		40 000

（2）12 月确认酒店服务收入，摊销合同履约成本时

借：银行存款	265 000	
贷：主营业务收入		250 000
应交税费——应交增值税（销项税额）		15 000
借：主营业务成本	120 000	
贷：合同履约成本		120 000

第二节　费用

一、费用概述

（一）费用的含义

费用是指企业日常活动所发生的、会导致所有者权益减少的、与向所有者分配利润无关的经济利益的总流出，主要指企业为取得营业收入进行产品销售等营业活动所发生的营业成本、税金及附加和期间费用。

（二）费用的分类

（1）费用按范围分为狭义的费用和广义的费用。狭义的费用仅指与本期营业收入相配比的那部分耗费。广义的费用泛指企业各种日常活动发生的所有耗费。

(2) 费用按照功能可以分为构成产品成本的费用和期间费用。①构成产品成本的费用主要包括直接材料、直接人工和制造费用等。其中，直接材料是指企业生产产品和提供劳务的过程中所消耗的、直接用于产品生产、构成产品实体的各种材料及主要材料、外购半成品以及有助于产品形成的辅助材料等；直接人工是指企业在生产产品和提供劳务过程中，直接从事产品生产的工人的工资、津贴、补贴和福利费等；制造费用是指企业在生产产品过程中发生的那些不能归入直接材料、直接人工的各种间接费用。②期间费用是指企业本期发生的、不能直接或间接归入营业成本，而是直接计入当期损益的各项费用，包括销售费用、管理费用和财务费用。

(三) 费用的确认与计量

费用应按照权责发生制原则确认，即凡属于本期发生的费用，不论其款项是否支付，均确认为本期费用；反之，不属于本期发生的费用，即使其款项已在本期支付，也不应确认为本期费用。

期间费用包含以下两种情况：一是企业发生的不符合或者不再符合资产确认条件的支出，应当在发生时确认为费用，计入当期损益。二是企业发生的交易或者事项导致其承担了一项负债，而又不确认为一项资产的，应当在发生时确认为费用计入当期损益。

二、费用的账务处理

(一) 营业成本

企业为生产产品、提供劳务等发生的可归属于产品成本、劳务成本等的费用，应当在确认销售商品收入、提供劳务收入等时，将已销售商品、已提供劳务的成本确认为营业成本（包括主营业务成本和其他业务成本）。

1. 主营业务成本

主营业务成本是指企业销售商品、提供服务等经常性活动所发生的成本。企业一般在确认销售商品、提供服务等主营业务收入或在月末时，将已销售商品、已提供服务的成本转入主营业务成本。企业应当设置“主营业务成本”科目，用于核算企业因销售商品、提供服务等日常活动而发生的实际成本，该科目按主营业务的种类进行明细核算。企业结转已销售商品或提供服务成本时，借记“主营业务成本”科目，贷记“库存商品”“合同履约成本”等科目。期末，将主营业务成本的余额转入“本年利润”科目，借记“本年利润”科目，贷记“主营业务成本”科目，结转后，“主营业务成本”科目无余额。

【例 7-11】2023 年 11 月末，振兴公司汇总计算已销售的甲、乙、丙三种商品的实际成本，分别为 200 000 元、150 000 元、100 000 元。月末结转已销甲、乙、丙商品成本时，该公司应编制如下会计分录：

借：主营业务成本	450 000	
贷：库存商品——甲商品		200 000
——乙商品		150 000
——丙商品		100 000

【例 7-12】承【例 7-11】，振兴公司 2023 年 11 月 30 日将“主营业务成本”科目余额 450 000 元结转至“本年利润”科目。该公司应编制如下会计分录：

借：本年利润　　450 000

　贷：主营业务成本　　450 000

2. 其他业务成本

其他业务成本是指企业确认的除主营业务活动以外的其他日常经营活动所发生的支出。其他业务成本包括销售材料的成本、出租固定资产的折旧额、出租无形资产的摊销额、出租包装物的成本或摊销额等。采用成本模式计量投资性房地产的，其投资性房地产计提的折旧额或摊销额，也构成其他业务成本。

企业应当设置“其他业务成本”科目，核算企业确认的除主营业务活动以外的其他日常经营活动所发生的支出。“其他业务成本”科目按其他业务成本的种类进行明细核算。企业发生的其他业务成本，借记“其他业务成本”科目，贷记“原材料”“周转材料”“累计折旧”“累计摊销”“应付职工薪酬”“银行存款”等科目。期末，“其他业务成本”科目余额转入“本年利润”科目，结转后，“其他业务成本”科目无余额。

【例 7-13】2023 年 1 月 20 日，振兴公司因销售商品领用单独计价的包装物的实际成本为 26 000 元，开具的增值税专用发票上注明价款为 40 000 元，增值税税额为 5 200 元，款项已存入银行。销售商品领用单独计价包装物属于销售商品和包装物两项履约义务，且属于某一时点履行的履约义务。该公司在确认商品销售收入的同时，应编制如下会计分录：

（1）出售包装物时

借：银行存款　　45 200

　贷：其他业务收入　　40 000

　　　应交税费——应交增值税（销项税额）　　5 200

（2）结转出售包装物成本时

借：其他业务成本　　26 000

　贷：周转材料——包装物　　26 000

【例 7-14】承【例 7-13】，振兴公司 2023 年 1 月 30 日将“其他业务成本”科目余额 26 000 元结转至“本年利润”科目。该公司应编制如下会计分录：

借：本年利润　　26 000

　贷：其他业务成本　　26 000

（二）税金及附加

税金及附加是指企业经营活动应负担的相关税费，包括消费税、城市维护建设税、教育费附加、资源税、土地增值税、房产税、环境保护税、城镇土地使用税、车船税、印花税等。

企业应当设置“税金及附加”科目，核算企业经营活动发生的消费税、城市维护建设税、教育费附加、资源税、房产税、环境保护税、城镇土地使用税、车船税、印花税等相关税费。企业按规定计算确定的与经营活动相关的消费税、城市维护建设税、资源税、教育费附加、房产税、环境保护税、城镇土地使用税、车船税等税费，应借记“税金及附加”科目，贷记“应交税费”科目。期末，应将“税金及附加”科目余额转入“本年利润”科目，结转后，“税金及附加”科目无余额。

企业交纳的印花税，不会发生应付未付税款的情况，不需要预计应纳税金额，同时也不存在与税务机关结算或者清算的问题。因此，企业交纳的印花税不通过“应交税费”科目核算，于购买印花税票时，直接借记“税金及附加”科目，贷记“银行存款”科目。

【例 7-15】2023 年 8 月 31 日，振兴公司取得应纳消费税的商品销售收入 1 500 000 元，该商品适用的消费税税率为 25%。振兴公司应编制如下会计分录：

（1）计算确认应交消费税税额

消费税税额 = 1 500 000×25% = 375 000（元）

借：税金及附加	375 000	
贷：应交税费——应交消费税		375 000

（2）实际交纳消费税时

借：应交税费——应交消费税	375 000	
贷：银行存款		375 000

【例 7-16】2023 年 9 月，振兴公司当月实际缴纳的增值税 530 000 元、消费税 170 000 元，适用的城市维护建设税税率为 7%，教育费附加征收比率为 3%。振兴公司应编制与城市维护建设税、教育费附加有关的会计分录如下：

（1）计算确认应交城市维护建设税和教育费附加时

城市维护建设税税额 =（530 000+170 000）×7% = 49 000（元）

教育费附加 =（530 000+170 000）×3% = 21 000（元）

借：税金及附加	70 000	
贷：应交税费——应交城市维护建设税		49 000
——应交教育费附加		21 000

（2）实际交纳城市维护建设税和教育费附加时

借：应交税费——应交城市维护建设税	49 000	
——应交教育费附加	21 000	
贷：银行存款		70 000

【例 7-17】2023 年 12 月，振兴公司一幢房产的原值为 1 000 000 元，已知房产税税率为 1.2%，当地规定的房产税扣除比例为 30%。振兴公司应编制如下会计分录：

（1）计算确认应交房产税税额

房产税税额 = 1 000 000×（1−30%）×1.2% = 8 400（元）

借：税金及附加	8 400	
贷：应交税费——应交房产税		8 400

（2）实际交纳房产税时

借：应交税费——应交房产税	8 400	
贷：银行存款		8 400

【例 7-18】2023 年 12 月，振兴公司按规定当月实际应交车船税 12 000 元，应交城镇土地使用税 25 000 元。振兴公司应编制如下会计分录：

（1）确认应交车船税和城镇土地使用税时

借：税金及附加　　37 000

　贷：应交税费——应交车船税　　12 000

　　　　　　——应交城镇土地使用税　　25 000

（2）实际交纳车船税和城镇土地使用税时

借：应交税费——应交车船税　　12 000

　　　　　——应交城镇土地使用税　　25 000

　贷：银行存款　　37 000

（三）销售费用

销售费用是指企业销售商品和材料、提供服务的过程中发生的各种费用，包括企业在销售商品过程中发生的保险费、包装费、展览费、广告费、商品维修费、预计产品质量保证损失、运输费、装卸费等，以及为销售本企业商品而专设的销售机构（含销售网点、售后服务网点等）职工的薪酬以及业务费、折旧费等经营费用。企业发生的与专设销售机构相关的固定资产修理费用等后续支出也属于销售费用。销售费用是与企业销售商品活动有关的费用，但不包括销售商品本身的成本，该成本属于主营业务成本。

企业应设置“销售费用”科目，核算销售费用的发生和结转情况。该科目借方登记企业所发生的各项销售费用，贷方登记期末转入“本年利润”科目的销售费用，结转后，“销售费用”科目应无余额。“销售费用”科目应按销售费用的费用项目进行明细核算。

【例 7-19】振兴公司为增值税一般纳税人，2023 年 6 月 1 日为宣传新产品发生广告费，取得的增值税专用发票上注明的价款为 50 000 元、增值税税额为 3 000 元，价税款项用银行存款支付。振兴公司应编制如下会计分录：

借：销售费用　　50 000

　　应交税费——应交增值税（进项税额）　　3 000

　贷：银行存款　　53 000

【例 7-20】振兴公司为增值税一般纳税人，2023 年 6 月 10 日销售一批产品，取得的增值税专用发票上注明的运输费为 3 500 元、增值税税额为 315 元，取得的增值税普通发票上注明的装卸费价税合计为 1 500 元，上述款项均用银行存款支付。振兴公司应编制如下会计分录：

借：销售费用　　5 000

　　应交税费——应交增值税（进项税额）　　315

　贷：银行存款　　5 315

【例 7-21】振兴公司为增值税一般纳税人，2023 年 6 月 15 日用银行存款支付所销产品保险费合计 15 900 元，取得的增值税专用发票上注明的保险费为 15 000 元、增值税税额为 900 元。振兴公司应编制如下会计分录：

借：销售费用　　15 000

　　应交税费——应交增值税（进项税额）　　900

　贷：银行存款　　15 900

【例 7-22】2023 年 6 月，振兴公司销售部共发生费用 110 000 元，其中：销售人员薪酬 50 000 元，销售部专用办公设备和房屋的折旧费 25 000 元，业务费 35 000 元（用银行存款支付）。假设不考虑其他因素，振兴公司应编制如下会计分录：

借：销售费用　　110 000

　贷：应付职工薪酬　　50 000

　　　累计折旧　　25 000

　　　银行存款　　35 000

【例 7-23】承【例 7-19】至【例 7-22】，2023 年 6 月 30 日，振兴公司将“销售费用”科目余额 180 000 元结转至“本年利润”科目。振兴公司应编制如下会计分录：

借：本年利润　　180 000

　贷：销售费用　　180 000

（四）管理费用

管理费用是指企业为组织和管理生产经营发生的各种费用，包括企业在筹建期间内发生的开办费、董事会和行政管理部门在企业的经营管理中发生的以及应由企业统一负担的公司经费（包括行政管理部门职工薪酬、物料消耗、低值易耗品摊销、办公费和差旅费等）、行政管理部门负担的工会经费、董事会费（包括董事会成员津贴、会议费和差旅费等）、聘请中介机构费、咨询费（含顾问费）、诉讼费、业务招待费、技术转让费、研究费用等。企业行政管理部门发生的固定资产修理费用等后续支出，也作为管理费用核算。

企业应设置“管理费用”科目，核算管理费用的发生和结转情况。“管理费用”科目借方登记企业发生的各项管理费用，贷方登记期末转入“本年利润”科目的管理费用，结转后，“管理费用”科目应无余额。“管理费用”科目按管理费用的费用项目进行明细核算。商品流通企业管理费用不多的，可不设“管理费用”科目，相关核算内容可并入“销售费用”科目核算。

【例 7-24】振兴公司为增值税一般纳税人，2023 年 9 月 9 日，行政管理部门用银行存款支付接待客户的住宿费和餐费，取得的增值税专用发票上注明的住宿费为 5 000 元、增值税税额为 300 元，取得的增值税普通发票上注明的餐费为 2 000 元、增值税税额为 120 元。振兴公司应编制如下会计分录：

借：管理费用　　7 120

　　应交税费——应交增值税（进项税额）　　300

　贷：银行存款　　7 420

【例 7-25】2023 年 9 月，振兴公司行政管理部发生费用 90 000 元，其中，行政管理人员薪酬 75 000 元，报销行政管理人员差旅费 5 000 元（假定报销人员均未预借差旅费），其他办公费、水电费 10 000 元（均用银行存款支付）。假设不考虑增值税等因素，振兴公司应编制如下会计分录：

借：管理费用　　90 000

　贷：应付职工薪酬　　75 000

　　　库存现金　　5 000

　　　银行存款　　10 000

【例 7-26】2023 年 9 月，振兴公司计提行政管理部固定资产折旧 25 000 元，摊销公司行政管理部用无形资产成本 40 000 元。振兴公司应编制如下会计分录：

借：管理费用　　65 000

　贷：累计折旧　　25 000

　　　累计摊销　　40 000

【例 7-27】承【例 7-24】至【例 7-26】，2023 年 9 月 30 日，振兴公司将“管理费用”科目余额 162 650 元结转至“本年利润”科目。振兴公司应编制如下会计分录：

借：本年利润　　162 120

　贷：管理费用　　162 120

（五）财务费用

财务费用是指企业为筹集生产经营所需资金等而发生的筹资费用，包括利息支出（减利息收入）、汇兑损益以及相关的手续费等。

企业应设置“财务费用”科目，核算财务费用的发生和结转情况。“财务费用”科目借方登记企业发生的各项财务费用，贷方登记期末转入“本年利润”科目的财务费用，结转后，“财务费用”科目应无余额。“财务费用”科目应按财务费用的费用项目进行明细核算。

【例 7-28】2023 年 12 月 1 日，振兴公司向银行借入生产经营用短期借款 180 000 元，期限 6 个月，年利率 5%，该借款本金到期后一次归还，利息分月预提，按季支付。

该公司每月月末，预提当月应计利息 = 180 000×5%÷12 = 750（元）。

12 月 31 日应编制如下会计分录：

借：财务费用——利息支出　　750

　贷：应付利息　　750

【例 7-29】2023 年 12 月 31 日，振兴公司支付本月应负担的短期借款利息 2 500 元。该公司应编制如下会计分录：

借：财务费用——利息支出　　2 500

　贷：银行存款　　2 500

【例 7-30】2023 年 12 月 31 日，振兴公司收到开户银行转来活期存款利息清单 500 元。该公司应编制如下会计分录：

借：银行存款　　500

　贷：财务费用——利息收入　　500

【例 7-31】2023 年 12 月 31 日，振兴公司将“财务费用”科目余额 2 750 元结转至“本年利润”科目。该公司应编制如下会计分录：

借：本年利润　　2 750

　贷：财务费用　　2 750

第三节　利润

一、利润的定义

利润是指企业在一定会计期间的经营成果。利润包括收入减去费用后的净额、直接计入当期利润的利得和损失等。利得是指由企业非日常活动所形成的、会导致所有者权益增加的、与所有者投入资本无关的经济利益的流入。损失是指由企业非日常活动所发生的、会导致所有者权益减少的、与向所有者分配利润无关的经济利益的流出。

二、利润的构成

（一）营业利润

按照利润表的列报要求，营业利润的构成内容如下：

营业利润＝营业收入－营业成本－税金及附加－销售费用－管理费用－研发费用－财务费用+其他收益+投资收益（－投资损失）+公允价值变动收益（－公允价值变动损失）－信用减值损失－资产减值损失+资产处置收益（－资产处置损失）

其中，营业收入是指企业经营业务所实现的收入总额，包括主营业务收入和其他业务收入。

营业成本是指企业经营业务所发生的实际成本总额，包括主营业务成本和其他业务成本。

研发费用是指企业计入管理费用的进行研究与开发过程中发生的费用化支出，以及计入管理费用的自行开发无形资产的摊销。

其他收益主要是指与企业日常活动相关，除冲减相关成本费用以外的政府补助，以及其他应计入其他收益的内容。

投资收益（或损失）是指企业以各种方式对外投资所取得的收益（或损失）。

公允价值变动收益（或损失）是指企业交易性金融资产等公允价值变动形成的应计入当期损益的利得（或损失）。

信用减值损失是指企业计提各项金融资产信用减值准备所确认的信用损失。

资产减值损失是指企业计提有关资产减值准备所形成的损失。

资产处置收益（或损失）反映企业出售划分为持有待售的非流动资产（金融工具、长期股权投资和投资性房地产除外）或处置组（子公司和业务除外）时确认的处置利得或损失，以及处置未划分为持有待售的固定资产、在建工程、生产性生物资产及无形资产而产生的处置利得或损失，还包括非货币性资产交换中换出非流动资产产生的利得或损失。

（二）利润总额

利润总额＝营业利润+营业外收入－营业外支出

其中，营业外收入是指企业发生的与其日常活动无直接关系的各项利得。

营业外支出是指企业发生的与其日常活动无直接关系的各项损失。

（三）净利润

净利润=利润总额-所得税费用

其中，所得税费用是指企业确认的应从当期利润总额中扣除的所得税费用。

三、营业外收入与营业外支出

（一）营业外收入

1. 营业外收入核算的内容

营业外收入是指企业确认的与其日常活动无直接关系的各项利得。营业外收入并不是企业经营资金耗费所产生的，实际上是经济利益的净流入，不需要与有关的费用进行配比。营业外收入主要包括非流动资产毁损报废收益、与企业日常活动无关的政府补助、盘盈利得、捐赠利得等。

其中，非流动资产毁损报废收益，是指因自然灾害等发生毁损、已丧失使用功能而报废非流动资产所产生的清理收益。

与企业日常活动无关的政府补助，是指企业从政府无偿取得货币性资产或非货币性资产，且与企业日常活动无关的利得。

盘盈利得，是指企业对现金等资产清查盘点时发生盘盈，报经批准后计入营业外收入的金额。

捐赠利得，是指企业接受捐赠产生的利得。

2. 营业外收入的账务处理

企业应设置“营业外收入”科目，核算营业外收入的取得及结转情况。该科目贷方登记企业确认的营业外收入，借方登记期末将“营业外收入”科目余额转入“本年利润”科目的营业外收入，结转后，“营业外收入”科目无余额。“营业外收入”科目可按营业外收入项目进行明细核算。

（1）企业确认处置非流动资产毁损报废收益时，借记“固定资产清理”“银行存款”“待处理财产损溢”等科目，贷记“营业外收入”科目。

【例7-32】振兴公司将固定资产报废清理的净收益4 900元转作营业外收入，应编制如下会计分录：

借：固定资产清理	4 900	
贷：营业外收入		4 900

（2）企业确认盘盈利得、捐赠利得计入营业外收入时，借记“库存现金”“待处理财产损溢”等科目，贷记“营业外收入”科目。

【例7-33】振兴公司在现金清查中盘盈200元，按管理权限报经批准后转入营业外收入，应编制如下会计分录：

（1）发现盘盈时

借：库存现金	200	
贷：待处理财产损溢		200

（2）经批准转入营业外收入时

借：待处理财产损溢　　200

　贷：营业外收入　　200

【例 7-34】振兴公司收到某机构捐赠 100 000 元，已存入银行。应编制如下会计分录：

借：银行存款　　100 000

　贷：营业外收入　　100 000

（3）期末，应将“营业外收入”科目余额转入“本年利润”科目，借记“营业外收入”科目，贷记“本年利润”科目。

【例 7-35】承【例 7-32】—【例 7-34】，振兴公司本期营业外收入总额为 105 100 元，期末结转本年利润，应编制如下会计分录：

借：营业外收入　　105 100

　贷：本年利润　　105 100

（二）营业外支出

1. 营业外支出核算的内容

营业外支出是指企业发生的与其日常活动无直接关系的各项损失，主要包括非流动资产毁损报废损失、捐赠支出、盘亏损失、非常损失、罚款支出等。

其中，非流动资产毁损报废损失，是指因自然灾害等发生毁损、已丧失使用功能而报废非流动资产所产生的清理损失。

捐赠支出，是指企业对外进行捐赠发生的支出。

盘亏损失，主要是指财产清查盘点中盘亏的资产，查明原因并报经批准计入营业外支出的损失。

非常损失，是指企业对于因客观因素（如自然灾害等）造成的损失，扣除保险公司赔偿后应计入营业外支出的净损失。

罚款支出，是指企业支付的行政罚款、税务罚款，以及其他违反法律法规、合同协议等而支付的罚款、违约金、赔偿金等支出。

2. 营业外支出的账务处理

企业应设置“营业外支出”科目，核算营业外支出的发生及结转情况。该科目借方登记确认的营业外支出，贷方登记期末将“营业外支出”科目余额转入“本年利润”科目的营业外支出，结转后“营业外支出”科目无余额。“营业外支出”科目可按营业外支出项目进行明细核算。

（1）企业确认处置非流动资产毁损报废损失时，借记“营业外支出”科目，贷记“固定资产清理”“无形资产”等科目。

【例 7-36】2023 年 9 月 1 日，振兴公司的一项非专利技术因被其他新技术所替代，公司决定将其进行报废处理；该项非专利技术原值为 500 000 元，已摊销 350 000 元，未计提减值准备。振兴公司应编制如下会计分录：

借：营业外支出　　150 000

　　累计摊销　　350 000

　贷：无形资产　　500 000

（2）确认盘亏、罚款支出计入营业外支出时，借记"营业外支出"科目，贷记"待处理财产损溢""库存现金"等科目。

【例 7-37】2023 年 9 月 10 日，振兴公司发生原材料自然灾害损失 50 000 元；9 月 15 日，经批准全部转作营业外支出。该公司对原材料采用实际成本进行日常核算，振兴应编制如下会计分录：

（1）9 月 10 日，发生原材料自然灾害损失时

借：待处理财产损溢　　50 000

　贷：原材料　　50 000

（2）9 月 15 日，经批准转作营业外支出时

借：营业外支出　　50 000

　贷：待处理财产损溢　　50 000

【例 7-38】2023 年 9 月 21 日，振兴公司用银行存款支付税款滞纳金 15 000 元，振兴应编制如下会计分录：

借：营业外支出　　12 000

　贷：银行存款　　12 000

【例 7-39】2023 年 9 月 25 日，振兴公司以现金支付交通违章罚款 200 元。振兴应编制如下会计分录：

借：营业外支出——罚款支出　　200

　贷：库存现金　　200

（3）期末，应将"营业外支出"科目余额转入"本年利润"科目，借记"本年利润"科目，贷记"营业外支出"科目。

【例 7-40】承【例 7-36】至【例 7-39】，2023 年 9 月 30 日，振兴公司本期营业外支出总额为 212 200 元，期末结转本年利润，振兴应编制如下会计分录：

借：本年利润　　212 200

　贷：营业外支出　　212 200

四、所得税费用

企业的所得税费用包括当期所得税和递延所得税两部分，其中，当期所得税是指当期应交所得税。递延所得税包括递延所得税资产和递延所得税负债。递延所得税资产是指以未来期间很可能取得用来抵扣可抵扣暂时性差异的应纳税所得额为限确认的一项资产。递延所得税负债是指根据应纳税暂时性差异计算的未来期间应付所得税的金额。

（一）应交所得税

应交所得税是指企业按照企业所得税法规定计算确定的针对当期发生的交易和事项，应交纳给税务部门的所得税金额，即当期应交所得税。应纳税所得额是在企业税前会计利润（即利润总额）的基础上调整确定的，计算公式为

应纳税所得额=税前会计利润+纳税调整增加额-纳税调整减少额

纳税调整增加额主要包括企业所得税法规定允许扣除项目中，企业已计入当期费用但超过税法规定扣除标准的金额（如超过企业所得税法规定标准的职工福利费、工

会经费、职工教育经费、业务招待费、公益性捐赠支出、广告费和业务宣传费等），以及企业已计入当期损失但企业所得税法规定不允许扣除项目的金额（如税收滞纳金、罚金、罚款等）。

纳税调整减少额主要包括按企业所得税法规定允许弥补的亏损和准予免税的项目，如前5年内未弥补亏损、国债利息收入以及符合条件的居民企业之间的股息、红利等权益性投资收益等。

企业当期应交所得税的计算公式为：

应交所得税=应纳税所得额×所得税税率

【例7-41】福兴公司2023年度利润总额（税前会计利润）为9 950 000元，适用的所得税税率为25%。福兴公司全年实发工资、薪金为1 000 000元，职工福利费150 000元，工会经费25 000元，职工教育经费105 000元。经查，福兴公司当年营业外支出中有60 000元为税收滞纳罚金。另外，本年实现的国债利息收入为50 000元。假定福兴公司全年无其他纳税调整因素。

企业所得税法规定，企业发生的合理的工资、薪金支出准予据实扣除；企业发生的职工福利费支出，不超过工资、薪金总额14%的部分准予扣除；企业拨缴的工会经费，不超过工资、薪金总额2%的部分准予扣除；除国务院财政、税务主管部门另有规定外，企业发生的职工教育经费支出，不超过工资、薪金总额8%的部分准予扣除，超过部分准予结转以后纳税年度扣除。

在本例中，按企业所得税法规定，福兴公司在计算当期应纳税所得额时，可以扣除工资、薪金支出1 000 000元，扣除职工福利费支出140 000元（1 000 000×14%），工会经费支出20 000元（1 000 000×2%），职工教育经费支出80 000元（1 000 000×8%）。福兴公司需要纳税调增的因素：一是已计入当期费用但超过企业所得税法规定标准的费用支出；二是已计入当期营业外支出但按企业所得税法规定不允许扣除的税收滞纳金。福兴公司需要纳税调减的因素是本年实现的国债利息收入50 000元。

福兴公司当期所得税的计算如下：

纳税调整增加额=（150 000-140 000）+（25 000-20 000）+（105 000-80 000）+60 000=100 000（元）

应纳税所得额=税前会计利润+纳税调整增加额-纳税调整减少额=9 950 000+100 000-50 000=10 000 000（元）

当期应交所得税额=10 000 000×25%=2 500 000（元）

（二）所得税费用的账务处理

根据企业会计准则的规定，企业计算确定的当期所得税和递延所得税之和，即为应从当期利润总额中扣除的所得税费用。其计算公式如下：

所得税费用=当期所得税+递延所得税

其中

递延所得税=（递延所得税负债的期末余额-递延所得税负债的期初余额）-（递延所得税资产的期末余额-递延所得税资产的期初余额）

企业应设置“所得税费用”科目，核算企业所得税费用的确认及其结转情况。期末，应将“所得税费用”科目的余额转入“本年利润”科目，借记“本年利润”科目，贷记“所得税费用”科目，结转后，“所得税费用"科目应无余额。

【例 7-42】2023 年福兴公司应交所得税税额为 2 500 000 元；递延所得税负债年初数为 200 000 元，年末数为 250 000 元；递延所得税资产年初数为 130 000 元，年末数为 100 000 元。假定不考虑其他因素。

福兴公司所得税费用的计算如下：

递延所得税 =（250 000−200 000）−（100 000−130 000）= 80 000（元）

所得税费用 = 2 500 000+80 000 = 2 580 000（元）

福兴公司应编制如下会计分录：

借：所得税费用	2 580 000	
贷：应交税费——应交所得税		2 500 000
递延所得税负债		50 000
递延所得税资产		30 000

五、本年利润

（一）本年利润的结转方法

会计期末，结转本年利润的方法有表结法和账结法两种。

1. 表结法

表结法下，各损益类科目每月月末只需结计出本月发生额和月末累计余额，不结转到“本年利润”科目，只有在年末时才将全年累计余额结转入“本年利润”科目。但每月月末要将损益类科目的本月发生额合计数填入利润表的本月数栏，同时将本月月末累计余额填入利润表的本年累计数栏，通过利润表计算反映各期的利润（或亏损）。表结法下，年中损益类科目无须结转入“本年利润”科目，从而减少了转账环节和工作量，同时并不影响利润表的编制及有关损益指标的利用。

2. 账结法

账结法下，每月月末均需编制转账凭证，将在账上结计出的各损益类科目的余额结转入“本年利润”科目。结转后“本年利润”科目的本月余额反映当月实现的利润或发生的亏损，“本年利润”科目的本年余额反映本年累计实现的利润或发生的亏损。账结法在各月均可通过“本年利润”科目提供当月及本年累计的利润（或亏损）额，但增加了转账环节和工作量。

（二）结转本年利润的会计处理

企业应设置“本年利润”科目，核算企业本年度实现的净利润（或发生的净亏损）。

会计期末，企业应将“主营业务收入”“其他业务收入”“其他收益”“营业外收入”等科目的余额分别转入“本年利润”科目的贷方，将“主营业务成本”“其他业务成本”“税金及附加”“销售费用”“管理费用”“财务费用”“信用减值损失”“资产减值损失”“营业外支出”“所得税费用”等科目的余额分别转入“本年利润”科目的借方。企业还应将“投资收益”“公允价值变动损益”“资产处置损益”科目的净收益转入“本年利润”科目的贷方，将“投资收益”“公允价值变动损益”“资产处置损益”科目的净损失转入“本年利润”科目的借方。结转后“本年利润”科目如为贷方余额，表示当年实现的净利润；如为借方余额，表示当年发生的净亏损。

年度终了，企业还应将“本年利润”科目的本年累计余额转入“利润分配——未分配利润”科目。如“本年利润”为贷方余额，应借记“本年利润”科目，贷记“利润分配——未分配利润”科目；如为借方余额，则作相反的会计分录，借记“利润分配——未分配利润”科目，贷记“本年利润”科目。结转后，“本年利润”科目应无余额。

【例 7-43】华兴公司 2023 年有关损益类科目的年末余额如表 7-1 所示。华兴公司采用表结法年末一次结转损益类科目，所得税税率为 25%。

表 7-1　2023 年损益类科目余额　　单位：元

科目名称	借或贷	结账前余额
主营业务收入	贷	6 500 000
其他业务收入	贷	500 000
其他收益	贷	150 000
投资收益	贷	1 000 000
营业外收入	贷	100 000
主营业务成本	借	4 350 000
其他业务成本	借	420 000
税金及附加	借	90 000
销售费用	借	580 000
管理费用	借	780 000
财务费用	借	270 000
营业外支出	借	260 000

华兴公司 2023 年年末结转本年利润，应编制如下会计分录：

（1）将各损益类科目余额结转至“本年利润”科目。

①结转各项收入、利得类科目。

借：主营业务收入　　6 500 000
　　其他业务收入　　500 000
　　其他收益　　150 000
　　投资收益　　1 000 000
　　营业外收入　　100 000
　贷：本年利润　　8 250 000

②结转各项费用、损失类科目。

借：本年利润　　6 750 000
　贷：主营业务成本　　4 350 000
　　　其他业务成本　　420 000

税金及附加	90 000
销售费用	580 000
管理费用	780 000
财务费用	270 000
营业外支出	260 000

（2）经过上述结转后，“本年利润”科目的贷方发生额合计 8 250 000 元减去借方发生额合计 6 750 000 元即为税前会计利润 1 500 000 元。

（3）假设华兴公司 2023 年度不存在所得税纳税调整以及递延所得税因素。

（4）当期应交所得税额 = 1 500 000×25% = 375 000（元）

①确认所得税费用：

借：所得税费用　　375 000

　贷：应交税费——应交所得税　　375 000

②将所得税费用转入“本年利润”科目：

借：本年利润　　375 000

　贷：所得税费用　　375 000

（5）将“本年利润”科目年末余额 1 125 000 元（8 250 000−6 750 000−375 000）转入“利润分配——未分配利润”科目：

借：本年利润　　1 125 000

　贷：利润分配——未分配利润　　1 125 000

思政德育课堂

R 公司收入造假案启示

R 公司是一家成立于 2017 年的中国咖啡连锁品牌企业，曾因其激进的市场扩张策略和挑战传统咖啡巨头的勇气受到市场的广泛关注。R 公司利用互联网传播，结合网络定位技术，将门店布置在城市中心的写字楼周边，且所有的交易都通过线上应用程序完成，极大地节省了时间，提高了效率。同时通过大规模的补贴和营销活动，R 公司在短时间内迅速扩大了市场份额，并于 2019 年成功地在美国纳斯达克上市。R 公司成为登陆国际资本市场的中国新零售同类饮品第一股，刷新了全球最快首次公开募股（IPO）纪录。

然而，2020 年 4 月 2 日，R 公司自曝公司首席运营官刘某财务造假，涉及约 22 亿元交易额，股价触发熔断机制。2020 年 4 月 2 日，R 公司股票从 26.20 美元暴跌至 6.40 美元。之后，R 公司因没有按时提交年度报告，于同年 6 月 24 日被迫退市。

随后，因违反《中华人民共和国反不正当竞争法》，R 公司以及在该财务造假事件中起到帮助虚假宣传作用的第三方公司于 2020 年 9 月 22 日被处罚金共计 6 100 万元。又因违背了美国证券法，R 公司于 2020 年 12 月 17 日被迫接受永久禁令及支付 1.8 亿美元（约合 11.77 亿元人民币）罚款的处罚。

资料来源：谭洪涛. 会计学课程思政案例集［M］. 成都：西南财经大学出版社，2022.

案例启示：

1. 保证会计信息质量的可靠性是会计工作最重要的准则，提供真实可靠的信息不仅是对企业自身负责，也是对投资人等利益相关者负责，是维护社会公平公正的基础。

2. 企业诚信经营的重要性。诚信不仅是企业的基本伦理准则，是社会主义核心价值观，也是赢得市场和消费者信任的关键。谁违背了诚信原则，最终都会损害自身的声誉，被广大消费者和投资者抛弃。

3. 通过R公司案例，我们应深刻认识到，企业在追求经济效益的同时，必须遵守法律法规，坚持诚信原则，维护好企业、投资者以及社会的利益平衡。只有这样，企业才能持续健康地发展，才能为社会的繁荣稳定贡献力量。

思考与练习

一、思考题

1. 收入确认与计量的步骤有哪些？

2. 销售商品收入的确认条件是什么？在涉及现金折扣、商业折扣、销售折让及退回时如何对销售商品收入的金额进行确认？

3. 期间费用有哪些？各自由哪些费用项目构成？

4. 营业外收入与营业外支出的内容有哪些？

5. 利润的具体构成是什么？利润的结转方法有哪些？

6. 本年利润账户和利润分配账户有何区别和联系？

7. 简述利润分配的顺序。

二、单项选择题

三、多项选择题

四、判断题

五、业务练习题

练习一

1. 目的：熟悉产品成本的核算。

2. 资料：假设ABC公司同时生产甲、乙两种产品各1 000件，某月发生的经济业务为

（1）领用原材料550 000元，用于产品生产。其中，甲产品耗用200 000元，乙产品耗用300 000元，车间管理部门一般性耗用50 000元。

（2）以银行存款支付未来两年生产车间的机器设备修理费12 000元。

（3）用银行存款支付生产车间办公费3 000元。

（4）计算应由本月产品负担的工资总额为300 000元。其中，甲产品生产工人工资100 000元，乙产品生产工人工资150 000元，车间管理人员工资50 000元。

（5）计提本月生产甲、乙产品的机器设备的折旧费为32 000元。

（6）摊销本月应由车间负担的机器设备修理费500元。

（7）按生产工人工资比例计算分配制造费用150 000元，并结转至产品成本。

（8）假设ABC公司投产的甲、乙产品全部完工。月末，编制完工产品成本计算单，并根据完工产品成本计算单结转完工产品成本。

3. 要求：根据上述资料做出相关会计分录。

练习二

1. 目的：熟悉期间费用的核算。

2. 资料：甲公司2023年3月份管理部门发生费用500 000元，其中工资300 000元、福利费42 000元，非生产用固定资产计提折旧150 000元，差旅费8 000元。该公司本月以银行存款支付短期借款利息500 000元。

3. 要求：根据上述资料做出相关会计分录。

练习三

1. 目的：熟悉销售业务的核算。

2. 资料：甲公司为增值税一般纳税人，销售商品适用的增值税税率为13%，确认收入的同时结转成本。2023年度甲公司发生如下经济业务：

（1）5月1日，与乙公司签订协议，采用预收货款方式向乙公司销售商品一批，该批商品的实际成本为80 000元，销售价格总额为100 000元，5月2日收到乙公司预付款70 000元。5月20日，甲公司向乙公司发出该批商品，增值税专用发票注明的价款为100 000元，增值税税额为13 000元，剩余款项已收妥并存入银行，此业务符合收入确认条件。

（2）7月6日，采用赊销方式向丙公司销售商品一批，开出的增值税专用发票上注明的价款为80 000元，增值税税额为10 400元，该批商品实际成本为60 000元。在销售商品时，甲公司得知丙公司发生财务困难，对价很可能无法收回，但为了保持客户关系仍将商品发出，此业务不符合收入确认条件。9月25日，甲公司得知丙公司财务状况已好转，并承诺于近期支付货款，此业务符合收入确认条件。

（3）12月15日，甲公司向乙公司销售一批A商品，共计500件，不含税单价400元，A商品单位成本300元。开出的增值税专用发票上注明的销售价款为200 000元，增值税额为26 000元，商品已经发出，假如符合收入确认条件，款项尚未收到。20

日，乙公司在验收过程中发现其中20件商品存在瑕疵，要求在价格上给予10%的销售折让，另有10件商品存在严重质量问题，乙公司要求退货。甲公司同意上述要求，并按规定向乙公司开具了增值税专用发票（红字），发生的销售折让和销售退回允许扣减当期增值税销项税额。

3. 要求：根据上述资料，不考虑其他因素，做出相关会计分录。

练习四

1. 目的：熟悉本年利润的结转。

2. 资料：2023年12月31日华阳实业有限责任公司汇总各损益类科目余额如下表所示。若该年度应纳税所得额恰好为该年度会计利润总额，所得税税率为25%。

华阳实业有限责任公司12月末各损益类科目余额表

账户名称	借方余额	贷方余额
主营业务收入		2 000 000
其他业务收入		64 400
营业外收入		127 200
主营业务成本	860 000	
营业税金及附加	100 000	
其他业务成本	28 800	
销售费用	16 000	
管理费用	32 000	
财务费用	13 600	
营业外支出	116 000	
合计	1 166 400	2 191 600

要求：

（1）做出结转损益的会计分录；

（2）计算应交所得税，并做出会计分录；

（3）做出结转本年利润的会计分录。

第八章 财务报告

■学习目标

知识目标：通过本章的学习，理解财务会计报告的概念、作用和内容体系；了解财务会计报表的种类及编制要求；掌握资产负债表、利润表的结构原理、内容和编制方法，熟悉现金流量表、所有者权益变动表和财务报表附注的基本内容、编制要求及对会计信息披露的基本要求。

能力目标：能够运用财务报表的编制方法编制资产负债表、利润表；能够解读关键财务指标，分析企业财务状况和经营成果。

德育目标：理解企业会计准则对会计报表编制和披露的有关规定，充分认识财务报告对利益相关者的决策价值，杜绝编制虚假财务报告；增强社会责任意识，践行法治、诚信等社会主义核心价值观。

■导入案例

林霞大学毕业后应聘到一家食品加工厂当会计。老会计即将退休，退休前负责帮助林霞尽快适应工作。林霞勤奋好学，在老会计的指导下认真审核每一张传送到财务部门的原始凭证，填制记账凭证，遇到问题就虚心求教。一个月很快过去了，到了月末，看着自己装订整齐的凭证，林霞非常高兴，对老会计如释重负地说："老师，这个月的业务处理完了，可以编制会计报表了吧?"老会计看了看林霞，意味深长地说："你确定你把所有的业务都处理完了吗?""是啊！您看，传递来的所有原始凭证都已填制记账凭证，凭证也已登记到账簿上了。"老会计笑了笑说："那这个月单位是盈利还是亏损你算出来了吗?"林霞说："那我找出所有的收入类账户和费用类账户计算一下就可以了啊!"老会计说："不只是要算出来就行，还要把损益类账户结转到本年利润账户，在本年利润账户中体现出盈利或亏损。如果是盈利，还要计算应交所得税等，这叫期末业务。”听到这儿，林霞恍然大悟。林霞还想起来许多没有原始凭证，但根据会计制度有关规定必须处理的业务，如分配制造费用、计提折旧，计提利息等业务。林霞正在思考时，老会计又提醒道：“编制会计报表是会计账务处理程序中的最后一个环节，也是至关重要的一项工作，其提供的会计信息是报表使用者了解企业财务状况、经营业绩等的主要渠道，直接影响报表使用者的分析和决策。想一想，为保证顺利地编制报表，且其提供的信息真实可靠，在编制会计报表前还需要做哪些工作？”

第一节 财务报告概述

一、财务报告概念和作用

（一）财务报告的概念

财务报告，又称财务会计报告，是指企业对外提供的反映企业某一特定日期的财务状况和某一会计期间的经营成果、现金流量等会计信息的文件。财务报告包括财务报表和其他应当在财务报告中披露的相关信息和资料。编制财务会计报告是对一定期间经济业务进行会计汇总核算所采用的方法。

（二）财务报告的作用

我国《企业会计准则——基本准则》明确了财务报告的目标是向财务会计报告使用者提供与企业财务状况、经营成果和现金流量等有关的会计信息，反映企业管理层受托责任履行情况，有助于财务会计报告使用者作出经济决策。可见，财务报告应该具有以下作用：

1. 有助于考核企业管理层受托责任的履行情况

随着公司制企业形式的产生和广泛流行，带来了企业所有权和经营权的两权分离，投资者（资源的所有者）和企业管理层（资源的经营者）之间形成了委托与受托的关系。企业管理层接受投资者的委托，经营管理投资者投入企业的资源，有责任妥善保管并合理、有效地使用这些资源，以实现受托资源的保值与增值，并有义务及时、完整地向投资者报告其对受托资源的经营管理情况。通过企业会计准则、企业财务会计报告条例等相关法规的约束，财务报表能够连续、系统和全面地跟踪反映受托资源的使用情况及效果，从而有助于考核企业管理层受托责任的履行情况。

2. 有助于财务报表使用者作出经济决策

财务报表是对外提供的报告，其外部使用者众多，包括投资者、债权人、政府及其有关部门和社会公众等，此外，企业内部的管理层，甚至企业员工亦有可能使用财务报告。因此，财务报表所提供的会计信息须能满足这些使用者的需求，从而有助于他们作出决策。具体包括以下几个方面：

（1）能向投资人、债权人提供决策所需要的信息

财务会计报告可以提供企业财务状况和偿债能力、盈利能力、营运能力等方面的信息，作为投资人、债权人决策的依据。

（2）有利于财政、税务、审计等部门加强企业的管理和监督

财税部门利用财务会计报表所提供的资料，可以了解企业资金筹集和运用是否合理，检查企业税收、利润计划的完成情况以及有无违反税法和财经纪律的现象；审计部门利用财务会计报表可以了解企业财务状况和经营情况及财经政策、有关法律法规和财经纪律执行情况，从而为进行财务审计和经济效益审计提供必要的资料。

（3）有助于加强和改善经营管理，提高经济效益

利用财务会计报表所提供的资料，可以帮助企业领导和管理人员分析检查企业的经济活动是否符合制度规定；考核企业资金、成本、利润等计划指标完成程度；分析评价经营管理中的成绩和缺点，采取措施，改善经营管理，提高经济效益。

真实、完整、有用的财务报告是经济社会诚信的重要内容和基石；提供虚假的财务报告是违法行为，构成犯罪的应依法追究刑事责任。为了防范和化解企业财务报告法律责任，确保财务报告信息真实可靠，提升企业治理和经营管理水平，促进资本市场和市场经济健康可持续发展，应当明确财务报告编制要求、落实经办责任、强化财务报告的监督管理。

二、财务报告体系和财务报告分类

（一）财务报告体系

财务报告包括财务报表和其他应当在财务报告中披露的相关信息和资料。财务报表是财务报告的主体和核心内容，其他应当在财务报告中披露的相关信息和资料是对财务报表的补充和说明，共同构成财务报告体系。

财务报表，又称财务会计报表，是指对企业财务状况、经营成果和现金流量的结构性表述。一套完整的财务报表至少应当包括“四表一注”，即资产负债表、利润表、现金流量表、所有者权益变动表和附注，并且这些组成部分在列报上具有同等的重要程度，企业不得强调某张报表或某些报表（或附注）较其他报表（或附注）更为重要。附注是对在资产负债表、利润表、现金流量表和所有者权益变动表等报表中列示项目的文字描述或明细资料，以及对未能在这些报表中列示项目的说明等。

财务报表列报，是指交易和事项在报表中的列示和在附注中的披露。其中，“列示”通常反映资产负债表、利润表、现金流量表和所有者权益（或股东权益）变动表等报表中的信息；相对于“列示”而言，“披露”通常主要反映附注中的信息。

（二）财务报告分类

财务报告按照编报时间，分为年报和中期报告。年报是年度财务报告的简称，是指以会计年度为基础编制的财务报告。中期报告是中期财务报告的简称，是指以中期为基础编制的财务报告。中期，是指短于一个完整的会计年度的报告期间。中期财务报告至少应当包括资产负债表、利润表、现金流量表和附注。中期资产负债表、利润表和现金流量表应当是完整报表，其格式和内容应当与上年度财务报表相一致。中期报告分为月度报告（简称月报）、季度报告（简称季报）和半年度报告（简称半年报）。

财务报表相应分为年度财务会计报表和中期财务会计报表。中期财务报表分为月度、季度和半年度财务会计报表。除此之外，财务会计报表按编制主体，分为个别财务报表和合并财务报表。个别财务报表，是指反映母公司所属子公司财务状况、经营成果和现金流量的财务报表。合并财务报表，是指反映母公司和其全部子公司形成的企业集团整体财务状况、经营成果和现金流量的财务报表。

三、财务报告编制前的准备工作

（一）全面财产清查

企业在编制年度财务报告前，应当按照下列规定，全面清查财产、核实债务：

（1）清查结算款项，包括应收款项、应付款项、应交税费等是否存在，与债务、债权单位的相应债务债权金额是否一致。

（2）清查原材料、在产品、自制半成品、库存商品等各项存货的实存数量与账面数量是否一致，是否有报废损失和积压物资等。

（3）清查各项投资是否存在，投资收益是否按照国家统一的会计制度规定进行确认和计量。

（4）清查房屋建筑物、机器设备、运输工具等各项固定资产的实存数量与账面数量是否一致。

（5）清查在建工程的实际发生额与账面记录是否一致。

（6）需要清查、核实的其他内容。

（二）检查会计事项的处理结果

企业在编制财务会计报告前，除应当全面清查资产、核实债务外，还应当完成下列工作：

（1）核对各会计账簿记录与会计凭证的内容、金额等是否一致，记账方向是否相符。

（2）依照规定的结账日进行结账，结出有关会计账簿的余额和发生额，并核对各会计账簿之间的余额。

（3）检查相关的会计核算是否按照国家统一的会计制度的规定进行。

（4）对于国家统一的会计制度没有统一核算方法的交易、事项，检查其是否按照会计核算的一般原则进行确认和计量以及相关账务处理是否合理。

（5）检查是否存在因会计差错、会计政策变更等原因需要调整前期或者本期相关项目的情况。

企业编制年度和半年度财务会计报告时，对经查实后的资产、负债有变动的，应当按照资产、负债的确认和计量标准进行确认和计量，并按照国家统一的会计制度的规定进行相应的会计处理。

第二节　资产负债表

一、资产负债表的概念和作用

资产负债表是反映企业在某一特定日期财务状况的报表，是对企业特定日期的资产、负债和所有者权益的结构性表述。“某一特定日期”是指月末、季末、半年末、年末等，因此说资产负债表是静态报表。“财务状况”是指全部资产、负债和所有者权益总额、构成等情况，是企业经营活动及其结果在某一特定日期的资金结构状况及其表现，一方面要体现出企业此时拥有的经济资源规模及其分布情况（资产总额及其构成情况），另一方面，还要体现出企业这些经济资源的来源情况（负债、所有者权益的总额及其构成情况）。资产负债表是企业会计三大基本要素的综合体现。因此，其设计的基本理论依据是：资产=负债+所有者权益这一会计等式。

资产负债表的作用：①可以提供某一日期企业所拥有的各项经济资源（资产）及其分布情况，据此分析企业资产结构的合理性。②可以提供某一日期企业所负担的债务（流动和非流动负债）及构成，表明企业未来需要用多少资产或劳务清偿债务及清偿时间。③可以反映企业所有者在企业拥有的权益，并结合负债分析企业资本结构的合理性和面临的财务风险。④可以通过对资产结构与负债、所有者权益构成进行对比分析，了解企业的偿债能力。偿债能力是以资产偿付债务的能力，一般分为短期偿债能力和长期偿债能力。短期偿债能力取决于企业可以及时变现的流动资产的多少，而长期偿债能力则取决于企业的资本结构和盈利能力。通过资产负债表可以计算流动比率、速动比率，以了解企业的短期偿债能力；通过资产负债表可以计算资产负债率，以了解企业偿付到期长期债务的能力。

二、资产负债表的结构

资产负债表主要由表首、表体两部分组成。表首部分应列明报表名称、编制单位名称、资产负债表日、报表编号和计量单位；表体部分是资产负债表的主体，列示了用以说明企业财务状况的各个项目。资产负债表的表体格式一般有两种：报告式资产负债表和账户式资产负债表。报告式资产负债表是上下结构，上半部分列示资产各项目，下半部分列示负债和所有者权益各项目。账户式资产负债表是左右结构，左边列示资产各项目，反映全部资产的分布及存在状态；右边列示负债和所有者权益各项目，反映全部负债和所有者权益的内容及构成情况。资产各项目的合计金额等于负债和所有者权益各项目的合计金额。根据我国《企业会计准则第 30 号——财务报表列报》的规定，我国资产负债表采用账户式结构。账户式资产负债表格式如表 8-1 所示。

1. 资产项目的列示

资产项目在资产负债表的左边列示。企业的资产根据流动性的大小分为流动资产和非流动资产两类，所有资产项目一般都按资产的流动性强弱顺序排列。流动性强的项目排列在前面，流动性弱的项目排列在后面，总的来说，流动资产的流动性高于非流动资产，所以资产负债表的左方先列示流动资产项目，后列示非流动资产项目。其中流动资产的排列又按其流动性的大小即变现能力的强弱来排序。例如“货币资金”的流动性最强，所以排在资产类项目的最前面。而流动性逐渐变弱的“交易性金融资产”“应收票据”“应收账款”“存货”等在其后依次排列。资产类的各项目排列如表8-1所示。

2. 负债项目的列示

负债项目列示于资产负债表右边的上方。企业的负债根据偿还期限的长短，有流动负债和非流动负债之分，在还款顺序上也是先偿还流动负债，后偿还非流动负债。因此，负债项目的排列也是流动负债在前，非流动负债在后，并且每部分也应该按偿还的先后顺序具体排列各项目。负债项目的排列可见表8-1。

3. 所有者权益项目的排列

所有者权益项目列示于资产负债表右边的下方。所有者权益项目按来源分为实收资本（或股本）、资本公积、盈余公积以及未分配利润等项目，这些权益中起根本性作用的是实收资本，因此，所有者权益项目应按其作用大小及稳定性高低的顺序排列。所有者权益项目的排列如表8-1所示。

资产、负债和所有者权益三类项目的列示如下：

表8-1 资产负债表

会企01表

编制单位： 年 月 日 单位：

资 产	期末余额	上年年末余额	负债和所有者权益（或股东权益）	期末余额	上年年末余额
流动资产：			流动负债：		
货币资金			短期借款		
交易性金融资产			交易性金融负债		
衍生金融资产			衍生金融负债		
应收票据			应付票据		
应收账款			应付账款		
应收款项融资			预收款项		
预付款项			合同负债		
其他应收款			应付职工薪酬		
存货			应交税费		
合同资产			其他应付款		
持有待售资产			持有待售负债		
一年内到期的非流动资产			一年内到期的非流动负债		
其他流动资产			其他流动负债		
流动资产合计			流动负债合计		

表8-1(续)

资　产	期末余额	上年年末余额	负债和所有者权益（或股东权益）	期末余额	上年年末余额
非流动资产：			非流动负债：		
债权投资			长期借款		
其他债权投资			应付债券		
长期应收款			其中：优先股		
长期股权投资			永续债		
其他权益工具投资			租赁负债		
其他非流动金融资产			长期应付款		
投资性房地产			预计负债		
固定资产			递延收益		
在建工程			递延所得税负债		
生产性生物资产			其他非流动负		
油气资产			非流动负债合计		
使用权资产			负债合计		
无形资产			所有者权益（或股东权益）：		
开发支出			实收资本（或股本）		
商誉			其他权益工具		
长期待摊费用			其中：优先股		
递延所得税资产			永续债		
其他非流动资产			资本公积		
非流动资产合计			减：库存股		
			其他综合收益		
			专项储备		
			盈余公积		
			未分配利润		
			所有者权益（或股东权益）合计		
资产总计			负债和所有者权益（或股东权益）总计		

三、资产负债表的编制

（一）资产负债表项目的填列方法

资产负债表各项目均需填列"期末余额"和"上年年末余额"两栏。

资产负债表的"上年年末余额"栏内各项数字，应根据上年年末资产负债表的"期末余额"栏内所列数字填列。如果上年度资产负债表规定的各个项目的名称和内容与本年度不相一致，应按照本年度的规定对上年年末资产负债表各项目的名称和数字进行调整，填入本表"上年年末余额"栏内。

资产负债表的"期末余额"栏主要有以下几种填列方法：

（1）根据总分类科目期末余额直接填列。如"其他权益工具""递延所得税资产""短期借款""递延所得税负债""资本公积"等项目，根据上述各项对应的总分类科目的期末余额直接填列。

（2）根据几个总分类科目的期末余额计算填列。有些报表项目需要根据若干总分类科目余额计算填列。如"货币资金"项目，根据"库存现金""银行存款""其他货币资金"三个总分类科目的期末余额合计填列。"其他应付款"项目，根据"其他应付款""应付利息""应付股利"三个总分类科目的期末余额合计填列。

（3）根据相关明细账科目余额计算填列。如"应付账款"项目，需要根据"应付账款"和"预付账款"两个科目所属的相关明细科目的期末贷方余额计算填列；"预付款项"项目，需要根据"应付账款"科目和"预付账款"科目所属的相关明细科目的期末借方余额减去与"预付账款"有关的坏账准备贷方余额计算填列；"预收款项"项目，需要根据"应收账款"科目和"预收账款"科目所属相关明细科目的期末贷方金额合计填列；"开发支出"项目，需要根据"研发支出"科目所属的"资本化支出"明细科目期末余额计算填列；"应付职工薪酬"项目，需要根据"应付职工薪酬"科目的明细科目期末余额计算填列；"一年内到期的非流动资产""一年内到期的非流动负债"项目，需要根据相关非流动资产和非流动负债项目的明细科目余额计算填列。

（4）根据总账科目和明细账科目余额分析计算填列。如"长期借款"项目，需要根据"长期借款"总账科目余额扣除"长期借款"科目所属的明细科目中将在一年内到期且企业不能自主地将清偿义务展期的长期借款后的金额计算填列；"长期待摊费用"项目，应根据"长期待摊费用"科目的期末余额减去将于一年内（含一年）摊销的数额后的金额填列；"其他非流动资产"项目，应根据有关科目的期末余额减去将于一年内（含一年）收回数后的金额计算填列；"其他非流动负债"项目，应根据有关科目的期末余额减去将于一年内（含一年）到期偿还数后的金额计算填列。

（5）根据有关科目余额减去其备抵科目余额后的净额填列。如资产负债表中"应收账款""长期股权投资""在建工程"等项目，应当根据"应收账款""长期股权投资""在建工程"等科目的期末余额减去"坏账准备""长期股权投资减值准备""在建工程减值准备"等备抵科目余额后的净额填列。"固定资产"项目，应根据"固定资产"科目的期末余额，减去"累计折旧""固定资产减值准备"等备抵科目的期末余额，以及"固定资产清理"科目期末余额后的净额填列；"无形资产"项目，应当根据“无形资产”科目的期末余额，减去“累计摊销”“无形资产减值准备”等备抵科目余额后的净额填列。

（6）综合运用上述填列方法分析填列。如资产负债表中的“存货”项目，需要根据“原材料”“库存商品”“委托加工物资”“周转材料”“材料采购”“在途物资”“发出商品”“材料成本差异”等总账科目期末余额的分析汇总数，减去“存货跌价准备”科目余额后的净额填列。

（二）资产负债表项目的填列说明

1. 资产项目的填列说明

（1）“货币资金”项目。该项目反映企业库存现金、银行结算户存款、外埠存款、银行汇票存款、银行本票存款、信用卡存款、信用证保证金存款等的合计数。本项目应根据“库存现金”“银行存款”“其他货币资金”科目期末余额的合计数填列。

（2）“交易性金融资产”项目。该项目反映资产负债表日企业分类为以公允价值计量且其变动计入当期损益的金融资产，以及企业持有的指定为以公允价值计量且其变动计入当期损益的金融资产的期末账面价值。该项目应根据“交易性金融资产”科目的相关明细科目期末余额分析填列。自资产负债表日起超过一年到期且预期持有超过一年的以公允价值计量且其变动计入当期损益的非流动金融资产的期末账面价值，在“其他非流动金融资产”项目反映。

（3）衍生金融资产项目。该项目反映企业衍生金融工具的资产价值。本项目应根据“衍生金融资产”科目的期末余额填列。

（4）“应收票据”项目。该项目反映资产负债表日以摊余成本计量的，企业因销售商品、提供服务等收到的商业汇票，包括银行承兑汇票和商业承兑汇票。该项目应根据“应收票据”科目的期末余额，减去“坏账准备”科目中相关坏账准备期末余额后的金额分析填列。

（5）“应收账款”项目。该项目反映资产负债表日以摊余成本计量的，企业因销售商品、提供服务等经营活动应收取的款项。该项目应根据“应收账款”科目的期末余额，减去“坏账准备”科目中相关坏账准备期末余额后的金额分析填列。

（6）“应收款项融资”项目。该项目反映资产负债表日以公允价值计量且其变动计入其他综合收益的应收票据和应收账款等。

（7）“预付款项”项目。该项目反映企业按照购货合同规定预付给供应单位的款项等。本项目应根据“预付账款”和“应付账款”科目所属各明细科目的期末借方余额合计数，减去“坏账准备”科目中有关预付账款计提的坏账准备期末余额后的净额填列。如“预付账款”科目所属明细科目期末为贷方余额的，应在资产负债表“应付账款”项目内填列。

（8）“其他应收款”项目。该项目反映企业除应收票据、应收账款、预付账款等经营活动以外的其他各种应收、暂付的款项。本项目应根据“应收利息”“应收股利”“其他应收款”科目的期末余额合计数，减去“坏账准备”科目中相关坏账准备期末余额后的金额填列。其中的“应收利息”仅反映相关金融工具已到期可收取但于资产负债表日尚未收到的利息。

（9）“存货”项目。该项目反映企业期末在库、在途和在加工中的各种存货的可变现净值或成本（成本与可变现净值孰低）。存货包括各种材料、商品、在产品、半成品、包装物、低值易耗品、发出商品等。本项目应根据“材料采购”“原材料”“库存商品”“周转材料”“委托加工物资”“发出商品”“生产成本”“受托代销商品”等科目的期末余额合计数，减去“受托代销商品款”“存货跌价准备”科目期末余额后的净额填列。材料采用计划成本核算，以及库存商品采用计划成本核算或售价核算的企业，还应按加或减材料成本差异、商品进销差价后的金额填列。

（10）“合同资产”项目。该项目反映企业按照《企业会计准则第 14 号——收入》（2017）的相关规定，根据本企业履行履约义务与客户付款之间的关系在资产负债表中列示的合同资产。“合同资产”项目应根据“合同资产”科目的相关明细科目期末余额分析填列，同一合同下的合同资产和合同负债应当以净额列示，其中净额为借方余额的，应当根据其流动性在“合同资产”或“其他非流动资产”项目中填列，已计提减值准备的，还应以减去“合同资产减值准备”科目中相关的期末余额后的金额填列；其中净额为贷方余额的，应当根据其流动性在“合同负债”或“其他非流动负债”项目中填列。

（11）“持有待售资产”项目。该项目反映资产负债表日划分为持有待售类别的非流动资产及划分为持有待售类别的处置组中的流动资产和非流动资产的期末账面价值。该项目应根据“持有待售资产”科目的期末余额，减去“持有待售资产减值准备”科目的期末余额后的金额填列。

（12）“一年内到期的非流动资产”项目。该项目反映企业预计自资产负债表日起一年内变现的非流动资产。本项目应根据有关科目的期末余额分析填列。

（13）“其他流动资产”项目。该项目反映企业除上述流动资产以外的其他流动资产。本项目应根据相关总账及其明细科目的期末余额分析填列。

（14）“债权投资”项目。该项目反映资产负债表日企业以摊余成本计量的长期债权投资的期末账面价值。该项目应根据“债权投资”科目的相关明细科目期末余额，减去“债权投资减值准备”科目中相关减值准备的期末余额后的金额分析填列。自资产负债表日起一年内到期的长期债权投资的期末账面价值，在“一年内到期的非流动资产”项目反映。企业购入的以摊余成本计量的一年内到期的债权投资的期末账面价值，在“其他流动资产”项目反映。

（15）“其他债权投资”项目。该项目反映资产负债表日企业分类为以公允价值计量且其变动计入其他综合收益的长期债权投资的期末账面价值。该项目应根据“其他债权投资”科目的相关明细科目期末余额分析填列。自资产负债表日起一年内到期的长期债权投资的期末账面价值，在“一年内到期的非流动资产”项目反映。企业购入的以公允价值计量且其变动计入其他综合收益的一年内到期的债权投资的期末账面价值，在“其他流动资产”项目反映。

（16）“长期应收款”项目。该项目反映企业租赁产生的应收款项和采用递延方式分期收款、实质上具有融资性质的销售商品和提供劳务等经营活动产生的应收款项。本项目应根据“长期应收款”科目的期末余额，减去相应的“未实现融资收益”科目和“坏账准备”科目所属相关明细科目期末余额后的金额填列。

(17)“长期股权投资”项目。该项目反映投资方对被投资单位实施控制、重大影响的权益性投资，以及对其合营企业的权益性投资。本项目应根据“长期股权投资”科目的期末余额，减去“长期股权投资减值准备”科目的期末余额后的净额填列。

(18)“其他权益工具投资”项目。该项目反映资产负债表日企业指定为以公允价值计量且其变动计入其他综合收益的非交易性权益工具投资的期末账面价值。本项目应根据“其他权益工具投资”科目的期末余额填列。

(19)“其他非流动金融资产”项目。该项目反映企业自资产负债表日起超过一年到期且预期持有超过一年的以公允价值计量且其变动计入当期损益的非流动金融资产的期末账面价值。本项目应根据“交易性金融资产”科目的发生额分析填列。

(20)“投资性房地产”项目。该项目反映企业持有的投资性房地产。企业采用成本模式计量的投资性房地产，本项目应根据“投资性房地产”科目的期末余额，减去“投资性房地产累计折旧（摊销）”科目和“投资性房地产减值准备”科目的期末余额后的净额填列。企业采用公允价值模式计量的投资性房地产，本项目应根据“投资性房地产”科目的期末余额填列。

(21)“固定资产”项目。该项目反映资产负债表日企业固定资产的期末账面价值和企业尚未清理完毕的固定资产清理净损益。本项目应根据“固定资产”科目的期末余额，减去“累计折旧”和“固定资产减值准备”科目的期末余额后的金额，以及“固定资产清理”科目的期末余额填列。

(22)“在建工程”项目。该项目反映资产负债表日企业尚未达到预定可使用状态的在建工程的期末账面价值和企业为在建工程准备的各种物资的期末账面价值。本项目应根据“在建工程”科目的期末余额，减去“在建工程减值准备”科目的期末余额后的金额，以及“工程物资”科目的期末余额，减去“工程物资减值准备”科目的期末余额后的金额填列。

(23)“生产性生物资产”项目。该项目反映企业持有的生产性生物资产净值。本项目应根据“生产性生物资产”科目的期末余额，减去“生产性生物资产累计折旧”科目和“生产性生物资产减值准备”科目的期末余额后的金额填列。

(24)“油气资产”项目。该项目反映企业持有的油气资产净值。本项目应根据“油气资产”科目的期末余额，减去相应的累计折耗和减值准备后的净额填列。

(25)“使用权资产”项目。该项目反映资产负债表日承租人企业持有的使用权资产的期末账面价值。本项目应根据“使用权资产”科目的期末余额，减去“使用权资产累计折旧”和“使用权资产减值准备”科目的期末余额后的金额填列。

(26)“无形资产”项目。该项目反映企业持有的专利权、非专利技术、商标权、著作权、土地使用权等无形资产的成本减去累计摊销和减值准备后的净值。项目应根据“无形资产”科目的期末余额，减去“累计摊销”和“无形资产减值准备”科目期末余额后的净额填列。

(27)“开发支出”项目。该项目反映企业开发无形资产过程中能够资本化形成无形资产成本的支出部分。本项目应当根据“研发支出”科目所属的“资本化支出”明细科目期末余额填列。

（28）“商誉”项目。该项目反映企业合并所形成的商誉。本项目应根据“商誉”科目的期末余额减去相应减值准备后的金额填列。

（29）“长期待摊费用”项目。该项目反映企业已经发生但应由本期和以后各期负担的分摊期限在一年以上的各项费用。本项目应根据“长期待摊费用”科目的期末余额，减去将于一年内（含一年）摊销的数额后的金额分析填列。但长期待摊费用的摊销年限只剩一年或不足一年的，或预计在一年内（含一年）进行摊销的部分，不得归类为流动资产，仍在各该非流动资产项目中填列，不转入“一年内到期的非流动资产”项目。

（30）“递延所得税资产”项目。该项目反映企业根据所得税准则确认的可抵扣暂时性差异产生的所得税资产。本项目应根据“递延所得税资产”科目的期末余额填列。

（31）“其他非流动资产”项目。该项目反映企业除上述非流动资产以外的其他非流动资产。本项目应根据有关科目的期末余额填列。

2. 负债项目的填列说明

（1）“短期借款”项目。该项目反映企业向银行或其他金融机构等借入的期限在一年以下（含一年）的各种借款。本项目应根据“短期借款”科目的期末余额填列。

（2）“交易性金融负债”项目。该项目反映企业资产负债表日承担的交易性金融负债，以及企业持有的直接指定为以公允价值计量且其变动计入当期损益的金融负债的期末账面价值。本项目应根据“交易性金融负债”科目的相关明细科目期末余额填列。

（3）“衍生金融负债”项目。该项目反映企业衍生金融工具的负债价值。本项目应根据“衍生金融负债”科目的期末余额填列。

（4）“应付票据”项目。该项目反映资产负债表日以摊余成本计量的、企业因购买材料、商品和接受服务等开出、承兑的商业汇票，包括银行承兑汇票和商业承兑汇票。本项目应根据“应付票据”科目的期末余额填列。

（5）“应付账款”项目。该项目反映资产负债表日以摊余成本计量的、企业因购买材料、商品和接受服务等经营活动应支付的款项。本项目应根据“应付账款”和“预付账款”科目所属的相关明细科目的期末贷方余额合计数填列。

（6）“预收款项”项目。该项目反映企业按照合同规定预收的款项。本项目应根据“预收账款”和“应收账款”科目所属各明细科目的期末贷方余额合计数填列。如“预收账款”科目所属明细科目期末为借方余额的，应在资产负债表“应收账款”项目内填列。

（7）“合同负债”项目。该项目反映企业已收或应收客户对价而应向客户转让商品的义务。根据本企业履行履约义务与客户付款之间的关系在资产负债表中列示的合同负债。本项目应根据“合同负债”的相关明细科目期末余额分析填列。

（8）“应付职工薪酬”项目。该项目反映企业为获得职工提供的服务或解除劳动关系而给予的各种形式的报酬或补偿。本项目应根据“应付职工薪酬”科目所属各明细科目的期末贷方余额分析填列。

（9）“应交税费”项目。该项目反映企业按照税法规定计算应交纳的各种税费，包括增值税、消费税、城市维护建设税、教育费附加、企业所得税、资源税、土地增值税、房产税、城镇土地使用税、车船税、环境保护税等。企业代扣代缴的个人所得税，也通过本项目列示。企业所交纳的税金不需要预计应交数的，如印花税、耕地占用税等，不在本项目列示。本项目应根据“应交税费”科目的期末贷方余额填列。需要说明的是，“应交税费”科目下的“应交增值税”“未交增值税”“待抵扣进项税额”“待认证进项税额”“增值税留抵税额”等明细科目期末借方余额应根据情况，在资产负债表中的“其他流动资产”或“其他非流动资产"项目列示；“应交税费——待转销项税额”等科目期末贷方余额应根据情况，在资产负债表中的“其他流动负债”或“其他非流动负债”项目列示；“应交税费”科目下的“未交增值税”“简易计税”“转让金融商品应交增值税”“代扣代缴增值税”等科目期末贷方余额应在资产负债表中的“应交税费”项目列示。

（10）“其他应付款”项目。该项目反映企业除应付票据、应付账款、预收账款、应付职工薪酬、应交税费等经营活动以外的其他各项应付、暂收的款项。本项目应根据“应付利息”“应付股利”“其他应付款”科目的期末余额合计数填列。其中，“应付利息”科目仅反映相关金融工具已到期应支付但于资产负债表日尚未支付的利息。基于实际利率法计提的金融工具的利息应包含在相应金融工具的账面余额中。

（11）“持有待售负债”项目。该项目反映资产负债表日处置组中与划分为持有待售类别的资产直接相关的负债的期末账面价值。本项目应根据“持有待售负债”科目的期末余额填列。

（12）“一年内到期的非流动负债”项目。该项目反映企业非流动负债中将于资产负债表日后一年内到期的部分金额，如将于一年内偿还的长期借款。本项目应根据有关科目的期末余额分析填列。

（13）“其他流动负债”项目。该项目反映企业除上述流动负债以外的其他流动负债。本项目应根据相关总账及其明细科目的期末余额分析填列。

（14）“长期借款”项目。该项目反映企业向银行或其他金融机构借入的期限在一年以上（不含一年）的各项借款。本项目应根据“长期借款”科目的期末余额，扣除“长期借款”科目所属的明细科目中将在资产负债表日起一年内到期且企业不能自主地将清偿义务展期的长期借款后的金额计算填列。

（15）“应付债券”项目。该项目反映企业为筹集长期资金而发行的债券本金及应付的利息。本项目应根据“应付债券”科目的期末余额分析填列。对于资产负债表日企业发行的金融工具，分类为金融负债的，应在本项目填列，对于优先股和永续债还应在本项目下的“优先股”项目和“永续债”项目分别填列。

（16）“租赁负债”项目。该项目反映资产负债表日承租人企业尚未支付的租赁付款额的期末账面价值。本项目应根据“租赁负债”科目的期末余额填列。自资产负债表日起一年内到期应予以清偿的租赁负债的期末账面价值，在“一年内到期的非流动负债”项目反映。

（17）“长期应付款”项目，应根据“长期应付款”科目的期末余额，减去相关的“未确认融资费用”科目的期末余额后的金额，以及“专项应付款”科目的期末余额填列。

（18）“预计负债”项目。该项目反映企业根据或有事项等相关准则确认的各项预计负债，包括对外提供担保、未决诉讼、产品质量保证、重组义务以及固定资产和矿区权益弃置义务等产生的预计负债。本项目应根据“预计负债”科目的期末余额填列。企业按照《企业会计准则第22号——金融工具确认和计量》（2018）的相关规定，对贷款承诺等项目计提的损失准备，应当在本项目中填列。

（19）“递延收益”项目。该项目反映尚待确认的收入或收益。本项目核算包括企业根据政府补助准则确认的应在以后期间计入当期损益的政府补助金额、售后租回形成融资租赁的售价与资产账面价值差额等其他递延性收入。本项目应根据“递延收益”科目的期末余额填列。本项目中摊销期限只剩一年或不足一年的，或预计在一年内（含一年）进行摊销的部分，不得归类为流动负债，仍在本项目中填列，不转入“一年内到期的非流动负债”项目。

（20）“递延所得税负债”项目。该项目反映企业根据所得税准则确认的应纳税暂时性差异产生的所得税负债。本项目应根据“递延所得税负债”科目的期末余额填列。

（21）“其他非流动负债”项目。该项目反映企业除以上非流动负债以外的其他非流动负债。本项目应根据有关科目期末余额，减去将于一年内（含一年）到期偿还后的余额分析填列。非流动负债各项目中将于一年内（含一年）到期的非流动负债，应在“一年内到期的非流动负债”项目内反映。

3. 所有者权益项目的填列说明

（1）“实收资本（或股本）”项目。该项目反映企业各投资者实际投入的资本（或股本）总额。本项目应根据“实收资本（或股本）”科目的期末余额填列。

（2）“其他权益工具”项目。该项目反映资产负债表日企业发行在外的除普通股以外分类为权益工具的金融工具的期末账面价值，并下设“优先股”和“永续债”两个项目，分别反映企业发行的分类为权益工具的优先股和永续债的账面价值。

（3）“资本公积”项目。该项目反映企业收到投资者出资超出其在注册资本或股本中所占的份额以及直接计入所有者权益的利得和损失等。本项目应根据“资本公积”科目的期末余额填列。

（4）“库存股”项目。该项目反映企业持有的尚未转让或注销的本公司股份价值。本项目应根据“库存股”科目的期末余额填列。

（5）“其他综合收益”项目。该项目反映企业其他综合收益的期末余额。本项目应根据“其他综合收益”科目的期末余额填列。

（6）“专项储备”项目。该项目反映高危行业企业按国家规定提取的安全生产费的期末账面价值。本项目应根据“专项储备”科目的期末余额填列。

（7）“盈余公积”项目。该项目反映企业盈余公积的期末余额。本项目应根据“盈余公积”科目的期末余额填列。

（8）“未分配利润”项目。该项目反映企业尚未分配的利润。本项目应根据“本年利润”科目和“利润分配”科目的余额计算填列。未弥补的亏损在本项目内以“-”号填列。

（三）资产负债表编制方法举例

【例 8-1】盛华公司 2023 年 12 月 31 日有关科目期末余额如表 8-2 所示。

表 8-2 盛华公司 2023 年 12 月 31 日有关账户余额表　　单位：元

账户名称	借方余额	贷方余额	账户名称	借方余额	贷方余额
库存现金	30 000		短期借款		220 000
银行存款	260 000		应付票据		200 000
其他货币资金	215 000		应付账款		500 000
交易性金融资产	35 000		预收账款		20 000
应收票据	45 000		应付职工薪酬		125 000
应收股利	25 000		应付股利		90 000
应收利息	20 000		应交税费		40 000
应收账款	266 000		其他应付款		30 000
坏账准备		4 000	长期借款		500 000
预付账款	70 000		实收资本		1 500 000
其他应收款	9 000		资本公积		79 000
原材料	360 000		盈余公积		156 000
库存商品	220 000		利润分配		262 500
生产成本	215 000				
存货跌价准备		30 000			
长期股权投资	547 500				
长期股权投资减值准备		20 000			
固定资产	1 800 000				
累计折旧		550 000			
在建工程	130 000				
无形资产	80 000				
累计摊销		1 000			
	4 327 500	605 000			3 722 500

说明：有关债权债务明细账户余额情况如下：

应收账款——甲公司　276 000 元（借）　应付账款——A 公司　520 000 元（贷）
应收账款——乙公司　10 000 元（贷）　应付账款——B 公司　20 000 元（借）
预收账款——丙公司　25 000 元（贷）　预付账款——C 公司　100 000 元（借）
预收账款——丁公司　5 000 元（借）　预付账款——D 公司　30 000 元（贷）

将上列资料经归纳分析后填入资产负债表有关项目如下：

（1）货币资金项目余额，应为“库存现金”“银行存款”“其他货币资金”账户余额合计数，共计 505 000 元（30 000 元+260 000 元+215 000 元=505 000 元）。

（2）应收账款项目的余额，应为“应收账款”明细账的借方余额加上“预收账款”明细账的借方余额减去“坏账准备”账户贷方余额，共计 277 000 元（276 000 元+5 000 元-4 000 元=277 000 元）。

（3）预付款项项目的余额，应为“预付账款”明细账的借方余额加上“应付账款”明细账的借方余额，共计 120 000 元（100 000 元+20 000 元=120 000 元）。

（4）预收款项项目的余额，应为“预收账款”明细账的贷方余额加上“应收账款”明细账的贷方余额，共计 35 000 元（25 000 元+10 000 元=35 000 元）。

（5）应付账款项目的余额，应为“应付账款”明细账的贷方余额加上“预付账款”明细账的贷方余额，共计 550 000 元（520 000 元+30 000 元=550 000 元）。

（6）其他应收款项目的余额，应为“应收利息”“应收股利”“其他应收款”账户余额合计数，共计 54 000 元（25 000 元+20 000 元+9 000 元=54 000 元）。

（7）其他应付款项目的余额，应为“应付股利”“其他应付款”账户余额合计数，共计 120 000 元（90 000 元+30 000 元=120 000 元）。

（8）存货项目余额，等于“原材料”“库存商品”“生产成本”账户余额合计数减去“存货跌价准备”账户贷方余额，共计 765 000 元（360 000 元+220 000 元+215 000 元−30 000 元=765 000 元）。

（9）长期股权投资项目的余额，应从“长期股权投资”账户余额中减去“长期股权投资减值准备”账户贷方余额，共计 527 500 元（547 500 元−20 000 元=527 500 元）。

（10）固定资产项目的余额，应从“固定资产”账户余额中减去“累计折旧”账户贷方余额，共计 1 250 000 元（1 800 000 元−550 000 元=1 250 000 元）。

（11）无形资产项目的余额，应从“无形资产”账户余额中减去“累计摊销”账户贷方余额，共计 79 000 元（80 000 元−1 000 元=79 000 元）

（12）其余各项目按账户余额表数字直接填入报表。

编制盛华公司 2023 年资产负债表，如表 8-3 所示。

表 8-3　资产负债表

会企 01 表

编制单位：　　2023 年 12 月 31 日　　单位：元

资产	期末余额	上年年末余额	负债和所有者权益（或股东权益）	期末余额	上年年末余额
流动资产：			流动负债：		
货币资金	505 000		短期借款	220 000	
交易性金融资产	35 000		交易性金融负债		
衍生金融资产			衍生金融负债		
应收票据	45 000		应付票据	200 000	
应收账款	277 000		应付账款	550 000	
应收款项融资			预收款项	35 000	
预付款项	120 000		合同负债		
其他应收款	54 000		应付职工薪酬	125 000	
存货	765 000		应交税费	40 000	
合同资产			其他应付款	120 000	
持有待售资产			持有待售负债		
一年内到期的非流动资产			一年内到期的非流动负债		

表8-3(续)

资产	期末余额	上年年末余额	负债和所有者权益(或股东权益)	期末余额	上年年末余额
其他流动资产			其他流动负债		
流动资产合计	1 801 000		流动负债合计	1 290 000	
非流动资产:			非流动负债:		
债权投资			长期借款	500 000	
其他债权投资			应付债券		
长期应收款			其中:优先股		
长期股权投资	527 500		永续债		
其他权益工具投资			租赁负债		
其他非流动金融资产			长期应付款		
投资性房地产			预计负债		
固定资产	1 250 000		递延收益		
在建工程	130 000		递延所得税负债		
生产性生物资产			其他非流动负		
油气资产			非流动负债合计	500 000	
使用权资产			负债合计	1 790 000	
无形资产	79 000		所有者权益(或股东权益):		
开发支出			实收资本(或股本)	1 500 000	
商誉			其他权益工具		
长期待摊费用			其中:优先股		
递延所得税资产			永续债		
其他非流动资产			资本公积	79 000	
非流动资产合计	1 986 500		减:库存股		
			其他综合收益		
			专项储备		
			盈余公积	156 000	
			未分配利润	262 500	
			所有者权益(或股东权益)合计	1 997 500	
资产总计	3 787 500		负债和所有者权益(或股东权益)总计	3 787 500	

第三节　利润表

一、利润表的概念和作用

（一）利润表的概念

利润表，又称损益表，是反映企业在一定会计期间的经营成果的报表。一定会计期间可以是一个月、一个季度、半年，也可以是一年，因此将利润表划为动态报表。它是在会计凭证、会计账簿等会计资料的基础上进一步确认企业一定会计期间经营成果的结构性表述，综合反映企业利润的实现过程和利润的来源及构成情况，是对企业一定会计期间经营业绩的系统总结。

（二）利润表的作用

利润表的作用有：①可以了解企业在一定期间内获取经营成果的大小，反映经营成果的主要来源和构成情况。②有助于分析企业的盈利能力及其发展趋势，可使投资者及时了解企业的投资前景，为其进一步进行决策提供所需的信息。③有助于考核管理部门的工作业绩。通过对利润表各项目金额的变动分析，了解利润升降的水平和原因，评价各部门目标任务完成情况，改善经营管理。④为企业成果的分配提供依据，包括企业所得税的缴纳、盈余公积的计提、投资者利润的分配以及员工奖金的发放等，都需要利润表提供的信息。

二、利润表的结构

利润表主要由表首、表体两部分组成。表首部分应列明报表名称、编制单位名称、编制日期、报表编号和计量单位；表体部分是利润表的主体，列示了形成经营成果的各个项目和计算过程。利润表根据“收入-费用=利润”这一平衡公式，反映企业在一定时期内的净利润的形成或亏损发生的报表。利润表应当按照一定标准和次序，将各项收入、费用以及构成利润的各个项目分类分项列示。

利润表的表体结构有单步式和多步式两种。单步式利润表是将当期所有的收入列在一起，所有的费用列在一起，然后将两者相减得出当期净损益。我国会计准则规定利润表采用多步式结构。多步式利润表的理论依据是，企业在一定时期的利润是该期不同性质的收入同其成本和费用经多次配比而形成的，利润的计算要反映不同性质的收入与其成本和费用的配比情况，列示一些中间性利润指标，因而企业利润要经过多步才能计算出来，以便财务报表使用者理解企业经营成果的不同来源。多步式利润表的主要编制步骤和内容如下：

（1）营业利润

以营业收入为起点，减去营业成本、税金及附加、销售费用、管理费用、财务费用、研发费用，加上其他收益、投资收益（或减去投资损失）、净敞口套期收益（损失以“-”填列）、公允价值变动收益（或减去公允价值变动损失）、信用减值损失（损失以“-”填列）、资产减值损失（损失以“-”填列）、资产处置收益（或减去资产处置损失），求得营业利润。

营业利润＝营业收入－营业成本－税金及附加－销售费用－管理费用－财务费用＋其他收益＋投资收益（－投资损失）＋净敞口套期收益（损失以“－”填列）＋公允价值变动收益（－公允价值变动损失）－信用减值损失－资产减值损失＋资产处置收益（或减去资产处置损失）

（2）利润总额

在营业利润的基础上，加上营业外收入，再减去营业外支出，即得出利润总额。

利润总额＝营业利润＋营业外收入－营业外支出

（3）净利润

在利润总额的基础上，减去所得税费用，求得净利润。

净利润＝利润总额－所得税费用

以净利润（或净亏损）和其他综合收益为基础，计算综合收益总额。

以净利润（或净亏损），计算每股收益。

采用多步式利润表，可以将损益的构成分项列示，并对收入、费用进行适当归类，充分反映了营业利润、利润总额、净利润等指标，可以用来较为准确地评价企业管理部门的管理效能，便于对企业经营情况进行分析，有利于不同企业之间进行比较，有利于预测企业今后的盈利能力。

三、利润表的编制

（一）利润表的编制方法

为了使财务报表使用者通过比较不同期间利润的实现情况，判断企业经营成果的未来发展趋势，企业需要提供比较利润表。为此，利润表金额栏分为“本期金额”和“上期金额”两栏分别填列。其中“上期金额”栏内各项数字，应根据上年该期利润表的“本期金额”栏内所列数字填列。“本期金额”栏内各期数字，一般应根据损益类账户的发生额填列。其中，对于利润表内与会计账户名称和内容相同的项目，通常可以根据同名称损益类账户的本期发生额直接填列，而对于与会计账户名称和内容不一致的项目，应当按照相关科目的发生额分析计算填列。如“营业收入”项目，根据“主营业务收入”“其他业务收入”科目的发生额分析计算填列；“营业成本”项目，根据“主营业务成本”“其他业务成本”科目的发生额分析计算填列。

（二）利润表项目填列说明

利润表的“本期金额”栏的填列方法，一般应根据损益类科目和所有者权益类有关科目的发生额填列。

（1）“营业收入”项目。该项目反映企业经营主要业务和其他业务所确认的收入总额。本项目应根据“主营业务收入”和“其他业务收入”科目的发生额分析填列。

（2）“营业成本”项目。该项目反映企业经营主要业务和其他业务所发生的成本总额。本项目应根据“主营业务成本”和“其他业务成本”科目的发生额分析填列。

（3）“税金及附加”项目。该项目反映企业经营业务应负担的消费税、城市维护建设税、教育费附加、资源税、土地增值税、房产税、车船税、城镇土地使用税、印花税、环境保护税等相关税费。本项目应根据“税金及附加”科目的发生额分析填列。

（4）“销售费用”项目。该项目反映企业在销售商品过程中发生的包装费、广告费等费用和为销售本企业商品而专设的销售机构的职工薪酬、业务费等经营费用。本项目应根据“销售费用”科目的发生额分析填列。

（5）“管理费用”项目。该项目反映企业为组织和管理生产经营发生的管理费用。本项目应根据“管理费用”科目的发生额分析填列。

（6）“研发费用”项目。该项目反映企业进行研究与开发过程中发生的费用化支出以及计入管理费用的自行开发无形资产的摊销费用。本项目应根据“管理费用”科目下的“研发费用”明细科目的发生额以及“管理费用”科目下“无形资产摊销”明细科目的发生额分析填列。

（7）“财务费用”项目。该项目反映企业为筹集生产经营所需资金等而发生的应予费用化的利息支出。本项目应根据“财务费用”科目的相关明细科目发生额分析填列。其中“利息费用”项目反映企业为筹集生产经营所需资金等而发生的应予费用化的利息支出。本项目应根据“财务费用”科目的相关明细科目的发生额分析填列。“利息收入”项目反映企业应冲减财务费用的利息收入，本项目应根据“财务费用”科目的相关明细科目的发生额分析填列。

（8）“其他收益”项目。该项目反映计入其他收益的政府补助，以及其他与日常活动相关且计入其他收益的项目。本项目应根据“其他收益”科目的发生额分析填列。企业作为个人所得税的扣缴义务人，根据《中华人民共和国个人所得税法》收到的扣缴税款手续费，应作为其他与日常活动相关的收益在本项目中填列。

（9）“投资收益”项目。该项目反映企业以各种方式对外投资所取得的收益。本项目应根据“投资收益”科目的发生额分析填列。如为投资损失，本项目以“-”号填列。

（10）“净敞口套期收益”项目。该项目反映净敞口套期下被套期项目累计公允价值变动转入当期损益的金额或现金流量套期储备转入当期损益的金额。本项目应根据“净敞口套期损益”科目的发生额分析填列。如为套期损失，本项目以“-”号填列。

（11）“公允价值变动收益”项目。该项目反映企业应当计入当期损益的资产或负债公允价值变动收益。本项目应根据“公允价值变动损益”科目的发生额分析填列，如为净损失，本项目以“-”号填列。

（12）“信用减值损失”项目。该项目反映企业按照《企业会计准则第 22 号——金融工具确认和计量》（2018）的要求计提的各项金融工具信用减值准备所确认的信用损失。本项目应根据“信用减值损失”科目的发生额分析填列。

（13）“资产减值损失”项目。该项目反映企业有关资产发生的减值损失。本项目应根据“资产减值损失”科目的发生额分析填列。

（14）“资产处置收益”项目。该项目反映企业出售划分为持有待售的非流动资产（金融工具、长期股权投资和投资性房地产除外）或处置组（子公司和业务除外）时确认的处置利得或损失，以及处置未划分为持有待售的固定资产、在建工程、生产性生物资产及无形资产而产生的处置利得或损失。债务重组中因处置非流动资产（金融工具、长期股权投资和投资性房地产除外）产生的利得或损失和非货币性资产交换中换出非流动资产（金融工具、长期股权投资和投资性房地产除外）产生的利得或损失也包括在本项目内。本项目应根据“资产处置损益”科目的发生额分析填列。如为处置损失，本项目以“-”号填列。

(15)“营业利润”项目。该项目反映企业实现的营业利润。如为亏损，本项目以“-”号填列。

(16)“营业外收入”项目。该项目反映企业发生的除营业利润以外的收益，主要包括非流动资产毁损报废收益、与企业日常活动无关的政府补助、盘盈利得、捐赠利得（企业接受股东或股东的子公司直接或间接的捐赠，经济实质属于股东对企业的资本性投入的除外）等。本项目应根据“营业外收入”科目的发生额分析填列。

(17)“营业外支出”项目。该项目反映企业发生的除营业利润以外的支出，主要包括公益性捐赠支出、非常损失、盘亏损失、非流动资产毁损报废损失等。本项目应根据“营业外支出”科目的发生额分析填列。

(18)“利润总额”项目。该项目反映企业实现的利润。如为亏损，本项目以“-”号填列。

(19)“所得税费用”项目。该项目反映企业应从当期利润总额中扣除的所得税费用。本项目应根据“所得税费用”科目的发生额分析填列。

(20)“净利润”项目。该项目反映企业实现的净利润。如为亏损，本项目以“-”号填列。

(21)“其他综合收益的税后净额”项目。该项目反映企业根据企业会计准则规定未在损益中确认的各项利得和损失扣除所得税影响后的净额。

(22)“综合收益总额”项目。该项目企业净利润与其他综合收益（税后净额）的合计金额。

(23)“每股收益”项目，包括基本每股收益和稀释每股收益两项指标，反映普通股或潜在普通股已公开交易的企业，以及正处在公开发行普通股或潜在普通股过程中的企业的每股收益信息。

（三）利润表编制举例

【例 8-2】盛华公司 2023 年 1-12 月各损益类账户累计发生净额如表 8-4 所示。

表 8-4　2023 年损益类账户累计发生净额　　单位：元

科目名称	借方发生额	贷方发生额
主营业务收入		3 500 000
其他业务收入		250 000
投资收益		80 000
营业外收入		160 000
主营业务成本	2 100 000	
税金及附加	180 000	
其他业务成本	160 000	
销售费用	380 000	
管理费用	500 000	
财务费用	60 000	
信用减值损失	30 000	
资产减值损失	100 000	
营业外支出	130 000	
所得税费用	87 500	

根据以上账户记录，编制盛华公司2023年度利润表，如表8-5所示。

表8-5 利润表

会企02表

编制单位：盛华公司　　2023年12月　　单位：元

项目	本期金额	上期金额
一、营业收入	3 750 000	（略）
减：营业成本	2 260 000	
税金及附加	180 000	
销售费用	380 000	
管理费用	500 000	
研发费用		
财务费用	60 000	
其中：利息费用		
利息收入		
加：其他收益		
投资收益（损失以“-”号填列	80 000	
其中：对联营企业和合营企业的投资收益		
以摊余成本计量的金融资产终止确认收益（损失以“-”号填列）		
净敞口套期收益（损失以“-”号填列）		
公允价值变动收益（损失以“-”号填列）		
信用减值损失（损失以“-”号填列）	-30 000	
资产减值损失（损失以“-”号填列）	-100 000	
资产处置收益（损失以“-”号填列）		
二、营业利润（亏损以“-”号填列）	320 000	
加：营业外收入	160 000	
减：营业外支出	130 000	
三、利润总额（亏损总额以“-”号填列）	350 000	
减：所得税费用	87 500	
四、净利润（净亏损以“-”号填列）	262 500	
（一）持续经营净利润（净亏损以“-”号填列）	262 500	
（二）终止经营净利润（净亏损以“-”号填列）		
五、其他综合收益的税后净额		
（一）不能重分类进损益的其他综合收益		
1. 重新计量设定受益计划变动额		

表8-5(续)

项目	本期金额	上期金额
2. 权益法下不能转损益的其他综合收益		
3. 其他权益工具投资公允价值变动		
4. 企业自身信用风险公允价值变动		
（二）将重分类进损益的其他综合收益		
1. 权益法下可转损益的其他综合收益		
2. 其他债权投资公允价值变动		
3. 金融资产重分类计入其他综合收益的金额		
4. 其他债权投资信用减值准备		
5. 现金流量套期储备		
6. 外币财务报表折算差额		
六、综合收益总额	262 500	
七、每股收益		
（一）基本每股收益		
（二）稀释每股收益		

第四节　现金流量表

一、现金流量表的概念和作用

（一）现金流量表的概念

现金流量表，是指反映企业在一定会计期间现金和现金等价物流入和流出的报表。它是以资产负债表和利润表等会计核算资料为依据，按照收付实现制要求对现金流量的结构性表述，揭示企业在一定会计期间获取现金及现金等价物的能力。

现金，是指企业库存现金以及可以随时用于支付的存款。不能随时用于支付的存款不属于现金。

现金等价物，是指企业持有的期限短、流动性强、易于转换为已知金额现金、价值变动风险很小的投资。期限短，一般是指从购买日起三个月内到期。现金等价物通常包括三个月内到期的债券投资等。权益性投资变现的金额通常不确定，因而不属于现金等价物。企业应当根据具体情况，确定现金等价物的范围，一经确定不得随意变更。在以下表述现金时，除非同时提及现金等价物，均包括现金和现金等价物。现金流量，是指现金和现金等价物的流入和流出。

（二）现金流量表的作用

现金流量表的作用主要表现在以下几个方面：

（1）现金流量表提供了企业一定会计期间内现金和现金等价物流入和流出的现金流量信息，在资产负债表与利润表之间架起一条连接的纽带和桥梁，揭示企业财务状况与经营成果之间的内在关系，便于会计报表使用者了解企业净利润的质量。

（2）现金流量表分别提供了经营活动、投资活动和筹资活动产生的现金流量，每类又分为若干具体项目，分别从不同角度反映企业业务活动的现金流入、流出及其影响现金净流量的因素，从而帮助使用者了解和评价企业获取现金及现金等价物的能力，包括企业支付能力、偿债能力和周转能力，进而预测企业未来的现金流量情况，为其决策提供有力依据。

（3）现金流量表以收付实现制为基础，对现金的确认和计量在不同企业间基本一致，提高了企业之间更加可比的会计信息，有利于会计报表使用者提高决策的质量和效率。

（4）现金流量表以收付实现制为基础编制，降低了企业盈余管理程度，提高了会计信息质量，有利于更好发挥会计监督职能作用，改善公司治理状况，进而促进实现会计决策有用性和维护经济资源配置秩序、提高经济效益的目标要求。

二、现金流量表的结构

现金流量表的基本结构根据“现金流入量-现金流出量=现金净流量”公式设计。现金流量包括现金流入量、现金流出量、现金净流量。根据企业业务活动的性质和现金流量的功能，现金流量主要可以分为三类并在现金流量表中列示，即经营活动产生的现金流量、投资活动产生的现金流量和筹资活动产生的现金流量。每一项分为流入量、流出量和净流量三部分分项列示。此外，企业持有除记账本位币外的以外币为计量单位的资产负债及往来款项的，还应列示汇率变动对现金及现金等价物的影响，最后汇总列示企业现金及现金等价物的净增加额。

三、现金流量表的格式

现金流量表的格式，是指现金流量表结构内容的编排顺序和方式。现金流量表的格式应有利于反映企业业务活动的性质和现金流量的来源，其基本原理是以权责发生制为基础提供的会计核算资料为依据，按照收付实现制基础进行调整计算，以反映现金流量增减变动及其结果，即将以权责发生制为基础编制的资产负债表和利润表资料按照收付实现制基础调整计算编制现金流量表。调整计算方法通常有直接法和间接法两种。

直接法，是指按照现金收入和现金支出的主要类别列示企业经营活动现金流量的一种方法。在直接法下，一般是以利润表中的营业收入为起算点，调节与经营活动有关的项目的增减变动，然后计算出经营活动产生的现金流量。采用直接法编报的现金流量表，分类别详细列示了来自经营活动的各项现金流入与流出信息，便于报表使用者分析经营活动产生的现金流量的来源和用途，预测企业现金流量的未来前景。它的缺点是无法说明净利润与同期经营活动现金净流量之间出现差额的原因，不利于企业净利润质量的分析与改善。采用直接法编制现金流量表时，可以采用工作底稿法或 T 型账户法，也可以根据有关科目记录分析填列。

间接法，是指将净利润调整为经营活动现金流量的一种方法。间接法以利润表中的净利润为起算点，调整不涉及现金的收入、费用、营业外收支等有关项目，并剔除投资活动、筹资活动对现金流量的影响，据此计算出经营活动产生的现金流量的方法。以间接法编制的现金流量表则便于将净利润与经营活动产生的现金流量净额进行比较，了解净利润与经营活动产生的现金流量差异的原因，从现金流量的角度分析净利润的质量。它的缺点是反映的经营活动现金流动不够清晰，且编制相对较为复杂。

由于直接法与间接法两种方法各有优势和缺陷，可以互为补充。因此，按照我国现行会计准则规定，现金流量表正表中企业应当采用直接法列示经营活动产生的现金流量。同时规定，企业应当在附注中披露将净利润调整为经营活动现金流量的信息。因此，现金流量表的格式分为直接法格式和间接法格式两种，分别如表 8-6 和表 8-7 所示。

表 8-6　现金流量表

会企 03 表

编制单位：　　　　年　月　　　　单位：元

项目	本期金额	上期金额
一、经营活动产生的现金流量		
销售商品、提供劳务收到的现金		
收到的税费返还		
收到其他与经营活动有关的现金		
经营活动现金流入小计		
购买商品、接受劳务支付的现金		
支付给职工以及为职工支付的现金		
支付的各项税费		
支付其他与经营活动有关的现金		
经营活动现金流出小计		
经营活动产生的现金流量净额		
二、投资活动产生的现金流量		
收回投资所收到的现金		
取得投资收益所收到的现金		
处置固定资产、无形资产和其他长期资产所收回的现金净额		
处置子公司及其他营业单位收到的现金净额		
收到的其他与投资活动有关的现金		
投资活动现金流入小计		
购建固定资产、无形资产和其他长期资产所支付的现金		
投资支付的现金		

表8-6(续)

项目	本期金额	上期金额
取得子公司及其他营业单位支付的现金净额		
支付其他与投资活动有关的现金		
投资活动现金流出小计		
投资活动产生的现金流量净额		
三、筹资活动产生的现金流量		
吸收投资所收到的现金		
取得借款所收到的现金		
收到其他与筹资活动有关的现金		
筹资活动现金流入小计		
偿还债务所支付的现金		
分配股利、利润或偿付利息所支付的现金		
支付其他与筹资活动有关的现金		
筹资活动现金流出小计		
筹资活动产生的现金流量净额		
四、汇率变动对现金及现金等价物的影响		
五、现金及现金等价物净增加额		
加：期初现金及现金等价物余额		
期末现金及现金等价物余额		

表 8-7 现金流量表辅助

补充资料	本期金额	上期金额
一、将净利润调整为经营活动现金流量		
净利润		
加：计提的资产减值准备		
固定资产折旧		
无形资产摊销		
长期待摊费用摊销		
处置固定资产、无形资产和其他长期资产的损失		
固定资产报废损失		
公允价值变动损益		
财务费用（收益以“-”号填列）		
投资损失（收益以“-”号填列）		
递延所得税资产减少（增加以“-”号填列）		

表8-7(续)

补充资料	本期金额	上期金额
递延所得税负债增加（减少以“-”号填列）		
存货的减少（增加以“-”号填列）		
经营性应收项目的减少（增加以“-”号填列）		
经营性应付项目的增加（减少以“-”号填列）		
其他		
经营活动产生的现金流量净额		
二、不涉及现金收支的重大投资和筹资活动		
债务转为资本		
一年内到期的可转换公司债券		
融资租入固定资产		
三、现金及现金等价物净变动情况		
现金的期末余额		
减：现金的期初余额		
加：现金等价物的期末余额		
减：现金等价物的期初余额		
现金及现金等价物净增加额		

四、现金流量表的列报

（一）经营活动现金流量的列报

1.“销售商品、提供劳务收到的现金”项目。该项目反映企业销售商品、提供劳务实际收到的现金，包括销售收入和应向购买者收取的增值税销项税额，具体包括本期销售商品、提供劳务收到的现金，前期销售商品、提供劳务本期收到的现金，以及本期预收的款项，减去本期销售本期退回商品和前期销售本期退回商品支付的现金。企业销售材料和代购代销业务收到的现金，也在本项目反映。

在填列该项目时，应考虑到营业收入的发生额、应交增值税销项税额的发生额、应收票据的增减变动、应收账款的增减变动、预收账款的增减变动、核销坏账引起的应收账款的减少以及收回以前年度核销的坏账、销售退回、现金折扣等。如果企业本期发生了应收票据贴现或视同销售行为，则还要考虑应收票据贴现息和视同销售的增值税销项税额。

2.“收到的税费返还”项目。该项目反映企业收到的返还的各种税费，如收到的增值税、所得税、消费税、关税和教育费附加返还款等。该项目可以根据“库存现金”“银行存款”“其他应收款”“所得税费用”“税金及附加”“营业外收入”等科目的记录分析填列。其中，收到的增值税出口退税可以从“其他应收款”账户贷方发生额分析，收到的所得税返还可以从“所得税费用”账户贷方发生额分析，收到的消费税和教育费附加返还可以从“税金及附加”账户贷方发生额分析，政府补助项目中收到的税费返还可以从“营业外收入”账户贷方发生额分析等。在进行以上分析时都应结合“库存现金”“银行存款”账户记录。

3.“收到其他与经营活动有关的现金”项目。该项目反映除以上项目外，企业收到的其他与经营活动有关的现金。如收到的罚款收入、经营租赁固定资产租金和押金收入、投资性房地产租金收入、流动资产损失中由个人赔偿的现金收入、除税费返还外的其他政府补助收入等。该项目可以根据“库存现金”“银行存款”“营业外收入”“其他业务收入”“其他应收款”等科目的记录分析填列。

4.“购买商品、接受劳务支付的现金”项目。该项目反映企业购买材料、商品及接受劳务实际支付的现金，包括支付的货款和增值税进项税额，具体是指本期购买材料、商品及接受劳务支付的现金，本期支付前期购买材料、商品及接受劳务的未付款以及本期预付的款项，减去本期发生的购货退回收到的现金。

在填列该项目时，应考虑到营业成本的发生额、应交增值税进项税额的发生额、存货的增减变动、应付票据的增减变动、应付账款的增减变动、预付账款的增减变动、购货退回收到的现金，还应考虑与投资、交换非流动资产、抵偿非流动负债、发生非常损失等有关的存货增减数，非现金抵债引起的应付票据、应付账款的减少数，以及营业成本中的非外购存货费用等。

5.“支付给职工以及为职工支付的现金”项目。该项目反映企业实际支付给职工的现金，以及为职工支付的现金。包括本期实际支付的工资、奖金、各种津贴和补贴等，以及为职工支付的医疗、养老等社会保险和商业保险金，住房公积金，住房困难补助，福利费用，因解除与职工劳动关系给予的现金补偿等。该项目不包括支付给离退休人员的各项费用（该项费用在“支付的其他与经营活动有关的现金”项目中反映）。本项目可以根据“库存现金”“银行存款”“应付职工薪酬”等科目分析填列。

6.“支付的各项税费”项目。该项目反映企业实际支付的各项税费，包括支付的增值税、消费税、所得税、印花税、车船税、教育费附加等，不包括本期退回的增值税、所得税等（该税费在“收到的税费返还”项目中反映），亦不包括购建长期资产涉及的增值税等税费（该税费在投资活动的“购建固定资产、无形资产和其他长期资产支付的现金”项目中反映）。本项目可以根据“库存现金”“银行存款”“应交税费”等科目分析填列。

7.“支付其他与经营活动有关的现金”项目。该项目反映除上述项目外，企业支付的其他与经营活动有关的现金，如罚款现金支出，支付的差旅费、业务招待费、保险费，经营租赁支付的现金，支付给离退休人员的各项费用等。本项目可以根据“库存现金”“银行存款”“营业外支出”“管理费用”“销售费用”“制造费用”等科目分析填列。

（二）投资活动现金流量的列报

1.“收回投资收到的现金”项目。该项目反映企业出售、转让或到期收回除现金等价物以外的交易性金融资产、债权投资、其他债权投资、其他权益工具投资、长期股权投资而收到的现金（不包括收到的非现金资产），包括转让收益，但不包括债权性投资收到的利息、股权性投资收到的现金股利（该股利在“取得投资收益收到的现金”

项目中反映），亦不包括处置子公司及其他营业单位收到的现金净额（单独设置项目反映）。本项目可以根据“库存现金”“银行存款”“交易性金融资产”“债权投资”“其他债权投资”“其他权益工具投资”“长期股权投资”等科目分析填列。

2.“取得投资收益收到的现金”项目。该项目反映企业因股权性投资收到的现金股利（不包括股票股利），因债权性投资收到的现金利息（包括现金等价物的现金利息），以及从子公司及其他营业单位分得的现金利润。本项目可以根据“库存现金”“银行存款”“应收股利”“应收利息”“投资收益”等科目分析填列。

3.“处置固定资产、无形资产和其他长期资产收回的现金净额”项目。该项目反映企业处置固定资产、无形资产和其他长期资产所取得的现金，减去为处置这些资产而支付的有关费用后的净额，包括固定资产等长期资产因毁损而收到的保险赔偿款等。本项目以净额填列，若其净额为负，则在“支付其他与投资活动有关的现金”项目中反映。本项目可以根据“库存现金”“银行存款”“固定资产清理”“投资性房地产”“无形资产”等科目分析填列。

4.“处置子公司及其他营业单位收到的现金净额”项目。该项目反映企业处置子公司及其他营业单位所取得的现金，减去子公司及其他营业单位持有的现金和现金等价物以及相关处置费用后的净额。本项目可以根据“库存现金”“银行存款”“长期股权投资”等科目分析填列。

5.“收到其他与投资活动有关的现金”项目。该项目反映除以上项目外，企业收到的其他与投资活动有关的现金。

6.“购建固定资产、无形资产和其他长期资产支付的现金”项目。该项目反映企业购买或建造固定资产、无形资产和其他长期资产而支付的现金，包括工程建造中购买工程物资、支付在建工程工人工资等支付的现金。该项目不包括为这些长期资产而支付的资本化利息（该利息在筹资活动的“分配股利、利润或偿付利息支付的现金”项目中反映），亦不包括融资租入固定资产所支付的租赁费用（该费用在筹资活动的“支付其他与筹资活动有关的现金”项目中反映）。本项目可以根据“库存现金”“银行存款”“固定资产”“在建工程”“工程物资”“投资性房地产”“无形资产”等科目分析填列。

7.“投资支付的现金”项目。该项目反映企业进行权益性投资和债权性投资所支付的现金。包括投资除现金等价物以外的交易性金融资产、债权投资、其他债权投资、其他权益工具投资、长期股权投资而支付的现金（含这些投资中支付的佣金和手续费等交易费用），不包括取得子公司及其他营业单位支付的现金净额（单独设置项目反映），亦不包括投资时支付的价款中所含的已宣告但尚未领取的现金股利或已到期但尚未领取的债券利息（该利息在“支付其他与投资活动有关的现金”项目中反映，今后收到这些股利或利息时在“收到其他与投资活动有关的现金”项目中反映）。本项目可以根据“库存现金”“银行存款”“交易性金融资产”“债权投资”“其他债权投资”“其他权益工具投资”“长期股权投资”等科目分析填列。

8.“取得子公司及其他营业单位支付的现金净额”项目。该项目反映企业为取得子公司及其他营业单位所支付的现金（不含价格中以非现金支付部分），减去子公司及其他营业单位持有的现金和现金等价物后的净额。本项目可以根据“库存现金”“银行存款”“长期股权投资”等科目分析填列。

9.“支付的其他与投资活动有关的现金”项目。该项目反映企业除上述各项以外，支付的其他与投资活动有关的现金流出。

（三）筹资活动现金流量的列报

1.“吸收投资收到的现金”项目。该项目反映企业以发行股票等方式筹集资金实际收到的款项净额，即发行股票收入总额减去支付的佣金等发行费用后的净额。注意这里不应扣除企业在发行股票等过程中支付的审计、咨询等费用（该费用在“支付其他与筹资活动有关的现金”项目中反映）。本项目可以根据“库存现金”“银行存款”“实收资本（或股本）”“资本公积”等科目分析填列。

2.“取得借款收到的现金”项目。该项目反映企业举借各种长短期借款收到的现金，以及发行债券实际收到的款项净额，即发行债券收入总额减去支付的佣金等发行费用后的净额。本项目可以根据“库存现金”“银行存款”“短期借款”“交易性金融负债”“长期借款”“应付债券”等科目分析填列。

3.“收到的其他与筹资活动有关的现金”。该项目反映企业除上述各项目外，企业收到的其他与筹资活动有关的现金流入，如接受现金捐赠。

4.“偿还债务支付的现金”项目。该项目反映企业以现金偿还短期借款、长期借款和应付债券的本金，但不包括以现金偿还的相关利息（该利息在“分配股利、利润或偿付利息支付的现金”项目中反映）。本项目可以根据“库存现金”“银行存款”“短期借款”“交易性金融负债”“长期借款”“应付债券”等科目分析填列。

5.“分配股利、利润或偿付利息支付的现金”项目。该项目反映企业实际支付的现金股利、支付给其他投资单位的利润，以及支付的借款利息和债券利息等，但不包括偿付的应付票据利息（该利息在经营活动的“购买商品、接受劳务支付的现金”项目中反映）。本项目可以根据“库存现金”“银行存款”“应付股利”“利润分配”“应付利息”“财务费用”“在建工程”“研发支出”等科目分析填列。

6.“支付其他与筹资活动有关的现金”项目。该项目反映除上述项目外，企业支付的其他与筹资活动有关的现金。如企业在发行股票等过程中支付的审计、咨询等费用，融资租赁所支付的现金，以分期付款方式购买固定资产、无形资产（购买时支付的第一期款项除外）各期支付的现金等。

五、现金流量表补充资料的列报

除现金流量表反映的信息外，企业还应在附注中披露将净利润调节为经营活动现金流量、不涉及现金收支的重大投资和筹资活动、现金及现金等价物净变动情况等信息。

（一）将净利润调节为经营活动现金流量

采用间接法列报经营活动产生的现金流量时，需要对四大类项目进行调整：①实际没有支付现金的费用；②实际没有收到现金的收益；③不属于经营活动的损益；④经营性应收应付项目的增减变动。其计算公式如下：

经营活动产生的现金流量净额=净利润+实际没有支付现金的费用和损失-实际没有收到现金的收入+不涉及经营活动的费用和损失-不涉及经营活动的收益+与经营活动有关的非现金流动资产的减少数+与经营活动有关的流动负债的增加数

将净利润调节为经营活动现金流量具体调整项目及列报如下：

（1）“资产减值准备”项目。该项目反映企业当期实际计提的各项资产减值准备，包括存货跌价准备、持有待售资产减值准备、长期股权投资减值准备、固定资产减值准备、在建工程减值准备、工程物资减值准备、投资性房地产减值准备、无形资产减值准备、生产性生物资产减值准备、商誉减值准备等。企业计提的各项资产减值准备导致当期利润减少，但却没有发生现金流出，因此，在将净利润调整为经营活动现金流量时需要将其加回。本项目可以根据“资产减值损失”科目分析填列。

（2）“信用损失准备”项目。该项目反映企业当期实际计提的各项信用减值准备，包括坏账准备、贷款损失准备、债权投资减值准备、合同资产减值准备、租赁应收款减值准备等，信用损失准备的计提同样减少了当期利润，但没有发生现金流出，在将净利润调整为经营活动现金流量时同样需要将其加回。本项目可以根据“信用减值损失”科目分析填列。

（3）“固定资产折旧、油气资产折耗、生产性生物资产折旧”项目。企业计提的固定资产折旧，有的计入管理费用、销售费用等期间费用中，有的计入制造费用中。计入期间费用部分减少了当期利润却没有发生现金流出，在将净利润调整为经营活动现金流量时需要将其加回。计入制造费用的部分有些随产品销售实现变现，有些则保留在企业存货中，前者销售时转入销售成本，减少了当期利润，同样没有发生现金流出，调整时也需要加回，后者既不影响当期利润又不涉及现金收支，但因其增加了存货的金额，减少了“存货的减少”项目的调整额，故也应将其加回。可见，计提的固定资产折旧不管是计入期间费用还是计入制造费用，调整时都需要加回。同理，企业计提的油气资产折耗、生产性生物资产折旧在将净利润调整为经营活动现金流量时也需要加回。本项目可以根据“累计折旧”“累计折耗”“生产性生物资产折旧”科目分析填列。

（4）“无形资产摊销”项目。企业对使用寿命有限的无形资产计提的摊销，有的计入管理费用，有的计入制造费用，与固定资产折旧同理，在将净利润调整为经营活动现金流量时也需要加回。本项目可以根据“累计摊销”科目分析填列。

（5）“长期待摊费用摊销”项目。企业摊销的长期待摊费用，计入管理费用、销售费用或制造费用，与固定资产折旧同理，在将净利润调整为经营活动现金流量时也需要加回。本项目可以根据“长期待摊费用”科目分析填列。

（6）“处置固定资产、无形资产和其他长期资产的损失”项目。企业处置固定资产、无形资产和其他长期资产活动在现金流量表中属于投资活动，不属于经营活动，而在利润表中计算净利润时却包含了这些处置损益，故在将净利润调整为经营活动现金流量时，对处置损失需要将其加回，收益则予以扣减。本项目可以根据“资产处置损益”科目分析填列。

（7）“固定资产报废损失”项目。企业固定资产报废属于投资活动，不属于经营活动，在将净利润调整为经营活动现金流量时，对报废损失需要将其加回，收益则予以扣减。本项目可以根据“营业外收入”“营业外支出”科目分析填列。

（8）“净敞口套期损失”项目。企业开展的套期活动属于投资活动，不属于经营活动，在将净利润调整为经营活动现金流量时，对净敞口套期损失需要将其加回，净敞口套期收益则予以扣减。本项目可以根据“净敞口套期损益”科目分析填列。

（9）“公允价值变动损失”项目。该项目反映企业交易性金融资产、投资性房地产等公允价值变动形成的应计入当期损益的利得或损失。企业发生公允价值变动损益与经营活动无关，在将净利润调整为经营活动现金流量时，对公允价值变动损失需要将其加回，公允价值变动收益则予以扣减。本项目可以根据“公允价值变动损益”科目分析填列。

（10）“财务费用”项目。企业发生的财务费用，在现金流量表中有的属于经营活动（如应付票据利息和贴现息、应收账款现金折扣等），有的属于筹资活动（如长期借款、应付债券利息等）。故在将净利润调整为经营活动现金流量时，对于不属于经营活动产生的财务费用需要将其加回，收益则予以扣减。本项目可以根据“财务费用”科目分析填列。

（11）“投资损失”项目。企业发生的投资损益不属于经营活动内容，在将净利润调整为经营活动现金流量时，对投资损失需要将其加回，投资收益则予以扣减。本项目可以根据“投资收益”科目分析填列。

（12）“递延所得税资产减少”项目。递延所得税资产的减少使得当期计入所得税费用的金额大于当期应交所得税的金额，其差额减少了当期利润却没有发生现金流出，在将净利润调整为经营活动现金流量时需要加回，反之，递延所得税资产的增加调整时则予以扣减。本项目可以根据资产负债表“递延所得税资产”项目期末数与期初数的差额分析填列。

（13）“延所得税负债增加”项目。递延所得税负债的增加使得当期计入所得税费用的金额大于当期应交所得税的金额，其差额减少了当期利润却没有发生现金流出，在将净利润调整为经营活动现金流量时需要加回，反之，递延所得税负债的减少调整时则予以扣减。本项目可以根据资产负债表“递延所得税负债”项目期末数与期初数的差额分析填列。

（14）“存货的减少”项目。企业存货的减少表明本期耗用的存货中有一部分是期初存货，这些被耗用的期初存货已转入成本费用减少了当期利润，但在本期却没有发生现金流出，在将净利润调整为经营活动现金流量时需要加回。反之，企业存货的增加表明本期购入的存货中有一部分没有被耗用，这部分存货本期尚未转入成本费用，没有影响当期利润，但在本期却可能发生了现金流出，在将净利润调整为经营活动现金流量时应予以扣减。当然，存货的增减变动还涉及应付项目，这一因素在“经营性应付项目的增加”项目中进行调整。本项目可以根据资产负债表“存货”项目期末数与期初数的差额分析填列，如果存货的增减变动由投资活动（如在建工程耗用）引起的，应当从中剔除。

（15）“经营性应收项目的减少”项目。经营性应收项目包括应收票据、应收账款、预付账款和其他应收款中与经营活动有关的部分（其他应收款中如包含应收股利或应收利息等非经营性应收项目，应予以剔除）。经营性应收项目的减少，说明本期经营活动收回的现金大于利润表中确认的营业收入，在将净利润调整为经营活动现金流量时需要加回。反之，经营性应收项目的增加，说明本期经营活动收回的现金小于利润表中确认的营业收入，在将净利润调整为经营活动现金流量时则应予以扣减。本项目可以根据资产负债表中有关经营性应收项目期末数合计与期初数合计的差额分析填列。

（16）“经营性应付项目的增加”项目。经营性应付项目包括应付票据、应付账款、预收账款、应付职工薪酬、应交税费、其他应付款中与经营活动有关的部分（非经营性项目应予以剔除，如构建固定资产等长期资产产生的应付项目)。经营性应付项目的增加，说明本期购入的存货中有一部分尚未支付现金，但在计算利润时却通过销售成本予以扣减，故在将净利润调整为经营活动现金流量时需要加回。反之，经营性应付项目的减少，说明本期支付的现金大于利润表中确认的营业成本，在将净利润调整为经营活动现金流量时则应予以扣减。本项目可以根据资产负债表中有关经营性应付项目期末数合计与期初数合计的差额分析填列。

(二) 不涉及现金收支的重大投资和筹资活动

不涉及现金收支的重大投资和筹资活动，反映企业当期不形成现金收支但影响企业财务状况的重大投资和筹资活动，这些投资和筹资活动虽然不涉及当期现金收支，但对以后各期的现金流量有重大影响，因此有必要在现金流量表补充资料中予以披露。主要包括：①债务转为资本，反映企业本期转为资本的债务金额，其本期不涉及现金收支但会减少以后期间的现金流出；②一年内到期的可转换公司债券，反映企业一年内到期的可转换公司债券的本息，到期时若转换为资本则不需偿付，若没有转换则需偿付本息而产生现金流出；③融资租入固定资产，反映企业本期融资租入的固定资产，虽然本期不涉及现金收支，但在以后一定时间内各期会因支付租金而形成一项固定的现金流出。

(三) 现金及现金等价物净变动情况

该项目反映企业一定会计期间现金及现金等价物的期末余额减去期初余额后的净增加额（或净减少额），是对现金流量表中“现金及现金等价物净增加额”项目的补充说明。该项目的金额应与现金流量表“现金及现金等价物净增加额”项目的金额核对相符。

第五节　所有者权益变动表

一、所有者权益变动表的概念

所有者权益变动表又称股东权益变动表，是反映构成所有者权益各组成部分当期增减变动情况的报表。所有者权益变动表全面反映了企业的所有者权益在年度内的变化情况，它是对资产负债表的补充及对所有者权益增减变动情况的进一步说明。其主要作用有两个方面，一是通过所有者权益变动表，既可以为财务报表使用者提供所有者权益总量增减变动的信息，也能为其提供所有者权益增减变动的结构性信息，便于财务报表使用者分析所有者权益增减变动的原因；二是所有者权益变动表将综合收益和所有者（或股东）的资本交易导致的所有者权益的变动分项列示，有利于分清导致所有者权益增减变动的缘由与责任，进而对企业资本的保值、增值情况做出正确判断，从而为决策提供有用的信息，对正确评价管理当局受托责任的履行情况等具有重要的作用。

二、所有者权益变动表的内容与结构

在所有者权益变动表上，企业至少应当单独列示反映下列信息的项目：综合收益总额；会计政策变更和差错更正的累积影响金额；所有者投入资本和向所有者分配利润等；提取的盈余公积；实收资本、其他权益工具、资本公积、其他综合收益、专项储备、盈余公积、未分配利润的期初和期末余额及其调节情况。所有者权益变动表的结构内容如表 8-8 所示。

表 8-8　所有者权益变动表

会企 04 表

编制单位：　　　　××年度　　　　单位：

项目	本年金额												上年金额											
	实收资本（或股本）	其他权益工具			资本公积	减：库存股	其他综合收益	专项储备	盈余公积	未分配利润	所有者权益合计		实收资本（或股本）	其他权益工具			资本公积	减：库存股	其他综合收益	专项储备	盈余公积	未分配利润	所有者权益合计
		优先股	永续债	其他										优先股	永续债	其他							
一、上年年末余额																								
加：会计政策变更																								
前期差错更正																								
其他																								
二、本年年初余额																								
三、本年增减变动金额（减少以“-”号填列）																								
（一）综合收益总额																								
（二）所有者投入和减少资本																								
1. 所有者投入的普通股																								
2. 其他权益工具持有者投入资本																								
3. 股份支付计入所有者权益的金额																								
4. 其他																								

表8-8(续)

项目	本年金额												上年金额											
	实收资本（或股本）	其他权益工具			资本公积	减：库存股	其他综合收益	专项储备	盈余公积	未分配利润	所有者权益合计		实收资本（或股本）	其他权益工具			资本公积	减：库存股	其他综合收益	专项储备	盈余公积	未分配利润	所有者权益合计
		优先股	永续债	其他										优先股	永续债	其他							
（三）利润分配																							
1. 提取盈余公积																							
2. 对所有者（或股东）的分配																							
3. 其他																							
（四）所有者权益内部结转																							
1. 资本公积转增资本（或股本）																							
2. 盈余公积转增资本（或股本）																							
3. 盈余公积弥补亏损																							
4. 设定受益计划变动额结转留存收益																							
5. 其他综合收益结转留存收益																							
6. 其他																							
四、本年年末余额																							

（一）所有者权益变动表的主要项目内容

1.“上年年末余额”项目

“上年年末余额”项目反映企业上年资产负债表中实收资本（或股本）、其他权益工具、资本公积、库存股、其他综合收益、专项储备、盈余公积、未分配利润的年末余额。

2.“会计政策变更”“前期差错更正”项目

“会计政策变更”“前期差错更正”项目分别反映企业采用追溯调整法处理的会计政策变更的累积影响金额和采用追溯重述法处理的会计差错更正的累积影响金额。追溯调整法是指对某项交易或事项变更会计政策，视同该项交易或事项初次发生时采用变更后的会计政策，并以此对财务报表相关项目进行调整的方法。追溯重述法是指在发现前期差错时，视同该项前期差错从未发生过，从而对财务报表相关项目进行更正的方法。前期差错通常包括计算错误、应用会计政策错误、疏忽或曲解事实以及舞弊产生的影响以及存货、固定资产盘盈等。

3.“本年增减变动金额”项目

“本年增减变动金额”项目反映所有者权益各项目本年增减变动的金额，具体内容：

（1）“综合收益总额”项目。该项目反映净利润和其他综合收益扣除所得税影响后的净额相加后的合计金额。

（2）“所有者投入和减少资本”项目。该项目反映企业当年所有者投入的资本和减少的资本。本项目内容包括：

①“所有者投入的普通股”项目。该项目反映企业接受投资者投入形成的实收资本（或股本）和资本溢价或股本溢价。

②“其他权益工具持有者投入资本”项目。该项目反映企业发行的除普通股以外分类为权益工具的金融工具的持有者投入资本的金额。

③“股份支付计入所有者权益的金额”项目。该项目反映企业处于等待期中的权益结算的股份支付当年计入资本公积的金额。

（3）“利润分配”项目。该项目反映企业当年的利润分配金额。

（4）“所有者权益内部结转”项目。该项目反映企业构成所有者权益的组成部分之间当年的增减变动情况。本项目内容包括：

①“资本公积转增资本（或股本）”项目。该项目反映企业当年以资本公积转增资本或股本的金额。

②“盈余公积转增资本（或股本）”项目。该项目反映企业当年以盈余公积转增资本或股本的金额。

③“盈余公积弥补亏损”项目。该项目反映企业当年以盈余公积弥补亏损的金额。

④“设定受益计划变动额结转留存收益”项目。该项目反映企业因重新计量设定受益计划净负债或净资产所产生的变动计入其他综合收益，结转至留存收益的金额。

⑤“其他综合收益结转留存收益”项目。该项目主要反映：第一，企业指定为以公允价值计量且其变动计入其他综合收益的非交易性权益工具投资终止确认时，之前

计入其他综合收益的累计利得或损失从其他综合收益中转入留存收益的金额；第二，企业指定为以公允价值计量且其变动计入当期损益的金融负债终止确认时，之前由企业自身信用风险变动引起而计入其他综合收益的累计利得或损失从其他综合收益中转入留存收益的金额等。

（二）所有者权益变动表的结构

所有者权益变动表结构为纵横交叉的矩阵式结构。

1. 纵向结构

纵向结构按所有者权益增减变动时间及内容分为“上年年末余额”“本年年初余额”“本年增减变动金额”“本年年末余额”四栏。

上年年末余额+会计政策变更、前期差错更正及其他变动=本年年初余额+本年增减变动金额=本年年末余额

其中，本年增减变动金额按照所有者权益增减变动的交易或事项列示，即

本年增减变动金额=综合收益总额±所有者投入和减少资本±利润分配±所有者权益内部结转

2. 横向结构

横向结构采用比较式结构，分为“本年金额”和“上年金额”两栏，每栏的具体结构按照所有者权益构成内容逐项列示，即

实收资本(或股本)+其他权益工具+资本公积−库存股+其他综合收益+未分配利润=所有者权益合计

纵横填列结果归结到本年年末所有者权益合计数，保持所有者权益变动表的表内填列数额的平衡。

所有者权益变动表以矩阵式结构列报，一方面，列示导致所有者权益变动的交易或事项，即所有者权益变动的来源，对一定时期所有者权益的变动情况进行全面反映；另一方面，按照实收资本、其他权益工具、资本公积、库存股、其他综合收益、盈余公积、未分配利润等所有者权益各组成部分及其总额列示交易或事项对所有者权益各部分的影响。此外，所有者权益变动表采用逐项的本年金额和上年金额比较式结构，能够清楚地表明构成所有者权益的各组成部分当期的增减变动情况以及与上期的增减变动情况的对照和比较。

三、所有者权益变动表的填列方法

所有者权益变动表的填列方法是根据上年度所有者权益变动表和本年已编制的资产负债表、利润表及相关会计政策、前期差错更正和会计科目记录等资料基础上分析计算填列。各项目具体填列方法如下。

（一）上年金额栏的填列方法

所有者权益变动表“上年金额”栏内各项数字，应根据上年度所有者权益变动表“本年金额”栏内所列数字填列。上年度所有者权益变动表规定的各个项目的名称和内容同本年度不一致的，应对上年度所有者权益变动表各项目的名称和数字按照本年度的相关规定进行调整，填入所有者权益变动表的“上年金额”栏内。

（二）本年金额栏的填列方法

所有者权益变动表“本年金额”栏内各项目金额一般应根据资产负债表所有者权益项目金额或“实收资本（或股本）”“其他权益工具”“资本公积”“库存股”“其他综合收益”“专项储备”“盈余公积”“利润分配”“以前年度损益调整”等科目及其明细科目的发生额分析填列。

第六节 财务报表附注及财务报告信息披露要求

一、附注的作用

附注的主要作用有三方面：第一，附注的编制和披露，是对资产负债表、利润表、现金流量表和所有者权益变动表列示项目含义的补充说明，以帮助财务报表使用者更准确地把握其含义。例如，通过阅读附注中披露的固定资产折旧政策的说明，使用者可以掌握报告企业与其他企业在固定资产折旧政策上的异同，以便进行更准确的比较。第二，附注提供了对资产负债表、利润表、现金流量表和所有者权益变动表中未列示项目的详细或明细说明。例如，通过阅读附注中披露的存货增减变动情况，财务报表使用者可以了解资产负债表中未单列的存货分类信息。第三，通过附注与资产负债表、利润表、现金流量表和所有者权益变动表列示项目的相互参照关系，以及对未能在财务报表中列示项目的说明，可以使财务报表使用者全面了解企业的财务状况、经营成果和现金流量以及所有者权益的情况。

二、附注的主要内容

附注是财务报表的重要组成部分。根据企业会计准则的规定，企业应当按照如下顺序编制披露附注的主要内容：

（一）企业简介和主要财务指标

（1）企业名称、注册地、组织形式和总部地址。

（2）企业的业务性质和主要经营活动。

（3）母公司以及集团最终母公司的名称。

（4）财务报告的批准报出者和财务报告的批准报出日。

（5）营业期限有限的企业，还应当披露有关营业期限的信息。

（6）截至报告期末公司近3年的主要会计数据和财务指标。

（二）财务报表的编制基础

财务报表的编制基础是指财务报表是在持续经营基础上还是在非持续经营基础上编制的。企业一般是在持续经营基础上编制财务报表，清算、破产属于非持续经营基础。

（三）遵循企业会计准则的声明

企业应当声明编制的财务报表符合企业会计准则的要求，真实、完整地反映了企业的财务状况、经营成果和现金流量等有关信息，以此明确企业编制财务报表所依据的制度基础。

（四）重要会计政策和会计估计

企业应当披露采用的重要会计政策和会计估计，不重要的会计政策和会计估计可以不披露。在披露重要会计政策和会计估计时，企业应当披露重要会计政策的确定依据和财务报表项目的计量基础，以及会计估计中所采用的关键假设和不确定因素。

会计政策的确定依据，主要是指企业在运用会计政策过程中所作的对报表中确认的项目金额最具影响的判断，有助于财务报表使用者理解企业选择和运用会计政策的背景，增加财务报表的可理解性。财务报表项目的计量基础，是指企业计量该项目采用的是历史成本、重置成本、可变现净值、现值还是公允价值，这直接影响财务报表使用者对财务报表的理解和分析。

在确定财务报表中确认的资产和负债的账面价值过程中，企业需要对不确定的未来事项在资产负债表日对这些资产和负债的影响加以估计，如企业预计固定资产未来现金流量采用的折现率和假设。这类假设的变动对这些资产和负债项目金额的确定影响很大，有可能会在下一个会计年度内作出重大调整，因此，强调这一披露要求，有助于提高财务报表的可理解性。

（五）会计政策和会计估计变更以及差错更正的说明

企业应当按照会计政策、会计估计变更和差错更正会计准则的规定，披露会计政策和会计估计变更以及差错更正的有关情况。

（六）报表重要项目的说明

企业对报表重要项目的说明，应当按照资产负债表、利润表、现金流量表、所有者权益变动表及其项目列示的顺序，采用文字和数字描述相结合的方式进行披露。报表重要项目的明细金额合计应当与报表项目金额相衔接，主要包括以下重要项目：应收款项、存货、长期股权投资、投资性房地产、固定资产、无形资产、职工薪酬、应交税费、短期借款和长期借款、应付债券、长期应付款、营业收入、公允价值变动收益、投资收益、资产减值损失、营业外收入、营业外支出、所得税费用、其他综合收益、政府补助、借款费用。

（七）或有事项和承诺事项、资产负债表日后非调整事项、关联方关系及其交易等需要说明的事项

（八）有助于财务报表使用者评价企业管理资本的目标、政策及程序的信息

三、财务报告信息披露的要求

（一）财务报告信息披露的概念

财务报告信息披露，又称会计信息披露，是指企业对外发布其有关的财务状况、经营成果、现金流量等财务信息的过程。按照我国会计准则的规定，披露主要是指会计报表附注的披露。广义的信息披露除财务信息外，还包括非财务信息。信息披露是公司治理的决定性因素，是保护投资者合法权益的基本手段和制度安排，也是会计决策有用性目标所决定的内在必然要求。就上市公司而言，信息披露也是企业的法定义务和责任。

（二）财务报告信息披露的基本要求

财务报告信息披露基本要求，又称财务报告信息披露的基本质量，主要有真实、准确、完整、及时和公平五个方面。

企业应当真实、准确、完整、及时地披露信息，不得有虚假记载、误导性陈述或者重大遗漏，信息披露应当同时向所有投资者公开披露信息。

真实，是指上市公司及相关信息披露义务人披露的信息应当以客观事实或者具有事实基础的判断和意见为依据，如实反映客观情况，不得有虚假记载和不实陈述。虚假记载，是指企业在披露信息时，将不存在的事实在信息披露文件中予以记载的行为。

准确，是指上市公司及相关信息披露义务人披露的信息应当使用明确、贴切的语言和简明扼要、通俗易懂的文字，不得含有任何宣传、广告、恭维或者夸大等性质的词句，不得有误导性陈述。公司披露预测性信息及其他涉及公司未来经营和财务状况等信息时，应当合理、谨慎、客观。误导性陈述，是指在信息披露文件中或者通过媒体，作出使投资人对其投资行为发生错误判断并产生重大影响的陈述。

完整，是指上市公司及相关信息披露义务人披露的信息应当内容完整、文件齐备，格式符合规定要求，不得有重大遗漏。信息披露完整性是公司信息提供给使用者的完整程度；不得忽略、隐瞒重要信息；使信息使用者了解公司治理结构、财务状况、经营成果、现金流量、经营风险及风险程度等。重大遗漏，是指信息披露义务人在信息披露文件中，未将应当记载的事项完全或者部分予以记载。不正当披露，是指信息披露义务人未在适当期限内或者未以法定方式公开披露应当披露的信息。

企业披露信息应当忠实、勤勉地履行职责，保证披露信息的真实、准确、完整、及时、公平。勤勉尽责，是指企业本着对投资者等利害关系者及对国家、对社会、对职业高度负责的精神，应当爱岗敬业，勤勉高效，严谨细致，认真履行会计职责，保证会计信息披露工作质量。

企业应当在附注中对“遵循了企业会计准则”作出声明。同时，企业不应以在附注中披露代替对交易和事项的确认和计量，即企业采用的不恰当的会计政策，不得通过在附注中披露等其他形式予以更正，企业应当对交易和事项进行正确的确认和计量。此外，如果按照各项会计准则规定披露的信息不足以让报表使用者了解特定交易或事项对企业财务状况、经营成果和现金流量的影响时，企业还应当披露其他的必要信息。

思政德育课堂

X公司的别样“会技”

X公司是一家大型制造企业，该企业的财务部门一直由一名叫李华的高级会计师领导。李华在公司工作了多年，工作经验非常丰富，深受上级信任。2021年，受多种因素影响，公司销售出现大幅度下滑，经财务预测，公司本年度将出现600万元的亏损。公司总经理责成总会计师李华千方百计地实现当年盈利目标，授意李华对会计报表作一些会计技术处理。李华根据公司领导的指示，对当年的财务会计报表进行了一些操作，虚拟了若干笔无交易的销售收入，并将一部分未实际完成的交易列入财务报表，以增加公司的利润。他还修改了一些支出记录，以降低公司的税负。通过一系列不当操作，使公司在报表上“扭亏为盈”。总会计师李华面对公司领导的授意没有坚持原则，而是听从安排，进行会计造假。该公司的做法违反了哪些法律法规？你认为李华作为该公司的总会计师，面对这种情况应该如何处理？

案例提示：

1. 该公司违反了《中华人民共和国会计法》第四条的规定：“单位负责人对本单位的会计工作和会计资料的真实性、完整性负责。”第五条：“任何单位或者个人不得以任何方式授意、指使、强令会计机构、会计人员伪造、变造会计凭证、会计账簿和其他会计资料，提供虚假财务会计报告。”按照会计法的规定，单位负责人应对本单位财务会计报告的真实性、完整性负责。该公司总经理违反相关法律、法规制度，授意、指使总会计师进行财务造假，都将承担相应的法律责任。

2. 总会计师李华面对公司领导的错误要求没有遵守“坚持诚信、守法奉公”“坚持准则、守责敬业”的会计职业道德，进行会计造假，不仅会损害投资者、债权人、国家等各方的利益，还会导致严重的法律后果和负面影响。李华作为总会计师，应严格遵守会计职业道德，坚持准则，拒绝领导的不正当要求，向领导说明提供虚假财务报告的危害，发挥会计在经营活动中的监督和服务作用。

思考与练习

一、思考题

1. 什么是财务报告？其组成内容有哪些？
2. 编制财务报告的作用是什么？
3. 资产负债表的编制原理是什么？资产负债表项目是如何排列的？
4. 利润表的作用是什么？如何编制？
5. 简述现金流量表的作用及构成内容。
6. 简述所有者权益变动表的内容及结构。
7. 会计报表附注的作用是什么？主要内容有哪些？

二、单项选择题

三、多项选择题

四、判断题

五、业务练习题

练习一

1. 目的：熟悉资产负债表的编制。

2. 资料：

（1）向阳公司2023年12月31日各科目余额如下表所示。

科目	借方余额/元	科目	贷方余额/元
库存现金	6 000	坏账准备	500
银行存款	140 000	累计折旧	510 000
应收账款	10 000	短期借款	16 000
预付账款	4 000	应付账款	40 000
应收利息	5 000	预收账款	50 400
原材料	21 000	应交税费	11 100
生产成本	20 000	长期借款	100 000
库存商品	40 000	实收资本	200 000
长期股权投资	6 000	资本公积	80 000
固定资产原值	900 000	盈余公积	100 000
无形资产	16 000	利润分配	60 000

（2）“应收账款”“预付账款”“应付账款”和“预收账账款”四个总账账户所属各明细账户的期末余额如下所示：

应收账款——A公司6 000元（借方）；应收账款——B公司5 000元（借方）；

应收账款——C公司1 000元（贷方）；

预付账款——D公司2 000元（借方）；预付账款——E公司2 500元（借方）；

预付账款——F公司500元（贷方）；

应付账款——G公司22 000元（贷方）；应付账款——H公司30 000元（贷方）；

应付账款——I公司12 000元（借方）；

预收账款——J公司1 600元（借方）。预收账款——K公司30 000元（贷方）；

预收账款——L公司22 000元（贷方）。

该公司月末无一年内到期的非流动资产和非流动负债，坏账准备只对应收账款计提，不考虑坏账准备以外其他各种资产的减值准备。

3. 要求：根据上述资料，编制该公司2023年12月31日的资产负债表。

练习二

1. 目的：熟悉利润表的编制。

2. 资料：M 企业 2023 年 6 月 30 日结账前各损益科目余额如下表所示。

科目	借方金额/元	科目	贷方金额/元
主营业务成本	370 000	主营业务收入	527 000
其他业务成本	12 000	其他业务收入	16 000
销售费用	59 000	投资收益	20 000
管理费用	22 000	营业外收入	2 000
财务费用	1 100		
营业外支出	900		
所得税费用	25 000		

3. 要求：根据上述资料编制 M 企业 2023 年 6 月份利润表。

参考文献

［1］中华人民共和国财政部. 企业会计准则应用指南［M］. 上海：立信会计出版社，2024.

［2］初级会计考试辅导研究组. 初级会计实务［M］. 广州：广东经济出版社，2024.

［3］李国田，郑秀芳. 中级财务会计［M］. 郑州：郑州大学出版社，2023.

［4］财政部会计资格评价中心. 初级会计实务［M］. 北京：中国财经出版传媒集团，经济科学出版社，2022.

［5］谭洪涛. 会计学课程思政案例集［M］. 成都：西南财经大学出版社，2022.

［6］崔九九，徐黎，杨滨. 基础会计学［M］. 上海：立信会计出版社，2020.

［7］徐经长，孙蔓莉，周华. 会计学［M］. 北京：中国人民大学出版社，2019.

［8］企业会计准则编审委员会. 企业会计准则实务应用精解［M］. 北京：人民邮电出版社，2023.

［9］财政部会计司编写组. 企业会计准则应用指南汇编［M］. 北京：中国财政经济出版社，2024.

［10］刘永泽，陈立军. 中级财务会计［M］. 大连：东北财经大学出版社，2022.